KB091435

디자인 협업

디자인 협업

함께 더 나은 제품을 만드는 경험

오스틴 고벨라 지음 송유미 옮김

i!i
에이콘

에이콘출판의 기틀을 마련하신 故 정완재 선생님 (1935-2004)

이 책에 쏟아진 찬사

"제품 디자인이 성공하기 위한 비결은 협업^{collaboration}이다. 협업이 잘 되면 매우 어려운 상황에서도 성공할 수 있다. 반면 협업이 잘 안 되면 어떤 방법론이나 도구, 기법도 소용이 없다. 오스틴은 이런 사실을 깨닫고 협업의 요소를 이해하도록 돕는 가이드를 만들었다. 당신만의 멋진 협업 환경을 구축하는 데 실용적이면서도 독단적이지 않은 가이드가 되길 바란다."

– 조시 세이던^{Josh Seiden}, 『린 UX^{Lean UX}』(한빛미디어, 2013) 공동 저자

"오스틴은 가장 복잡한 개념과 실행 사례를 단순화해 보여주는 재주가 있다. 그의 책은 내 제품 디자인 문헌 목록에 기꺼이 추가할만하다."

– 제프 패튼^{Jeff Patton}, 제품 디자인 코치이자 『사용자 스토리 맵 만들기^{User story mapping}』

(인사이트, 2018) 저자

지은이 소개

오스틴 고벨라^{Austin Govella}

20년 이상 UX 분야에서 전 세계의 크고 작은 조직이 더 나은 제품과 서비스를 만들도록 돕고 있으며, SXSW, 애자일, 빅디자인 등 다양한 콘퍼런스에서 UX와 애자일을 결합하는 경험을 공유하고 있다.

IT 서비스 전문기업인 아바나드^{Avanade}의 휴스턴 스튜디오에서 UX 팀을 이끌며, 교차기능 팀이 웹사이트, 작업 도구, 모바일 앱을 디자인하고 개발할 수 있도록 돕는다. 제품 팀, 컨설팅, B2B, B2C, 비영리 부문 등 다양한 분야에서 프로젝트를 진행 중이며, 관련 정보 아키텍처와 청사진을 블로그 사이트(https://agux.co)에 공유한다.

송유미(song.yoomee@gmail.com)

디자인 방법론과 사회문화적 관점에서의 디자인 진화 방향에 관심이 많다. 항상 재미있는 디자인, 사회에 도움이 되는 디자인을 하며 살고 싶은 바람이 있다. 에이콘출판사에서 출간한 『인간 중심 UX 디자인』(2013), 『제대로 된 UX 디자인 방법론』(2015), 『사용자 경험 지도』(2019)를 번역했다.

옮긴이의 말

최근 협업에 대한 관심이 높아졌다. 대부분의 UX 업계에서 교차기능 팀원들로 팀이 구성되는 경우가 많고, 프로젝트 규모 또는 조직 규모가 클수록 긴밀한 협업과 소통이 더욱 필요하다. 여러 기능 그룹으로 나뉜 팀원들이 하나의 생명체처럼 서로 유기적이고 긴밀하게 협업해서 함께 일을 잘 해낼 때 비로소 조직이 제대로 시너지를 내고, 좋은 결과물이 도출될 가능성이 높기 때문이다.

협업協業이란 많은 사람이 일정한 비전과 계획 아래 노동을 분담해 협동적, 조직적으로 일하는 노동 형태를 뜻하는 것으로, 생산 과정을 여러 전문 분야로 나눠 분담한다는 측면에서 분업과 혼용되기도 한다. 하지만 최근 협업의 의미는 기계적인 분업의 의미를 넘어 소통을 기반으로 유연하면서도 기민하게 업무를 함께 수행하는 업무 유형으로 인식하는 경우가 많아졌다. 특히 IT 제품 및 서비스 산업 분야가 크게 발달하면서 협업이라고 하면 팀원들과 허들룸huddle room에서 소통하고, 디지털 협업 도구를 사용해 스마트하게 업무를 하는 모습을 떠올리게 됐다. 이 책은 이런 업무 분위기에서 활용할만한 다양한 협업 도구와 실무 노하우를 조언한다. 특히 업무를 진행할 때 전략, 기획, 리서치, 디자인, 시각화, 프로토타이핑 등 다양한 관점에서 제품과 서비스를 함께 생각하고 만들고 점검하게 한다. 사용자, 인터페이스, 인터랙션, 와이어프레임, 프로토타입 등 단계별로 제안하는 유용한 도구를 익혀보면서 협업에 관한 많은 아이디어를 얻는 계기가 되길 바란다.

또한 협업의 특성부터 어떻게 협업을 촉진할 수 있는지, 어떤 협업 습관과 자세를 갖춰야 하는지 등의 개념적 측면도 소개해 디자이너로서 갖춰야 할 태도, 조직 내 역할에 대해서도 고민하게 한다. 협업 방법론과 프로세스의 실천도 중요하지만 앞서 갖춰야 하는 것 중 하나는 바로 협업하는 태도attitude다. 저자는 협업의 요소로 공동의 이해, 포용, 신뢰를 꼽는데, 들을 자세가 돼 있고 상대방을 이해하고 신뢰하는 분위기에서 협업하면 효과가 배가된다고 설명한다. 아무리 훌륭한 도구가 있고, 퍼실리테이터facilitator가 노력해도 팀원들이 서로에 대해 믿음과 프로젝트에 대한 열정이 없다면 무척 괴로운 협업이 될 수밖에 없다. 오랜 시간 생각을 공유하고 의견을 나누며 집단지성을 만들어 가는 과정에서 어떤 팀원들과 함께 일하고 싶은가, 어떻게 서로에게 자극을 주며 같이 성장하고 싶은가를 생각해보면서 읽으면 더욱 좋을 것이다.

협업력ability을 극대화하기 위해 각각의 상황에서 어떤 커뮤니케이터 역할을 할지 고민해보는 것도 필요하겠다. 조직 특성, 프로젝트 성격, 팀 구성 등에 따라 디자이너의 커뮤니케이션 방식, 커뮤니케이터에 대한 니즈가 달라진다. 대다수의 UX 디자이너군은 팀원들의 전문성, 역량을 최대로 발휘하도록 돕는 커뮤니케이터 역할을 해오고 있을 것이다. 이는 단순히 말을 잘하고 정리를 잘하는 것이 아니라 팀 전체가 함께 생각하고 움직이도록 프로젝트의 윤활유 역할을 한다고 할 수 있다. 서로 다른 전문성이 상충될 때 갈등을 조정하고 끊임없는 이슈에 지치지 않고 문제를 해결해나가는 소통 능력이 특히 중요한데, 이 과정에서 항상 공동의 비전vision, 최고의 가치가 무엇인지 생각하면서 길을 잃지 않고 가야 한다. 사람들은 같은 목표와 비전을 가질 때 서로 조화를 이루며 더 잘 협업한다. 공동의 비전은 팀원들에게 기능이 아니라 제품과 서비스 성공에 초점을 맞춰 일하게 만든다고들 얘기한다. 팀에서 하나의 비전을 꾸준히 공유하고 함께 수정해가는 것이 커뮤니케이터의 중요한 역할 중 하나라고 생각한다.

처음에 이 책을 읽으면서 협업을 잘하는 비결이 정말 있을까 싶은 생각에 그 해답이 궁금했다. 모든 상황, 모든 프로젝트에 적용할만한 절대 원칙을 만나진 못했지만, 번역을 하면서 내가 일하는 모습을 되돌아보는 기회를 갖고, 선후배들과 공유할 보석 같은 조언을 들을 수 있어 감사한 시간이었다. 여러분에게도 각자의 협업을 되돌아볼 수 있는 의미 있는 시간이 됐으면 하는 바람이다.

차례

1부 | 디자인과 협업

1장 디자인 요소: 생각하기-만들기-점검하기와 4가지 모델   31

2장 충실도: 적임자와 올바른 제품 점검하기   43

3장 협업의 요소: 공동의 이해, 포용, 신뢰   59

3부 | 사용자

4부 │ 인터랙션

14장   인터랙션 요소   319

15장   접점 지도를 사용해 구축할 대상 식별하기   335

20장 적합한 인터페이스 모델 선택하기: 와이어프레임, 콤프 및 프로토타입   459

6부 | 점검하기

21장 점검사항 및 균형감   491

들어가며

앞으로 24시간 안에 비극적인 일이 생길 것 같은 상황이라면 이 책을 꼭 읽어보라.

이 책은 당신을 위한 책이 아닐 수도 있다. 동료들은 당신의 탁월함을 알고 있어 불평 없이 당신 의견을 따르며, 무엇이든 생각할 시간을 충분히 준다. 당신은 프로젝트를 완료하기 위해 서두르지 않으며, 절대 처음부터 다시 시작하거나 방향을 바꾸지 않는다. 그리고 상사도 중간에 마음을 바꾸거나 합당치 않은 일을 요구하지 않는다. 당신은 어떤 환경에서 일하고 있는가? 이런 환경에서 일하고 있다면 이 책은 필요치 않을 것이다.

그리고 나도 이런 직장에서 일하길 바란다.

나는 비즈니스, 기술, 디자인 등 다양한 분야의 사람들이 함께 일하는 교차기능^{cross-functional} 팀에서 일한다. 하지만 우리는 점점 더 많은 일을 할 수 있는 시간이 줄어들면서 같은 언어를 거의 사용하지 않는다. 방향은 항상 바뀌고 마감일은 결코 조정되지 않기 때문에 우리가 얼마나 가까워지는지는 중요하지 않을지도 모른다.

불쌍하고 무능한 어떤 이들은 다른 사람들과 교류하거나 소통하지 않는 사일로(silo) 환경에서 일한다.
게다가 설상가상으로 비즈니스, 기술, 디자인 등 여러 분야의 담당자가 함께 일해야 하는
교차기능 팀에서 일한다.

나는 사일로 환경[1]에서 일을 하는 불쌍하고 무능한 사람들을 위해 이 책을 썼다. 그들은 터무니없는 마감 기한 안에 무언가를 만들어내려고 다른 사람들과 교류하지 않고 고립된 환경 안에서 아이디어를 쥐어 짜낸다(위 그림). 이 책은 프로세스를 설명하는 책이 아니다. 그보다는 일이 진행되도록 아이디어를 주는 책이며, 팀으로 일하는 사람들을 위한 책이다. 팀으로 일하는 사람들이 함께 더 잘 해낼 때 일은 제대로 진행되기 시작한다.

이 책은 새로운 내용보다는 지루하고 오래된 것으로 가득 차 있다. 좋은 결과를 보장하는 새 프로세스는 존재하지 않는다. 성공을 가져오는 비결이란 없다. 당신에겐 새로운 것이 필요하지 않다. 당신이 하는 일을 바꾸지 말

---

1   정보를 서로 공유하지 않는 이기적이고 고립적인 업무 분위기 – 옮긴이

고, 일하는 방법을 바꿔보자. 이 책은 팀원들이 서로 의사소통하고 협업하며 일의 우선순위를 정하는 데 도움이 되는, 새로운 작업 방식을 제공하는 도구를 모아놓았다. 팀은 이 도구를 활용해 더 나은 제품을 만들게 될 것이고, 당신은 팀원들이 그렇게 하도록 도울 것이다.

실제 현업에서 시도, 테스트, 검토한 도구

소개할 도구는 내가 작업해온 다양한 산업 분야의 여러 프로젝트, 특히 내가 이끌었던 교차기능 팀 안에서 20년 이상 진화해온 것이다.

대부분의 도구는 컴캐스트Comcast에서 시작됐다. 당시 디지털 UX 매니저인 리비아 라바테Livia Labate를 위해 신제품을 개발하고, 주력 소비자 제품을 재설계하면서 도구를 고안했다. 컴캐스트 이후엔 아바나드라는 회사에서 계속 진화했는데, 매트 헐버트Matt Hulbert와 제이미 헌트Jamie Hunt는 내게 여러 산업 및 전 세계의 B2BBusiness-to-Business, B2CBusiness-to-Consumer 제품에 대한 수많은 고객을 대상으로 관련 도구를 테스트하고 개선하게 이끌었다.

또한 우리는 이 도구를 검증하기 위해 앤드류 힌튼Andrew Hinton, 크리스천 크럼리시Christian Crumlish, 제임스 칼바흐James Kalbach에게 정확성, 명료성 관점에서 모든 사항을 검토하도록 요청했다. 초보자 입장에서 모든 내용이 이해되는지 확인하려고, 일을 시작한 지 얼마 되지 않은 캣 킹Kat King과 이든 로빈Eden Robbins에게 도움을 청했다. 댄 클린Dan Klyn, 아담 폴란스키Adam Polansky, 댄 브라운Dan Brown도 초반에 매우 유용한 피드백을 제공해줬다. 마지막으로 우리는 제시카 할리Jessica Harllee에게 모든 내용을 검토해달라고 요청했다. 제시카는 이치에 맞지 않으면 참지 못하는 성격으로, 독자들이 말도 안 되는 내용을 감수하면서 이 책을 읽는 것은 바라지 않았기 때문에 그녀에게 검토를 요청했다.

최고의 학습 방법을 배우도록 구성

이 책은 크게 다섯 부분으로 구성돼 있다. 그중 어느 부분에도 공감, 애자일, 린 등 최근 업계에서 유행하는 용어를 다루지 않는다. 대신 1부에서 제품에 대해 생각하고, 팀의 협업을 개선하는 방법과 함께 그 밖의 모든 내용의 기본 토대를 마련한다. 그런 다음 제품 팀이 직면하는 질문과 문제 유형을 중심으로 다음과 같이 모든 항목을 그룹화해 보여준다.

- 목표와 비전 – 어떻게 모든 사람이 목표에 합의하게 만들 것이며, 프로젝트 전략과 하려는 일을 어떻게 정립할 것인가?
- 사용자 – 사용자는 당신이 지금 또는 나중에 무엇을 구축하길 바랄까? 당신은 사용자 니즈를 어떻게 정의해야 할까?
- 인터랙션 – 사용자가 시스템을 넘나들며 상호작용하는 방법을 어떻게 개선할 것인가?
- 인터페이스 – 아이디어를 탐색하고 인터페이스를 프로토타입으로 제작해, 아이디어를 가장 빠르고 쉽게 테스트할 수 있는 방법은 무엇인가?

책은 총 6부로 구성되며, 각 부는 기본 개념을 소개하는 내용으로 시작한다. 그 다음으로 각 도구를 별도의 장에서 소개하는데, 해당 장에서는 도구의 사용법을 설명하고 팁과 요령도 소개한다.

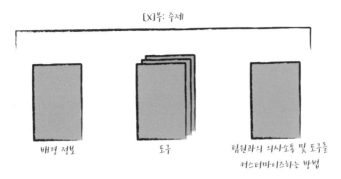

[x]부: 주제

배경 정보   도구   팀원과의 의사소통 및 도구를
                                커스터마이즈하는 방법

각 부는 배경 정보, 각 도구의 사용 방법, 작업 시 도구를 커스터마이즈(customize)하는 방법에 대한 가이드로 구성된다.

다음 표와 같은 책의 구성을 감안해 각자에게 적합한 독서 방법을 선택하길 바란다. 처음부터 21장까지 읽을 수도 있고, 기초부터 시작해서 기본적인 내용을 담은 9개 장만 읽을 수도 있다. 또한 현재 관심사나 필요에 따라 특정 주제부터 시작할 수도 있다.

가장 잘 배울 수 있는 방법으로 책을 읽자.

정독법	기초 내용부터 읽기	관심 주제 먼저 읽기
처음부터 끝까지 읽고, 제품 디자인 프로세스의 모든 단계에서 일을 더 잘 하는 방법을 배운다.	1부에 있는 기초적인 자료를 먼저 읽은 후, 다음과 같이 해당 장을 읽는다. 1부 디자인과 협업(1~4장) 5장 전략 지형도 9장 사용자와 사용자 리서치 14장 인터랙션 요소 17장 인터페이스의 가시적 및 비가시적 영역 21장 점검사항 및 균형감	현재 관심사나 필요에 따라 특정 주제를 골라 읽는다. 1부 디자인과 협업(1~4장) 2부 프로젝트 전략(5~8장) 3부 사용자(9~13장) 4부 인터랙션(14~16장) 5부 인터페이스(17~20장)
많은 시간 소요	적은 시간 소요	최소 시간 소요

독서 방법의 융통성은 이 책의 주제와도 일맥상통한다. 조직마다, 프로젝트마다, 팀마다 상황은 다를 것이다. 따라서 진정한 기술은 당신이 하는 일을 어떻게 조율할지 아는 것이고, 그래야 여기서 소개하는 방법이 당신의 실제 상황에 더욱 효과적일 것이다.

사용하기 쉬운 레퍼런스로 디자인

주요 내용을 충분히 이해하고 넘어가자. 이 책은 나중에 다시 참고할 때 더 유용한 책이다. 따라서 당신이 도구, 체크리스트, 구체적인 활용 방법 등 특정 내용을 찾을 때 최대한 쉽게 찾을 수 있도록 노력했다.

제목은 명시적이고 쉽기 때문에 목차를 훑어보면 구체적인 내용도 찾을 수 있다.

목차 제목이 명확하면 특정 정보를 쉽게 찾을 수 있다.

일단 도구를 선택하면 쉽게 사용할 수 있게 만들었다. 각 도구는 관련 템플릿, 워크시트 및 프레젠테이션 슬라이드에 대한 링크가 포함돼 있어 다운로드해 인쇄하거나 편집 및 커스터마이즈해 사용할 수 있다. 또한 원격으로 공동 작업을 하는 경우에도 온라인 템플릿에 대한 직접 링크가 포함돼 있다.

웹사이트(http://pxd.gd/index/methods)에서 더 많은 내용과 자료를 확인할 수 있다.

더 넓은 커뮤니티에 연결

좀비가 창궐하고 문명이 몰락하는 상황을 상상해보자. 블로그 플랫폼인 「미디엄Medium」 기사를 읽을 수 있는 인터넷도 없을 것이다. 이 책이 계속 살아남길 바라지만 꼭 한 권만 선택해야 한다면 이 책은 당신에게 필요한 마지막 책이 아닐 수 있다.

각 장에는 주제와 관련된 내용을 더 읽을 수 있도록 책과 기사를 모아 놓은 웹사이트 링크가 있다. 이 목록은 웹에 게재돼 있기 때문에 새로운 자료를 발견하거나 변경이 필요할 때 업데이트할 예정이다.

또한 도움이 필요할 때 트위터에서 @austingovella로 질문을 보내주면 계속 대화를 나눌 수 있다.

한국어판에 관해 질문이 있다면 이 책의 옮긴이나 에이콘출판사 편집 팀(editor@acornpub.co.kr)으로 문의해주길 바란다. 한국어판의 정오표는 에이콘출판사 도서정보 페이지(http://acornpub.co.kr/book/collaborative-design)에서 찾아볼 수 있다.

더 나은 제품을 만드는 더 나은 조직

모든 것을 디자인하고 구축하는 주체는 디자이너가 아니라 그들이 속한 조직이다. 더 나은 제품을 만들기 위해서는 더 잘 협력해야 한다. 당신에게는 더 나은 팀과 더 나은 조직이 필요하다. 즉 그룹 내 모든 사람의 기술을 향상시켜야 한다. 여기서 핵심은 당신이 하는 일이 변하는 것이 아니라 일하는 방법이 바뀐다는 점이다. 업무 방식을 변경해 팀이 더 나은 제품을 만드는데 집중하자.

이 책은 당신이 이용하기만을 기다리는 다양한 도구를 다루고 있지만, 협업이야말로 팀을 가장 많이 지원하는 요소일 것이다. 더 나은 협업은 당신이 팀과 함께 하는 모든 일의 토대가 되며, 거기서부터 1부가 시작된다. 팀이 함께 더 잘 일하도록 도울 수 있는 방법은 무엇일까?

표지 설명

표지에 있는 동물은 흰손긴팔원숭이(whitehanded gibbon 또는 lar gibbons, 학명은 Hylobates lar)로, 이 영장류는 말레이시아, 태국, 인도네시아, 라오스, 미얀마 등 동남아시아 국가의 열대 우림에 서식한다. 매우 긴 팔과 손가락을 갖고 있어 나뭇가지 사이를 빠르게 이동할 수 있다. 대부분의 시간을 나무에서 보내며, 땅에 내려오면 균형을 잡기 위해 팔을 머리 위로 올리고 똑바로 걷는다.

흰손긴팔원숭이는 검은색에서 연갈색까지 다양한 색의 두꺼운 털로 덮여 있으며, 검은 얼굴 주위에 흰 털이 고리 모양으로 나 있다. 이름에서 알 수 있듯이 손등은 흰 털로 덮여 있고, 손바닥은 털이 없어 나무를 단단히 움켜잡을 수 있다. 이 종은 대략 키가 45~60cm까지 자라고, 몸무게는 4~10kg까지 나간다. 긴팔원숭이는 주로 과일과 잎을 먹지만 곤충, 꽃, 달걀로 영양을 보충하기도 한다. 야생에서의 수명은 대체로 25~30년 정도다.

이들은 짝짓기 후 자손들과 함께 살며, 매일 아침 '그레이트 콜great call'로 알려진 듀엣곡을 부르며 가족의 영역을 표시한다. 각 긴팔원숭이 종족은 기본적으로 짧은 음으로 끊어내는 소리로 시작해 각 쌍에 더 복잡하고 독특하게 변형된 소리를 낸다. 이 소리는 포식자의 존재를 알리는 데도 사용된다.

흰손긴팔원숭이는 멸종위기에 처해 있다. 사람들이 원숭이 고기를 얻으려 사냥하기도 하지만, 원숭이들이 직면한 가장 큰 위협은 새로운 도시 건설, 벌목, 농업 등 숲 개간에 따른 서식지 감소다.

표지 이미지는 동물 자연사Natural History of Animals의 흑백 판화를 바탕으로 카렌 몽고메리Karen Montgomery가 그린 컬러 일러스트다.

1부

디자인과 협업

당신의 조직은 제품과 서비스를 만든다. 조직은 더 나은 제품과 서비스를 만들 수 있고, 당신은 그렇게 되도록 도움을 줄 것이다. 이 책에선 디자인하는 새로운 방법을 소개하진 않는다. 이 책은 당신이 하는 일을 바꾸는 게 아니다. 이미 하고 있는 업무를 하면서, 다만 일하는 방법을 변화시키는 관점에서 이야기할 것이다. 이는 팀, 이해관계자 및 고객들과 함께 더 잘 협력하는 방법에 관한 것이다.

다음 그림에서 보듯이 조직을 '경험을 만들어내는 기계'라고 생각해보자. 아이디어를 넣고, 모두가 자신의 역할을 수행하면 경험이 나온다. 당신이 커피 회사에서 일한다고 상상해보자. 누군가 전국 곳곳에 매장을 열어 커피를 판매할 아이디어를 제안한다. 그래서 기업 내 모든 사람이 자신의 역할을 수행하고, 전국 곳곳에서 고객들은 커피숍을 이용할 수 있게 된다. 해당 커피 회사는 커피 관련 경험을 만드는 기계라고 할 수 있다.

당신의 조직은 사용자 경험 공장이다. 아이디어를 넣으면 모두가 자신의 역할을 하고, 그 결과 경험이 만들어진다.

조직이 만들어낸 모든 경험은 수많은 제품과 서비스로 구성된다. 당신은 조직이 다른 제품과 서비스를 구축하도록 도울 수도 있지만, 조직이 이미 구축해놓은 것을 개선하기가 더 쉽다.

이런 경험을 향상시키려면 경험 기계의 다른 부분을 조정할 수 있는 도구가 필요하다. 그것이 바로 여기서 당신이 알게 될 내용이다. 이 책의 각 장은 기계의 서로 다른 부분, 해당 부분을 위한 도구를 설명하는 데 초점이 맞춰져 있다. 각 장은 무엇을 중점적으로 다룰지, 무엇을 배울 것인지 짧게 소개하면서 시작한다. 그리고 도구의 작동 방식과 그렇게 작동하는 이유에 대해서도 배운다.

1부에서는 디자인과 협업을 더 향상시킬 수 있는 방법을 설명한다. 이를 통해 조직이 더 나은 경험을 구축하도록 도울 수 있다. 당신의 일을 바꾸기보다는 일하는 방법을 바꿔보자.

디자인 요소: 생각하기-만들기-점검하기와 4가지 모델

팀이 더 나은 제품을 만들려면 더 나은 디자인을 해야 한다. 종종 더 나은 디자인을 생각할 때 우리는 디자인하는 대상에 집중한다. 그 대상이 더 잘 작동하고, 더 좋아 보이고, 더 좋게 느껴지는가? 안타깝게도 이런 디자인 결과물은 디자이너들끼리만 만드는 게 아니다.

1장에서는 다음 두 가지 기본 개념을 살펴본다.

- 디자인할 때 하는 일: 생각하기-만들기-점검하기Think-Make-Check
- 작업할 때 고려하는 대상: 디자인의 4대 요소인 사용자, 인터페이스, 인터랙션, 시스템

이 두 가지 개념은 이 책의 모든 토대가 되며, 신제품을 만들 때 더 효과적으로 소통하고 협업할 수 있도록 도와준다.

생각하고, 만들고, 점검하기: 디자이너가 하는 일

새로운 종류의 손잡이가 달린 멋진 커피잔[1]을 디자인한다고 해보자. 당신은 새로운 손잡이가 사용하기 쉬운지 알고 싶다. 사람들에게 사용하기 쉬운지 물어보는 것이 좋을까? 아니면 그들이 사용할 때 문제가 있는지 관찰하는 편이 나을까?

사람들에게 직접 묻기보다 그들이 하는 행동을 지켜보는 것이 훨씬 좋다. 사람들을 관찰하면 그들이 어떤 행동을 하는지 보게 되고, 그들에게 물어보면 그들이 무엇을 하길 원하는지 듣게 된다. 사람들을 관찰하면 그들의 행동이 드러난다. 행동은 당신이 영향을 주고 싶은 대상이다.

디자이너에게 무엇을 하는지 물어보면 디자이너는 사용자 경험이나 공감, 사용자 중심의 관점, 사용자나 공감을 대변하는 의견을 이야기하곤 한다. 그것이 바로 디자이너가 하고 싶은 일이고, 열망하는 것이다. 디자이너를 보면 실제로 무엇을 하고 있는가? 디자이너들은 사물에 대해 생각하고, 물건을 만들어 다른 사람들에게 보여준다.

---

1   베르낫 쿠니(Bernat Cuni)의 3D 커피잔 디자인(http://cunicode.com)

32

당신이 디자이너로서 발전하고 싶다면 사물에 대해 생각하는 법, 그것을 만드는 법 그리고 다른 사람들에게 보여주는 방법을 개선해야 한다.

린 UX와 생각하기-만들기-점검하기

2010년 즈음 재니스 프레이저Janice Fraser는 전통적인 디자인 방법론을 적용하기에 예산과 시간이 넉넉치 않은 스타트업을 위해 더 나은 사용자 경험을 제공하고자 했다. 재니스는 먼저 생각하고 만들고 나서 이어 점검하는 (그림 1-1) 3단계로 구분된 '린Lean' 사용자 경험 프로세스를 구상했다. 점검한 후에는 다시 시작해 생각하고 만들고 점검한다. 다시 한번 생각하고, 만들고, 점검하는 과정을 반복한다.

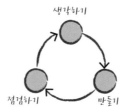

그림 1-1 재니스 프레이저의 린 UX 프로세스는 생각하기-만들기-점검하기 3단계로 구분된다.

생각하기-만들기-점검하기는 엄밀히 말하면 린 UX에만 해당되는 활동이 아니라 사용자 경험[2]에만 관한 것이다. 재니스는 2001년 초 어댑티브 패스Adaptive Path[3]에서 만난 파트너에게서 생각하기-만들기-점검하기 활동에 대해 배웠다. 재니스가 기억하기로 이 방법은 1990년대 후반 핫와이어드

---

2 린 UX에 관심이 있다면 제프 고델프(Jeff Gothelf)와 조시 세이던(Josh Seiden)의 저서 『린 UX』(한빛미디어, 2013)를 읽어보자.

3 조내 사용자 경험 컨설팅 회사 중 하나인 어댑티브 패스는 레인 베커(Lane Becker), 재니스 프레이저, 제시 제임스 가렛(Jesse James Garrett), 마이크 쿠니아프스키(Mike Kuniavsky), 피터 머홀츠(Peter Merholz), 제프리 빈(Jeffrey Veen), 인디 영(Indi Young)이 공동 설립했다.

HotWired[4]의 사용자 리서치 랩에서 시작됐다.

생각하기-만들기-점검하기 프레임은 분석과 테스트 과정을 거쳐 디자인한다. 생각하기-만들기-점검하기를 위해 '린 UX'를 수행할 필요는 없다. 모든 디자이너는 자신이 알든 모르든 생각하고 만들고 점검한다. 당신도 그럴 것이다.

실무에서 생각하기-만들기-점검하기

페르소나persona를 생성한다고 상상해보자. 작업을 세 단계로 나눌 수 있다 (그림 1-2).

1. 기존 사용자 리서치 결과를 분석한다.
2. 페르소나 문서 초안을 작성한다.
3. 페르소나를 클라이언트와 공유한다.

먼저 사용자에 대해 고민하고 페르소나를 만든 다음 클라이언트와 점검한다. 생각하고, 만들고, 점검하는 것이다.

사용자 리서치 분석   페르소나 문서 초안 작성   클라이언트와 공유
생각하기   **만들기**   **점검하기**

그림 1-2 페르소나를 만들 때 생각하기-만들기-점검하기 프로세스를 사용한다.

생각하기-만들기-점검하기 모델은 모든 디자인 활동에 적용할 수 있다.

---

4   최초의 웹 매거진인 핫와이어드는 1994년 10월 27일에 창간됐다.

와이어프레임을 만들어볼까? 사용자 맥락과 해야 할 일을 생각하고, 와이어프레임을 작성해 개발자에게 보여준다. 전략을 세워볼까? 전략 지형도를 고민하고, 목표와 비전을 세워 클라이언트와 점검한다. 생각하기-만들기-점검하기 모델은 계속 이어진다(그림 1-3).

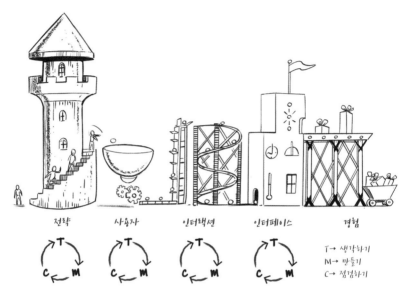

그림 1-3 생각하기-만들기-점검하기는 경험 기계를 통해 계속 실행된다.

디자이너가 항상 생각하고 만들고 점검한다면 당신은 디자이너가 무엇을 생각하고, 만들고, 점검하는지 질문할지도 모른다.

디자인의 4대 요소: 사용자, 인터페이스, 인터랙션, 시스템

디자이너가 생각하고 만들고 점검하는 4가지 주제는 다음과 같다.

- 사용자
- 인터페이스

- 인터랙션
- 시스템

당신이 수행하는 모든 디자인 활동과 당신이 만드는 모든 결과물은 사용자, 인터페이스, 인터랙션 및 시스템과 결합하고 의사소통한다. 생각하기-만들기-점검하기 활동을 할 때마다 이 네 가지 모델 중 하나 이상을 생각하고 만들고 점검하게 될 것이다. 더욱 효과적인 페르소나, 여정 지도 journey map, 와이어프레임을 만들려면 사용자, 인터페이스, 인터랙션, 시스템의 의미를 이해해야 한다.

사용자

사용자

모든 제품에는 사용자가 있다. 당신은 그들을 고객, 최종 사용자, 행위자, 인플루언서, 이해관계자 등 다양한 이름으로 부른다. 디자인은 사람들이 경험하거나 사용할 또는 귀찮게 할 물건을 만든다. 디자이너만 사용자를 생각하는 것은 아니다. 새 프로젝트를 시작할 때 팀의 모든 사람이 사용자를 머릿속에 그려 놓는다.

페르소나는 사용자 모델을 나타낸다. 그들은 실제 사용자가 아니다. 실제 사용자는 여기저기 클릭하며 욕하기도 하고, 검색하면서 다양한 활동을 한다. 페르소나는 경험을 만들 때 생각할 수 있는 사용자 모델을 제공한다.

실제로 페르소나를 생성하든 아니든, 사용자 모델은 당신이 만드는 모든 와이어프레임이나 프로토타입에 나타난다.

모든 와이어프레임과 프로토타입은 특정 유형의 사람이 사용한다고 가정하고 만들어진다. 페르소나나 사용자에 대해 이야기를 하든 안 하든, 팀은 디자인을 보면서 사용자가 누구인지 상상한다. 사용자를 지정하지 않은 경우에도 팀은 사용자 모델을 상상하는 것이다.

생각하기-만들기-점검하기 활동에서 가장 중요한 것은 사용자다. 사용자를 잘못 설정하면 잘못된 사용자를 위한 제품을 만들게 된다.

인터페이스

인터페이스

사람들이 와이어프레임을 만들어달라고 몇 번이나 요청했는가? 대부분의 사람들은 디자인을 생각할 때 그것이 어떻게 생겼는지 상상한다. 그들은 인터페이스[5]를 떠올리는 것이다. 생각하기-만들기-점검하기 디자인 과정에서 당신은 아마도 어떤 종류의 인터페이스를 검토할 것이다.

디자이너는 인터페이스 모델을 생각하고 만드는 데 많은 시간을 할애한다. 건축가들은 건물 설계도 초안을 작성하고, 그래픽 디자이너는 목업mockup을 만든다. 인터랙션 디자이너는 프로토타입을 만들기 위해 코딩을 한다.

---

5   물론 우리 모두는 스티브 잡스(Steve Jobs)가 말한 "디자인은 단지 그것이 어떻게 보여지고 느껴지는가에 대한 것이 아니다. 디자인은 그것이 작동하는 방식에 관한 것이다."라는 내용을 기억해야 한다.

웹에서 볼 수 있는 대부분의 튜토리얼과 방법은 인터페이스의 생각하기-만들기-점검하기 모델을 개선하는 데 중점을 둔다. 인터페이스 모델은 매우 구체적이기 때문에 사람들이 디자인에 대해 말하기에 가장 쉬운 방법이기도 하다.

인터랙션

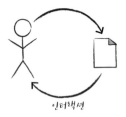

인터랙션이란 사용자가 시간의 흐름에 따라 인터페이스와 상호작용하는 방식이다. 사용자와 마찬가지로 인터랙션도 항상 존재한다. 와이어프레임을 이야기할 때 사용자가 어떻게 볼지 상상하고, 무언가를 클릭한 다음 나타나는 다른 것을 보게 된다. 와이어프레임은 한 순간에 하나의 화면을 캡처한 것처럼 보이지만, 우리 머릿속에서는 사용자와 여러 화면 사이에 일어나는 일련의 인터랙션을 상상한다.

당신은 화면이 아닌 장면 속에서 생각을 한다. 실제 작업에선 인터페이스에 많은 시간을 할애하지만, 인터랙션이 전체 경험을 설명하는 데는 더 효과적이다. 인터랙션을 염두에 두면 생각하기-만들기-점검하기 인터페이스가 더 쉬워진다.

시스템

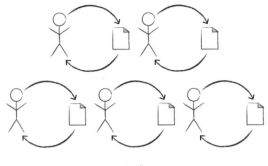

시스템

사용자가 인터페이스를 사용하는 방식을 인터랙션이라고 한다. 여러 인터랙션을 모두 연결하면 시스템이 만들어진다. 사이트맵^{site map}, 여정 지도, 서비스 청사진^{service blueprint}은 시스템을 보여준다. 항상 시스템 레벨로 작업하는 것은 아니지만, 시각적 목업을 만들거나 매끄러운 결제 프로세스를 설계할 때는 시스템적으로 사고할 것이다.

자주 시스템에 대해 고민하진 않지만, 시스템은 제품과 관련된 제약 사항과 기회를 만들어낸다. 건축가인 엘리엘 사리넨^{Eliel Saarinen}은 "방 안의 의자, 집 안의 방, 주변 환경 안의 집처럼 항상 더 큰 맥락에서 사물을 디자인하자."[6]고 말했다. 사실 더 넓은 맥락을 고려하지 않고 디자인하기는 불가능하다. 어떤 디자인이든 생각하기-만들기-점검하기 활동을 할 때마다 당신의 머릿속엔 시스템에 대한 그림이 있다.

---

6   Donald Hepler and Paul Wallach, 『Architecture Drafting and Design』, page 418, McGraw-Hill Inc, 1965

실제 상황에서의 4가지 모델

예를 들어 고객 여정 지도customer journey map를 작성한다고 가정해보자. 여정 지도는 사용자가 시스템에 들어오고, 통과해 나가는 일련의 모습을 보여준다. 여정 지도는 사용자와 일부 인터페이스와의 인터랙션에 대해 당신과 당신 팀이 만든 모델을 문서화한 것이다(그림 1-4).

- 여정 지도는 특정 유형의 사용자(예: 고객)를 가정한다.
- 여정 지도는 특정 유형의 인터페이스(예: 웹사이트, 구글 검색 결과, 이메일 확인 등)를 가정한다.
- 여정 지도는 특정 프로세스(예: 사용자가 제품을 검색하고 비교하는 방법, 사용자가 결제를 하는 방법 등)를 가정한다.

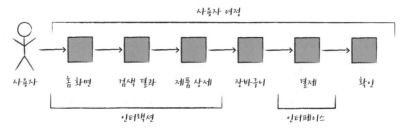

그림 1-4 이 여정은 사용자, 인터페이스 및 해당 인터페이스와의 사용자 인터랙션에 대해 당신이 가정한 내용을 보여준다.

여정 지도를 팀과 공유할 때 당신은 사용자가 시스템을 통해 이동하는 방법에 대해 모든 사람이 머릿속에 동일한 그림을 갖고 있는지 확인한다. 모든 사람이 같은 모델을 공유하는지 확인하는 것이다. 시스템 모델의 생각하기-만들기-점검하기를 통해 팀의 모든 구성원이 사용자가 누구인지, 인터페이스가 어떻게 생겼는지, 각 인터랙션과 관련된 화면과 클릭 수가 얼마나 되는지 상상한다.

제품 디자인에서 당신은 사용자, 인터페이스, 인터랙션, 시스템 등의 모델을 생각하고 만들고 점검하는 데 시간을 보낸다. 더 나은 제품을 만들려면 다음 두 가지를 더 잘해야 한다.

- 생각하고, 만들고, 점검하는 방법
- 어떤 모델을 생각하고 만들고 점검할지 아는 것

이 책의 각 부분은 다른 종류의 모델에 초점을 맞추고 있으며, 도구는 당신이 스스로 또는 팀과 함께 생각하고 만들고 점검하는 방법을 향상시키는 데 유용하다.

생각하기-만들기-점검하기는 쉬워야 한다. 하지만 다양한 모델을 만드는 방법에는 수백만 가지가 있다. 무엇이 올바른 페르소나를 만들까? 와이어 프레임이나 프로토타입을 꼭 만들어야 할까, 아니면 둘 다 안 만들어도 될까? 여정 지도에 어떤 요소가 표시돼야 하나?

더 근본적인 질문을 해보자. 모델에 어떤 정보가 들어가야 하는지 어떻게 알 수 있을까? 페르소나, 와이어프레임, 여정 지도에 어떤 정보를 포함시켜야 적임자와 점검할 수 있을까?

모델에 어떤 정보를 포함시킬지를 말할 때 우리는 충실도에 대해 이야기하게 된다.

2장

충실도:
적임자와 올바른 제품 점검하기

같은 내용이더라도 모든 페르소나, 와이어프레임, 프로토타입, 여정 지도가 똑같아 보이진 않는다. 왜 그런 걸까? 하나의 결과물과 다음 결과물 사이의 차이점은 충실도fidelity 차원에서 설명할 수 있다.

당신의 모델이 실제 제품에 더 가깝다면 충실도가 더 높은 것이다. 충실도가 높을수록 만드는 데 시간이 오래 걸린다. 그리고 충실도가 낮을수록 팀원들이 점검하기가 더 어렵다.

다음의 네 가지 요소는 모델에 나타나는 충실도에 영향을 준다.

- 청중audience – 누가 당신의 모델을 점검하는가?
- 거리distance – 청중이 당신과 함께 있는지 또는 먼 거리에 있는지?
- 시간time – 실시간 커뮤니케이션 중인지, 아니면 시차를 두고 커뮤니케이션 중인지?
- 범위reach – 모델을 다른 사람과 얼마나 공유할 것인가?

올바른 제품을 만들고 점검하기 위해 제품의 충실도를 조정한다.

충실도는 모델에 포함된 내용을 변경한다

거울 앞에서 자기 사진을 찍는다고 상상해보자. 사진은 당신을 꼭 닮았다. 그것은 충실도가 높은 모델이다. 지금 당신이 선 몇 개로 간단히 자신을 그려본다고 해보자. 간단히 그린 형태는 당신이 어떻게 생겼는지 보여주는 충실도가 낮은 모델이다(그림 2-1).

그림 2-1 모델이 실제와 더 닮아 보일 때 충실도가 더 높다고 말한다.[1]

모델을 만들 때 포함할 정보의 양을 선택한다. 모델에 대해 어떻게 생각하는지에 따라 당신이 활용 가능한 정보를 제한한다. 점검하는 과정에서 당신이 원하는 피드백에는 다른 종류의 충실도가 필요하다. 모델은 신호탄과 같다. 불이 클수록 멀리서 볼 수 있지만, 불을 피워야 하는 나무 양에 따라 불의 크기는 제한된다(그림 2-2).

---

1   그림 출처: 스콧 맥클라우드(Scott McCloud), 크리스티나 워드케(Christina Wodtke)

그림 2-2 충실도는 대상에 대해 얼마나 많이 알고 있는지에 따라 제한된다. 동시에 사람들과 대상을
공유하려면 충실도가 더 높아야 한다.

충실도를 제어하는 방법을 이해하면 가장 효과적인 부분에 노력을 집중하
게 된다. 레이아웃에 대해서만 논의해야 하는 경우라면 와이어프레임에 색
상을 추가하지 않도록 하자. 중요한 정보에 집중하고, 중요하지 않은 정보
는 무시하자. 당신이 정보를 점검할 수 있도록 만들기 때문에 점검할 청중
을 위해 충실도를 최적화하도록 하자.

청중이 충실도를 결정

디자인은 항상 가설이다. 팀에서 세운 비전은 당신이 공유한 가설이다. 당
신은 생각하기-만들기-점검하기 활동을 하면서 당신의 가설을 점검한다.
누가 가설을 평가하는가? 생각하기-만들기-점검하기 활동을 할 때 누가
점검하는지 생각해보자.

다음 네 가지 유형의 잠재 청중이 모델을 확인할 수 있다(그림 2-3).

- 여러분 자신
- 팀
- 조직과 파트너
- 고객인 사용자

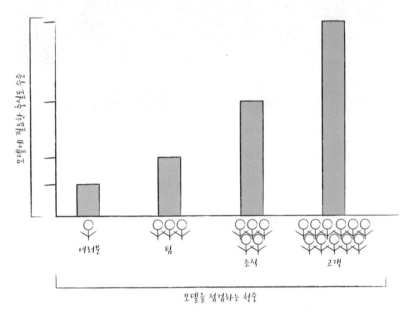

그림 2-3 여러분 자신, 팀, 조직, 고객 등 4가지 유형의 청중이 모델을 점검할 수 있다. 청중과의 거리가 당신과 멀어질수록 충실도는 더 높아져야 한다.

무언가를 적거나 뒤로 기대어 머리를 기울여가며 아이디어를 생각해 본 적이 있는가? 그게 바로 당신이 무언가에 대해 생각하고, 그 생각을 적어서 무언가를 만들며, 만든 것을 스스로 점검하는 행동이다. 이 경우엔 자신의 생각을 스스로 잘 알고 있으므로 충실도를 낮게 유지할 수 있다. 몇 글자 날려 쓴 메모라도 당신은 그 낙서가 무엇을 의미하는지 안다.

당신 팀은 가설을 점검할 수 있는 두 번째 청중이다. 팀에서의 점검이 끝나면 조직 내 다른 사람과 최종 사용자가 다음으로 가설을 점검하는 세 번째, 네 번째 청중이 된다.

각 청중이 당신과 점점 더 멀어지고, 멀어질수록 그들과 더 적게 이야기한다고 상상해보자. 그러면 청중은 더 많이 알지 못하게 될 것이다. 당신이 스스로 점검하면 당신은 해당 내용이 어디에서 왔는지 알기 때문에 훨씬 더 적은 정보만 포함할 수 있다. 이와 같은 방식으로 당신과 팀은 사용자, 사용자가 사용할 인터페이스, 시간의 흐름에 따른 인터랙션에 대해 많은 이야기를 나누고, 많은 가정을 공유한다.

그러나 회사 내 다른 사람들은 프로젝트에서 훨씬 더 멀리 떨어져 있다. 그들은 사용자, 인터페이스 및 인터랙션에 대해 당신과 동일한 가정을 하지 않을 것이다. 일반적으로 청중이 멀어질수록 비전은 더 적게 공유되고, 그들이 가설을 점검하기 전에 더 많은 맥락이 필요하게 된다. 청중이 멀어질수록 모델에 더 높은 충실도가 필요하다.

당신과 팀이 화면 상단에 캐러셀carousel[2]이 배치된 국제적인 커피 회사의 홈페이지를 와이어프레임으로 만든다고 가정해보자.

---

2   주요 내용을 컨베이어나 회전목마처럼 하나씩 회전시켜 보여주고, 마지막 내용 다음에는 다시 첫 번째 내용을 연결해 구성 요소가 순환하도록 보여주는 UI 디자인 패턴 – 옮긴이

종이에서 캐러셀은 이미지처럼 보인다. 당신과 당신 팀은 이미지가 슬라이드쇼를 표현하고 있고, 다른 슬라이드가 나타날 수 있음을 안다. 하지만 이 와이어프레임을 봉투에 담아 CEO에게 우편으로 보낸다면 CEO는 이미지가 캐러셀이라는 사실을 이해할까? 당신과 팀이 와이어프레임에 대한 이해를 공유할 때 당신도 이미지가 캐러셀이라는 것을 이해하게 된다. 프로젝트에서 떨어져 있는 CEO는 당신처럼 이해하지 않을 수 있다. 와이어프레임에는 CEO가 캐러셀에 대한 가설을 점검할 수 있을 만큼 충분한 정보나 충실도가 없다.

충실도는 청중이 프로젝트에서 얼마나 떨어져 있는가에 달려 있다. 청중과 테스트하려는 가설을 바탕으로 더 높거나 낮은 충실도로 모델을 공유한다. 청중과의 거리와 공유하려는 비전의 양이 충실도에 영향을 미치지만, 청중과 관련된 다른 측면도 당신의 결정에 영향을 줄 수 있다. 구체적으로 어떤 커뮤니케이션 채널을 사용할지, 청중과 어떻게 공유할지가 영향을 미칠 수 있다.

커뮤니케이션 채널은 충실도에 영향을 미친다

청중이 아는 것에 따라 다른 충실도가 필요하다는 점은 쉽게 이해할 수 있다. 그러나 잠재적 청중과 함께 무언가를 확인할 때마다 우리는 채널을 통해 커뮤니케이션하고, 해당 채널 또한 충실도에 영향을 미친다. 대화, 이메일, 전달된 문서 중 어떤 채널을 선택할 것인가? 커뮤니케이션 채널의 충실도에 영향을 주는 3가지 요소에 대해 살펴보자.

- 거리
- 시간
- 범위

거리 – 같은 장소 또는 원격

누군가와 무언가를 확인할 때 옆에 있는 사람과 이야기를 하는가? 아니면 멀리 있는 사람과 커뮤니케이션을 하는가? 거리가 멀수록 커뮤니케이션과 협업은 어렵다. 같은 장소$^{co\text{-}located}$에 있다면 벽에 스케치를 붙여 놓고 바로바로 이야기를 나눌 수 있을 것이다. 모든 사람이 원격^{remote}으로 점검해야 하는 경우라면 매번 사진을 찍고 어딘가에 업로드해야 한다. 원격인 상황에서 급한 질문은 메신저, 이메일, 전화를 통해야 한다. 같은 장소에 있다면 책상 칸막이 위로 머리를 내밀고 간단히 질문할 수 있다. 목소리 톤, 보디랭귀지, 제스처를 섞어 직접 하는 커뮤니케이션은 원격으로 커뮤니케이션하는 것보다 충실도가 높다.

시간 – 동기식 또는 비동기식

주거니 받거니 하며 이야기하는 것처럼 실시간, 거의 동기식^{synchronous}으로 커뮤니케이션하고 있는가? 아니면 이메일 서신처럼 비동기식^{asynchronous}으로 커뮤니케이션하고 있는가? 그것도 아니면 다른 일을 하다가 다시 찾는 메신저 대화 같이 두 성격이 조합된 채널을 이용하고 있는가?

동기식 커뮤니케이션: 거의 동일 시점에 이야기를 주고 받으면 일반적인 대화에서처럼 앞뒤 정황을 내포한 많은 양의 정보를 공유하고 논의할 수 있다. 당신의 이해 수준과 청중의 이해 수준 간 격차도 (당신이 공유한 비전에 대해 얼마나 다르게 이해하든) 대화를 통해 관리할 수 있다. 무슨 말인지 알아듣지 못하면 바로 질문할 수도 있고, 누군가가 잘못 이해했다면 다시 설명할 수 있다.

비동기식 커뮤니케이션: 비동기식으로 대화를 주고 받을 땐 상호 간의 이해 차이를 좁히는 데 시간이 걸린다. 물리적 거리와 마찬가지로 시간이 오래 걸릴수록 후속 질문에 대한 답을 얻기 어렵고, 오해가 생겨 작업이 더 어려워지기도 한다. 비동기식 커뮤니케이션은 동기식 커뮤니케이션보다 충실도가 낮다(그림 2-4).

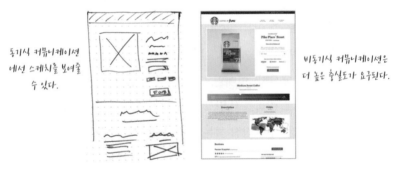

동기식 커뮤니케이션에서 스케치를 보여줄 수 있다.

비동기식 커뮤니케이션은 더 높은 충실도가 요구된다.

그림 2-4 비동기식 대화는 동기식 대화보다 충실도가 더 높아야 한다.

비동기식 커뮤니케이션은 다른 사람들과 대화할 때만 발생하는 것이 아니라는 점에 유의한다. 우리는 종종 팀이 결정한 이력을 기억할 수 있도록 무언가를 만든다. 지금으로부터 3개월 후, 당신은 링크가 새로운 페이지로 이동하는지 아니면 라이트 박스[3]를 열었는지 기억하지 못할 수 있다. 디자인을 문서로 정리해 두면 스스로 과거에 고민했던 내용을 확인할 수 있다.

범위 - 공유 또는 비공유

공유 범위는 커뮤니케이션 채널의 세 번째 요소다. 청중은 당신이 점검하는 내용을 듣고 얼마나 멀리 공유할까? 이런 확산 경향을 CEO 효과라고 한다.

몇 년 전, 영업 관리자와 나는 페이스북 애플리케이션을 디자인하는 데 상당한 시간을 보냈다. 우리는 이해를 공유했고, 목업을 제작해 영업 관리자와 공유한 후 CEO가 목업을 검토하도록 보냈다. CEO는 페이스북 애플리케이션에 대한 정보가 거의 없는 상황에서 목업을 봤고, 결국 디자인의 많은 요소를 거부했다.

다행히 영업 관리자가 우리의 이론적 근거에 따라 대답했고, CEO가 올바른 정보로 디자인을 확인할 수 있었다. 만약 해당 대화가 잘 안 풀렸다고 상상해보면 어떨까? CEO가 이미 마음을 정했다면 어떻게 됐을까? 우리는 그 시간을 모두 낭비한 게 됐을 것이다.

상사가 화이트보드에 그린 스케치 내용을 보내달라고 요청해서 스케치를 보낸다고 가정해보자. 그는 스케치를 다른 사람에게 보여주고, 또 그들은 본인이 본 것을 이해하지 못하고 CEO에게 불만을 제기할 수도 있다. 또 CEO는 이미 여기저기로 많이 퍼져나간 화이트보드 스케치에 대해 이메일로 디자인을 거부한다고 할 수 있다.

거리, 시간과 마찬가지로 모델을 보는 사람 옆에서 직접 설명할 수 없다면

---

3   팝업이 뜨면서 동시에 배경 화면이 어두워지거나 밝아지도록 처리한 디자인 패턴 - 옮긴이

모델 자체에 설명을 추가해야 한다. 페이스북 애플리케이션의 목업에 설명을 포함시켰다면 CEO가 당황하지 않았을지도 모른다. 당신이 맥락을 설명하기 위해 그 자리에 참석하지 못한다면 모델에는 추가 정보와 높은 충실도가 필요하다. 그래야 모델 스스로 당신을 대신해서 설명할 것이다(그림 2-5).

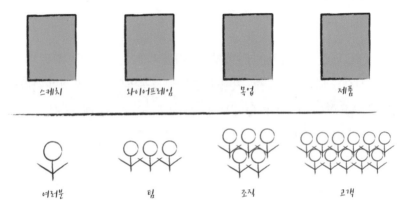

스케치   와이어프레임   목업   제품

여러분   팀   조직   고객

그림 2-5 모델이 얼마나 멀리 공유될 수 있을지에 따라 추가적으로 높은 충실도가 필요할 수 있다.

실제 상황에서의 충실도, 청중, 채널

무언가를 만들 땐 가설을 확인하기에 충분한 정도의 충실도가 필요하다. 그리고 충실도는 청중에게 적합하고, 커뮤니케이션 채널에 맞게 조정돼야 한다.

일반적인 커뮤니케이션 채널을 비교해 충실도, 청중 및 채널이 실제 상황에서 어떻게 동작하는지 살펴보자. 다음의 각 예시에서 모델에 필요한 충실도 정도를 1에서 3까지의 척도로 구분한다(충실도가 낮은 경우는 1, 충실도가 높은 경우는 3). 그런 다음 각 예시에서 청중과 채널을 기준으로 충실도를 조정할 것이다.

예시 1: 직접 점검하는 스케치

간단한 예제로 시작해보자. 당신이 스스로 점검하려고 간단하게 만든 와이어프레임이다. 당신이 지금 막 직접 확인 중이므로 충실도를 전혀 조정할 필요가 없다. 당신은 낮은 충실도의 모델을 직접 점검할 수 있다. 그저 스케치한 뒤 몸을 뒤로 기대고 앉아 검토하면 된다(표 2–1).

표 2-1 당신이 직접 점검하는 스케치는 충실도가 낮을 수 있다.

가설	레이아웃은 괜찮은가?	
청중	오직 당신	1–낮음
거리	같은 장소에 있음, 멀리 떨어져 있지 않음	1–낮음
시간	동기식	1–낮음
범위	공유하지 않음	1–낮음

예시 2: 팀원과 점검하는 스케치

복도에서 동료와 만나 동일한 스케치를 보여준다고 가정해보자. 팀원과 함께 와이어프레임을 점검하고 있기 때문에 스케치 자체로는 충분하지 않을 수 있다. 따라서 당신은 구두로 설명을 덧붙인다. 하지만 당신과 동료는 둘다 같은 팀이기 때문에 많은 설명은 필요치 않으며, 동료들은 당신이 뭘 하고 있는지 알고 있다. 다른 사람과 모델을 점검하려면 좀 더 높은 충실도가 필요하다(표 2–2).

표 2-2 팀원과 함께 점검하는 스케치는 충실도가 좀 더 높아야 한다.

가설	레이아웃은 괜찮은가?	
청중	당신의 팀원	2–보통
거리	같은 장소에 있음, 멀리 떨어져 있지 않음	1–낮음
시간	동기식	1–낮음
범위	팀원과 공유	2–보통

예시 3: 미래의 개발자와 공유하는 화면

지금부터 6개월 후, 같은 화면을 새로운 개발자에게 보여주고 옆에서 직접 설명은 해주지 않는다고 가정해보자. 화면은 개발 중이기 때문에 스케치로는 부족하다. 당신은 클릭할 때 어떤 일이 일어나는지, 화면은 어떻게 생겼는지 어느 정도 설명해야 한다. 그래야 개발자가 HTML과 CSS 코딩을 할 수 있다(표 2-3).

표 2-3 개발자와 공유하는 구체적인 와이어프레임은 충실도가 정말 높다.

가설	콘텐츠, 기능, 레이아웃, 디자인은 괜찮은가?	
청중	당신의 팀원	2-보통
거리	같은 장소에 있음, 멀리 떨어져 있지 않음	1-낮음
시간	비동기식	3-높음
범위	누구에게나 공유 가능	3-높음

충실도를 설명하기 위해 숫자로 된 척도를 사용했지만, 모델마다 정보를 포함해야 하는 상황이 서로 어떻게 다른지 알 수 있었을 것이다. 다음에 누군가가 와이어프레임 대 스케치 또는 프로토타입 대 사양에 대해 이야기하는 것을 듣게 될 때, 팀이 무엇을 하려고 하는지를 다음과 같이 자문해보자.

- 청중은 누구인가?
- 채널은 무엇인가?
- 청중이 질문에 답하기 위해 필요한 정보는 무엇인가?

모델의 충실도가 이터레이션[4]에 영향을 미친다

적절한 충실도에 적절한 정보를 포함시켜 청중이 가설을 확인할 수 있게
한다. 확인할 때마다 당신은 무언가를 배울 것이고, 학습된 바를 활용해
다음 버전을 개선시킨다. 생각하기-만들기-점검하기의 순환 과정을 거
칠 때마다 아이디어가 다듬어진다. 순환 과정은 또 다른 이터레이션iteration
이다(그림 2-6).

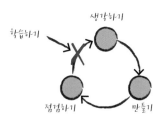

그림 2-6 생각하기-만들기-점검하기 활동은 학습 프로세스다.

디자인은 인터페이스나 제품을 만드는 과정이 아니다. 디자인은 학습 과정
이다. 디자이너로서 생각하기-만들기-점검하기의 순환 과정을 반복해 경
험을 개선하는 방법을 배워보자.

당신이 배우고 싶은 것을 생각하고, 만들고, 점검하기

당신의 모델이 적절한 충실도 수준을 갖췄을 때, 올바르게 학습하기 위해
적합한 청중과 함께 제대로 된 것을 생각하고 만들고 점검하라. 가치 있는
대화에 협력하고, 가치가 낮은 대화엔 적은 시간을 투자한다. 잘못된 것에
생각하기-만들기-점검하기 활동을 하는 것은 이터레이션 시간을 허비하

4   이터레이션: 반복 학습 과정. 짧은 기간 단위로 계속 피드백을 받으면서 결과물을 수정해가는 방법 – 옮
    긴이

는 것이다.

보통 빨리 학습할수록 경험을 빨리 개선하게 된다. 모델의 충실도가 높을수록 만드는 데 시간이 더 걸린다. 만드는 데 많은 시간이 걸리면 학습 속도가 늦어진다. 불필요한 수준으로 충실도를 높이지 않고 그저 충분한 정도의 충실도로 물건을 만들어서 학습을 최적화한다. 애자일 개발agile development과 린 스타트업lean startup 모두 빠른 이터레이션 과정을 통해 학습을 가속화하는 경향이 있다. 애자일 팀은 짧은 스프린트 후 작업을 점검하고, 린 스타트업은 최소 기능 제품MVP, minimum viable product을 만들어 고객과 점검하고 가능한 한 빨리 반복한다.

당신은 또한 올바른 것을 배우고 싶다. 충실도가 낮으면 이터레이션 속도가 빨라지지만, 배울 수 있는 내용이 제한된다. 충실도가 높은 모델일수록 더 높은 충실도, 더 나은 품질, 더 정확한 학습 기회를 제공한다. 실제 제품을 사용하는 실제 고객보다 더 많은 가르침을 주는 것은 없다(그림 2-7).

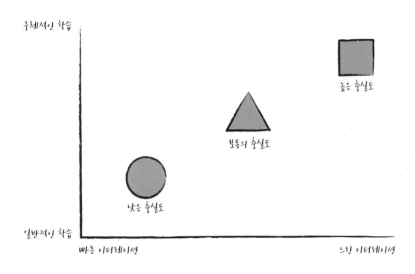

그림 2-7 충실도 수준에 따라 다른 이터레이션 속도, 다른 학습 수준이 제공된다.

사용자, 인터페이스, 인터랙션 및 시스템의 4가지 모델 각각에 대해 충실도를 조정할 수 있으므로, 적절한 청중과 제대로 된 대화를 통해 올바른 내용을 학습할 수 있다.

생각하기-만들기-점검하기는 디자인에 협업이 필요함을 의미한다

예전에는 디자이너들이 디자인을 창조한다고 생각했다. 많은 디자이너는 자신이 사용자 경험을 책임진다고 여긴다. 자신은 사용자를 대변하고, 다른 사람들은 비즈니스와 개발을 맡는다고 생각하는 것이다.

그러나 재미있는 사실은 경험은 와이어프레임, 페르소나, 사이트맵을 쌓아놓는다고 만들어지는 것이 아니다. 사용자 경험은 모두가 함께 일하고, 무언가를 배송한 후에 발생하는 것이다. 디자이너가 혼자 사용자 경험을 디자인하는 게 아니다. 조직이 함께 사용자 경험을 디자인한다. 조직은 사용자 요구사항이 반영되도록 보장하며, 조직 안에 있는 모든 사람이 사용자 경험에 영향을 미친다.

따라서 사용자 경험을 향상시키려면 조직이 디자인하는 방식을 개선해야한다. 당신은 경험 기계가 더 나은 경험을 구축하도록 도와야 한다. 조직이 나쁜 것을 구축하면 당신의 모든 기술, 인사이트^{insight}, 재능은 쓸모가 없다.

조직이 더 많이, 빨리 배울 수 있도록 돕자. 적절한 충실도로 사용자, 여정, 인터페이스, 시스템을 생각하고 만들고 점검해, 이터레이션 과정을 빠른 속도로 잘 수행되도록 개선한다. 청중과 채널을 염두에 두고, 적절한 충실도로 제대로 된 대화를 나눠 올바른 것을 학습하자. 나중에 각 모델은 당신이 올바른 충실도로 생각하기-만들기-점검하기 활동을 잘 할 수 있도록 도구와 함께 이 책의 별도 페이지에서 설명한다.

생각하기-만들기-점검하기, 4가지 모델 및 충실도는 올바른 도구를 선택하고 가장 잘 사용하며, 더 나은 도구를 만들도록 최적화하는 데 도움을 주는 요소다. 하지만 이 작업을 혼자서는 할 수 없다. 조직 전체가 좋은 경험, 더 나은 제품을 만들려면 팀의 모든 사람과 더 잘 협력해야 한다. 3장에서 좀 더 자세히 설명하겠다.

3장

협업의 요소:
공동의 이해, 포용, 신뢰

스티븐 코비[Stephen Covey]는 그의 고전 『성공하는 사람들의 7가지 습관[The 7 Habits of Highly Effective People]』(김영사, 2017)에서 '끝을 생각하며 시작하라'는 훌륭한 조언을 한다. 코비는 "끝을 생각하며 시작한다는 것은 우리가 원하는 방향과 목적지를 명확히 이해하고 매일 과제나 프로젝트를 시작한 다음, 계속해서 일이 가능하도록 능동적인 열정을 사용하는 것을 의미한다."고 적고 있다.

성공적인 협업을 위해선 끝을 염두에 두고 시작해야 한다. 팀과 협력해 생각하기-만들기-점검하기 활동을 하면 성공적인 협업의 끝은 어떤 모습으로 나타날까?

협업을 잘 하는 팀은 다음과 같은 3가지 특징이 있다(그림 3-1).

- 자신이 이해한 바와 비전을 함께 공유한다.
- 모두를 포용한다.
- 서로를 신뢰한다.

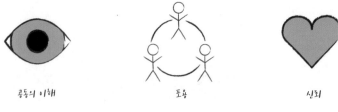

공동의 이해   포용   신뢰

그림 3-1 성공적으로 협업하는 팀은 공동의 이해, 포용, 신뢰의 3가지 행동을 보인다.

이 3가지 행동은 서로를 강화하고 팀이 더 잘 협업하도록 돕는다. 이런 행동은 여러분이 할 일이기 때문에 그 효과를 고민하고 믿으려 하기보다는 그냥 실천해보자. 그리고 이 행동을 능숙하게 하지 않아도 되며, 연습하면 나아질 것이다. 계속하다 보면 협업을 더 잘 하게 될 것이다.

협업의 첫 번째 원칙: 공동의 이해

공동의 이해

협업을 한다는 것은 공동의 일을 함께 하는 것을 의미한다. 어떤 일을 함께 하려면 해당 일에 대해 이해한 바를 공유해야 한다. UIE 창립자인 재러드 스풀Jared Spool은 성공적인 팀에 대한 연구를 통해 함께 이해하고 공유하는 팀이 "훌륭한 디자인을 도출할 가능성이 훨씬 높다."[1]는 점을 발견했다.

---

1   Jared Spool, "Attaining a Collaborative Shared Understanding", 「User Interface Engineering」, 18 Jan. 2012

팀이 이해한 바를 공유하는지 여부는 중요하지 않다. 정도의 문제다. 공동의 이해는 '전체'에서 '없음'까지 척도로 구분된다(그림 3-2). 이해도가 낮은 팀은 서로 잘 맞지 않을 것이다. 커뮤니케이션을 잘못한다는 것은 사람들이 잘못된 일을 한다는 의미이며, 오해는 사람들이 잘못된 변화를 만들어 낸다는 의미이기도 하다.

그림 3-2 공동의 이해는 '예', '아니오' 명제가 아니다. 누군가와 공유하는 이해의 정도는 '없음'에서 '전체'로 바뀔 수 있다.

이해한 내용을 많이 공유할수록 좋다. 공유할 수 있는 이해의 양은 여러분이 누구와 이해한 바를 공유하느냐에 달려 있다. 2장에서 우리는 4가지 유형의 잠재적 청중에 대해 이야기했다.

- 여러분 자신
- 팀
- 조직과 파트너
- 고객

각 청중은 서로 다른 수준으로 이해를 한다. 당신은 해당 주제와 완전한 내용을 공유하는 유일한 사람이다. 협업하는 사람이 많아질수록 그들을 이해시키는 수준은 점점 낮아진다(그림 3-3). 다른 청중들과 공유하는 이해의 양은 당신의 모델에 좀 더 높거나 낮은 충실도가 필요한 이유를 설명해 준다.

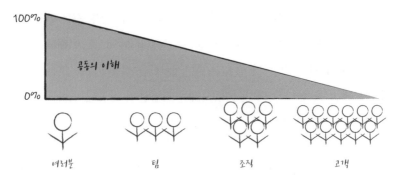

그림 3-3 여러분이 많은 사람과 협업할수록 그들을 이해시키는 수준은 낮아진다. 여러분이 완전하게 이해시키는 청중은 여러분 자신이다. 프로젝트에서 멀리 떨어진 사람들과 협업할 때 거리가 멀수록 청중의 이해도는 낮아진다.

이해한 바를 공유한다는 의미는 언어와 비전을 공유하는 것

나는 허름하지만 값싸고 맛있는 멕시코 음식점을 특히 좋아한다. 휴스턴에서 내가 가장 좋아하는 음식점을 운영하는 사람들은 스페인어만 구사한다. 빨간 비닐 부스에 들어서면 내가 가장 좋아하는 요리인 멕시코식 소고기 스튜 '카르네 기사다carne guisada', 으깬 콩을 다시 튀긴 '프리홀레스 레프리토스frijoles refritos', 옥수수 또띠야인 '마이스mais'를 주문한다. 나는 이 음식을 주문할 수준의 스페인어만 할 줄 안다.

이때 나와 웨이터는 내가 정확하게 주문을 할 수 있을 정도로 스페인어를 공유하기 때문에 나는 그와 협업 관계를 형성할 수 있다. 우리는 같은 언어를 충분히 공유해 협업한 결과, 나는 멕시코식 쇠고기 스튜로 배를 푸짐하게 채울 수 있다.

이와 반대로 내가 스페인어로 말하는 웹 개발자와 협업하려 한다면 어떨까? 일을 진행하는 데 어려움을 겪을 것이다. 우리는 같은 언어를 쓰지 않는다. 담당자는 '와이어프레임'이나 '콜투액션call-to-action'[2]이라는 영어 단어를 모를 수도 있다. 내가 얼마나 천천히 크게 '코올—투—액셔언', '와이어—프레이—모'라고 말하든지 간에 그것은 스페인어가 아닐 것이다. 우리가 함께 일하길 원한다면 우리 둘 모두가 존중하고 포용하는 방식으로 의사소통해야 한다.

디자인에서 와이어프레임을 보여준다는 것은 화면을 보는 모든 사람과 화면에 대한 생각을 공유한다는 것이다. 팀원 모두가 같은 언어를 사용해 화면에 대해 이야기하고 여러분의 생각을 점검할 수 있다.

공동의 이해는 단순한 인터페이스 이상의 역할을 한다. 재러드 스풀은 '협업적 공동의 이해'를 구축함으로써 성공적인 팀이 '프로젝트의 목표와 결과에 대한 공통된 인식'을 개발한다고 언급한다. 존 F. 케네디John F. Kennedy 대통령이 미국 의회에서 "나는 이 나라가 10년 안에 달에 사람을 보내 착륙시키고, 그를 안전하게 지구로 돌아오게 하는 목표를 달성하는 데 노력해야 한다고 믿는다."고 말한 달 탐사 목적에 관한 비전을 들어봤을 것이다. 케네디 대통령의 분명하고도 구체적인 비전은 의회, NASA 그리고 국가와 공유돼 미국이 달 탐사를 성공하도록 도왔다.

여러분이 사용자 프로필과 페르소나를 정의하면 사용자에 대해 이해한 바를 공유하게 되므로, 팀의 모든 사람이 동일한 사용자군을 위해 디자인할 수 있게 된다. 마찬가지로 사용자 여정 및 작업 흐름을 문서화하면, 사용자가 시스템을 통해 이동하는 방법에 대한 이해를 공유하는 것이다.

팀으로 함께 일하기 위해 이해한 바를 공유하든, 아니면 다른 사람과 함께 점검하기 위해 이해한 바를 공유하든, 여러분은 공동의 언어와 비전을 통

---

2   콜투액션: 사용자의 반응을 유도, 촉구하는 장치 – 옮긴이

해 더욱 효과적으로 협업하고 의사소통을 할 수 있다.

청중의 이해 수준에 따라 충실도가 결정

우리는 유사한 문제, 유사한 유형의 프로젝트에서 쌓은 경험에 기초해 와이어프레임에 어떤 정보를 포함시켜야 할지 안다. 예를 들어 소프트웨어와 웹사이트를 만들어본 사람들은 콘텐츠, 기능 목록, 레이아웃이 필요하다는 사실을 모두가 다 알고 있다. 그게 바로 와이어프레임이다. 우리는 와이어프레임에 들어가는 내용을 공유한다.

와이어프레임에 대해 공유된 내용은 복도나 회의실에서 서로 협업할 때 도움이 된다. 이는 우리가 떨어져 있는 상태에서 협업할 때도 마찬가지다.

공동의 이해는 협업할 때 지킬 규칙을 만들고, 규칙은 충실도를 조정하는 방법을 설명한다. 인터페이스에 대해 이야기하는 가장 쉬운 방법은 콘텐츠와 기능으로 구성된 간단한 목록이다. 해당 목록은 무엇을 보여주는가? 여러분 눈에 무엇이 보이는가? 화면을 공유해 함께 이해하면 충실도를 어떻게 높여야 하는지 이해할 수 있다. 콘텐츠와 기능 목록의 충실도를 향상시키려면 레이아웃을 추가하고 목록을 와이어프레임으로 변환하자. 와이어프레임의 충실도를 높이기 위해 상호작용성을 추가해 프로토타입으로 변환시킨다.

공유된 비전은 함께 일하는 데 도움이 되는 공통의 언어를 만들어낸다. 협업한다는 것은 무엇인가에 대해 함께 일하는 것을 의미한다. 공동의 이해는 누구와 협업하는지 만큼이나 중요하다.

협업의 두 번째 원칙: 모두를 포용하라

포용

모두를 포용한다는 것은 팀 전체가 함께 일한다는 의미다. 팀이 잘 협업하면 모든 사람은 그 일에 기여를 한다. 특히 사일로 환경에서 일할 때 서로 다른 분야를 함께 보지 않으면 공동의 이해를 구축할 수 없다.

모두를 포용한다는 것은 공동의 이해와 마찬가지로, 전체 또는 전무全無로 도식화할 개념은 아니다. 팀이 협업할 때마다 다양한 구성원들이 서로 다른 수준으로 참여한다(그림 3-4). 특히 모든 사람을 모든 결정에 참여시킬 수 없는 대규모의 팀에서는 다양한 사람들이 전체의 각 영역에서 협업을 할 것이다. 핵심은 기여해야 할 모든 사람에게 그럴 기회가 있어야 한다는 것이다.

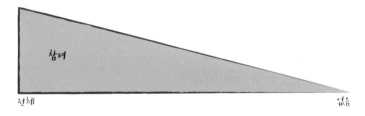

참여

전체   없음

그림 3-4 모든 사람을 포용하는 것은 예, 아니오의 명제가 아니다. 팀원들이 얼마나 참여하는지 정도는 전적으로 참여하는 수준에서 전혀 참여하지 않는 수준까지 나앙하나.

모두를 포용하는 것은 존중함을 보여주는 것

모두를 포용하려면 모든 사람의 말을 들어야 하고, 모든 사람의 관점을 존중해야 한다. 또한 모두를 포용하려면 자신의 관점을 중시하는 만큼 모든 사람의 관점을 존중해야 한다. 나 자신만의 생각은 내려놓아야 한다.

모두를 포용하려면 자신이 아무것도 갖고 있지 않음을 깨달아야 한다. 디자이너로서 자신의 디자인을 소유하려 하지 말자. 대신 팀이 더 나은 제품을 만들도록 돕자.

당연히 문제에 접근할 때 자신에게 중요한 문제에 집중하게 된다. 모든 사람을 포용할 때 당신은 다른 사람들에게 중요한 문제를 이해하고, 더 나아가 해당 문제를 자신의 문제만큼 중요하게 다뤄야 한다. 만약 당신이 시각 디자이너이고 브랜드 경험이 매우 중요하다고 느낀다면 그건 괜찮다. 또한 브랜드 경험만큼이나 실현 가능성에 대한 개발자의 생각도 중요하게 고려해야 한다.

모두를 포용할 때는 팀의 관점, 지혜, 인사이트를 모아 팀의 공동 이해로 엮어낸다. 당신은 팀 전체가 다년간 쌓아온 경험의 가치를 활용한다. 참여하지 않는 사람을 끌어들이기 위해 손을 내밀 때 그들의 인사이트를 존중하고, 팀원으로서 소중히 여긴다고 말해주자.

모두를 포용할 때 팀으로 일하는 협업을 하는 것이다.

모두를 포용하기 위해 손을 내밀자

모두를 포용한다는 것은 여러분이 적극적으로 팀원, 동료 그리고 최종 사용자에게 손을 내밀어야 함을 의미한다. 린 스타트업 업계에선 고객들과 이야기하기 위해 건물 밖으로 나가라고 이야기한다.[3] 건물 밖으로 나가는 것은 고객들의 관점을 제품 비전에 포함시키기 위해 그들에게 손을 내미는 것이다.

당신 머리를 건물이라고 생각해보라. 팀에 있는 모든 사람과 대화하기 위해 어떻게 머리에서 벗어날 수 있을까? 당신은 항상 직접 생각하고 만들고 점검한다. 모든 사람을 포용한다는 것은 당신이 팀과 함께 생각하고 만들고 점검하는 것을 의미한다.

모든 협업에 실제로는 모든 대화에 포함돼야 하거나 포함되길 원하는 모든 사람을 포함시키자. 방 안에 있는 사람들 또는 컨퍼런스 콜, 스크린셰어상에서 만나는 사람들을 볼 때, 각각의 사람들이 얼마나 잘 참여했는지 평가해보라. 누가 기여를 하지 않았는가? 그가 바로 대화에 끌어들여야 할 사람이다.

나는 여러분의 팀을 대화에 끌어들이기 위해 단계별로 각각의 도구를 커스터마이즈해서 모두를 포용할 수 있게 할 것이다.

포용은 또한 기다림이다

모두를 포용한다는 것은 또한 기다림을 의미하기도 한다. 때때로 팀원은 협업할 준비가 돼 있지 않다. 어쩌면 그들은 더 압박을 느끼고 있을지도 모른다. 어쩌면 그들에겐 협업하려는 마음이 없을 수도 있다. 그리고 아마 그들이 당신을 좋아하지 않을 수도 있다. 협업하고 싶지 않은 사람들에게 손을 내밀 때 당신이 상대에게 의견을 원하고 있고, 그들의 참여를 환영하고

---

3 린 스타트업은 이를 '고객 개발(customer development)'이라고 부른다. 고객 개발에 대해 더 알고 싶으면 브랜트 쿠퍼(Brant Cooper)와 패트릭 블라스코비츠(Patrick Vlaskovits)가 쓴 저서 『The Entrepreneur's Guide to Customer Development』(Cooper-Vlaskovits, 2010)를 확인하자.

있음을 보여주자. 하지만 강요하진 말자. 모든 사람을 포용한다는 것은 모두에게 문이 열려 있고, 그들을 환영하고 있음을 알려주는 것이다. 팀원들에게 손을 내밀자. 준비가 되면 참여할 것이다.

가장 중요한 협업의 원칙: 모두를 믿어라

신뢰

공동의 비전을 갖고 함께 일하려면 전체 팀원은 모든 사람을 존중해야 한다.

팀원들이 이해한 바를 서로 공유하면 모든 사람은 그들이 무엇을 하는지, 왜 중요한지 그리고 결과가 어떻게 나올지 안다. 모두를 포용할 때 여러분은 모든 사람의 의견을 소중히 여길 것이고, 팀 전체가 함께 일할 것임을 보여준다. 그러나 여러분이 얼마나 많이 생각을 공유하고 얼마나 많은 사람을 포용하는지에 관계 없이 상대방을 존중하는 행동에 따라 협업하는 수준이 달라질 것이다.

존중한다는 것은 비전을 공유하고 함께 일하는 것처럼 '한다' 또는 '안 한다'의 문제가 아니다. 팀의 상호 존중을 '전체'에서 '없음'까지의 척도로 생각해 보자(그림 3-5).

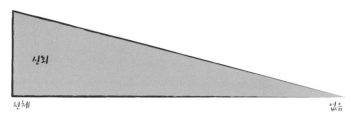

그림 3-5 팀이 보여주는 신뢰의 양은 '없음'에서 '전체'까지의 척도로 측정할 수 있다.

팀원들을 존중할 때 여러분은 그들의 결정, 피드백 그리고 그들이 하는 일을 존중하는 것이다.

모두의 결정을 신뢰하라

대부분의 협업은 질문과 대화를 통해 이뤄진다. 협업할 때 사람들에게 어떻게 생각하는지 의견을 물어본다. 팀원이 질문에 대답하면 그들이 내린 결정을 공유한다. 다양한 경험과 배경, 관점을 가진 어떤 훌륭한 팀에서도 이러한 결정은 상충될 수 있다. 팀원들이 이런 갈등을 통해 모두가 동의하는 결정인 합의에 도달하면서 협업이 전개된다.

모두의 책무를 신뢰하라

2000년대 초 나는 프론트엔드 개발자로 일하면서 유효하고[valid] 의미론적이며[semantic] 접근 가능한[accessible] HTML과 CSS, 자바스크립트를 처음부터 썼다. 나는 유효한 시맨틱 마크업[semantic markup]이 어떻게 더 접근하기 쉬운 인터페이스를 만들고, 버그를 줄이며, 웹사이트를 더 쉽게 유지하도록 만드는지 안다. 하지만 내 생각엔 유효하면서도 시맨틱한 코드를 만드는 것이 쉬운 일은 아니다.

한 개발자가 아주 형편없고 끔찍하며 퀄리티가 낮은 스파게티 코드[4]를 전달했다. 그는 왜 질 낮은 코드를 제공했을까? 게을러서? 아니면 무식해서?

이건 그런 문제가 아니다.

첫째, 코드의 질이 낮다고 판단한 것은 내 의견, 즉 내 자존심이었다. 함께 일하려면 자존심을 내려놓아야 한다. 둘째, 그것은 내 책무가 아니었다. 내 작업은 와이어프레임이었고, 프론트엔드 코딩은 해당 개발자의 일이었다. 자신이 다른 사람보다 해당 업무를 더 잘 할 수 있다고 생각하든 말든, 그건 중요치 않다. 그건 그들의 일이다. 그들은 자신들이 가장 좋다고 생각하는 방식으로 해당 업무를 할 것이다.

믿거나 말거나 당신은 세상에서 가장 위대한 지성이 아니다. 당신이 모든 해답을 갖고 있지 않다. 팀에 있는 사람들은 사용자 경험에 대해 자신과는 다른, 더 나은 아이디어를 갖고 있을 수 있다. 결정을 내릴 때 팀이 자신을 믿길 바라는 것처럼 팀원들이 내리는 결정을 신뢰해야 한다.

이는 그들이 개인적 한계에 근거해 내리는 결정도 포함된다. 이러한 한계는 기술, 경험 또는 이해 수준에도 적용될 수 있다. 상관 없다. 당신을 포함한 팀의 모든 사람에겐 한계가 있다. 협업에서 맞는 결정은 없다. 팀의 결정, 팀에 가장 좋은 결정만이 있다. 함께 경험 기계를 동작시키는 것이므로, 옆에 있는 사람이 제 역할을 하리라는 사실을 믿어야 한다.

모두의 꿈을 믿어라

전자상거래 사이트에서 나는 서버가 데이터베이스를 조회하고, 결과를 브

---

4   프로그램에서 제어 흐름이 마치 스파게티 면발처럼 엉킨 프로그램 코드에 붙인 이름 – 옮긴이

라우저로 보내 사용자들이 자바스크립트 없이 검색 결과를 볼 수 있길 원했다. 하지만 개발자들은 앵귤러[5]를 사용하길 원했다. 이는 서버가 브라우저에 아무것도 보내지 않음을 의미한다. 대신 앵귤러는 브라우저를 사용해 검색 결과를 얻는다.

대부분의 사용자는 같은 경험을 갖고 있다. 사용자는 로딩된 웹페이지에서 검색 결과 목록을 본다. 내가 봤을 때 화면은 자바스크립트 없이는 더 이상 작동하지 않았다. 해당 페이지는 설계대로 작동하지 않았지만, 개발자들에게 이것은 앵귤러를 구현하려는 그들의 꿈에 관한 것이었다.

다른 곳에서 뭔가를 봤다고 해서 멋지고 색다른 것을 하고 싶었던 적이 있는가? 매우 흥미로워서 새로운 위젯을 와이어프레임에 넣거나 새로운 프로토타이핑 도구를 사용한 경우 말이다. 브렌트 슐렌더Brent Schlender와 릭 테트젤리Rick Tetzeli는 저서 『비커밍 스티브 잡스Becoming Steve Jobs』[6]에서 조너선 아이브Jonathan Ive가 말한 꿈의 중요성을 포착해 다음과 같이 설명한다.

> 프로젝트가 끝날 때면 많은 것을 달성했을 것이다. 실제 제품도 있고, 여러분이 배운 모든 것이 있다. 배운 내용은 제품 자체만큼 분명히 구체적이지만, 그것이 여러분의 미래이기 때문에 훨씬 더 가치가 있다. 여러분은 그것이 어디로 향하는지 알 수 있고, 스스로에게 더 많은 것을 요구할 수 있다. 그것은 제품뿐 아니라 여러분이 배운 것에서도 훨씬 더 놀라운 결과를 낳는다.

어떤 경우엔 팀원의 결정이 실용적이지 못하다고 느낄 수도 있다. 그것은 아마도 그들이 배울 수 있는 새로운 것에 대한 꿈을 바탕으로 한 결정일지

---

5 앵귤러: 웹 애플리케이션을 개발하는 구글의 오픈소스 자바스크립트 프레임워크–옮긴이
6 『비커밍 스티브 잡스』, 안진환 옮김, 혜윰, 2017년

도 모른다. 이때 당신은 그 꿈의 중요성을 이해하지 못할 수도 있겠지만, 그들의 결정을 존중해야 한다. 그게 현재 프로젝트보다 더 커다란 의미일 수도 있다. 이것은 팀이 무엇을 배울 수 있는지에 대한 꿈일 수 있고, 그래서 그들이 미래에 성장할 수도 있는 것이다.

모두의 피드백을 신뢰하라

팀원 모두가 거부권을 행사할 수 있는가? 누구든지 어떤 아이디어에 일방적으로 거부할 수 있는가? 도요타 임원 출신인 알렉스 워렌$^{Alex Warren}$은 『도요타 방식$^{Toyota Way}$』[7]에서 모든 작업자에게 조립라인을 일방적으로 정지시킬 수 있는 권한을 부여한 경위를 설명한다.

> 우리는 작업자들에게 전체 조립 라인을 멈추게 할 수 있는 버튼을 누르거나 '안돈 코드$^{andon code}$'로 불리는 코드를 당길 수 있는 권한을 준다. 모든 팀원은 기준에 부합하지 않는 상황을 발견할 때마다 조립 라인을 중단시킬 책임이 있다. 이것이 팀원들에게 품질에 대한 책임을 부여하는 방법이다. 그들은 책임감을 느끼고, 더불어 권한도 느낀다. 그들은 자신들이 중요하다는 사실을 안다.

협업 시 가장 안 좋은 상황은 열심히 일한 후 뭔가를 보여줬는데 비판적 피드백을 받을 때다. 팀의 결정을 존중하는 것처럼 그들의 피드백도 존중한다. 당신과 팀이 뭔가를 생각하고 만들고 점검할 때, 팀은 많은 초기 피드백을 제공할 것이다. 당신은 그들의 피드백이 필요하고, 그들은 당신의 피드백을 필요로 한다. 서로에게 주는 피드백은 팀이 더 나은 경험을 구축하는 데 도움이 된다.

7   제프리 라이커(Jeffrey K. Liker), 『도요타 방식(Toyota Way)』, 김기찬 옮김, 가산출판사, 2004년

모든 사람을 포용하고 그들의 피드백을 존중해야 한다고 해서 모든 피드백이 정확한 것은 아니다. 피드백은 함께 논의하기 위해 하는 것이다.

같은 비전을 공유하고 모든 사람을 포용한다면 당신은 그들의 피드백이 좋은 의도에서 나왔다고 생각해 존중할 것이다. 그렇다고 해서 해당 피드백을 논의할 수 없으며, 아이디어를 팔려고 할 수 없다는 뜻은 아니다. 중요한 것이 있다면 열정과 내공을 발휘해 자신이 내린 결정에 대해 설명하라. 그리고 팀에게 피드백을 설명하게 하자. 피드백에 대해 토론하고 팀에 가장 적합한 결정을 내리자.

때로는 팀이 당신에게 동의할 수도 있고, 당신이 팀에 동의할 수도 있다. 훌륭한 팀은 절대 모든 것에 동의하는 법이 없고, 팀이 결정한 것을 항상 좋아하지는 않을 것이다. 괜찮다. 협업은 팀이 결정하는 것이며, 자신이 생각하는 것이 가장 좋은 게 아닐 수 있다.

SCARF 모델을 이용한 심리적 안전성 측정

존중respect은 정서적 욕구다. 이는 팀원을 심리적으로 편안하게 해 그들이 평가에서 자유롭게 의견을 낼 수 있게 한다. 뉴로리더십 인스티튜트 NeuroLeadership Institute의 데이비드 락David Rock은 SCARF 모델을 개발해 사람들이 안전하고, 존중받고 있음을 느끼도록 돕는 5가지 정서적 욕구를 기술했다. SCARF는 상태status, 확실성certainty, 자율성autonomy, 관련성relatedness, 공정성fairness을 나타낸다(그림 3-6).

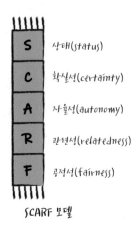

그림 3-6 SCARF 모델은 사람들이 얼마나 잘 협업하는지에 영향을 미치는 5가지 정서적 욕구를 상태, 확실성, 자율성, 관련성, 공정성으로 구분해 설명한다 (『Liminal Thinking』[8]을 쓴 데이브 그레이(Dave Gray)에 감사를 전한다).

정서적 욕구는 선택적인 듣기 좋은 인사말처럼 보일 수 있다. 인간은 자신을 약한 감정적 충동을 통제하는 논리적이고 이성적인 존재로 생각하고 싶어한다. 그러나 락이 지적한 것처럼 정서적 욕구는 신체적 욕구만큼이나 우리의 행동을 제어한다. 협업을 할 때 정서적 욕구는 당신이 해당 그룹에 접근하고 참여할지, 아니면 그룹을 위협으로 간주하고 뒤로 물러날지 여부를 결정한다.[9]

도요타가 조립 라인에 만든 '안돈 코드'는 업무 상황에 적용된 SCARF 모델을 보여준다. 경영진은 조립 라인에서 일하는 작업자들에게 훌륭한 차량 경험을 만들어낼 수 있는 권한을 부여했다. 워렌은 "그들은 책임감을 느끼고 더불어 권한도 느낀다. 그들은 그들 스스로가 중요하다는 걸 안다."고

---

8 데이브 그레이, 『Liminal Thinking: Create the Change You Want by Changing the Way You Think』, TwoWavesBooks, 2016(http://www.liminalthinking.com)

9 데이비드 락, "SCARF: A brain-based model for collaborating with and influencing others," 『NeuroLeadership Journal』, No. 1, 2008

설명한다.

데이브 그레이는 『Liminal Thinking』에서 팀원들이 서로 얼마나 신뢰하는지 보여주는 질문을 다음과 같이 정리해 체크리스트로 소개한다(표 3-1).

표 3-1 팀원 간 신뢰도를 평가하기 위한 데이브 그레이의 SCARF 체크리스트

상태	이 사람은 스스로가 다른 사람들에게 중요하고 인정받고 있으며, 필요하다고 느끼는가?
확실성	이 사람은 자신의 미래를 알고 있다고 확신하는가? 이 사람은 합리적이고 정확하게 미래를 예측할 수 있다고 확신하는가?
자율성	이 사람은 자신의 삶, 일, 운명을 통제하고 있다고 느끼는가?
관련성	이 사람은 자신이 소속해 있다고 느끼는가? 그들은 관계로 맺어져 있다고 느끼고, 그룹이 그들을 돌볼 것이라고 믿는가?
공정성	이 사람은 그들이 공정한 대우를 받고 있다고 느끼는가? 그들은 '게임의 룰'이 그들에게 공정한 기회를 준다고 생각하는가?

팀원들 중 누구와도 협업하기 힘들다고 느껴진다면 이 질문을 자문해보고, 결핍된 정서적 욕구를 찾아보라. 훌륭한 협업은 모든 팀원이 자신이 소속돼 있다고 느끼고, 팀에서 필요하며 존중받고 있어야 가능하다. 협업은 모두가 자신이 동등한 참여자이고, 경청하고 공정하게 대우받는다고 느끼길 요구한다.

협업은 더 나은 제품을 만들기 위한 열쇠

만약 제품을 만들어본 경험이 없지만 팀과 회사가 제작 경험이 있다면 당신은 그 경험을 제어하려는 노력을 멈추고, 경험 기계를 개선하려는 노력을 시작해야 한다.

팀이 생각을 공유하도록 도와주면 모든 사람이 동일한 목표를 향해 일하

고, 동일한 기준으로 결정을 내린다. 모든 사람을 포용할 때 여러분은 신뢰를 쌓고, 팀이 최상의 경험을 위해 함께 일할 수 있도록 돕는다. 이는 또한 팀이 접촉하는 경험의 모든 부분 사이에 연속성을 구축하는 것이기도 하다.

당신이 팀원 및 고객과 일을 더 잘 하게 되면 제품 경험의 품질과 관련된 영향력은 확대될 것이다. 당신은 모든 단계에서 경험 기계를 개선할 수 있다. 협업은 전체 조직이 더 나은 경험을 만들도록 돕는다. 협업이란 경험 기계를 해킹하고, 더 나은 경험을 만들기 위해 사용하는 도구다.

실제 상황에서의 협업: 프레임, 촉진, 마무리

우리는 협업을 생각할 때 다른 사람들과 얼굴을 맞대고 일하는 것, 대화와 토론을 촉진하는 모습을 떠올리곤 한다. 여기서 촉진은 협업에서 가장 중요한 부분일 것이다.

협업에는 다음 3가지 활동이 포함된다.

- 프레임frame: 협업 방법(무엇을 어떻게 협업할 것인가)
- 촉진facilitate
- 마무리finish: 협업의 최종 결과

4장에서는 프레임-촉진-마무리 활동이 실무에서 어떻게 더 나은 협업을 이끌어내는 데 도움이 되는지 살펴보기로 한다.

이 책의 모든 도구는 프레임, 촉진, 마무리라는 동일한 로드맵[1]을 따른다. 복도에서 나누는 대화에서든 CEO 프레젠테이션에서든 동일한 로드맵이 적용된다. 이 로드맵으로 배우고 따르다 보면 누구와도 어떤 주제에 대해

---

1 본래 '로드맵'은 어떤 일을 추진하기 위해 세우는 단계적 계획이나 지침을 의미하지만, 지은이는 어떤 단계마다 특정 활동을 하는 과정, 프레임이라는 의미로 사용함 – 옮긴이

서도 협업하는 방법을 개선할 수 있게 된다.

협업은 자체적인 문제다

누군가가 여러분에게 질문을 하면 수년간의 경험, 교육, 자신의 지식을 바탕으로 대답한다. 설계 전문가는 설계 관점에서 답을 하고, 개발자는 개발 관점에서 답한다. 이런 상황은 의사를 방문했을 때도 일어난다. 의사에게 "이렇게 하면 여기가 아파요."라고 말하면 의사는 즉시 의료 전문가 모드로 전환해 진단 및 치료를 제공한다.

조직 개발organizational development 분야의 저명한 사상가인 에드거 샤인Edgar Schein은 전문가로서 상황에 대응하는 모드를 전문 용어로 '프로세스 컨설팅process consulting'[2]이라고 부른다. 여러분이 전문가로서 반응할 때 여러분은 전문가 프로세스로 일을 하며, 전문가로서의 답을 찾는다. 전문가 모드가 해당 문제에 접근하는 올바른 방법인지 의심하기도 전에 습관적으로 전문가 모드로 전환하는 것이다.

프로젝트에 착수해 협업할 방법을 찾을 땐 일반적인 전문 지식은 제쳐 놓자. 와이어프레임, 페르소나, 리서치에 대해 알고 있는 어떤 지식도 협력하는 데 도움이 되지 않는다. 협업은 디자인상의 문제가 아니다. 이것은 협업 자체의 문제다. 프레임-촉진-마무리 로드맵을 사용해 협업 문제를 해결하는 방법을 살펴보자.

---

2   에드거 H. 샤인, 『Humble Consulting: How to Provide Real Help Faster』, Berrett-Koehler Publishers, 2016

협업은 반복 가능한 구조를 가진다

협업은 다음과 같은 구조를 지닌다. 먼저 질문의 프레임을 잡고, 탐색하고 토론한다. 그 다음 집단적으로 답변을 결정한다. 이것이 프레임-촉진-마무리 구조다(그림 4-1).

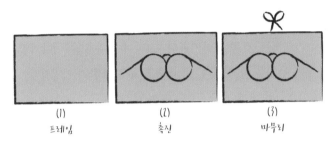

그림 4-1 협업을 하려면 먼저 질문의 프레임을 잡은 다음 탐색과 토론을 촉진하고, 집단적인 결정을 내려 마무리한다.

협업은 대화다. 여느 대화처럼 시작할 때 모두에게 무엇을 이야기할지 말하자. 그런 다음 그것에 대해 구체적으로 이야기한다. 마지막으로 대화를 끝낸다. 좋은 대화에서라면 주제에 대한 프레임을 잡고 토론을 촉진한 다음 대화를 마무리할 것이다.

사람들이 협업을 생각할 때 질문하고, 포스트잇 메모를 붙이고, 스케치를 하는 중간 단계, 즉 촉진 과정에 끼어 옴짝달싹 못하는 상황을 떠올린다. 그러나 협업의 중요한 부분은 촉진 과정이 아니다. 정작 가치 있는 것을 만들어낼 수 있는 부분은 시작과 끝인 프레임과 마무리 부분이다. 따라서 촉진을 깊이 다루기 전에 먼저 프레임과 마무리부터 살펴보도록 하자.

협업은 프레임으로 시작한다

(1)
프레임

협업 로드맵의 첫 단계는 프레임이다. 프레임으로 시작할 때 우리는 모든 사람에게 기대하는 것을 이야기한다. 그들에게 무엇을 이야기할지 말해준다. 모두가 무엇을 할 것이며, 이 대화가 왜 중요한지 설명한다.

이 프레임은 우리의 3가지 협업 원칙을 마이크로 스케일micro scale로 활용한다. 말하려 하는 것, 기대하는 내용 그리고 그것이 왜 중요한지를 공유할 때, 생산적인 대화에 필요한 공동의 이해를 이끌어내는 씨앗을 뿌린다고 할 수 있다. 이 프레임은 또한 모든 사람을 표면상으로 포용하는 기회를 제공하고, 여러분이 그들의 기여를 환영하고 존중하는 행위를 강화시킨다.

질문이 좀 많아 보이지만 다음의 4가지 간단한 질문은 프레임을 만드는 데 필요한 모든 것을 보여준다.

- 무엇을 할 것인가?
- 프로젝트를 완료하면 무엇을 끝내게 되는 것인가?
- 어떻게 할 것인가?
- 이것이 왜 중요한가?

인터페이스를 스케치하기 위해 팀원 몇 명과 협업하고 싶다면, 다음과 같은 방법으로 질문에 답할 수 있을 것이다.

무엇을 할 것인가?	우리는 이 화면을 스케치할 것이다.
결과는 무엇인가?	일이 끝나면 우리는 모두가 동의해 만든 와이어프레임을 갖게 될 것이다.
이 활동이 왜 중요한가?	스크린을 함께 스케치하면 우리가 무엇을 만들고 있으며, 왜 만드는지에 대해 모두가 동의하게 된다.
어떻게 그 일을 할 것인가?	우리는 함께 화면을 스케치하려 한다.

프레임은 협업적 의식구조를 만든다

무엇을 할지에 대해 모두에게 알리는 일은 화면을 스케치하기 위한 많은 준비 과정 중 하나이자, 중요한 과정이다. 모든 사람에게 앞으로 협업이 어떤 모습일지 알려주면서 우리는 3가지 기대를 갖는다.

첫째, 사람들이 참여하게 할 씨앗을 심는다. 이는 그들의 생각, 관점을 관찰자에서 공동작업자로 바꾼다. 자신들이 무엇을 할 것인지 이야기하면 자신이 토론에 기여하고, 마커를 손에 잡고 뭔가를 하는 모습을 상상할 것이다.

둘째, 그들에게 무엇을 하게 될지, 왜 그것이 중요한지를 이야기하면 왜 관심을 가져야 하는지 이해하게 된다. 이는 사람들이 토론에 힘을 쏟고 참여하도록 북돋을 것이다.

마지막으로, 여러분이 어떻게 할지 설명하면 그들은 무엇을 기대해야 할지 안다. 예를 들어 스케치를 하기 전에 그들이 어떤 질문에 대해 논의할지 알게 된다면, 사람들은 여러분이 스케치 대신 사용자와 과업에 대해 물어볼 때 조급해하지 않을 것이다. 팀 앞에 무슨 일이 일어날지 미리 알게 되면 그들은 모두가 합의한 와이어프레임으로 최종 목표를 향해 나아가는 동안 당신을 신뢰할 것이다.

프레임이 잘 잡힌 체계적인 토론은 협업의 원칙을 활성화한다. 팀에게 당신이 현재 하는 일과 그 일을 하는 이유 및 방법을 말할 때 대화에 대한 공동의 비전을 만들어내게 된다. 공동의 비전을 어떻게 할지 설명하고 모든 사람이 참여한다고 명시할 때, 당신은 모든 사람을 포용하고 모든 사람의 의견을 신뢰할 수 있음을 암시한 것이다.

더 숙련된 팀과 함께 간단한 프레임 만들기

당신과 팀이 이전에 협업한 적이 있다면 진행 중인 일과 그 일을 하는 이유를 함께 살펴보는 것이 좋다. 이렇게 하면 모두가 일정을 숙지하게 '되고', 중요한 단계도 '쉽게' 잊지 '않는다'. 하지만 자주 호흡을 맞추는 팀이라면 프레임을 단축시킬 수도 있다.

스케치 예제를 사용해 "우리는 이 화면을 스케치하려 합니다. 먼저 우리가 만들고 있는 것에 대해, 그리고 그 근거를 함께 합의해보는 시간을 갖겠습니다. 사용자와 맥락부터 시작해서 화면을 스케치해보도록 합시다."라고 이야기할 수 있다.

여기에서 우리가 했던 것처럼 4가지 질문에 순서대로 답할 필요는 없다. 자연스럽게 이야기해보자. 4가지 질문을 체크리스트 삼아 프레임에서 필요한 모든 정보를 포함시키는 데 중점을 둔다. 일단 프레임을 설정하면 대화를 촉진시킬 수 있다. 하지만 우선 촉진보다 더 중요한 것은 어떻게 마무리할지 알아야 한다.

포착한 결과를 사용해 협업을 마무리하자

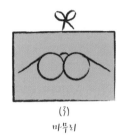

협업 로드맵의 마지막 단계는 마무리다. 좋은 협업은 팀이 결과에 합의하면 끝난다. 팀은 함께 일하면서 집단적인 결정을 내린다. 만약 당신이 이 결과를 명시적으로 포착해내지 않는다면 아무도 결정을 내렸다고 생각하지 않는다. 이 예제에서 결과는 화면 스케치다. 모든 대화와 협업은 결과가 있다. 이 결과를 확실히 포착해내는 일은 좋은 마무리에 대단히 중요하다.

목표와 비전, 사용자, 여정 또는 인터페이스에 대해 협업하든 안 하든, 모든 논의의 끝은 다음 두 가지 유형의 결과 중 하나로 도출된다.

- 한 가지
- 여러 가지

이 예제에서 우리가 작업을 마무리하고 나면 하나의 화면에 대한 스케치가 도출될 것이다. 하나의 스케치에 맞추길 원했기 때문에 하나의 스케치로 끝나게 된다. 이와 반대로 우리가 5가지 다른 방법으로 화면 레이아웃을 스케치하길 원했다면, 여러 가지 스케치 결과를 얻을 수 있을 것이다.

물론 스케치가 결과를 포착하는 유일한 방법은 아니다. 다음과 같은 4가지 형식으로 결과를 포착해낼 수 있다.

- 단어
- 다이어그램
- 스케치
- 워크시트 또는 캔버스

다음의 각 섹션에서는 각각의 커스터마이즈된 도구로 구체적이고 탄탄하며, 실행 가능하고 문서화된 결과를 다양한 형식으로 얻는 방법을 보여준다. 이 포착된 결과는 팀이 협업을 끝냈음을 아는 방법이다.

하지만 회의실에서 그냥 나갈 수는 없다. 아무도 무슨 일이 일어났는지 모를 것이다. 일단 결과를 포착하고 나면 모든 사람에게 끝났음을 분명히 알려야 한다. 이때 프레임을 과거 시제로 바꿔 다시 표현하면 된다.

- 무엇을 했는가?
- 어떤 결과를 얻었는가?
- 어떻게 했는가?
- 이것이 왜 중요한가?

이 예제를 사용해 다음과 같이 마무리를 설명할 수 있다.

무엇을 했는가?	이 화면을 스케치했다.
어떤 결과를 얻었는가?	지금 모두가 동의해 만든 와이어프레임을 갖고 있다.
어떻게 했는가?	함께 화면을 스케치했다.
이것이 왜 중요한가?	스크린을 함께 스케치하면 우리가 무엇을 만들고 있으며, 왜 만드는지에 대해 모두가 동의하게 된다.

이렇게 마무리를 하면 프레임으로 마무리하는 것과 같다. 당신이 한 일과 그 일을 한 이유를 반복해서 알리고, 모두에게 그것이 왜 중요했고 앞으로 어떻게 도움이 될 것인지를 상기시킨다. 좋은 마무리는 팀원들에게 팀이

협업해 성공적으로 결과물을 도출했으며, 그들이 일한 시간을 보여줄 결과물이 있음을 다시 한번 알려주는 것이다.

계획할 때 마무리로 시작하기

스티븐 코비가 끝을 염두에 두고 시작하라고 조언했던 것을 기억하는가? 여러분이 원했던 결과물로 끝나면 성공적으로 협업을 한 것이다. 그 말은 시작하기 전에 어떤 결과물로 끝내길 원하는지 알아야 한다는 의미다. 구체적으로 이야기해보자.

여러분은 한 가지 결과물을 낼 것인가? 아니면 여러 결과물을 원하는가? 결과물은 단어, 다이어그램, 스케치, 워크시트 또는 캔버스 중 어떤 것일까?

이 마무리와 결과는 다른 모든 것을 주도한다. 새로운 프레임을 구동시키고, 마무리를 암시하며, 중간에 촉진 단계로 안내한다.

4단계를 통한 협업 촉진

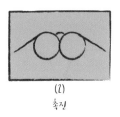

(2)
촉진

워크숍 또는 다른 협업 세션에 참여하는 사람들이 도움을 요청할 때는 대개 촉진에 대한 도움을 원한다. 사람들이 참여할까? 그들은 지시를 따를까? 만약 누군가가 너무 많은 말을 하거나 충분히 말을 하지 않는다면? 참가자들이 동의하지 못하는 경우엔?

촉진은 가장 중요한 협업 기술처럼 보이지만 실은 그렇지 않다. 촉진은 프레임-촉진-마무리 활동의 두 번째 단계임에도 불구하고 몇 가지 이유로 마지막에 다룬다. 첫째, 협업을 하기 위해 마무리부터 시작하고 예상되는 결과를 확인한다. 둘째, 프레임에서 예상되는 결과와 달성 방법을 설명한다. 마무리를 확인하고 프레임을 설정한 후에야 촉진에 대해 생각하기 시작한다. 그런 의미에서 촉진이란 협업 로드맵에서 가장 중요도가 낮은 부분이다.

우리가 촉진을 마지막으로 다루는 또 다른 이유는 촉진이 보기보다 훨씬 더 쉽기 때문이기도 하다. 이후 섹션에서 다룰 커스터마이즈된 도구에서 볼 수 있듯이 촉진은 동일한 4가지 단계를 거친다. 사용자, 여정, 인터페이스 중 어떤 협업을 하든 상관없이 촉진은 4가지 유형의 활동으로 구성된다 (그림 4-2).

- 열기^{open}
- 분석하기^{analyze}
- 합성하기^{synthesize}
- 닫기^{close}

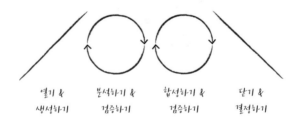

열기 &   분석하기 &   합성하기 &   닫기 &
생성하기   검증하기   검증하기   결정하기

그림 4-2 좋은 촉진 활동은 열기, 분석하기, 종합하기, 닫기의 4가지 단계로 구성된다.

첫째, 열기는 무無에서 시작해 아이디어와 출발점을 만들어 내는 단계다. 둘째, 분석하기는 그 아이디어를 세분화해 아이디어에 대해 더 배우는 시간을 갖는다. 다음으로 아이디어를 새로운 것으로 합성해내고, 마지막으로 멈춰야 할 지점에 도달해 활동을 끝낸다.

냉소적인 사람들에게는 모든 협업 세션, 워크숍, 그룹 활동을 4단계로 나누는 것이 너무 간편해 보여 신뢰가 안 간다고 할 수도 있겠다. 하지만 나와 함께 해주길 바란다. 다음 섹션에서 각 도구는 이 4가지 단계가 얼마나 효과적으로 촉진에 초점을 맞추고, 결과를 향상시키는지를 보여준다.

촉진에 관한 다른 책에서도 비슷한 구조의 활동을 찾아볼 수 있다. 데이브 그레이, 서니 브라운Sunni Brown, 제임스 마카누포James Macanufo 등은 자신들의 환상적인 책 『게임스토밍Gamestorming』[3]에서 관련된 단계를 제안하고 있으며, 데이비드 시베트David Sibbet의 『비주얼 미팅Visual Meetings』[4]에서도 비록 단계는 다른 순서로 돼 있지만 유사한 구조를 제시한다.

프레임과 마무리 단계에서 4가지 질문을 통해 협업을 잘 계획할 수 있었다. 마찬가지로 촉진의 4단계도 체크리스트처럼 작용해 협업을 성공적으로 이끈다. 그리고 만약 여러분이 긴장한다면 해당 구조는 협업에 더 집중할 수 있게, 기계에는 덜 집중하도록 만든다.

마법의 촉진 안경

나는 7살, 12살짜리 두 아이가 있다. 그래서 해리포터는 우리 집에선 큰 편

---

3   데이브 그레이, 서니 브라운, 제임스 매카누포, 『게임스토밍: 잠자는 조직의 창의성을 깨우는 87가지 회의 전략』, 정진호 , 강유선 옮김, 한빛미디어, 2016년
4   데이비드 시베트, 『비주얼 미팅: 그림 포스트잇 아이디어 맵과 함께하는 신나는 회의 이야기』, 유승연 옮김, 에이콘, 2015년

이다. 7살짜리 아이는 촉진 단계를 보더니 "해리포터 안경!"이라고 외쳤다.

아나나 다를까, 촉진 단계는 해리포터 안경처럼 보인다. 촉진 단계를 한 쌍의 안경으로 기억해 줬으면 한다. 팀과 협력하기 위해 안경을 썼다. 분석과 합성은 문제 공간을 볼 때 사용하는 렌즈로, 세상을 인식하는 방법이다. 열기와 닫기는 머리에 렌즈를 부착해주는 이어 피스$^{ear\ piece}$다.

협업을 시작할 때마다 마법의 촉진 안경을 써보자. 안경은 문제를 잘 살펴보는 방법을 기억할 수 있도록 도와줄 것이다.

1단계: 열기

어떤 주제에 대해 협업을 하고 싶다면 협업할 대상이 필요하다. 그렇기 때문에 촉진이 열기 단계에서부터 시작되는 것이다. 열기 단계에서 팀은 많은 옵션과 아이디어를 만들어낸다. 열기 단계에서 "사람들을 사고하게 하고 그들의 상상력을 깨운다."[5] 디자인 위원회Design Council는 "열기 단계를 '다양한 생각의 단계'라고 부른다. 이 단계에서 팀원들은 폭넓은 아이디어와 영향을 쏟아낼 수 있도록 관점을 넓게 유지한다."[6]고 설명한다.

열기 단계는 열린 질문open-ended question으로 시작한다.

- 어떤 유형의 사용자가 이 앱을 사용할까?
- 이 인터페이스에 어떤 종류의 콘텐츠를 포함할 수 있을까?

열기 단계에서는 무슨 일이든 진행된다. 여러분은 많은 의견을 내고 싶다. 열기 단계에서 생성된 아이디어는 차후에 프로젝트를 진행하는 연료가 될 것이다. 다음 단계에서 팀은 이러한 입력을 분석하고 합성할 것이다. 팀이 더 많은 옵션을 만들어낼수록 더 좋은 결과를 얻을 수 있다.

때로는 옵션을 만들어내지 않아도 된다. 여러분은 이미 시작한 일에 관한 목록을 갖고 있다. 예를 들어 사용자 목록은 굳이 브레인스토밍하지 않아도 이미 갖고 있을 수 있다. 이러한 상황에서는 옵션을 생성하는 대신 모두

5　데이브 그레이, 서니 브라운, 제임스 매카누포, 『게임스토밍: 잠자는 조직의 창의성을 깨우는 87가지 회의 전략』, 정진호 , 강유선 옮김, 한빛미디어, 2016년

6　A Study of the Design Process, The Design Council, 2005

에게 옵션이 무엇인지 상기시키는 것으로 시작할 수 있다. 어느 경우든 열기 단계로 시작해 연료가 될 옵션을 식별하고 합성한 후 마감하자.

열기 단계가 진행되는 동안 여러분은 브레인스토밍 같은 활동을 촉진한다.

2단계: 분석하기

분석하기 단계에선 모든 입력을 차례대로 가져와서 각각에 대해 자세히 살펴보자. 일단 팀에 많은 정보가 입력되면 여러분은 면밀히 살피기 시작하고 이해하기 시작한다. 분석 단계에서는 다양한 옵션에 대해 자세히 알아보고, 더 작은 부분으로 세분화해 구성 요소를 배우고자 한다.

분석하는 동안 옵션을 더 자세히 탐색하기 위한 질문을 한다.

- 무엇으로 구성돼 있는가?
- 어떻게 작동하는가?
- 어디에서 왔는가?
- 예를 들어줄 수 있는가?

분석은 모든 가능성이 열려 있는 상황에서 팀이 생성한 입력 정보를 더 잘 이해하기 위해 렌즈를 통해 살펴보는 것과 같다. 분석만이 유일한 렌즈는 아니다. 분석 후 합성 렌즈를 통해 옵션을 살펴보지만, 사용 가능한 옵션을 충분히 이해하기 전엔 합성할 수 없다. 옵션을 이해하게 되면 옵션이 서로 유사하거나 다른 면이 드러나게 된다. 이러한 학습은 우리가 배운 내용을 합성하는 다음 단계에 도움이 된다.

분석은 또한 검증에 도움이 된다

입력에 대해 더 자세히 알고자 질문하는 것은 설명할 기회를 준다는 의미다. 회의실에 사람들을 초대해 사람들이 뭔가 다르게 이해한 부분이 있는지 확인한다. 한 세션에서 사이트 사용자는 '의사결정자'라고 불렸다. 나는 이 말이 그들이 수표를 썼다는 의미로 생각했다. 실제로 의사결정자는 구매가 기술 사양을 충족하는지 확인하는 엔지니어였다. 의사결정자에 대한 질문을 하면 팀이 그 의미를 확인하는 데 도움이 됐다.

3단계: 합성하기

분석하기 단계에서는 생성된 각 옵션에 대해 자세히 학습한다. 합성하기 단계에서는 다양한 옵션이 서로 어떻게 관련돼 있는지 배우게 된다.

합성하는 동안 옵션을 비교하고 대조하는 질문을 한다.

- 이 옵션은 서로 어떤 점이 비슷한가?
- 이 옵션은 서로 어떤 점이 다른가?
- 그들은 서로 어떻게 관련돼 있는가?

합성은 모든 가능성이 열린 상황에서 입력을 이해하기 위해 사용하는 두 번째 렌즈다. 분석 단계에서 배운 내용을 활용해 입력이 서로 어떻게 연관돼 있는지를 탐색한다. 합성하는 동안 종종 공통점에 따라 포스트잇 메모를 한 그룹으로 배치하며, 어피니티 다이어그램^{affinity diagram}[7]을 만든다. 또한 다른 지도와 다이어그램도 만들 것이다. 입력 내용은 시간과 관련이 있는가? 하나가 다른 것으로 진화하는 관계인가? 단일 프로세스 안에서의 다른 부분은 아닌가?

예를 들어 고객과 함께 커피 사이트의 세 가지 유형의 사용자들에 대해 알아본다고 가정해보자.

- 커피를 가끔 마시는 사람
- 커피를 자주 마시는 사람
- 커피 전문가

분석하는 동안 사용자 유형별로 작업, 맥락 및 니즈를 생성할 수 있다. 그리고 각 사용자를 식별하는 방법을 배우게 될 것이다. 무엇이 사용자를 '커피를 가끔 마시는 사람'으로 만드는가? 종합하면 3가지 유형은 모두 한 명의 사용자가 커피 진화 과정에서 보이는 서로 다른 단계를 나타낸다는 점을 알 수 있다.

항상 더 많이 검증하려고 하자

종종 분석하기와 합성하기 단계에서 초반의 토론 단계에서보다 더 많은 정보를 탐색하게 될 것이다. 조사할 때 팀이 다르게 생각하도록 독려하자. 검증 단계에서 팀이 새로운 가능성을 고민하게 만드는 질문을 해야 한다.

1. 무엇을 놓쳤는가?

---

7   동일 주제에 대한 다양한 아이디어나 전망 자료를 종합해 유사성이나 연관성에 따라 재분류하고, 문제에 대한 해결안을 제시하는 방법, 친화도법이라고도 한다(출처: 한국정보통신기술협회 IT용어사전).

2. 이것을 다르게 사고할 수 있는 방법이 있는가?
3. 적용할 수 있는 다른 맥락을 생각했을 때 비슷한 것이 있다면 무엇인가?

분석하기 단계에서 여러분이 갖고 있는 입력을 이해하기 위해 팀에게 추가 입력이나 추가적인 방법을 더 생각하게 할 수 있다. 또한 합성하기 단계에서 팀을 조사해 각 입력을 비교하는 방법이나 이를 연관시키는 새로운 방법을 고민하게 할 수 있다.

가능성이 열려 있는 단계에서처럼 검증은 놓쳤을지도 모르는 어떤 아이디어를 포착해내기 위해 해당 과정에 다양한 생각을 다시 주입할 수 있다. 검증은 팀이 문제를 더 잘 이해하게 만든다.

4단계: 닫기

마지막으로 구체적으로 포착된 결과가 필요하다. 닫기는 촉진에서 마무리로 이동하기 직전인 촉진의 마지막 단계다. 이제 협업을 마무리해야 할 시간이다. 닫기는 열기와 반대되는 개념이다. 옵션을 생성하기보다는 첫 발상지점으로 돌아가 마지막 선택을 하자. 팀은 결과에 대한 결정을 내린다. 협업을 마쳤을 때 이러한 결정은 최종 결과로 문서화된다. 입력 작업 단계에서 출력 선택 단계로 이동한다.

마무리 단계에서는 결정하기 위해 다음과 같은 질문을 한다.

- 어떤 아이디어가 더 중요한가?
- 어떤 아이디어가 더 실현 가능한가?
- 어떤 아이디어가 가장 마음에 드는가?

닫기 단계에서 여러분은 우선순위를 설정하고 투표를 한다. 이 단계에서는 무엇이 중요하고, 무엇이 결정됐으며, 앞으로 무엇을 이행해야 하는지에 대한 팀의 공동의 비전을 만들어낸다. 그리고 일단 결정이 되면 마무리 단계로 이동해 결과를 문서화하고, 협업을 매듭짓는다.

공식적 협업과 비공식적 협업

이 모든 구조는 협업을 매우 공식적 프로세스로 느끼게 하는데 그럴 수 있다. 워크숍 같은 공식적 협업 세션에 이 구조는 매우 적절하게 적용된다.

구조화된 접근 방식은 비공식적인 협업에도 유용하다. 복도에서 좋아하는 개발자와 마주치거나 와이어프레임을 리뷰할 때 구조는 체크리스트처럼 작동한다. 그 구조는 대화를 제 궤도로 가게 하는 역할을 하며, 의미 있고 구체적인 결정을 할 수 있도록 대화를 이끈다. 시간이 낭비되는 미팅은 더 이상 없을 것이다!

어떤 사람들은 구조를 좋아한다. 심지어 그들은 삶의 목적을 구조에 두기도 한다.

반면 어떤 사람들은 틀에 박힌 구조를 좋아하지 않는다. 그들은 즉흥적으로 하는 것을 좋아한다. 디자인을 하는 과정에서 그리고 팀과 협업을 할 때 그들은 자신의 경험과 본능을 믿는다. 구조가 불편하다면 이러한 단계가 인위적이고 제한적으로 느껴질 수 있다.

맞다. 난 그런 사람 중 하나다. 나는 구조적인 것을 좋아하지 않고, 자유롭게 달리는 것을 더 좋아한다.

이 구조를 여러분을 꼼짝 못하게 하는 감옥처럼 여기진 말자. 이 구조는 여러분이 타고 뛰어내릴 수 있는 놀이터, 정글짐에 더 가깝다. 여러분은 이 구조 안에서 안전하고 생산적인 공간에서 자유롭게 실행하고 협업하게 할 것이다.

모두가 함께 하는 디자인과 협업

경험 기계가 변화에 저항하는, 거대하고 엄청난 복합체처럼 느껴질 수 있다. 하지만 당신은 이 기계를 더 잘 만들 수 있다. 이 책의 도구는 여러분이 적은 영향력이나 권한을 행사하면서도, 경험 기계가 더 나은 세품을 만드는 데 도움을 줄 것이다.

더 나은 프로젝트의 핵심은 더 나은 협업이다. 프레임-촉진-마무리에 대한 협업 로드맵은 체크리스트 역할을 해, 팀이 협업 안경을 끼고 협력해 최상의 결과를 위해 협업을 구조화하도록 돕는다.

생각하기-만들기-점검하기 활동과 충실도는 경험을 디자인할 때 수행 중인 작업을 관리하는 프레임을 제공한다. 하지만 조직과 협업해 뭔가를 구축할 수 없다면 디자인은 의미가 없다. 협업 로드맵은 도구가 작동하는 이유를 설명하고, 프레임-촉진-마무리는 해당 도구를 사용하는 방법을 알려준다.

조직은 더 나은 경험을 구축할 것이며, 당신은 그 작업을 도울 것이다.

2부

프로젝트 전략

전략

T: 생각하기
M: 만들기
C: 점검하기

벽돌을 쌓고 있는 일꾼이 있었다. 그는 누가 보기에도 자신이 만드는 것에 각별히 신경을 쓰며 작업하고 있었다. 지나가던 한 신부가 그에게 무엇을 만들고 있는지 물어보니 "웅장한 대성당을 짓고 있습니다."라고 그는 말했다. 신부는 "당신의 장인 정신은 믿음의 증거입니다."라고 답했다.

한 주가 지나고, 신부가 공사장을 지날 때 그는 새로운 일꾼을 보았다. 전주에 만났던 경이로운 장인에게 무슨 일이 있었냐고 물었고, 그는 세심하게 일하던 장인이 해고됐음을 알게 되었다. 신부가 "대성당을 짓는데 왜 그렇게 훌륭한 장인을 해고한 겁니까?"라고 묻자 일꾼은 "우리는 공장을 짓고 있으니까요."라고 대답했다.

경험 기계를 시작할 때 여러분이 하는 일보다는 그 뒤에 있는 전략에 주목해야 한다. 프로젝트 목표와 제품의 비전은 당신과 팀이 하는 모든 것을 이끈다. 따라서 당신과 팀은 같은 목표와 비전을 공유해야 한다.

팀은 함께 더 잘 협력할 수 있고, 당신은 팀원들이 그렇게 하도록 도울 것이다. 5장에서는 전략의 기본 요소를 검토한 다음 프로젝트 팀이 공유된 목표와 미래 비전을 만들고 조정하는 데 도움이 되는 두 가지 협업 활동을 살펴보기로 한다.

5장

전략 지형도

전략 워크숍을 위해 서비스 관리자들, IT 팀 그리고 한 명의 마케팅 담당자가 회의실로 모였다. 전문가들로 구성된 그룹이었다. 각 서비스 관리자는 모바일, 웹, 매장 등 채널 전반에 걸쳐 우수한 서비스를 제공해왔다. 그들에겐 어떤 자리에 있고 싶은지에 대한 비전과 그 위치에 도달하기 위한 목표가 있었고, 직면한 문제를 이해하고 있었다.

IT 부서는 서비스를 최소화하길 원했고, 마케팅은 기술의 한계에 도전하고 싶었다. 매장 담당자는 더 단순한 상점을 운영해 대기 시간을 줄이길 원했고, 판촉 담당자는 매장을 멋지게 장식하길 바랐다. 그들은 비전을 갖고 있었지만 서로 비전이 달랐으며, 모두가 함께 공유하는 하나의 명확한 비전을 갖고 있지 않았다.

조직의 모든 사람이 함께 보고 이해하고 따를 수 있는 하나의 선명한 방향, 이를 전략strategy이라고 부른다. 모든 사람이 같은 목표와 비전을 공유할 때, 경험 기계의 각 부분은 다른 사람들과 조화를 이루며 잘 동작한다. 그리고 비록 그들이 올바른 것을 만들고 있지 않을 수도 있지만, 적어도 그들은 같은 것을 만들고 있나.

공동의 비전과 목표는 팀이 서로 협력할 수 있게 돕는다. 비전과 목표를 공유하면 팀이 더 큰 조직과 협업하는 데에도 도움이 된다. 5장에서는 전략을 구성 요소로 구분해 팀이 잘못 정렬된 부분을 식별하고, 모든 사람이 다시 함께 협력할 수 있게 돕는다.

전략은 다음과 같이 세 부분으로 나눈다.

- 전략 지형도strategic landscape의 3가지 구성 요소: 목표goal, 동인driver, 한계barrier

- 한계의 4가지 유형: 기술technology, 문화culture, 프로세스process, 사람people

- 목표의 3가지 유형: 프로젝트project, 부서department, 조직organization

5장의 후반부에는 팀이 목표를 확인하고 비전에 부합할 수 있도록 돕는 도구를 자세히 알아보고, 이를 실제 적용해볼 것이다.

전략은 변화에 관한 것이다

전략은 어떻게 현재 상태에서 미래 상태로 진화하는지 설명한다(그림 5-1).

현재 상태   미래 상태

그림 5-1 전략은 조직이 현재 상태에서 미래 상태로 어떻게 진화하는지 정의한다.

물론 미래 상태는 여러 가지로 나타날 수 있다. 목표는 나타날 수 있는 모든 미래 중에서 가장 선호하는 상태로 진화하는 방법을 설명하는 것이다(그림 5-2).

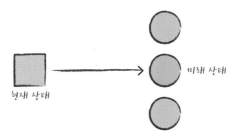

현재 상태

미래 상태

현재 상태

그림 5-2 목표는 조직이 현재 상태에서 선호하는 미래 상태로 발전하도록 돕는다.

이런 방식으로 전략은 미래에 경험 기계가 만들어내려는 모습을 보여준다. 목표는 이러한 선택을 안내하는 역할을 한다. 물론 목표는 진공 상태에 존재하진 않는다. 조직의 환경은 해당 전략에 영향을 미친다. 다음의 3가지 질문을 통해 전략의 맥락을 확인할 수 있다.

- 왜 변경해야 하는가? 무엇이 변화를 이끄는가?
- 왜 변하지 않는가? 변화를 막는 한계는 무엇인가?
- 무엇이 변할까? 변화가 성공임을 보여주는 구체적 행동은 무엇인가?

동인은 변화해야 하는 이유를 설명한다

전략은 현재 상태에서 미래 상태로의 변화에 초점을 맞춘다. 앞을 내다보면 어떻게 그곳에 갈지(목표), 자신의 길을 가로막는 한계 그리고 성공이 어떤 모습(비전)으로 나타날 것인가에 집중하곤 한다. 하지만 미래를 향해 나아가기 전에 조직의 과거와 현재를 이해하자.

많은 프로젝트가 '이유'에 대한 이해 없이 수행되곤 한다. 그러나 이유를 이해하면 더 높은 목적을 달성하기 위해 팀에 맞춰 업무를 수행하게 된다. 그 이유는 단합을 위한 구호 같은 것이다. 조직은 정당한 이유 없이 미래 상태로 변화하기 위해 자원을 소비하지 않는다. 조직의 동인은 현재 상태에서 미래 상태로 전환하려는 이유를 설명한다(그림 5-3). 어떤 힘이 조직을 변화하게 하는가?

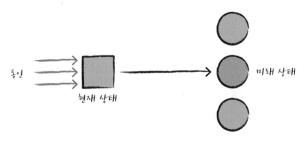

그림 5-3 동인은 조직의 변화를 추진하는 힘이다.

동인을 확인하는 또 다른 방법은 질문하는 것이다. 만약 우리가 변하지 않는다면 어떻게 될까? 제조업체는 전자상거래 사이트를 개설하지 않고, 5년 내에 전체 수익의 25%까지 성장시키지 않으면 기업의 시장 점유율은 경쟁사에게 따라 잡힐 가능성이 크다고 생각했다. 제조업체의 경우 사업을 중단하지 않는 것이 제조 및 유통업체에서 판매 및 유통 플랫폼으로 바뀌는 변화를 가져왔다.

모든 프로젝트에는 동인이 있다. 자동차 제조업체는 고객 삶의 가치를 극대화하고 최적화하며 수익을 극대화하려 노력했다. 그들은 고객이 평생에 걸쳐 더 많이 구매하는 미래 상황을 구상했다. 그리고 매출 증대는 조직이 수익을 극대화하는 현재 상태에서 고객 가치가 더 높은 미래 상태로 변화하도록 이끌었다. 무언가는 항상 조직을 변화시키며, 동인은 조직의 변화 범위와 규모를 설명한다.

한계는 방해물의 변경 사항을 설명한다

동인은 조직 변화를 추진하는 힘을 나타내는 반면, 한계는 변화를 막는 반대되는 힘을 의미한다(그림 5-4). 한계는 '조직이 왜 아직 변화하지 않았는지' 묻는 질문에 답한다.

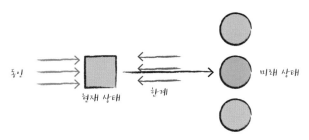

그림 5-4 한계는 변화를 막는 반대되는 힘을 의미한다.

다음의 4가지 유형의 한계는 조직이 미래 상태에 도달하지 못하도록 방해한다.

- 기술적 한계technology barriers
- 문화적 한계cultural barriers
- 프로세스 한계proves barriers
- 인적 한계people barriers

기술적 한계

금융 서비스 회사는 직원들이 민감한 기밀 파일을 노트북에 저장하지 않길 바랐다. 해당 파일은 전형적인 '기밀' 자료는 아니었다. 금융 서비스 업계에선 기밀 자료가 유출되면 관련자들은 감옥에 간다. 이 문제를 해결하기 위해 회사는 직원들이 보안 클라우드에 파일을 저장하도록 강제하기로 결정했다. 하지만 불행히도 회사는 안전한 클라우드 시스템을 보유하고 있지 않았다. 안전한 클라우드가 없는 것은 기술적 한계의 예시다. 회사는 이 한계로 인해 미래의 원하던 상태에 이르지 못했다.

문화적 한계

해당 금융 서비스 회사는 안전한 클라우드를 갖추지 못한 것 외에 문화적 한계에도 직면했다. 직원들은 어떤 시스템도 노트북만큼 안전할 수 있다고 생각하지 않았다. 이러한 불신이 기업 문화에 깊이 뿌리내리고 있기 때문에 직원들은 민감한 파일을 클라우드로 옮기지 않을 것이다. 보안 클라우드가 기술적 한계를 극복하더라도 직원들은 클라우드에선 파일이 덜 안전하다고 여겨 파일을 이동하지 않을 것이다. 회사의 문화가 변화를 막는 한계를 만들어낸다.

프로세스 한계

직원들이 불신하는 이유 중 하나는 회사에 보안을 관리하는 프로세스가 없기 때문이었다. 직원들은 민감한 파일을 개인 노트북에 보관할 때 회사는 개인마다 그때그때 다른 프로세스를 사용해 고객과 팀원들이 해당 정보에 접근하게 했다. 회사에 공통의 보안 정책을 결정하고 부여하고 이해하는 프로세스가 없으면 안전한 클라우드로 이동시켜 관리할 수 없다.

인적 한계

마지막 유형의 한계는 사람과 관련이 있다. 기술적 한계처럼 적합한 사람들이 없으면 조직은 변할 수 없다. 대형 소프트웨어 회사는 판매 대상을

CIO에서 소비자로 확장하길 원했다. 하지만 팀원들 중 단 한 명만 온라인 마케팅 경험을 갖고 있었다. 회사는 디지털 전략 기술을 갖춘 사람들이 필요했다. 그들에겐 사람과 관련된 한계가 있었던 것이다. 비록 인적 한계를 극복하기 위해 직원을 새로 고용하거나 훈련할 수도 있지만, 조직은 적절한 사람들과 기술을 갖출 때까지 바라던 미래 상태로 변할 수 없다.

목표, 미래 상태로의 변화

프로젝트가 시작되면 모든 사람이 목표에 대해 알고 있다고 생각하더라도, 다음과 같은 3가지 문제가 발생할 수 있다.

- 사람들은 자신의 목표를 명확히 표현하지 못할 수 있다. 그러면 목표와 관련된 결정을 내릴 수 없다.
- 사람들은 자신의 목표를 명확히 표현할 수 있지만 목표를 공유하지 않을 수 있다. 그럴 경우 팀이 동일한 목표를 공유하는지 여부를 알 수 없다.
- 사람들은 자신의 목표를 명확히 표현하고 공유도 했지만, 모든 사람이 목표를 이해하거나 동의하지 않을 수 있다.

현재 상태, 미래 상태, 동인, 한계는 전략을 둘러싼 맥락을 설명한다. 목표는 여러분이 미래의 상태에 도달하기 위해 맥락을 찾아가는 방법인 것이다 (그림 5-5).

제임스 칼바흐는 목표를 '활동을 중심으로 인과관계를 보여주는 서로 연결된 선택지의 집합'이라고 정의하며, 우리가 그렇게 하면 목표를 보게 될 것

이라고 설명한다.[1]

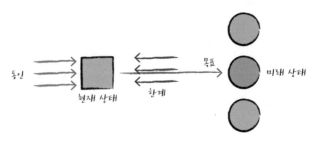

그림 5-5 현재 상태, 미래 상태, 동인, 한계는 전략을 구성하는 맥락을 보여준다. 목표는 맥락을 모두 연결시킨다.

대형 매장 체인점은 비즈니스 고객들을 위한 고객 포털 사이트를 개설하길 원했다. 하지만 그건 목표가 아니다. 바로 제품이다. 우리는 비즈니스 고객들을 위한 포털 사이트를 만들 것이다. 해당 매장 체인은 두 가지 목표를 갖고 있었다.

- 첫째, 고객이 포털 사이트를 통해 매장과 더 쉽게 거래할 수 있게 한다.
- 둘째, 고객에게 더욱 맞춤화된 마케팅을 제공한다.

이렇게 하면서 결과를 예상하는 일을 특정 활동에 적용해본다. 예를 들어 우리가 만약 포털 사이트를 구축하면 고객들은 포털을 통해 스스로 서비스를 이용할 것이다. 그건 좀 더 전술적인 목적에 가까운, 달성해야 할 구체적인 것이다. 반면 목표는 구체적인 것이 아니라 방향성이다. 고객 서비스(목표)를 개선하면 사용자 참여도는 높아진다(미래 상태). 목표는 결코 그것을 성취하는 방법(고객 포털)을 이야기하지 않는다. 대신 미래 상태에 도달

1 　제임스 칼바흐, "UX Strategy Blueprint", 「EXPERIENCING INFORMATION(https://experiencing information.com/2014/08/12/ux-strategy-blueprint/)」, 2014. Aug. 12

하기 위해 이 방향으로 나아가야 한다고 말한다.

제품 또는 서비스는 "고객 서비스를 어떻게 개선할 것인가?"라는 질문에 대답한다. 우리는 셀프 서비스 기능을 갖춘 포털 사이트를 구축할 것이다. 목표를 달성하고 미래 상태에 도달하기 위해 고객 포털을 구축할 것이다(표 5-1).

표 5-1 목표와 제품 예제

목표 예	제품 예
음악을 쉽게 즐길 수 있도록	아이팟(iPod)
협업을 쉽게 할 수 있도록	셰어포인트(SharePoint)
마케팅을 여러 채널에서 쉽게 할 수 있도록	사이트코어(Sitecore)

이러한 목표 중 어느 것도 어떤 일이 발생하는 방식을 미리 규정하지 않으며, 단지 여러분이 원하는 바를 명시할 뿐이다. 목표는 당신이 가야 할 방향이다. 거기에 가면 무엇이 있는지에 대한 내용이 아니다.

목표의 3가지 유형

목표에 대한 이야기는 대개 사용자의 목표 또는 누군가의 개인적인 목표인 경우가 많다. 하지만 조직의 전략을 파악하고 정의할 때 중요한 것은 조직의 목표, 부서의 목표, 프로젝트의 목표에 집중하는 것이다. 목표를 이끌어내는 것은 질문하는 것만큼 간단할 수 있다. 여기서 문제는 무엇인가? 다섯 사람에게 목표에 대해 물어보면 여러분은 서로 다른 목표에 대해 들을 뿐 아니라, 목표에 여러 유형이 있다는 사실도 알게 될 것이다. 실제로 목표는 3가지 유형으로 나뉜다.

조직의 목표

조직의 목표organizational goal는 조직 전체가 성취하고자 하는 것을 확인해 만들어진 목표다. 사람들이 넓은 개념의 전략을 말하는 것을 들어보면 그들은 대개 조직의 목표를 이야기하는 것이었다. 예를 들어 글로벌 커피 회사의 조직적 목표는 고객 기반을 확장하는 것이다.

부서/비즈니스의 목표

부서 또는 비즈니스 차원의 목표department/business-line goal는 조직 내부의 특정 부서가 달성하고자 하는 바를 설명한다. 글로벌 커피 기업이 고객 기반을 확장하려는 조직적인 목표를 가진 반면, 부서/비즈니스적 목표는 조직의 목표를 달성하도록 지원해야 한다. 예를 들어 전자상거래 부서는 신규 방문자의 전환율을 제고하는 목표를 가질 수 있다. 이 부서는 전환율을 개선시킴으로써 고객 기반을 넓히는 데 도움을 준다.

프로젝트 목표

프로젝트 목표project goal는 특정 프로젝트가 달성하려는 바를 상세히 기술한다. 예를 들어 전자상거래 부서는 웹사이트에서 개인화 기능을 개선하기 위한 프로젝트를 시작할 수 있다. 그들은 개인화 기능을 개선함으로써 전환율을 개선하고, 고객 기반을 넓히기를 바란다.

3가지 유형의 목표는 모두 서로 일치되고 상호 강화되는 관계여야 한다(그림 5-6).

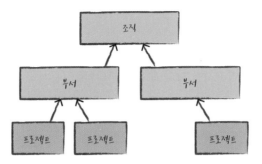

그림 5-6 조직의 모든 목표는 프로젝트 목표가 조직 목표를 달성하는 데 도움이 되도록 조정돼야 한다.

이 사례를 다시 살펴보면 개인화 기능 개선이라는 프로젝트 목표는 부서의 목표인 전환율 개선에 도움이 되며, 부서의 목표는 조직 목표인 고객 기반 확장에 도움이 된다(그림 5-7). 프로젝트와 부서의 목표가 조직 목표를 지원할 때 우리는 사다리를 제대로 세웠다고 표현한다.

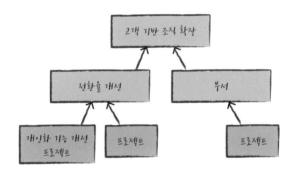

그림 5-7 개인화 기능 개선이라는 목표는 전환율 개선에 도움이 되며, 전환율 개선의 목표는 고객 기반을 늘리는 데 도움이 된다.

전략은 제품 또는 프로젝트와 그 목표를 둘러싼 복잡한 맥락을 식별한다고 하더라도, 전략을 이해하거나 고안하기에 앞서 목표를 먼저 정하고 시작해야 한다.

적정 수준의 혁신

컨설턴트 두 명은 고객과 포털 사이트에 대해 이야기하기 위해 인디애나 주로 날아갔다. 일반적인 교외 교차로에 위치한 1층짜리 별 특징 없는 고객 사무실은 주유소 뒤 스트립 센터 맞은편에 자리잡고 있는데, 이런 종류의 사무실은 미국 교외 전역에서 볼 수 있다. 회의실 테이블 한쪽 끝에 한 무리의 매니저들이 몰려들었다. 두 컨설턴트는 매니저들에게 그들의 목표, 과제 및 니즈에 대해 조사했다.

첫 번째 컨설턴트는 이들의 이야기를 들으면서 고객이 포털을 어떻게 사용할 것으로 예상하는지 물었다. 두 번째 컨설턴트는 포털 사이트가 IBM 웹스피어WebSphere에 구축될 것이라고 설명했다. 첫 번째 컨설턴트에겐 머릿속에 탐구해야 할 문제가 있었고, 두 번째 컨설턴트에겐 구현해야 할 해결책이 있었다.

프로젝트는 다음의 두 가지 맥락 중 하나로 존재한다.

- 가능한 해결책을 탐색하는 맥락
- 하나의 해결책을 추구하는 맥락

이 둘의 경우 협업 구조는 그대로 유지되지만, 해결책 탐색이 필요한 프로젝트는 특정 해결책으로 수행하려는 프로젝트와는 다소 다른 접근방식이 필요하다.

탐색 모드 프로젝트

탐색 모드exploration mode에서의 프로젝트는 아직 해결책을 결정하지 않았다. 이 모드에서는 해결책뿐 아니라 문제도 제대로 밝혀지지 않았을 수 있다.

탐색 모드 프로젝트에서는 문제를 정의하고, 이 문제를 해결할 수 있는 여러 방법을 상상한다. 해결책을 도출하려 하기보다는 이해하려 하고, 해결책이 무엇인지 고민한다.

해결책을 정하지 않고 여러 옵션을 이해하려 한다면 여러분은 탐색하고 있는 것이다. 새로운 혁신 방법, 새로운 문제 해결 방법을 찾고 있는 것이다. 탐색 모드 프로젝트에서는 협업을 통해 여러 옵션을 만들어 보고 탐색해 본다.

해결책 모드 프로젝트

프로젝트를 해결책 모드solution mode에서 살펴보도록 하자. 이 프로젝트의 경우 문제도 정의돼 있고 해결책도 알려져 있다. 해결책 모드에서는 웹스피어에서 고객 포털을 구축한다. 해결책을 구현하고, 이 아이디어를 반복 검토해 테스트할 방법도 고민한다. 해결책 모드에서 해결책에 대한 접근 방식으로 생각하기-만들기-점검하기를 해보자. 해결책 모드에서는 협업을 통해 선택한 해결책을 어떻게 구현할지 반복 검토하고 다듬는다.

탐색과 해결책 사이에서

경우에 따라 여러분은 탐색 또는 해결책에 초점을 맞출 것이다. 하지만 협업의 범위가 그때그때 달라지는 것은 흔한 일이다. 토론할 때도 한 맥락에서 다른 맥락으로 바뀌곤 한다.

가능한 해결책을 탐색할 때 구현에 대해 생각하다가 특정 해결책을 살펴볼 수 있다. 이렇게 하면 탐색 중인 다른 해결책을 이해하는 데도 도움이 된다. 특정 해결책으로 작업할 때 다른 해결책이 더 쉽게 구현될 수 있는지도 살펴본다.

이러한 행동은 생각하기-만들기-점검하기 과정의 일부다. 사람들의 논리적 결론 및 아이디어를 따라가보면서 그들이 예상한 방향으로 가는지 점검한다. 이는 또한 결정을 최적화하는 데 도움이 된다. 지금 알고 있는 것을 감안할 때 어쩌면 다르게 판단했어야 했을지도 모른다.

올바른 목표에 집중하기

프로젝트가 해결책 모드일지 또는 탐색 모드일지에 따라 목표, 비전, 한계 등 대화 주제는 달라진다. 대부분의 경우 한계, 목표, 비전이 개별 프로젝트에 집중되는 해결책 모드에서 작업하게 될 것이다.

프로젝트에서 시작해 부서, 더 넓은 조직까지 포괄하도록 목표를 설정하면 팀이 제품 수준의 결정을 내리는 데 도움이 되며, 제품의 가치에 대해 조직 내 나머지 사람들과 소통하는 데 유용하다. 프로젝트, 부서 및 조직 목표를 명확히 구분할 수 있는 능력은 가치를 명확히 전달하는 데 중요하다.

6장에서는 당신과 팀이 프로젝트에 대한 적합한 목표를 확인하고, 팀 전체가 같은 목표에 부합하는지 확인하는 방법을 살펴보겠다.

목표 지도 제작을 통한
프로젝트 목표 수립

누군가 자신이 디자인한 대시보드를 공유했다. 나는 "왜 이 대시보드를 만들었나요? 이 대시보드는 조직에 어떤 도움이 되죠?"라고 물었고, 그들은 대답하지 못했다. 나는 다시 물었다. "무엇이 좋은 것인지 어떻게 알 수 있나요?"

프로젝트의 목표를 모른다면 올바른 결정을 내리기가 어렵다. 이로 인해 팀은 방향성 없이 표류하게 된다. 노를 젓지만 배는 특정한 곳으로 가지 않는다. 프로젝트 목표를 정확히 파악한다면 팀이 더 잘 탐색하도록 도울 수 있다.

누군가 이유를 물을 때마다 팀은 목표에 동의해야 하고, 어떤 목표가 가장 중요한지 알아야 한다. 6장에서는 목표 지도가 어떻게 여러분을 생각하게 만드는지, 그리고 팀을 우선순위가 매겨진 프로젝트 목표에 어떻게 동조시킬 수 있는지 살펴보겠다.

나는 공식적인 미팅과 킥오프 워크숍에 목표 지도를 사용한다. 그리고 잘 모르는 프로젝트를 위해 임의로 진행되는 회의에 참여할 때는 약식 버전을 사용한다. 먼저 워크숍 버전을 살펴보고, 이보다 비공식적인 상황엔 어떻게 활용하면 좋은지 이야기해보겠다.

목표 지도 제작 방법

목표 지도 제작은 일반적으로 항목 목록을 생성하고, 목록 간 우선순위를 정한다(그림 6-1).

1. 모든 사람은 개별적으로 프로젝트 목표로 인식하는 것을 도출한 다음 자신의 목표를 그룹과 공유한다.
2. 모든 사람은 함께 일하면서 유사성에 따라 모든 목표를 그룹화한다. 그룹화한 것을 '주제theme'라고 부른다.
3. 모든 사람은 함께 일하면서 각 주제에 대한 그룹명을 정한다.
4. 모든 사람은 함께 일하면서 가장 중요한 것에서부터 가장 덜 중요한 것까지 주제의 우선순위를 매긴다.

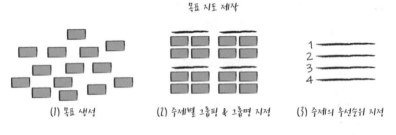

목표 지도 제작

(1) 목표 생성   (2) 주제별 그룹핑 & 그룹명 지정   (3) 주제의 우선순위 지정

그림 6-1 목표를 생성하고, 주제별로 그룹화한 다음 주제 목록의 우선순위를 정한다.

이 활동이 끝나면 팀은 다음과 같은 3가지 구체적 결과를 도출하게 된다.

- 팀원 모두의 목표
- 팀 목표에서 보이는 주제별 경향
- 우선순위를 매긴 팀 목표 목록

프로젝트 목표에 대한 지도 제작

새로운 프로젝트를 시작할 때 목표를 지도에 표시하고 각각의 위치를 조정해 팀에 가장 중요한 것을 중심으로 정렬시킨다.

목표 지도는 또한 프로젝트 중간에 팀이 무언가를 수행하는 방법에 이견이 있을 때 유용하다. 의견 불일치 이면엔 프로젝트 목표의 불일치가 존재한다.

입력 및 빠른 시작

킥오프 워크숍에서 별도의 준비가 없어도 커다란 화이트보드나 종이 한 장만 있으면 목표 지도를 효과적으로 만들 수 있다. 논의를 시작하기에 앞서 프로젝트에 대한 목표 목록이 기존에 있었는지 찾아보자. 기존에 만들어둔 목표 목록이 없는 경우 팀원에게 각자 생각하는 목표를 알려달라고 하자. 1인당 3개씩 목표를 내달라고 요청한다.

여러분이 사용할 재료

목표 지도

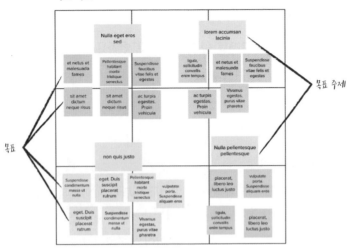

그림 6-2 지도는 ① 목표 지도 ② 쉽게 이동시킬 수 있는 개별 목표 ③ 움직일 수 있는 목표를 묶은 목표 주제로 구성된다.

목표 지도

화이트보드나 벽에 목표 지도goal map를 그리거나 프로젝터로 지도를 투영시킨다. 또는 종이에 지도를 그려도 된다(그림 6-2). 빈 공간을 이용하거나 3×3 그리드를 사용해 경험이 적은 참가자들도 쉽게 그룹화하도록 돕는다.

개별 목표

일단 목표는 확인되면 이동할 수 있다. 참가자들은 그룹으로 나눠 목표를 생성해서 원안자의 이름과 함께 기록한다. 이때 목표를 움직일 수 있도록 포스트잇을 사용하거나 목표를 쉽게 지우고 다시 쓸 수 있어야 한다.

목표 주제

팀이 목표를 주제별로 그룹화하는 동안 주제도 이동할 수 있다. 목표 지도에 각 주제를 기록한다.

 웹사이트에서 템플릿, 프레임 자료, 원격 자원을 찾아 활용해보자(http://pxd.gd/strategy/goal-map)

활동 1: 모두의 프로젝트 목표 생성 및 공유하기

누구나 프로젝트에 참여하는 나름의 이유가 있다. 프로젝트가 왜 존재해야 하는지에 대한 인식은 누구나 갖고 있을 뿐만 아니라 각 의제에 대해 자신만의 생각이 있을 것이다. 함께 일하기 위해서는 모두의 개별적 목표를 인식하는 것이 중요하며, 이를 통해 모든 사람은 팀의 일원으로서 포용되고 있음을 느끼고 스스로를 가치 있게 여긴다. 마찬가지로 모든 사람이 프로젝트가 중요한 이유에 동의하는 것이 중요하며, 당신은 이를 통해 중요한 의사결정을 내릴 수 있는 공동의 프레임워크를 갖춘다.

이 활동에서

- 각 팀원은 개별적으로 프로젝트에 대한 3~5개의 목표를 생성한다. 이 목표는 개인적인 목표일 수도 있고, 그들이 조직의 목표라고 인식하는 것일 수도 있다.
- 각 팀원은 각자의 목표를 더 넓은 범위의 그룹과 공유한다.

조직에서 이미 프로젝트에 대한 목표를 정의한 경우, 이 활동을 건너뛰기보다는 미리 정의된 목표를 사용해 토론을 시작한다. 목표 생성 과정을 건너뛰는 경우 '활동 2'인 그룹화 단계에서 시작해 팀원들이 3~5개 정도의 주요 목표를 꼭 파악하게 한다(6장 후반부 참고).

프레임

무엇을 할 것인가?	3~5개의 프로젝트 목표를 나열한다.
결과는 무엇인가?	각 팀원들이 도출한 목표 목록
이 활동이 왜 중요한가?	팀이 모든 사람의 목표를 설명하고 포용하게 만들기 때문이다.
어떻게 그 일을 할 것인가?	각자 혼자서 한다.

목표를 생성하는 프레임을 제안하려면 다음과 같이 이야기해보자.

> "모두가 이 프로젝트의 목표에 대해 남다른 관점을 갖고 있으리라 생각합니다. 지금부터 중요하다고 생각되는 3~5개의 목표를 각자 생각해주세요. 이 활동은 몇 분이면 할 수 있습니다. 이 활동을 통해 우리는 모두가 달성하고 싶어하는 바를 이해할 수 있게 될 것입니다."

개별적 목표 도출 VS 그룹 단위 목표 도출

목표를 생성하기에 앞서 이 활동을 비공개로 각자 개별적으로 할지 또는 그룹에서 토론하면서 할지 선택한다. 두 방법 모두 장단점이 있다.

신속한 합의를 위해 그룹 토론을 통해 목표 도출하기

그룹 차원에서 목표를 생성하는 것은 토론과 브레인스토밍을 혼합한 방법이다. 목표라는 주제로 모든 팀원이 모두에게 자신의 목표를 자발적으로 설명할 수 있는 그룹 토론을 시작한다. 그룹 내 모든 사람은 적어도 한 가지 목표를 제시해야 하며, 가능하면 세 가지 이상을 내도록 안내한다.

그룹 토론에서 오고 간 모든 내용은 다음 사람이 말하는 것에 영향을 미친다. 이 과정에서 그룹은 목표의 범위를 조정하고 줄인다. 그룹 차원에서 토론을 진행할 때는 팀원들끼리 서로 알고 있거나 협업해온 소규모의 정비된 팀끼리 목표를 생성하게 한다.

그룹 토론을 할 때 한 사람을 지목해 본인의 목표를 그룹과 공유하도록 요청한다. 그러면 목표의 생성과 공유가 동시에 일어난다. 개별적으로 목표를 도출하는 방식으로 진행하더라도 모든 사람이 차례를 돌아가면서 그룹과 자신의 목표를 공유하는 두 번째 단계를 추가하길 권한다.

개별적 목표를 더 드러낼 수 있도록 개인적 목표 생성하기

이 방법은 팀원들이 팀에 더욱 포용되고 있다고 느끼도록, 또 그룹 구성원의 목표 간에 어느 정도 다양성을 내포할 수 있도록 팀에서 각자 개인적으로 3~5개의 목표를 기록하게 하는 방법이다. 사람들에게 토론 전에 3분 정도 시간을 내어 목표를 각자 작성해오도록 요청한다.

개인적으로 목표를 도출했을 때의 장점은 팀에 새로 온 사람들이더라도 자기가 중요하다고 생각하는 것에 대해 팀원들과 공유할 기회를 준다는 점이다. 시간, 거리, 업무 환경으로 인해 대화에서 뉘앙스를 알아채기 어려운 원격 작업 팀에겐 특히 개별적으로 목표를 고민해보는 게 매우 중요하다.

팀의 성격을 살펴보고, 팀이 좀 더 포용적이어야 하는지(개별적으로 목표 생성) 또는 좀 더 일치해야 하는지(그룹 차원에서 목표 생성) 판단해야 한다.

참가자가 자신의 직관을 신뢰하도록 독려하기

일부 참가자들은 관련 목표를 선언할 책임 또는 권한을 갖는다. 그들은 목표가 무엇이어야 한다고 생각하는 바를 언급하는 것에 부담을 느낀다.

참가자들에게 두 가지 관점에서 확신을 주자. 첫째, 그룹은 그룹의 목표가 부서, 조직의 목표와 일치하는지 확인해야 한다. 이 활동에서 확인한 목표를 사용해 팀이 제대로 진행하고 있는지 확인할 것이다. 둘째, 위에서 정해진 목표가 팀원들의 눈높이로 봤을 때 중요한 요구사항을 항상 해결하진 않는다. 예를 들어 팀원들은 지속적 통합을 위해 프로젝트 코드를 설계해야 한다는 점을 깨닫게 될 것이다.

전체 그룹과 목표 공유하기

팀이 개인적으로 목표를 생성하든, 그룹 토론을 통해 목표를 생성하든 참가자들은 다양한 방식으로 목표를 공유할 수 있다. 그룹이 목표를 공유하면 목표 지도에 목표를 기록한다(그림 6-3).

모든 목표를 차례로 공유하기

모두는 자기 차례가 되면 3~5가지의 목표를 공유하고, 그 목표를 보드에 올린다. 모두에겐 자신의 차례가 있기 때문에 다른 사람이 자신의 목표를 설명할 때 질문이 있어도 물어보지 않을 수 있다. 따라서 목표에 대해 명확히 하고, 더 잘 이해할 수 있는 기회를 찾도록 하자.

개인적으로 목표를 생성했든 아니면 그룹 토론을 통해 생성했든, 팀원들이 차례대로 공유하도록 한다. 차례대로 공유하는 방식은 특히 더 작은 그룹에서 만나서 진행하거나 또는 원격으로 진행할 때 더욱 효과적이다. 인원 수가 8명보다 많으면 공유하는 데 시간이 너무 오래 걸린다.

자신만의 고유 목표 공유하기

참가자가 7명 이상인 그룹이라면 각자 자신의 순서에 한 가지 목표만 공유하게 하라. 목표를 보드에 적고, 비슷한 목표를 가진 사람이 있는지 물어본다. 비슷한 목표가 있으면 보드 위 첫 번째 목표 근처에 해당 목표를 배치한다.

어떤 참가자들은 목표가 서로 어떻게 비슷하고 어떻게 다른지 설명하고 싶어할 것이다. 이 기회를 활용해 그룹원들이 무엇이 유사하고 다른지 토론하게 한다.

또한 그룹의 규모가 클수록 유사한 목표가 있는지 물어보면 공유해야 할 전체 목표 개수를 줄이는 효과가 있고, 이로 인해 모든 목표를 공유하는 데 더 적은 시간이 걸리게 된다.

서로 소개하면서 목표 공유하기

목표 생성 활동은 새로운 팀에서 프로젝트 킥오프 미팅을 할 때도 종종 수행된다. 이때는 목표 생성과 팀원 소개를 함께 결합해 진행하도록 한다. 킥오프 미팅이 시작되면 모두에게 차례대로 자신을 소개하고, 본인의 3가지 주요 목표를 공유해달라고 요청한다.

팀원들이 자신의 목표를 개별 메모지 또는 카드에 적어 왔다면, 자신의 목표를 보드에 직접 배치하게 한다. 만약 그들이 개별적으로 목표를 적어오지 못한 상황에서 발표했다면, 여러분이 발표된 목표를 그때그때 적어서 보드에 올린다. 목표를 더 간결하게 이해하기 쉽게 작성하고, 발표한 사람이 여러분이 포착해낸 목표에 동의하는지 확인하도록 한다.

그룹 토론 없이 목표 공유하기

상황에 따라서는 단체로 목표에 대해 토론하거나 또는 순서대로 발표하지 않고, 팀원들에게 목표를 포스트잇에 적고, 다 적으면 즉시 보드에 올려놓게 한다.

순서대로 공유하는 방법과 달리 이 방법에서 팀원들은 다음 단계로 넘어가기 전에 모든 사람이 끝나길 기다릴 필요가 없다. 직접 만나서 하든 원격으로 하든, 대규모 그룹일수록 목표를 작성해서 곧바로 보드에 배치한다. 이렇게 하면 모든 참가자를 기다리게 하는 대신 참가자들은 이 과정을 더 빨리 끝낼 수 있다.

하지만 이 방법은 목표를 구두로 설명해주는 방식이 아니기 때문에, 목표 그룹화 과정에 토론과 설명을 위한 시간을 추가하도록 한다.

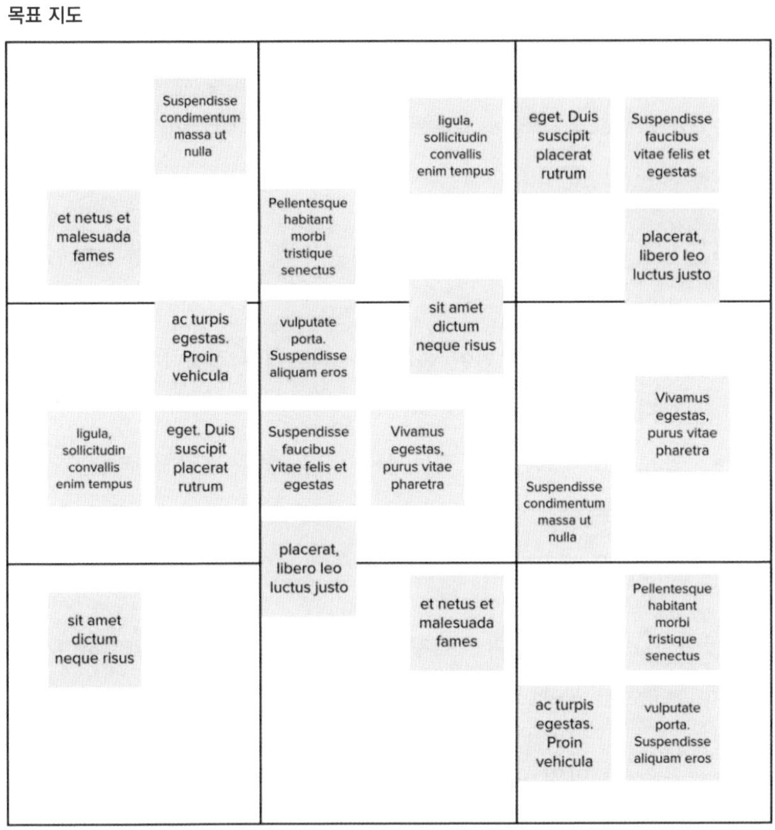

목표 지도

그림 6-3 목표를 한꺼번에 또는 작성자별로 그룹화해 보드에 배치한다.

프로젝트별 목표 달성을 위해 팀원 응답 살펴보기

누군가에게 목표가 무엇이냐고 묻는다면, 그 대답의 범위에 깜짝 놀랄 것이다. 그들이 프로젝트 목표를 밝히지 않았다면 지나치지 말고 면밀히 살펴보자. 그들의 반응에는 숨겨진 의미가 있을 것이다. 찾아내야 한다.

프로젝트별 목표 달성을 위해 분석하기

프로젝트 목표 대신, 부서 또는 조직의 목표를 공유할 수 있다. 부서와 조직의 목표도 중요하지만, 프로젝트 목표는 대화를 이끌어가는 데 가장 유용하다.

- 프로젝트 목표는 구체적이고 팀의 현재 수행 중인 활동과 연계돼 있다.
- 프로젝트 목표는 팀이 현재 프로젝트에서 집중하는 목표와 일치한다.
- 프로젝트 목표는 프로젝트에서 정의된 범위와 일치한다.
- 프로젝트 목표는 더 관념적인 부서 및 조직 목표로 확장할 수 있는 출발점을 제공한다.

팀원들이 목표를 공유할 때 프로젝트 목표를 이야기하는지 확인하면서 토론하자. 프로젝트 목표인지 확인하려면 다음과 같이 질문해본다.

- 프로젝트만의 고유한 목표인가?
- 부서만의 고유한 목표인가?
- 조직만의 고유한 목표인가?

이러한 질문에 답변하는 내용을 바탕으로, 프로젝트 목표를 이해하고 파악하자. 이 프로젝트는 해당 목표를 달성하는 데 어떻게 도움이 되는가(표 6-1)?

표 6-1 프로젝트 목표를 파악하기 위한 조사

질문	'예'로 대답하는 경우	'아니오'로 대답하는 경우
프로젝트만의 고유한 목표인가?	대답한 그대로 이해한다.	목표가 프로젝트에만 국한되지 않는다면, 부서의 목표일 수도 있다.

부서만의 고유한 목표인가?	프로젝트가 부서 목표를 어떻게 지원하는지 물어보자.	목표가 부서에만 국한되지 않는다면 그것은 조직 목표일 수도 있다.
조직만의 고유한 목표인가?	부서가 조직 목표를 지원하는데 프로젝트가 어떻게 도움이 되는지 물어보자.	목표가 조직에 특화되지 않는다면 너무 광범위해서 유용하지 않다. 조직이 어떻게 목표를 달성할 수 있을지 질문해보자.

예제: '돈을 더 많이 벌기' 위한 목표가 프로젝트에 어떻게 적용되는지 살펴보기

우리가 커피 원두를 자체적으로 로스팅해 글로벌 매장에 공급하는 글로벌 커피 회사에서 일한다고 가정해보자. 그리고 우리가 웹사이트에 전자상거래 기능을 추가하는 프로젝트를 시작한다고 해보자.

우리 팀에는 개발자, 디자이너, 제품 소유자가 있다. 우리는 공식적인 목표를 갖고 프로젝트를 시작했고, 누군가는 우리의 목표가 '돈을 더 많이 버는 것'이라고 제안한다.

하지만 '돈을 더 번다'는 목표는 너무 광범위해서 유용하지 않다. 대부분의 상업적 조직은 돈을 더 많이 벌기를 원한다. 그리고 우리의 글로벌 커피 회사뿐 아니라 다른 커피 회사도 마찬가지로 돈을 더 벌고 싶어한다.

누군가 돈을 더 많이 버는 것이 목표라고 말한다면, '더 많은 돈을 번다'는 게 어떤 의미인지 물어보자. 아마 그들은 '개인의 소비지출 비율을 높이는' 것이라고 대답할 것이다. 각 고객이 커피를 마시는 데 돈을 더 쓰게 만든다는 의미는 우리 커피 회사가 '더 많은 돈을 벌고 싶다'는 목표에 대한 구체적 방법을 보여준다.

그다지 유용하지 않고 구체적이지 않은 아이디어라도 특정 조직 목표로 어떻게 전환할 수 있는지 살펴봤다. 하지만 여전히 해당 목표가 전자상거래 프로젝트에 어떻게 적용되는지 이해해야 한다. 전자상거래 프로젝트는 커피 회사 입장에서 '고객의 소비지출 비율 증가'에 어떻게 도움이 되는가?

우리 팀은 스스로에게 묻는다. 전자상거래는 고객이 매년 우리에게 소비하는 비용을 증가시키는 데 어떤 도움이 될까? 전자상거래는 고객들이 언제 어디서나 물건을 살 수 있도록 도와준다. 개발자도 "전자상거래가 매장에서는 할 수 없는 커피 구독 서비스나 월별 커피 클럽처럼 물건을 파는 새로운 방법을 열어준다."고 말한다.

이제 이 프로젝트의 두 가지 목표를 찾았다.

- 고객 측면: 고객이 언제 어디서든 구매하게 한다.
- 회사 측면: 새로운 판매 모델을 구축한다.

이러한 프로젝트별 목표는 '더 많은 돈을 벌기 위해' 또는 '개인 소비지출 비율을 높이기 위해'라는 목표를 팀이 어디로 가야 하는지에 대한 공동의 이해로 재구성한다. 팀이 기술적, 사업적, 디자인적 결정을 내릴 때, 그들은 그러한 결정이 두 가지 프로젝트 목표를 지원하도록 해야 한다는 점을 이해하게 된다.

프로젝트 목표가 아닌 목표도 기억하기

목표를 도출할 때 프로젝트와 관련된 목표에 초점을 맞추려 할 것이다. 그렇다고 조직과 부서의 목표를 잊어선 안 된다. 나중에 프로젝트 가치를 다른 조직에 전달하기 위해 필요하므로 기록해 두자. 하지만 지금은 많은 프로젝트 목표를 축적해야 한다.

기능을 넘어 이면에 내재된 근원적인 목표 찾기

누군가에게 목표에 대해 물으면 "우리는 쇼핑 장바구니 기능을 제공하고 싶어요."라고 기능으로 응답한다. 목표를 기능으로 표현할 때 '왜?' 그런지 물어보자. 그들은 왜 쇼핑 장바구니 기능을 만들길 원할까? 서비스나 기능을 만들고 싶은 이유에 대한 답은 대개 목표다. 그렇지 않다면 왜 그런지 다시 물어보자. 이면의 목표를 찾을 때까지 다시 묻고 또 묻자.

목표는 진화하므로 첫술에 정답을 찾으려 하진 말자

올바른 목표를 찾아낼 수 있을지 걱정할 수 있다. 그런 고민은 당연하다. 시간이 흐르면서 프로젝트와 목표에 대한 팀의 이해도는 비약적으로 높아질 것이다. 그리고 프로젝트를 시작할 때 가졌던 가정도 바뀔 것이다. 목표는 진화한다.

마무리 후 주제로 이동하기

모두가 자신의 목표를 공유하고, 올바른 프로젝트별 수준에 도달하기 위해 목표를 분석했다면, 다음으로 모든 사람이 목표가 포착된 방식에 동의하고, 더 추가할 목표가 없는지 확인한다. 팀이 모든 목표를 공유하고 파악한 후엔 주제를 살펴보는 단계로 이동하자.

> "지금까지 모두의 목표를 살펴봤습니다. 이제 그 목표를 유사성별로 그룹화해 목표에서 나타나는 공통적인 주제를 찾아보겠습니다."

활동 2: 공통 주제를 찾기 위한 그룹 목표

규모가 작은 팀일지라도 목표 생성 단계를 거치면, 서로 다른 15~25개 정도의 목표를 도출했을 것이다. 하지만 목표가 그 정도 개수라면 다 추적할 수도 없고, 달성하기도 어렵다. 따라서 목표의 전체 목록을 관리 가능한 3~5개 정도로 다듬어야 한다.

많은 목표를 관리 가능한 3~5개 정도의 그룹으로 변환하려면, 공통 주제로 파악되도록 유사한 항목끼리 목표를 그룹화한다.

이 활동에서는

- 팀 전체가 함께 유사한 목표를 그룹으로 묶는 작업을 한다.
- 팀 전체가 함께 각 목표 그룹의 이름을 정해 중요 주제별 집합체를 만드는 작업을 한다.

프레임

무엇을 할 것인가?	프로젝트 목표를 유사성별로 그룹화한다.
결과는 무엇인가?	주요 목표 또는 주제 목록
이 활동이 왜 중요한가?	많은 목표를 달성할 수 있는 수준의 관리 가능한 개수로 줄인다.
어떻게 그 일을 할 것인가?	팀이 함께 목표를 목표 그룹으로 분류하고 주제마다 이름을 정한다.

목표 그룹을 만드는 프레임을 제안하려면 다음과 같이 이야기해보자.

> "우리는 실제 일을 할 때 한 번에 3~5개의 목표를 갖고 일할 수 있습니다. 따라서 우리가 가진 모든 목표를 유사성별로 묶어서 주제를 찾고, 모두가 동의하는 소수의 주요 목표를 식별할 수 있게 합시다."

유사성을 기반으로 목표를 그룹화하기

활동 1에서는 모두가 각자의 관점으로 목표를 도출했다. 이제 모두가 공동의 관점으로 함께 모여 협업해야 한다. 보드 위에 있는 목표를 물리적으로 이동시켜 그룹화한다(그림 6-4).

목표 지도

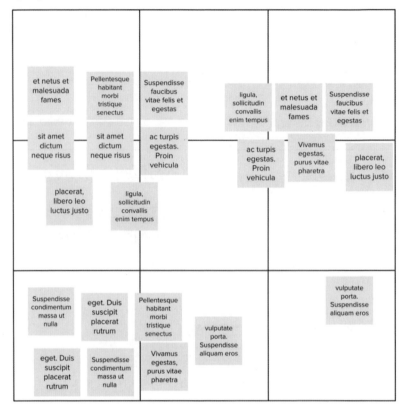

그림 6-4 목표를 유사한 항목별로 구분한다.

팀원들끼리 처음으로 작업을 같이 하게 됐거나, 이 프로세스를 처음 접하는 경우라면 여러분이 토론을 이끌게 될 수 있다. 팀원들이 서로 이야기하고 협력하도록 하려면 그들이 함께 일하게 하라.

경험이 없는 팀이라면 그룹 목표로 토론하게 한다

이번에 처음으로 협업을 시도하는 거라면 소심한 팀원들은 참여하기 전에 망설일 수도 있다. 새로운 팀에서 이러한 망설임을 극복하게 하려면 그룹 목표를 중심으로 토론을 진행하게 한다.

모든 사람이 각자의 목표를 공유하거나 보드에 목표를 배치하면 공통된 주제가 등장하기 시작한다. 이러한 공통 주제를 사용해 토론을 시작하자. 목표를 유사한 항목끼리 묶고, 여러분이 한 행동을 설명하라. 어떤 목표는 명확히 함께 묶을 수 있지만 확신하기 애매한 목표를 발견하면 사람들에게 의견을 물어보자. 이해가 안 되는 목표를 발견했을 때는 작성한 사람에게 명확하게 설명해달라고 요청하라.

협업을 강제하려면 팀 그룹 목표를 설정하게 한다

때로는 팀이 함께 일하도록 강제하고 싶을 것이다. 이런 경우 모든 목표를 벽이나 보드에 모아 놓고, 팀원들에게 목표를 주제 그룹별로 분류해달라고 부탁한다. 이는 팀원들이 서로 대화하고 어떻게 목표를 그룹화할지 협상하게 하며, 새로운 팀이 서로를 알아가게 한다. 팀원들과 함께 일하되 서로 협력하도록 놔둬라.

그룹을 분석해 합치거나 분리하기

팀원들과 함께 그룹화한 결과를 토론하라. 비슷해 보이는 그룹이 있으면 그룹을 분리시킨 이유를 물어보자. 토론 결과 합치기로 했으면 해당 그룹을 모두 합친다. 마찬가지로 관련이 덜해 보이는 목표를 모아놓은 그룹이 있다면 찾아서 그룹화한 이유를 물어보자. 목표가 서로 다른 듯하면 별도의 그룹으로 나누자.

이 활동이 끝나면 한두 개의 큰 그룹으로 묶이거나 중간 또는 작은 그룹이 있다거나, 심지어 목표 그룹 하나로만 목표를 대표하는 경우도 종종 생긴다. 목표 그룹이 10개 이상이라면 그룹을 묶는 방법을 더 찾아보자. 다음 활동에서 그룹은 최소 5개 정도의 목표여야 하고, 우선순위가 고려돼야 한다. 목표가 7~10개 이상이 되면 안 된다.

각 목표 그룹 이름 정하기

팀원들이 목표를 그룹으로 변환시켰으면 각 그룹의 이름을 정한다. 이름은 해당 그룹의 모든 목표를 포괄하는 중요한 목표여야 한다(그림 6-5). 예를 들어 세 가지 목표 그룹이 있다고 가정해보자.

1. 선택하고 주문하는 데 걸리는 시간을 단축한다.
2. 구매 옵션을 늘린다.
3. 매장 주문 순서 및 대기 시간을 단축한다.

3가지를 모두 설명하는 주요 목표를 발견해낼 수 있을 것이다. 이 사례에 서는 '온라인 주문을 더 쉽게 하도록 개선하기'가 주요 목표가 된다.

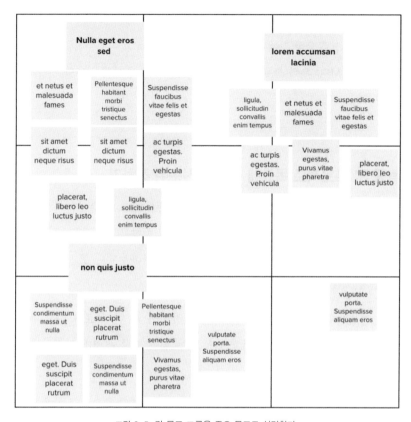

그림 6-5 각 목표 그룹을 주요 목표로 설명한다.

그룹화를 마무리하고 우선순위 정하기

시작한 지점에서부터 팀은 목표를 좀 더 관리하기 쉬운 여러 주요 목표로 그룹화할 것이다. 어쩌면 여러분에겐 여전히 3~5개가 아닌 그 이상의 목표가 있을 수 있다. 이때 목표 간 우선순위를 정해두면 팀은 관리할 수 있는 개수의 특정 목표에 집중할 수 있다.

"지금까지 좀 더 관리 가능한 개수의 목표를 파악해봤습니다. 이제 우리는 가장 중요한 것에서 가장 중요하지 않은 순으로 우선순위를 매기려고 합니다. 우리 모두는 우리가 수행하는 내용에 대해 합의할 것입니다."

활동 3: 프로젝트 목표에 대한 우선순위 정하기

팀원들은 목표 그룹 안에서 어떤 목표가 더 중요하고 덜 중요한지 이해해야 한다. 우선순위는 두 가지 목표가 상충될 때 방향을 결정하는 데 도움이 된다. 기본적으로 목표는 버튼이 화면 어디에(상단 또는 하단) 표시돼야 하는지, 특정 기능을 포함할지 여부를 결정한다.

모든 팀원은 함께 목표의 우선순위를 정하면서 왜 한 목표가 다른 목표보다 더 중요한지 동의하고 이해한다. 이는 팀이 제품 관련 의사결정에 동의하도록 돕는다.

이 활동에서 팀원들은 목표를 가장 중요한 것에서부터 중요하지 않은 것까지 함께 순위를 매긴다.

만약 여러분이 3~5개의 목표로 시작했다면 우선순위 정하기 활동을 바로 시작했을 것이다. 팀이 처음에 목표를 만들어내야 했다면 그것을 주요 목표로 그룹화했는지 확인하자. 그리고 순위를 매기기 위해선 목표가 5개보다 작지 않아야 하고 10개를 넘지 않아야 한다. 목표가 10개를 초과하는 경우 유사한 목표끼리 다시 그룹화하자(128페이지 활동 2 참조).

프레임

무엇을 할 것인가?	목표의 우선순위를 지정한다.
결과는 무엇인가?	우선순위가 지정된 목표 목록
이 활동이 왜 중요한가?	팀이 어떤 목표가 가장 중요한지 이해하게 해 제품 결정을 할 수 있게 돕는다.
어떻게 그 일을 할 것인가?	팀원들은 함께 목표를 가장 중요한 것에서부터 가장 중요하지 않은 것까지 순위를 매긴다.

목표의 우선순위를 정하는 프레임을 제안하려면 다음과 같이 이야기하자.

> "우리는 가장 중요한 목표에서 가장 중요하지 않은 것까지 목표의 우선순위를 매겨보겠습니다. 그러면 나중에 그 목표를 참고해 제품에 대한 결정을 내릴 수 있습니다."

목표 간 우선순위 정하기

우선순위를 매기는 일은 모든 사람에게 "어떤 목표가 가장 중요한가요?"라고 질문하는 것처럼 쉽다. 누군가가 가장 중요한 목표를 제안하면 보드 맨 위쪽으로 옮기자. 어떤 그룹은 가장 중요한 목표를 제안하길 주저할 수 있으며, 이 경우에는 토론하도록 독려한다.

자원이 제한적인 상황을 가정해 토론 유도하기

팀원들이 주된 목표를 제안하길 주저하면 자원 제약 상황을 가정해보자. 참가자들에게 오직 한 가지 목표만을 달성할 형편이라면 어떤 목표를 선택할지 물어보자. 다른 무엇보다도 자원을 투입해야 할 목표가 가장 중요한 목표다.

예제 목표를 중심으로 토론 시작하기

팀원들이 시작하지 못하고 머뭇거릴 때, 대화를 시작하는 용도로 본인이 생각하는 가장 중요한 목표를 제안해보라. 좋은 주요 목표가 될 것이라고 생각하는 목표를 선택해 사람들에게 동의하는지 물어보자. 계속해서 목표를 선택하고 순위를 매기고, 팀에 동의 여부를 분명히 해달라고 요청하자.

잘못된 의견을 제시해 토론 활성화시키기

동료가 이미 우선순위가 정해진 목표를 갖고 토론을 시작할 수 있다. 논의가 중간 정도 지날 무렵, 그는 일부러 덜 중요한 목표를 리스트에 올려 토론을 촉발시킨다. 종종 사람들은 아이디어를 제안하기는 어렵다고 느끼지만, 실수를 알아내는 건 편하게 여긴다. 이럴 때는 잘못된 의견을 제시해 토론을 활성화시키자.

더 많은 고위 이해관계자 또는 잘못에 대해 팀 안심시키기

어떤 팀은 목표에 대한 순위를 매기기 전에 망설인다. 목표를 세우는 것은 그들의 일이 아니라고 생각하는 것이다. 직급이 더 높은 경영진들이 목표를 설정하고, 우선순위를 정하는 게 현실일 수도 있다. 하지만 그렇다고 해서 우리 활동이 달라지진 않는다.

목표 생성과 우선순위 지정 활동은 팀이 실제로 목표를 설정하고, 우선순위를 매기는 일이 아니다. 그것은 팀이 목표가 무엇이고 어떤 것이 중요하다고 생각하는지 명확하게 이해하는 과정이다. 일단 팀이 합의하면 그들은 목표를 다른 사람들과 공유해 조직의 나머지 사람들이 얼마나 동조하는지 알 수 있다.

순위를 매긴 목표 목록은 팀이 조직 전반의 다른 이해관계자들에게 확인시키는 프로토타입과 같은 역할을 한다. 8장에서 보겠지만, 그 팀은 프로젝트를 수행하면서 계속해서 이 목표를 평가할 수 있을 것이다.

가장 중요한 것부터 가장 중요하지 않은 것까지 목표 우선순위 정하기

목표를 가장 중요한 것부터 가장 중요하지 않은 것까지 계속해서 순위를 매긴다(그림 6-6). 팀원들이 두 목표를 동등하게 평가하면, 하나의 목표 정도만 수행할 수 있는 자원만 갖고 있을 때 어떤 목표를 선택할지 묻는다. 가장 중요한 5가지 목표를 식별할 때까지 목표 순위를 계속 매겨보자.

그림 6-6 가장 중요한 목표에서 가장 중요하지 않은 목표까지 순위를 정하자.

팀원들은 3가지 이상의 목표에 집중해서는 안 되며, 더욱이 5개 이상의 목표는 절대 안 된다. 나는 이 점이 중요하기 때문에 반복해서 이야기하려 한다. 20년 넘게 교차기능 팀을 이끌면서 5개 이상의 목표에 집중하고 달성하는 팀을 본 적이 없다. 5개 이상은 어떤 것이든 집중하기 어려운 외부 소음 같은 것이며, 3가지 이상이면 보너스라고 여기자.

목표를 재구성하는 가능성 탐색하기

경우에 따라 더 이어지는 토론을 통해서 이전에는 모호했던 목표 간 유사성 여부가 드러나기도 한다. 이러한 가능성을 보면 목표를 다르게 그룹화해야 하는지 논의하도록 하자. 때로는 목표를 더 중요한 목표를 중심으로 그룹화하는 것이 합리적이다. 이렇게 하면 전체 목표 목록이 압축되고, 순위를 매길 때 동점이 생기지 않는다.

피라미드는 목표 순위에서 동점을 허용한다

이상적인 상황이라면 팀원들은 가장 중요한 것에서부터 가장 중요하지 않은 것까지 목표를 한 줄로 세울 수 있다. 팀이 두 목표 중 하나로 결정할 수 없다면 이 목표를 동점으로 유지하도록 한다. 하지만 동점은 순위에서 낮은 레벨에서만 나타나야 한다. 단 하나의 가장 중요한 목표를 만들어내기 위해 여러분이 할 수 있는 모든 활동을 하자.

동점 순위를 두는 방법을 권하려면 피라미드 위에서 목표의 순위를 매겨 보자(그림 6-7). 가장 중요한 목표를 피라미드 맨 위에, 두 번째 레벨에서는 두 가지 목표, 다음 레벨에서는 세 가지 목표를 둔다. 피라미드 구조를 사용하더라도 5가지 목표 이상으로 순위를 매기지 말자(피라미드에서는 3단계 레벨을 사용하면 6가지 목표로 마무리된다).

그림 6-7 동점을 허용하려면 피라미드를 사용해 목표를 정한다.

반대 의견 조사하기

우선순위가 확고해질수록 반대 의견을 조사하자. 거의 항상 누군가는 팀이 우선순위를 매기는 방식에 동의하지 않는다. 이견이 있다면 지금 밝히자. 그렇지 않으면 의견 불일치는 프로젝트 후반부에 표면화될 것이고, 결정을 더디게 할 것이다.

이견이 있다는 사실을 발견하면 반대하는 팀원의 관점을 이해할 수 있도록 더 알아보자. 팀의 일원으로서 그들의 의견은 평가되고 존중돼야 한다. 팀과 협력해 문제를 해결하고 해결 방법을 찾자. 때로는 목표에는 동의하지만 목표의 정의를 많이 다르게 이해하는 경우가 있다. 이런 경우 토론을 통해 팀은 합의에 도달할 수 있다.

의견 불일치가 좀 더 본질적인 것에서 비롯되면, 목표 순위가 바뀌어야 할 수도 있다. 그렇지 않으면 반대 의견을 낸 팀원이 나머지 팀에게 양보해야 할 수도 있다. 모든 사람이 동의할 수 있는 지점에서 합의를 이끌어내자. 아니면 동의하지 않음에 대한 합의를 이끌어내자.

수행한 내용을 마무리하고 성과를 강조한다

이러한 활동이 끝나면 팀은 제품 결정을 내릴 때 방향을 설정해주는, 우선 순위가 지정된 3~5개의 목표 목록을 갖게 된다. 이 성과를 강조하자.

> "우리는 이 프로젝트에 관해 우선순위가 지정된 목표 목록을 만들었습니다. 우리는 이 목표를 다시 참조할 수 있으며, 앞으로 진행하면서 결정을 내리는 데 활용할 수 있습니다."

일상적인 대화에서 목표 식별하기

나는 새로운 프로젝트와 내부 계획을 시작하거나 고객을 위한 탐색용 워크숍의 일부 활동을 할 때, 6장에서 설명한 구조화된 프로세스를 사용한다. 하지만 나는 항상 프로젝트 초반에 참여하진 않는다. 그보다는 때때로 어떤 관점이나 전문지식을 제공하기 위해 무작위 미팅에 참가해달라는 요청을 받는다.

일상적인 대화나 임시적인 상황에서 대화하는 경우, 목표를 알지 못하면 결정을 내리고 조언을 제공하기가 어렵다. 나는 새로운 내부 웹사이트 개발에 관한 컨퍼런스 콜에 참여했는데, 그곳에서 주최자는 와이어프레임에 대한 내 의견을 물었다. 나는 대답하기에 앞서 왜 해당 웹사이트를 만들기를 원하는지 물었다. 우리는 어떤 목표를 달성하고 싶었는가?

우리는 공식적인 목표 생성, 그룹화, 우선순위 부여를 위한 과정을 거치지 않았다. 회의 참석자들은 내게 한 가지 이상의 목표를 이야기했고, 나는 어떤 목표가 더 중요한지 물었다. 팀의 목표와 가장 중요한 목표를 알게 됐고, 나는 와이어프레임에 대한 유용한 피드백을 제공할 수 있었다. 목표를 아는 것은 방향을 확인하는 데에 도움이 된다.

우선순위가 지정된 공동 목표는 팀원들을 고취시킨다

팀원들이 목표를 확인하고 순위를 매겼다면 함께 일하는 첫발을 내디딘 것이다. 모든 팀원이 목표에 대한 개별적인 관점을 제공하게 하면 이러한 협업의 기반을 구축했다고 볼 수 있다. 팀원들은 자신들의 목표가 보드 위에 적혀 있을 때 본인의 목소리가 경청되고 있으며, 스스로를 가치 있다고 느낀다. 그들은 목표를 어떻게 분류하고 순위를 매겨야 하는지 토론하면서, 서로를 보고 이해하기 시작한다.

큰 경험 기계 안에서 본인의 목소리가 경청되고 있고, 가치 있다고 느끼는 팀원들은 더 많이 참여하게 되고 더 많은 제품 경험을 겪게 된다. 그리고 프로젝트의 시작 단계에서 여러분이 목표에 동조하면 팀의 합의를 이끌어내고, 경험 기계에서 만들어진 모든 미래 결정을 지원하는 비전을 도출하게 될 것이다.

이런 활동에서 팀원들은 서로의 관점을 듣고 평가하는 연습을 통해 협업하는 법을 배운다. 그들은 공동의 언어로 말하기 시작한다. 우선순위가 지정된 목표 목록은 이후 모든 팀 토론에서 일정한 기준점으로 작용할 수 있다.

이제 팀이 무엇을 성취하고 싶은지 알았기 때문에 무엇을 하고 싶은지 이해하고 합의해야 한다. 그들이 만들려는 비전은 무엇인가? 일이 마무리되면 세상은 어떻게 달라질까? 성공은 어떤 모습일까?

7장
성공을 위한 비전 정의

세 마리의 새끼 돼지들은 모두 어떤 날씨에서든 안전하고 따뜻하게 살 수 있는 곳을 짓겠다는 목표를 세웠다. 하지만 왜 각각의 돼지들은 다른 집을 지었을까?

목표는 어떤 방향으로 가야 할지 가리키고는 있지만, 정작 멈춰서야 할 곳은 말해주지 않는다. 목표는 목적지가 아니라 방향인 것이다. 팀원 모두가 집을 짓고 있을지 모르지만, 모두가 다른 집을 짓고 있다. 당신은 팀원들이 모두 같은 집을 상상하도록 도울 수 있다.

모든 팀원은 프로젝트 목표에 대해 질문을 받았을 때 같은 대답을 할 수 있어야 한다. 그러기 위해 모두가 최종적으로 어떤 결과물이 나올지에 대한 비전을 공유할 필요가 있다. 7장에서는 팀이 함께 미래를 창조하고 상상하는 데 도움이 될 수 있는 시스템 사고의 몇 가지 원칙을 적용해보려 한다.

나는 종종 이 활동을 킥오프 미팅과 탐색 워크숍의 일환으로, 6장에서 진행한 목표 활동과 병행한다. 이는 또한 현재 위치와 가려는 목적지를 고민할 때에도 유용할 것이다. 목표 활동을 했을 때처럼 먼저 공식적인 방법을 알아보고, 다른 환경에서 사용할 수 있는 변형 사례를 살펴보겠다.

미래 상태를 예측하는 방법

미래 상태 구상future-state envisioning은 프레이밍framing이라는 브레인스토밍 기법을 사용해 이상적인 미래가 어떤 모습일지에 대한 구체적 비전을 만들어 내는 것이다(그림 7-1). 이 활동은 러셀 애코프Russel Ackoff[1]가 저서에서 이상적인 디자인[2]과 관련해 서술한 방법론에 바탕을 두고 있다. 이는 팀이 진행 상황을 측정하는 데 사용할 수 있는 특정 지표에 미래 상태를 매핑하는 것으로 마무리된다.

1. 현재 상태에서 '문제issue'로 인식되는 것을 생성한다(개별적으로 또는 그룹으로 수행).

2. 현재 상태 중 '성공success'으로 인식되는 것을 생성한다(개별적으로 또는 그룹으로 수행).

3. 미래에 사람들이 할 이상적인 일에 대해 구체적인 설명을 작성한다(모두가 함께 모여 수행).

4. 미래에 일어날 일을 측정하는 데 사용 가능한 지표를 찾는다(개별적으로 또는 그룹으로 수행).

---

1 러셀 애코프는 와튼 스쿨(Wharton School)의 저명한 시스템 사상가이자 경영학 교수였다.

2 러셀 애코프 공저, 『Idealized Design: Creating an Organization's Future』, Wharton School Pub., 2006

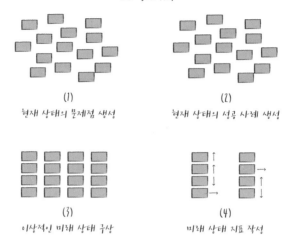

미래 상태 예측

(1)
현재 상태의 문제점 생성

(2)
현재 상태의 성공 사례 생성

(3)
이상적인 미래 상태 구상

(4)
미래 상태 지표 작성

그림 7-1 미래 상태를 예측하려면 이상적인 미래와 이를 측정할 지표를 구상하기에 앞서, 현재 상태에서의 문제점과 성공이라고 인식하는 지표를 생성한다.

이 활동이 끝나면 팀은 현재 상태를 분석하고, 다음과 같은 네 가지 결과물로 워크시트를 채울 것이다.

- 현재 상태의 문제점 목록
- 현재 상태의 성공 목록
- 미래에 대한 구체적인 비전
- 향후 성공을 측정하기 위한 지표 목록

미래 상태를 예측할 때

새 프로젝트를 시작할 때 모든 사람이 동일한 구체적 비전을 향해 일할 수 있도록 미래 상태를 구상하자. 이 활동은 팀이 목표를 파악하고 우선순위를 지정한 후에 가장 효과적으로 할 수 있다. 목표는 팀이 미래 비전을 어떻게 생각하고 토론하는지에 대한 프레임을 잡는 데 도움이 된다.

이 활동은 사이트, 애플리케이션, 시스템, 심지어 비즈니스 프로세스를 재설계할 때 활용할 수 있으며, 완전히 새로운 것을 시작하는 경우에도 동일한 방식으로 작동한다.

세 번째 결과물인 미래에 대한 구체적인 비전은 팀이 더 넓은 맥락을 상상해야 할 때마다 특정 구현 관련 질문에 대답할 수 있도록 돕는다.

입력 및 빠른 시작

현재 상태 분석에는 팀이 프로젝트에 대해 암묵적으로 이해하는 것 외엔별다른 준비가 필요하지 않다. 예를 들어 우리의 긴팔원숭이들은 커피 회사의 웹사이트에 전자상거래 기능을 추가하고 싶어하며, 그래서 그들은 전자상거래를 염두에 두고 이 활동을 시작하길 원한다.

미래 상태 예측은 제로베이스에서 시작할 때 아주 훌륭하게 작동하며, 객관적인 연구에서 정보를 수집할 수도 있다. 그것은 모두 활동을 위한 재료가 된다. 이것을 기반으로 토론을 시작하고, 함께 모여 토론을 하는 동안더 깊이 있게 탐구하게 만드는 바탕이 된다. 또한 전체 토론 시간을 단축시키는 효과도 있다.

기존 기능 및 문제 목록을 사용해 토론하기

인터페이스를 재설계하거나 개편하는 경우, 조직에서 알려진 문제점이나기능 목록을 수집하는 것은 드문 일이 아니다. 기존 목록을 사용해 토론을시작하거나 팀원에게 문제점, 성공, 미래 상태를 미리 브레인스토밍하도록요청하자.

사용자 리서치를 바탕으로 토론하기

사용자가 기능에 대해 말하는 방식뿐만 아니라 불만사항, 현재 요구사항, 문제점에 대한 사용자 리서치 결과를 활용해보자. 사용자 리서치는 원하는 미래 상태에 대한 의견은 물론 현재 상태의 문제점과 성공 사례에 대한 귀중한 정보를 제공한다.

여러분이 사용할 재료

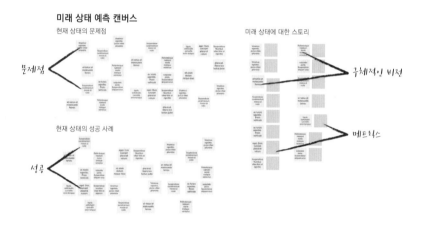

그림 7-2 미래 상태 예측 캔버스는 현재 상태의 문제점과 성공 사례로부터 산출물을 수집하기 위해 두 개의 영역을, 구체적인 미래 비전의 산출물을 수집하기 위해 세 번째 영역을 사용한다.

미래 상태 예측 캔버스

화이트보드나 벽에 워크시트를 그리거나 투사하자. 또는 종이에 워크시트를 그리거나 인쇄한다(그림 7-2).

문제점, 성공 사례 및 구체적 비전

일단 내용이 기록되면 이것은 옮겨질 수 있다. 뗐다 붙였다 할 수 있는 포스트잇 또는 작은 종이를 사용하거나 상황에 따라 해당 내용을 지우고 다시 쓴다.

 웹사이트에서 템플릿, 프레임 자료, 원격 자원을 찾아 활용해보자(http://pxd.gd/strategy/future-vision).

활동 1: 현재 상태에 존재하는 문제점 생성하기

제품이 개선되지 않는다면 다음 제품을 내놓지 않을 것이다. 제품을 더 좋게 만드는 본질은 현 상태에 대한 부정적인 점을 바꾸는 것이다. 이상적인 미래를 구상하기에 앞서 현재 존재하는 문제 중 변경하고 싶은 문제점을 생각해보자.

이 활동에서 팀원들은 현재 상태에 존재하는 문제점 목록을 생성하기 위해 개별적으로 또는 모두가 함께 작업한다.

조직에서 해결해야 할 문제 목록을 수집했거나 관련 사용자 리서치 자료가 있는 경우, 이 정보를 활용해 토론을 시작하자. 그리고 팀원들이 더 많은 문제점을 생성하도록 독려하자.

프레임

무엇을 할 것인가?	현재 상태에 존재하는 문제점을 나열한다.
결과는 무엇인가?	고쳐야 할 사항 목록
이 활동이 왜 중요한가?	팀이 미래 상태를 구상할 때 가능한 한 많은 문제점을 설명하게 한다.

어떻게 그 일을 할 것인가?	가능한 한 많은 문제점을 생성하기 위해 모두 함께 노력한다.

현재 상태의 문제점을 생성하는 프레임을 제안하려면, 다음과 같이 이야기해보자.

> "새로운 '제품/사이트/시스템/플랫폼 등'에 대한 프로젝트를 진행할 때, 우리는 오늘날 우리가 갖고 있는 문제점이 다시 발생되지 않길 원할 것입니다. 그러기 위해 변화시키려는 모든 사항을 모아 목록으로 만들어봅시다."

현재 상태의 문제점 생성하기

모두에게 물어보자.

> "현재 시스템에서 작동이 잘 안 되는 것은 무엇인가? 뭐가 더 좋을까? 어떤 점이 끔찍한가?"

그룹별로 문제점을 생성하고 토론하자. 팀원들과 클라이언트는 그들이 좋아하지 않는 것을 빨리 없애버리는 데 아무런 문제가 없을 것이다. 프로젝트가 시작되는 이유는 조직이 무언가 변화하거나 개선하기를 원하기 때문이다. 조용한 팀원들에게도 질문해 모든 사람이 참여하게 하자. 팀을 위해 문제점을 포착한 경우 (그들이 문제점을 자체적으로 쓰도록 하기보다는) 문제를 더 간결하거나 이해하기 쉽게 표현하고, 작성자가 문제점을 포착한 방법에 동의하는지 확인하자(그림 7-3).

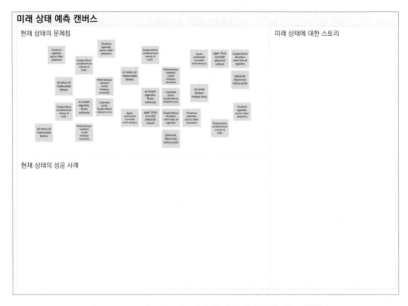

그림 7-3 보드 또는 워크시트에서 현재 상태의 문제점을 포착한다.

그룹 토론이 팀의 아이디어를 조기에 제한할까 염려된다면 모두에게 세 가지 문제점을 비공개로 적어달라고 요청하자. 그런 다음 모두가 각자의 문제점을 공유하고 토론하게 하자.

각 문제점을 개별 노트나 카드에 담아 보드 또는 워크시트에 배치하자. 그룹 토론을 하면서 문제점을 공유할 경우 각 문제점을 적어 공유하는 대로 보드에 추가하자.

품질 및 효율 관련 문제점 조사하기

팀이 현재 상태의 문제점을 공유하고 토론할 때 왜 그런 일이 일어나는지, 왜 문제가 되는지 물어보자. 누가 영향을 받고, 그것이 중요한 이유를 이해하라. 또한 품질, 효율성과 관련된 문제점을 발견할 수 있는 기회도 찾아보자.

- 현재 상태에서 비효율적인 것은 무엇인가?
- 무엇이 너무 오래 걸리는가? 무엇이 추가 단계를 필요로 하는가?
- 무엇이 너무 어려운가? 무엇이 더 쉬워져야 하는가?
- 무엇이 혼란스럽고 답답한가?
- 현재 상태를 어렵게 만드는 한계는 무엇인가?
- 의도하지 않은 결과는 무엇인가?

변화, 진화 및 커스터마이징을 방해하는 문제점 조사하기

대부분의 제품은 끊임없이 진화하고 있으므로, 제품의 변화를 억제하는 문제점을 찾아보자.

- 어떤 프로세스가 시스템 조정을 방해하는가?
- 무엇이 변화를 제한하는가? 원인은 프로세스인가, 아니면 사람들인가?

특정 그룹에 영향을 미치는 문제점 조사하기

문제점은 또한 차선책의 결과를 설명할 수도 있다.

- 어떤 문제점이 고객에게 영향을 미치는가?
- 어떤 문제점이 가격 또는 판매에 영향을 미치는가?
- 어떤 문제점이 유지보수를 어렵게 하는가? 아니면 마케팅을 방해하는가?
- 어떤 점이 부서 또는 직원의 저조한 성과를 초래하는가?

프로젝트 목표와 관련된 문제 조사하기

프로젝트 목표를 프롬프트prompt로 활용해 추가 문제점을 확인하자. 토론을 진행하면서 프로젝트, 부서 또는 조직과 관련된 모든 문제점을 파악하자. 각 목표를 다음과 같이 부정적으로 질문해본다.

표 7-1 프로젝트 목표를 활용해 현재 상태의 문제점을 조사한다.

프로젝트 목표	현재 상태의 문제점
기능 개선	어떤 기능이 존재하지 않는가?
효율 및 품질 개선	어떤 기능이 동작하지 않는가?
전환율 및 사용 개선	어떤 맥락에서 작동하지 않는가? 왜 사람들은 가입하지 않는가?
새로운 고객 가치 극대화 또는 새로운 고객 가치 찾기	어떤 점을 해결하지 못하고 있는가?

주제를 식별하기 위해 문제점 그룹화하기(선택 사항)

어떤 경우에는 문제점이 너무 많아서 문제이거나 문제점이 더 명확하게 정의되길 바란다. 유사한 문제점을 그룹화하고 주제를 식별한다. 프로젝트 목표를 그룹화해 주제를 지정하는 것과 같은 방법으로 진행해보자(128페이지 참조). 때로는 이상적인 미래를 구상할 때 개별 문제점에 연연하기보다는 문제점의 주제를 생각하는 편이 더 유용하다. 유연하게 판단하자. 팀에서 포착한 문제점이 너무 구체적이고 상세하진 않은가? 또는 제품이 무엇을 해결할 수 있는지 잘 이해하고 있는가?

토론 진행을 위해 진행 시간 제한하기

거의 틀림없이 팀은 개선, 최적화 및 변경할 사항을 논의하는 데 몇 시간을 소비할 수 있다. 그럼에도 모든 사항을 식별하지는 못할 것이다. 괜찮다.

목표는 문제점을 식별할 때보다 덜하다. 현재 상태의 문제점을 파악할 때 팀이 미래 비전을 어떻게 생각하는지에 대한 프레임을 만든다. 목표는 문제점을 포괄적으로 모아놓은 목록이 아니라, 오늘날 존재하는 실제 문제에 기초해 미래의 비전을 세우는 것이다.

현재 상태의 문제점에 대해 고민하는 시간을 10~15분으로 제한하자. 이는 일반적이고 시급한 문제점을 식별할 수 있는 충분한 시간을 제공하고, 미래 비전에 대한 토론을 시작하는 밑 작업이 된다.

마무리 후 성공 사례로 이동하기

시간이 경과하면 모든 문제점을 포착했는지 그리고 모든 사람이 문제점을 포착한 방식에 동의하는지 확인하자. 그 다음으로 현재 상태의 성공 사례에 대해 논의하는 단계로 넘어가자.

> "지금까지 우리가 고치고 싶은 것에 대해 알아봤습니다. 이번엔 우리가 바꾸고 싶지 않은 것을 살펴봅시다."

활동 2: 현재 상태에 존재하는 성공 사례 생성하기

아기를 목욕시킨다고 가정해보자. 현재 상태의 문제점은 더러운 목욕물이고, 현재 상태의 성공 사례는 버리고 싶지 않은 아기와 같다. 팀이 영향을 주고 싶지 않은 기능, 프로세스 및 결과 목록을 수집해보자.

프레임

무엇을 할 것인가?	현재에 존재하는 성공 사례를 나열한다.
결과는 무엇인가?	지켜야 할 것의 목록
이 활동이 왜 중요한가?	팀이 미래의 상태를 구상할 때 성공 사례를 보호하고, 해당 사례가 지속될 수 있게 한다.
어떻게 그 일을 할 것인가?	함께 가능한 한 많은 성공 사례를 찾기 위해 협력한다.

현재 상태의 성공 사례를 생성하는 프레임을 제안하려면 다음과 같이 이야기해보자.

"현재 잘하고 있는 것을 잃지 않도록 하고 싶습니다. 따라서 미래를 구상할 때 그대로 유지하고 싶은 것을 파악하겠습니다."

현재 상태의 성공 사례 생성하기

모두에게 현재 상태의 어떤 점을 좋아하는지 물어보자. 어떤 점을 잘 하고 있는가? 무엇이 바뀌면 안 되는가?

성공 사례를 확인할 때 워크시트에 기록하자. 성공 사례를 더욱 간결하고 이해하기 쉽게 작성하고, 해당 사례를 제안한 사람이 성공 사례를 표현하는 방식에 동의하는지 확인한다(그림 7-4).

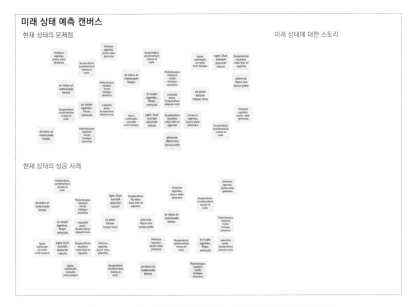

그림 7-4 보드 또는 워크시트에서 현재 상태의 성공 사례를 기록한다.

팀원들과 클라이언트들은 문제점을 쉽게 열거하지만, 성공 사례를 도출할 때는 다르다. 때때로 사람들은 뭔가가 방해가 되거나 성가시게 느끼지 않는 한 잘 알아차리지 못한다. 팀이 눈치채지 못할 수 있는 좋은 점을 드러내기 위해 무엇이 정상인지 물어보자.

- 사용자가 작업을 수행하는 데 도움이 되는 도구 또는 기능은 무엇인가?
- 모든 것을 정상적으로 잘 동작하게 만드는 것은 무엇인가?

다른 사람의 성공 사례 조사하기

문제점과 성공 사례는 주관적일 수 있기 때문에 자신의 관점으로 쉽게 매몰된다. 팀원들에게 다른 사람들이 무엇을 원할지 물어보자.

- 경영진들이 현재 상태에서 어떤 점을 좋아하는가?
- 상사가 업무를 수행하는 데 무엇이 도움이 되는가?
- 고객들은 무엇을 좋아하는가?

프로젝트 목표와 관련된 성공 사례 조사하기

프로젝트 목표를 활용해 문제점을 탐색할 수 있었던 것처럼, 목표는 성공 사례를 탐색하는 데에도 도움이 된다. 프로젝트 목표를 해당 목표와 관련된 현재 상태의 성공 사례를 조사하기 위한 긍정적인 질문으로 표현해보자.

표 7-2 프로젝트 목표를 활용해 현재 상태의 성공 사례를 탐색한다.

프로젝트 목표	현재 상태의 성공 사례
기능 개선	어떤 기능이 존재하는가?
효율 및 품질 개선	어떤 기능이 잘 동작하는가?
전환율 및 사용 개선	어떤 맥락에서 작동하는가?
새로운 고객 가치 극대화 또는 새로운 고객 가치 찾기	어떤 고객 결과를 처리하는가?

마무리 후 미래 비전으로 이동하기

성공을 생성하는 과정이 어느 정도 진행되면 팀은 현재 상태에서 어떤 점이 효과적으로 작동하고 있는지, 무엇을 바꾸고 싶어하지 않는지 제대로 알게 된다. 물론 아주 드물게 어떤 경우에는 현재 상태가 너무 안 좋아서 팀이 어떤 성공 사례도 확인하지 못하는 경우도 있다.

주요 성공 사례를 구분하기 위해 마지막 과정을 수행하자. 모두가 토론 결과에 동의하면 미래 상태의 비전을 설명하는 단계로 넘어가자.

활동 3: 이상적인 미래 환경에서 사람들은 무엇을 하는지 구체적 비전 도출하기

회의실에 있는 모든 사람은 이미 성공이 어떤 모습인지 알고 있다. 하지만 팀은 그 성공을 다른 방식으로 구상한다. 세 마리의 새끼 돼지처럼 어떤 사람들은 성공적인 집을 지푸라기에서, 또 어떤 이들은 나뭇가지에서 찾는다.

이 활동에서

- 팀원들은 이상적이고 성공적인 미래를 상상하고 미래 사람들의 행동을 설명할 것이다.

성공적인 제품을 만들려면 성공이 어떤 모습일지 구체적인 비전이 필요하다. 미래에 특정 사용자는 어떤 행동을 할까? 특정 사용자군과 그들의 행동 관점에서 성공에 대한 비전을 기술하면, 팀이 제품을 만들 때 지향해야 할 구체적인 사용 행태와 결과가 드러난다.

조직에서 새 제품에서 제공하려는 기능을 문서화한 경우 이를 활용해 토론을 시작하고, 참가자에게 해당 기능을 사람들이 수행할 작업 관점에서 재구성하도록 요청하자.

프레임

무엇을 할 것인가?	제품 성공 시의 사용자 행동에 대해 설명한다.
결과는 무엇인가?	사람(people), 과업(task), 행동(behavior)에 대한 목록
이 활동이 왜 중요한가?	팀이 디자인할 수 있는 구체적 결과를 제공한다.
어떻게 그 일을 할 것인가?	모두 함께 한다.

구체적인 미래 비전을 도출하는 프레임을 제안하려면 다음과 같이 이야기해보자.

> "목표는 우리가 어떤 방향으로 나아가야 하는지 알려줍니다. 하지만 성공이 어떤 모습인지를 규정할 필요가 있습니다. 프로젝트가 시작된 후 우리가 제대로 제품을 만들었는지를 어떻게 알 수 있을까요? 성공적인 미래가 어떤 모습인지 함께 설명해봅시다."

비전을 가능한 범위로 제한하기

여러분은 성공적인 미래가 어떤 모습일지에 대해 구체적인 비전을 원할 것이다. 다음의 두 가지 규칙은 해당 비전이 가능한지 점검하는 역할을 한다.

- 비전은 오늘날의 기술로 구현 가능해야 한다.
- 비전은 합법적이어야 한다.

기술적 구현 가능성은 팀이 상상하는 비전을 구축할 수 있도록 보장할 것이다. 진보적인 사고와 공상과학은 흥미로운 아이디어를 제공하지만, 비전을 구현할 수 없다면 제품을 출시할 수도 없고, 성공할 수도 없다.

마찬가지로 윤리, 법률 및 규정을 위반하는 비전을 추구해선 안 된다. 악당이 되기를 꿈꾸지 않는다면 그래선 안 된다.

선호하는 것 이상의 비전으로 나아가기

구현 가능성feasible과 합법성legal이 유일한 두 가지 제약 조건이다. 아직은 앞으로 어찌될지 모르기 때문에 실행 가능성viable을 논할 필요는 없다. 보편적인 비전일 필요도 없고, CEO의 불만을 피해야 하거나 CTO가 가장 좋아하는 신기술도 꼭 써야 할 이유도 없다. 그런 점은 중요하지 않다.

때로는 그룹 단위로 가장 기괴하고 터무니 없는 생각을 상상하도록 장려하는 것이 유용할 때가 있다. 이런 활동은 팀의 창의력을 확장시킨다. 만약 팀이 생각을 넓힐 필요가 있다고 느낀다면 창의적인 연습이 도움이 될 수 있다. 하지만 여러분이 구체적인 미래 비전을 만들 때는 무엇이 가능한지뿐만 아니라 성공을 제시하기 위해 어떤 가능성을 선택해야 하는지에도 초점을 맞추려 할 것이다. 무엇을 만들어야 만든 후 성공했다고 말할 수 있을까?

성공에 대한 구체적 비전 생성하기

모두에게 다음과 같이 물어보자.

> "제품이 출시되고 엄청난 성공을 거뒀다고, 그래서 모두가 월급이 올랐다고 생각해봅시다. 출시 2년 후 사람들은 무엇을 하고 있을까요?"

여기서 '사람들'은 사용자, 고객, 지원 부서의 직원, CEO, 유지보수 팀, 일선 관리자, 고객의 친구와 가족 등 어떤 사람도 될 수 있다. 지금으로부터 2년 후 세상은 더 나아졌을 것이다. 세상 누구라도 영향을 받을 수 있다.

구체적인 비전은 다음과 같은 특정한 형식을 따른다.

[사용자^{user}]는 [과업^{task}]을 한다.

그리고 이 형식은 사용자 스토리$^{user\ story}$로 형식을 확장할 수 있다.

[사용자^{user}]가 [과업^{task}]를 할 것이다. 그래서 [목표^{goal}]를 달성한다.

목표, 현재 상태의 문제점 및 현재 상태의 성공 사례를 확인했다면, 팀에서 이미 언급했던 특정 행동을 중심으로 토론을 시작하자. 예를 들어 목표에 관한 토론 중에 누군가가 고객이 제품을 비교할 것이라고 언급했을 수 있다. 그것을 비전으로 기록해보자. 또는 "고객은 제품을 비교해 자신에게 가장 적합한 제품을 찾을 수 있을 것이다."라고 스토리로 확장해보자.

그룹 토론 중 누군가가 미래의 행동에 대해 설명하면 워크시트에 기록하자. 각 비전이 '[사용자^{user}]는 [과업^{task}]을 한다' 같은 형식을 따르는지 확인하자(그림 7–5).

그림 7-5 보드 또는 워크시트에서 비전을 적는다. 다음 활동을 하면서 지표를 추가할 수 있게 각 항목 옆에 공간을 남겨둔다.

모든 수준의 행동에 대해 조사하기

몇몇 사용자 또는 이해관계자가 팀에서 많은 영향을 미칠 수 있지만, 나머지 다수의 사람들도 이 프로젝트의 성공에 관여하고 있다. 팀을 조사해 다른 이해관계자들이 성공적인 미래에 어떤 역할을 할지 생각해보자.

- 경영진, 관리자들은 무엇을 할 것인가?
- 다른 부서 및 사업부는 무엇을 할 것인가? 지원 부서 직원들은 무엇을 할 것인가?

최종 사용자들, 고객들과 직원들 모두에게 동일하게 적용된다.

- 동료들은 무엇을 할 것인가?
- 고객의 친구들과 가족들은 무엇을 할 것인가?

현재 상태의 문제점을 해결하는 행동 조사하기

유토피아적인 미래를 꿈꾸느라 팀이 개선하거나 해결하려는 현재 상태의 문제점을 잊지는 말자. 비전 선언에서 해결되지 않은 현재 상태의 문제점에 대해서는 미래 비전이 이 문제를 어떻게 해결하는지 이야기를 나눠보자.

어떤 경우에는 현재 상태의 문제점이 미래의 구상 방식에 따라 더 이상 문제로 여겨지지 않기도 한다. 예를 들어 만약 현재 상태의 문제점이 커피 크리머creamer를 절대 찾을 수 없다는 것이라면, 미래 상태는 크림이 전혀 필요 없는 풍부하면서도 크림이 이미 들어있는 커피를 상상할지도 모른다.

현재 상태의 성공 사례를 제약 조건으로 사용하기

그룹이 구체적인 비전을 파악하면 미래 비전이 현재 상태의 성공 사례와 충돌하는 지점을 주시하자. 보통 이렇게 상충되는 미래 비전은 팀에서 명확하게 설명하지 못했던 문제점과 관련이 있다. 비전을 제안한 사람에게 비전을 좀 더 자세히 설명해 달라고 요청하라. 성공적인 미래를 나타내는 이유는 무엇인가? 성공적인 미래에 대한 이 비전과 현재 상태의 성공이 모두 미래에 존재할 수 있는가? 아니면 팀이 둘 중 하나를 선택해야 하는가?

미래의 이상적인 비전을 조사하기

그룹의 배경은 물론 현재 상태의 문제점과 성공 사례를 둘러싼 프레임은 현재 시스템에 존재하는 실행 사례와 프로세스를 확장하는 구체적인 비전을 보장한다. 미래 비전은 현재의 사고를 지속하게 만드는 것이다. 이 프레임은 미래 혁신의 범위를 좁히고, 상상하지 못하도록 제한한다. 이러한 비전은 판매하고 구현하기가 더 쉽지만, 그 자체로는 충분하지 않을 수 있다.

이런 경우에는 팀에게 현재 시스템과 관계 없는 이상적인 미래를 상상하게 하는 것이 유용할 수 있다. 다음과 같이 모두에게 물어보자.

"어젯밤 불이 나서 모든 것이 파괴됐다고 상상해보겠습니다. 모든 데이터가 손실됐고, 모든 건물이 불에 탔으며, 모든 파일이 사라졌습니다. 여러분은 처음부터 새로운 제품을 만들어야 합니다. 여러분이 원하는 것을 만들 수 있다면 그것은 어떤 모습일까요? 이게 성공적이라면 사람들은 무엇을 할까요?"

많은 팀이 현재 시스템에서 가능한 것은 제한하곤 한다. 반면 이상적인 제품은 종종 구현하기 어려운 경우가 있다. 왜냐하면 현실적으로 동작되는 방식이 아니기 때문이다. 그러나 현재 시스템에 존재하는 제약 사항을 없애면 이상은 훨씬 더 실현 가능해진다.

이 질문은 조직이 무엇을 할 수 있느냐가 아니라 기술적으로 실현 가능하고, 합법적인 팀이 무엇을 할 수 있는가라는 점을 기억하자.

팀원들에게 범위에 대해 안심시키기

'원하는 것을 만들 수 있다면' 같은 문구와 '이상적인' 같은 단어로 질문 프레임을 잡으면 프로젝트와 제품 관리자들은 프로젝트 범위가 증가될지, 프로젝트 목표를 달성하지 못할지를 두려워한다. 범위에 대해 안심시키는 훈련은 프로젝트가 성공하지만 범위, 마감일, 예산에 영향을 미치지 않을 때 사람들이 수행해야 할 작업을 팀원들에게 다시 확인시킨다. 성공이 어떤 모습일지 아는 일은 그것이 어떻게 만들어질지 또는 언제 만들어질지 알게 되는 것은 아니다.

마무리 후 성공 여부를 측정하는 단계로 이동하기

워크시트에 구체적인 성공 비전을 수집했다면 제품에 대한 매우 중요한 정보를 생성한 것이다. 기능 목록 대신 사람들이 무엇을 할 것인지에 대한 구체적인 설명이 있다. 그리고 팀은 요구사항^{requirement} 대신 결과^{outcome}를 설명했다.

여러분은 거기서 멈출 수도 있다. 구체적인 행동 결과로 이뤄진 목록으로 설명되는 구체적인 비전은 매우 훌륭한 비전이다. 마지막 단계는 성공을 측정하는 방법을 결정하는 것이다. 모두에게 다음과 같이 이야기한다.

"이제 사람들이 성공적인 미래에 무엇을 하는지 알았으니, 그 행동을 측정하고 성공을 추적하는 데 사용할 수 있는 지표를 찾아보겠습니다."

활동 4: 지표를 미래 행동에 매핑하기

사람들이 하는 일의 관점에서 미래를 상상할 때, 당신은 구축할 수 있는 결과를 설명할 뿐 아니라 측정, 추적 및 평가할 수 있는 것으로 설명할 것이다.

이 활동에서 팀은 각 비전 선언문을 측정하는 지표를 확인한다.

구체적인 지표는 성공을 측정하고 검증한다. 지표로 마무리하면 팀은 테스트하고 검증할 수 있는, 구체적이면서도 측정 가능한 가설에 기초해 디자인 관련 결정을 내릴 수 있게 된다.

프레임

무엇을 할 것인가?	각 비전 선언에 대한 지표를 점검한다.
결과는 무엇인가?	미래 행동을 측정하는 지표 목록

이 활동이 왜 중요한가?	제품 관련 결정을 테스트하고, 검증하는 데 사용할 수 있는 지표를 확인한다.
어떻게 그 일을 할 것인가?	모두 함께 하거나 그룹 단위로 작업을 한다.

지표를 점검하는 프레임을 구성하려면 다음과 같이 이야기해보자.

> "각각의 구체적인 비전은 사용자의 특정 행동을 설명합니다. 그리고 그것이 구체적인 행동이기 때문에 측정할 수 있는 겁니다. 우리는 각 비전을 추적하는 데 사용할 수 있는 지표를 점검해보고자 합니다. 이러한 지표를 활용해 성공 여부를 측정할 수 있고, 제품 아이디어를 테스트하고 검증할 수 있습니다."

지표 식별하기

각 비전 선언문을 검토하고, 팀과 협력해 행동을 측정하는 지표를 식별한다. 비전을 어떤 일을 하는 사람으로 정의할 때 해당 행동을 추적하고 측정할 수 있다.

예를 들어 "고객은 커피 종류를 비교해 자신에게 맞는 커피를 찾는다."는 비전이 있다면, 다음과 같은 몇 가지 지표를 정의할 수 있다.

- 커피를 비교하는 구매자 비율
- 커피를 비교하고 구매까지 하는 구매자 비율

이러한 지표의 속임수는 마치 이런 비율이 분석 시스템에서 얻을 수 있는 정량적 수치처럼 들린다는 것이다. 해당 행동이 어떻게 측정될지는 생각하지 말고, 단지 행동을 측정할 수 있다는 점에 집중하자. 예를 들어 제품 비교를 하는 경우를 살펴보자. 사용자가 비교하기 위해 무언가를 클릭하면 웹사이트에서 비교하는 행동을 추적할 수 있다. 버튼을 클릭하는 대신 제품 목록을 보는 것만으로 사용자가 비교할 수 있도록 디자인이 돼 있다면 어떨까? 당신의 분석 시스템은 그것을 측정할 수 없다. 하지만 당신의 리서치 팀은 사용자 테스트나 인터뷰로 사용자와의 상호작용을 측정할 수 있다.

각 구체적인 비전의 오른쪽에 지표를 적는다(그림 7-6). 미래 행동은 하나 이상의 관련 지표가 있을 수 있다. 관련성이 있어 보이는 모든 것을 포착하자.

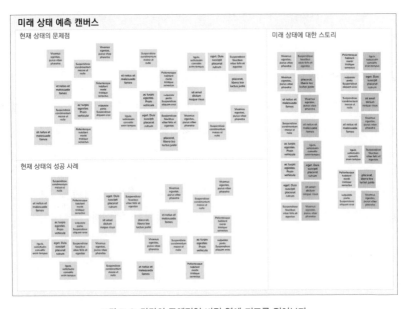

그림 7-6 각각의 구체적인 비전 옆에 지표를 적어보자.

지표 기준 확인하기

많은 지표의 경우 팀은 기준으로 사용할 현재 행동 데이터를 수집할 수 있다. 데이터는 때로는 측정 가능하기도 하고, 때로는 추론되기도 한다. 개인화를 예로 들어 보자.

팀에서는 홈페이지에 있는 개인화된 맞춤 콘텐츠가 고객들에게 더 매력적이라고 믿는다고 가정해보자. 현재 사이트는 맞춤 기능을 제공하지 않기 때문에 미래에 있을 사용자 맞춤 기능과는 비교할 수 없다. 그러나 맞춤 콘텐츠가 고객의 관심을 끈다면 고객들은 자신들이 보는 콘텐츠를 더 좋아하게 될 것이기 때문에 이탈률이 낮아지리라 예상할 수 있다. 아니면 고객들이 맞춤이 아닌 콘텐츠보다 맞춤 콘텐츠를 더 빨리 클릭하기 때문에 홈페이지에 머무르는 시간이 줄어들 수도 있다. 또는 맞춤 콘텐츠를 클릭하기 때문에 검색이나 탐색을 사용하는 비율이 더 낮을 수도 있다.

물론 맞춤 콘텐츠를 보는 고객이 맞춤 콘텐츠를 보지 않는 고객들에 비해 커피를 구매할 가능성이 얼마나 높을지 측정하는 접근이 더 낫다. 그러나 여기서 이야기하려는 요점은 일부 지표는 명시적인 기준이 없으므로 관련 행동에서 기준을 추론해야 할 수 있다는 것이다.

팀에서 직접적이고도 유추한 기준선을 파악할 수 있도록 지원해야 한다. 이는 제품 개발 과정을 측정 가능하면서도 체계적인 활동으로 만든다. 그렇게 함으로써 프로젝트를 흔드는 여러 의견의 영향을 줄일 수 있다.

지표가 나아갈 방향 설정하기

시작 시점에 프로젝트의 가치를 논하거나 마지막 시점에 성공에 대해 이야기할 때, 프로젝트를 기존 기준과 비교하는 것보다 나은 방법은 없다. 조직은 좋은 것을 개선하고 나쁜 것은 줄인다. 프로젝트를 시작하기 전에 현재 지표를 개선, 축소 혹은 유지할지 여부와 관련해 프로젝트의 가치에 대해 의견을 나누자. 지표에 초점을 맞추면 이해관계자들은 관리자와 경영진이 성공과 실패를 평가하는 데 사용하는 언어와 동일한 언어 체계로 프로젝트가 조직에 미칠 영향을 이해하는 데 도움이 된다.

프로젝트가 시작된 후 실제 가치의 변화를 논의하기 위해 프로젝트 시작 전후의 지표를 측정한다. 그 지표는 예측된 방향으로 움직여야 한다. 그리고 방향과 상관없이 팀은 제품에 대한 의사결정을 배우고 평가하는 데 사용할 수 있는 명확한 지표를 갖고 있어야 한다.

너무 많은 지표를 고민하지 않기

이 시점에서 팀은 핵심 성과 지표를 선정하지 않고 있다. 팀이 향후 프로젝트 작업에서 자료로 사용할 수 있는 광범위한 지표와 기준을 파악하자. 구체적 비전으로 확인한 내용을 측정하지 않는 일반적인 지표에 의존하는 것은 바람직하지 않다. 그보다는 다수의 잠재적 지표를 파악해 사용하지 않는 편이 더 나을 수 있다.

추적하려는 행동을 명확히 알지 않으면 행동을 추적할 수 없다. 당신은 이상적인 제품을 만들려고 한다. 추적할 지표에 대해 알아야 팀이 올바른 위치에서 올바른 추적을 설계할 수 있다.

지표를 마무리하고 요약하기

포착한 지표로 다음 단계를 식별해 산출물output이 실행 가능한 상태인지 확인하자. 그러기 위해 첫째, 적용 가능한 기준 지표를 추적할 사람을 확인한다. 둘째, 미래의 비전을 문서화, 저장 및 공유하는 방법을 결정한다.

산출물을 참조하고 사용해야 할 사람을 식별한다. 현재 상태의 문제점과 성공 사례는 물론 구체적인 미래 비전은 모두 비즈니스, 기능 및 기술 요구 사항으로 해석된다. 미래 비전 선언문은 애자일 팀^{agile team}을 위한 사용자 스토리와 테스트 리더를 위한 테스트 사례로 변환된다. 이 활동의 결과물을 나머지 팀 작업에 공급할 특정 팀원을 식별한다.

비전은 기능이 아닌 성공에 팀을 집중시킨다

간단한 네 가지 단계를 거쳐 팀이 제품 아이디어를 테스트하고 검증하는 데 사용할 수 있는 구체적인 지표뿐만 아니라, 구축 가능한 구체적인 사용자 행동을 구상하도록 도움을 줬다. 이 활동 전에도 팀은 제품을 만들고 있었다. 하지만 이제 팀은 기능을 모아놓은 기능 컬렉션이 아닌, 특정 사용자 행동을 가능하게 하는 방법적 측면에서 제품을 구상한다. 더 중요한 것은 팀이 변화를 위한 지표, 기준 및 방향을 선택할 때 그들은 각 행동을 테스트 가능한 가설로 바꿔 고민했다는 점이다.

모든 것을 토론하고 실행했다면 실제 산출물은 현재 상태의 문제점과 성공 사례 또는 미래 비전으로 구성된 목록만은 아닐 것이다. 이 활동은 팀이 제품과 성공에 대해 생각하는 방식을 바꾼다. 이 강력한 변화는 딸깍 켜지는 전등 스위치와는 다르다. 시간이 흐르면서 계속 지펴줘야 하는 불에 가깝다.

8장에서는 제품이 수명 내내 모두의 관심을 끄는 프로젝트 목표와 미래 상태 비전을 유지하는 방법을 살펴보려 한다.

프로젝트 목표와
비전 문서화 및 공유

팀이 프로젝트 목표, 구체적인 비전 같은 전략적 개념에 맞춰 협력한다면 더할 나위 없이 보람찰 것이다. 하지만 2주 후 목표와 비전을 잊어버리면 시간을 낭비한 게 될 것이다. 팀이 프로젝트 목표와 비전을 최우선으로 생각하도록 도울 수 있다. 그렇게 되면 팀은 목표를 사용해 제품에 필요한 의사결정을 내리고, 미래 비전을 향해 나아갈 것이다.

8장에서는 프로젝트 목표와 비전을 문서화하고 공유하는 방법을 살펴본다. 이는 팀이 목표와 비전에 맞춰 진행하도록 돕는다. 또한 회사에서 다른 사람들과 목표와 비전을 공유하는 방법도 살펴볼 것이며, 따라서 관리자 및 임원과의 검토와 점검이 더 원활하게 진행되도록 할 것이다.

중요한 맥락을 제공하기 위한 목표 문서화하기

프로젝트 목표를 확인하고 우선순위를 정하면 훌륭한 목표 목록을 얻을 수 있다. 이제 그것을 정리해 팀 앞에 배치하고, 조직의 다른 모든 사람과 공유한다.

프로젝트 목표를 공유하면 프로젝트를 둘러싼 수많은 뉘앙스를 잘 모르는 사람들에게도 의사결정을 설명할 때 중요한 맥락을 제공한다. 좋은 목표는 팀뿐 아니라 조직 전체의 다른 이해관계자들에게도 의미가 있다.

이러한 맥락에서 중요한 부분인 프로젝트 목표는 누구나 이해할 수 있는 결과에 중점을 둔다. CEO는 화면 상단에 특정 버튼을 배치한 이유를 이해하지 못할 수도 있지만, 그들은 고객 지원 서비스 통화량을 줄이려는 목표를 이해한다. 버튼 위치를 따지기보다는 CEO에게 지원 전화 요청을 줄일 수 있는 가장 좋은 방법에 대해 이야기해보자.

프로젝트 목표를 우선순위로 정리된 목록으로 만들기

프로젝트 목표를 우선순위가 매겨진 목록으로 만들어 공유하자. 목표는 팀이 일관되게 프로젝트를 진행할 수 있게 하는 한편, 외부 이해관계자에게 합리적 근거를 전달한다. 우선순위화된 목표는 두 목표가 서로 상충될 때 의사결정이 용이하도록 지원한다(그림 8-1).

전자상거래 프로젝트 목표

고객의 소비 비율을 높이고 판매 옵션을 확대하기 위해

- 매장에서 판매하는 모든 물건을 웹사이트에서 판매한다(가정, 사무실, 선물 등).
- 영업 및 마케팅 차원에서 다른 판촉 제안을 허용한다.
- 가까운 커피숍에 가는 것처럼 쉽고 편안하게 만든다.

그림 8-1 목표를 우선순위화된 목록으로 문서화해 팀의 의사결정을 지원한다.

프로젝트 목표 활동은 우선순위가 지정된 목록 형식으로 결과를 생성하므로, 가능한 한 빨리 정리하고 공유할 수 있다. 피라미드 위에서 목표의 우선순위를 정했다면, 계층 구조로 목표를 문서화한다(그림 8-2).

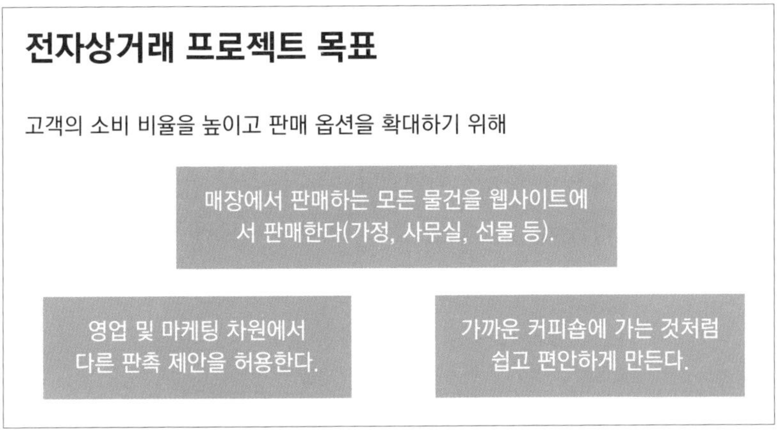

전자상거래 프로젝트 목표

고객의 소비 비율을 높이고 판매 옵션을 확대하기 위해

매장에서 판매하는 모든 물건을 웹사이트에서 판매한다(가정, 사무실, 선물 등).

영업 및 마케팅 차원에서 다른 판촉 제안을 허용한다.

가까운 커피숍에 가는 것처럼 쉽고 편안하게 만든다.

그림 8-2 프로젝트 목표를 계층 구조로 문서화한다.

큰 그림을 보여주기 위해 비전 문서화하기

목표는 여러분이 어디로 가고 있는지에 대한 맥락을 제공하는 반면, 비전은 미래가 어떻게 보일지 그림을 그린다. 그러면 사람들은 그곳에 가고 싶어한다. 목표는 목록으로 문서화하고 공유하기 쉬운 측면이 있지만, 안타깝게도 비전의 경우 구체적인 비전 스토리를 공유하기 쉬운 비전으로 변환시키려면 더 많은 노력이 필요하다.

좋은 비전은 간단한 이야기를 들려준다.

이야기는 아이디어를 인간친화적인 이야기로 변환시켜 어디서 시작할 것인지, 극복할 문제는 무엇이며, 성공적인 미래 모습은 어떠한지 설명한다. 좋은 비전 선언문은 해당 프로젝트의 성공에 대한 이야기를 들려준다.

프로젝트를 설명할 때는 엘리베이터를 타는 동안 짧게 이야기 나누는 엘리베이터 피치elevator pitch나 복도에서 우연히 만나 공유하거나 간단히 소개할 정도로 짧아야 한다.

가장 중요하고 흥미로운 비전 스토리 확인하기

팀은 상당한 양의 미래 행동을 확인했다. 그것을 모두 하나의 간단한 이야기로 만들긴 어려울 것이다. 가장 중요하거나 흥미로워 보이는 미래 행동을 골라보자. 가능하면 기존 인지도를 활용하는 차원에서 회사에서 인기 있는 아이디어를 반영한 미래 상태를 선택한다.

그 이야기를 앞으로 성공이 어떤 모습일지 설명하는 몇 개의 단락으로 묶어보자. 인간에게 미치는 영향에 대한 설명으로 비전을 완성한다. 예를 들어 고객이 커피 구독 서비스에 가입하고, 적은 양의 커피를 주문할 수 있도록 허용하면 이것이 어떻게 커피가 더 신선해질 수 있다는 의미가 될 수 있는지 주목해보자(그림 8-3).

전자상거래 프로젝트 비전

향후 웹사이트에 전자상거래 기능이 추가되면

- 고객은 자신이 좋아하는 커피를 주문하고, 요구에 따라 분쇄된 상태로 집이나 사무실로 배달받는다. 웹사이트에서 제공되는 교육적인 내용은 그들이 가장 좋아할 커피를 고르도록 돕고, 커피를 갈 때 무엇을 사용할지 선택하는 데 도움을 준다. 그들은 커피를 구독하고 적게 소분된 양의 커피를 더 자주 받게 될 것이다. 그래서 그들의 커피는 항상 신선하다.
- 마케팅과 영업 부서는 개별 고객의 구매 습관에 맞게 제품과 옵션을 조정한다. 고객들은 더 많이 살 것이고, 그들은 자신의 구매에 더 만족한다.

그림 8-3 중요하고 흥미로운 미래 시나리오를 활용해 비전을 간단한 이야기로 문서화한다.

팀과 함께 목표와 비전 확인하기

모두 함께 프로젝트 목표와 비전을 만들었더라도, 팀에서 함께 문서화된 버전을 확인하자. 최종 문구와 형식을 확인하고, 모든 토론이 시작될 때 프로젝트 목표와 비전을 다시 돌아보자.

팀과 함께 최종 문구와 형식 검토하기

팀의 일부 인원들은 함께 목표와 비전을 문서화한 후 떨어져서 업무를 진행하기도 한다. 목표를 명확하고 간결하게 하고, 미래 비전을 명확하고 구체적인 용어로 기술하라.

문서가 다 작성되면 최종 버전을 나머지 팀원들과 공유하자. 팀의 모든 사람이 목표와 비전을 기술한 방식에 동의할 수 있도록 피드백을 듣고 반영한다. 팀 전체가 목표와 비전에 합의하고 공유하면, 모든 사람이 다른 사람의 결정을 신뢰할 수 있는 기반을 마련했다고 볼 수 있다.

모든 토론 및 검토 시작 시 프로젝트 목표와 비전 참조하기

북극성은 참조가 필요한 경우에만 길잡이 역할을 한다. 팀이 함께 학습 내용과 작업을 공유하기 위해 모이면 토론을 시작할 때 목표와 비전을 보여준다. 옵션을 평가할 때에도 의사결정을 용이하게 하기 위해 목표를 참조하자.

프로젝트 진행 과정에서 목표와 비전이 달라져선 안 되지만, 초반부터 명확하게 표현하기는 어렵다. 팀이 프로젝트의 특정 부분을 작업할 때 당신은 초기 목표와 비전이 잘못된 것을 빌견할 수 있다. 어떤 결정을 합리화하기 위해 목표와 비전을 사용할 때마다 당신은 목표와 비전을 검토 및 조정하고, 이를 개선하고 더 정확하게 만들 수 있는 기회를 제공한다.

이해관계자와 이야기할 때는 목표와 비전으로 시작하기

프로젝트 외부의 다른 사람들과 자료를 검토할 때는 목표와 비전으로 시작하라. 프로젝트의 목표와 비전으로 시작하면 관리자와 경영진에게 북극성을 검토할 기회를 주고, 프로젝트가 제대로 잘 진행되고 있다는 확신을 줄 것이다. 팀에 문제가 있으면 이해관계자가 알려줄 것이다.

비전을 공유하면 프로젝트와 관련된 토론을 할 때 맥락이 형성되므로, 이해관계자들은 여러분이 무엇을 하려 하는지 이해하게 된다. 우선순위가 지정된 프로젝트 목표는 의사결정 프레임워크를 설명하므로, 이해관계자들은 여러분이 공유한 모든 내용을 평가하고 대응하는 방법을 알 수 있다.

팀은 목표와 비전을 지속적으로 참조해야 한다

팀은 문서화하고 소통하는 데 유용한 목표와 비전을 찾는다. 목표와 비전은 프로젝트의 자원 배분 시 의사결정의 기준이 될 뿐 아니라 새로운 팀 구성원이 프로젝트에 잘 안착할 수 있도록 교육시키는 데에도 도움이 된다. 팀은 목표와 비전을 방향의 기준이 되는 북극성처럼 지속적으로 참조해 그것이 주는 동조의 장점을 누려야 한다. 특히 옵션을 평가하고 프로젝트의 의사결정을 합리화하기 위해 모든 기회에서 목표와 비전을 재검토해 참조하자.

프로젝트 목표는 조직이 원하는 것과 일치한다. 이 비전은 사용자의 미래가 어떻게 변화할지 보여준다. 3부에서는 팀이 사용자를 이해할 수 있도록, 그래서 사용자들을 위해 준비한 미래를 구축할 수 있도록 도울 방법을 살펴보려 한다.

 웹사이트에서 템플릿, 프레임 자료, 원격 자원을 찾아 활용
해보자(http://pxd.gd/strategy/).

3부

사용자

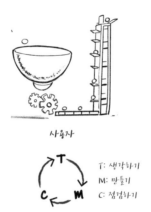

사용자

T: 생각하기
M: 만들기
C: 점검하기

사용자는 단순한 제품뿐 아니라 전체 경험 기계가 내리는 모든 결정의 중심에 서 있다. 공유된 비전을 통해 사용자는 팀원들을 합의하게 만들고, 동일한 사용자군을 위해 동일한 제품을 만들게 한다. 이 섹션의 활동은 팀원들이 협업해 사용자들을 이해하고 분석하는 것뿐만 아니라 해당 비전을 공유하고, 더 넓은 조직에 전달하도록 돕는다.

팀은 더 잘 협력할 수 있고, 당신이 그렇게 하도록 도울 것이다. 3부에서는 사용자의 기본 요소를 살펴본다. 우리는 항상 사용자들에 대해 이야기할 때마다 리서치를 이야기하기 때문에, 우리는 또한 당신이 만들고 있는 제품에 필요한 정보에 맞춰 사용자 리서치 규모를 조정하는 방법도 알아볼 것이다.

팀에서 지속적으로 진행하는 사용자 분석과 학습을 지원하기 위해 우리는 속성 그리드^{attribute grid}를 계속 업데이트할 수 있는 문서로 보고, 포스트잇과 사용자 데이터로 채운 벽을 읽기 쉬운 문서로 변환시켜 사용자가 누구인지에 대한 스토리를 스캔하는 방법을 살펴보도록 하겠다.

9장

사용자와 사용자 리서치

모든 디자인 프로젝트는 페르소나로 시작한다. 사용자는 수면 아래에 숨어 있다. 당신은 모든 제품, 서비스, 인터페이스를 사용할 사용자를 상상하며 디자인한다. 그때 팀의 모든 구성원이 다른 사용자를 상상한다면 어떨까?

프로젝트 목표, 비전과 마찬가지로 팀원 모두가 같은 것을 상상하면, 더 쉽고 효과적으로 협업을 할 수 있다. 사용자에 관해 문서화하면 사용자가 실감나게 현실화되고, 팀원 모두가 같은 사람을 상상하고 디자인할 수 있다.

다시 말하자면 페르소나가 종종 다르게 보이고, 다른 정보를 포착하는 것을 본 적이 있는가? 우리는 사용자들을 모델링하는 방법에 대해 이야기할 것이다. 이 방법을 통해 여러분과 팀은 더 나은 디자인을 위해 협업하게 될 것이며, 경험 기계는 더 나은 제품과 서비스를 만들어 낼 것이다. 9장에서는 사용자 모델을 문서화하는 데 사용할 수 있는 다양한 속성을 살펴보기로 한다. 또한 여러분에게 필요한 리서치 유형을 결정하는 방법에 대해서도 알아볼 것이다.

9장에서 논의하는 속성은 사용자 간의 우선순위를 지정하고, 사용자 요구사항을 이해하며, 사용자 모델을 페르소나로 문서화하기 위한 협업 활동의 토대가 될 것이다.

페르소나 vs 프로필 vs 역할 vs 원형

페르소나를 만들기 위한 사용자 리서치가 필요하지 않다고 제안하면, 어떤 사람들은 사용자 리서치를 포기하는 선택을 한다. 또 어떤 팀은 페르소나를 만들기 위해 엄청나게 많은 양의 정량적 데이터를 걸러가며 조사하는 반면, 다른 팀은 정성적 리서치에서 얻은 내용을 조각조각 모아 페르소나를 만든다. 어떤 이들은 서로 다른 접근법을 놓고 논쟁을 벌이기도 하지만, 둘 다 타당하다.

페르소나는 사용자 모델이다. 그 모델을 만드는 방법은 당신이 수행해야 할 작업에 달렸다. 사용자에 대한 인사이트^{통찰력}는 프로젝트에서 마치 엔진의 연료 같은 역할을 한다. 모든 사람이 모두 왕성하고 정량적인 인사이트가 필요한 것은 아니다. 어떤 사람들은 보통 연료로도 그럭저럭 잘 지낸다.

어떤 사람들은 이러한 사용자 모델을 페르소나라고 부른다. 페르소나, 프로필, 행위자, 역할^{role}, 원형^{archetype} 등 무슨 용어든 상관 없다. 뭐라고 부르든 그것은 사용자 모델이다.

이 모델은 팀이 필요로 하는 가장 중요한 사용자 정보를 문서화하고 전달하기 때문에, 팀이 더 나은 제품을 디자인하는 데 도움이 된다. 우리는 이러한 사용자 속성을 과업^{태스크}, 맥락^{컨텍스트, context}, 영향 요인^{인플루언서, influencer} 등 세 가지 유형으로 구분한다.

과업, 맥락, 영향 요인

사용자를 생각할 때 그들이 무엇을 하는지, 어디서 그리고 어쩌면 왜 그런지 상상할 것이다. 사용자를 이해하는 방법을 이야기할 때 다음 요소를 참조하자.

- 과업: 사용자가 무엇을 수행하는지
- 맥락: 사용자가 언제 어디서 그 일을 하는지
- 영향 요인: 사용자가 왜 그 일을 하는지

사용자에 대한 인사이트를 설명하거나 확인할 때, 그것을 이 세 영역 중 하나로 그룹화하자(그림 9-1).

그림 9-1 사용자가 수행하는 일(과업), 수행하는 장소 및 시간(맥락), 수행하는 이유(영향 요인)를 바탕으로 사용자를 정의한다.

과업: 사용자가 수행하는 일

과업은 사용자가 하는 행동을 설명한다. 사용자 과업은 우리가 어떤 기능을 구축해야 하는지 알려준다. 팀원들은 과업에 대해 이야기하는 게 쉽다고 생각한다. 인터페이스는 사용자가 하나 이상의 과업을 수행하도록 돕는다.

과업의 범위는 넓거나 좁을 수 있다. 온라인에서 커피 원두를 사는 일은 커피 검색, 해당 커피를 좋아하는지 여부 평가, 구매 결정, 장바구니에 추가, 결제 등 수많은 단계를 포함한다. 이 모든 단계는 사용자가 온라인으로 커피를 구매하는 광범위한 과업을 완료하는 데 도움이 된다.

이 과정을 더 세분화할 수 있다. 예를 들어 '장바구니에 추가' 단계는 다음과 같이 좀 더 세부 단계로 나눌 수 있다.

1. '장바구니에 추가' 버튼을 위한 검색 결과 화면
2. '장바구니에 추가' 버튼 찾기
3. '장바구니에 추가' 버튼으로 마우스를 이동
4. 버튼을 선택하기 위해 마우스를 아래로 누르기
5. 버튼 선택을 완료하기 위해 마우스에서 손가락을 떼기
6. 확인 메시지에 주목하기
7. 확인 메시지 읽기
8. 커피가 장바구니에 추가됐음을 알기

일반적으로 과업에 대해 생각할 때는 디자인 대상에 대한 결정을 내릴 수 있도록 충분히 구체적으로 작업하라. 과업을 설명하는 방법은 실행 가능 actionable[1] 해야 한다. 또한 결정을 내리는 데 도움이 돼야 한다. 디자인할 과업을 얼마나 자세하게 해야 하는지의 수준을 과업의 충실도라고 한다.

---

1   Steve Mulder, Ziv Yaar, 『The User Is Always Right: A Practical Guide to Creating and Using Personas for the Web』, New Riders, 2007

디자인을 집을 짓는 데 비유해보자. 집을 계획하고 있다면 설계도가 필요하다. 집을 지을 때는 몇 개의 문이 필요한지 알아야 한다. 만약 사람들이 문을 통과하는 데 무리가 없게 해야 한다면 문 손잡이가 어떻게 생겼는지 알 필요가 있다. 비록 청사진 초안을 만들고, 집을 짓고, 사람들이 이 방에서 저 방으로 이동하도록 도울 수 있지만, 이 세 가지를 동시에 다 하지는 않을 것이다. 필요하지 않은 정보에 시간을 허비하지 않게 하면서도 필요한 정보를 주는 적절한 과업 충실도를 선택하라.

맥락: 언제, 어디서, 어떻게, 누구와 함께

맥락은 사용자가 과업을 완료하는 장소, 시간, 방법을 설명한다. 사용자 맥락을 알면 제품을 더 쉽게 사용하도록 만들 수 있다.

종종 맥락은 노트북, 전화기 등 사용자 기기뿐 아니라 이메일, 웹 같은 채널도 설명한다. 또한 맥락은 사용자가 집이나 사무실에서, 낮이나 밤, 하루에 한 번 또는 일년에 한 번, 가족이나 친구와 함께 또는 혼자 등 과업을 완료하는 상황을 설명할 수 있다.

영향 요인: 사용자는 왜 그렇게 하는가

영향 요인은 사용자가 뭔가를 하는 이유를 설명한다. 과업은 무엇을 구축해야 하는지를 말해주고, 맥락은 과업을 디자인하는 방법을 알려준다. 영향 요인은 우리가 올바른 것을 디자인하는 데 도움을 준다.

불편점과 이점

영향 요인은 긍정적일 수도 있고 부정적일 수도 있다. 사과 나무에 올라가 사과를 따거나 늑대 무리를 피할 수 있다. 어느 경우든 나무에 올라간다. 늑대에게 잡아 먹히는 일은 피하고 싶은 고통, 불편함^{pain}이다. 반면 사과에 가까워지는 것은 이득, 이점^{gain}이다. 사용자는 불편에서 벗어나 이점에 한 발짝 가까워진다.

의도한 것과 의도하지 않은 것

불편점과 이점은 의도하거나^{intended} 의도하지 않은 것^{unintended}일 수 있다. 사용자는 늑대에게서 벗어나려 의도하는데 의도랑 관계 없이 사과에 가까이 다가갈 수 있다. 사용자는 의도하지 않은 불편점과 이점에 직면할 수 있는 것이다. 과업은 종종 의도하지 않은 여러 결과를 초래한다. 예를 들어 나무에 오르다가 의도치 않게 가시에 박히는 고통이 생길 수 있다. 마찬가지로 사용자는 나무에 올라서 의도하지 않게 지평선의 아름다운 경치를 보는 이점을 얻을 수 있다.

과업, 맥락, 영향 요인은 팀원들에게 사용자들이 나무에 오르는 방법을 생각할 수 있도록 돕는다. 그런데 한 발짝 떨어져 곰곰이 생각해보면 애초에 왜 사용자가 늑대와 사과나무로 가득 찬 숲을 돌아다니는지 궁금해할 수도 있다.

동기, 목표, JTBD

영향 요인은 사용자가 왜 그 일을 하는지에 대한 인사이트를 제공하지만, 사용자가 원하는 것을 설명하지는 않는다. 사용자의 과업이 커피를 사는 것이라면 왜 커피를 사려고 할까? 휴식을 취하고 싶은 걸까? 깨어 있길 원해서일까? 영양적 측면 때문에? 사용자가 커피를 구입하려는 이유에 대한 답은 사용자 목표 또는 JTBD[Jobs-To-Be-Done]를 나타낸다.

하나의 개념으로 JTBD는 혁신 기업 및 린 스타트업 커뮤니티에서 나타난다. 제품 혁신 컨설턴트인 앤서니 울윅[Anthony Ulwick]은 JTBD를 "핵심 기능 과제[core functional job]는 '일직선으로 나무 조각을 자른다', '아이들에게 삶의 교훈을 준다', '환자의 활력 징후를 관찰한다' 같은 하나의 문장으로 정의된다."라고 설명한다.[2]

인터랙션 디자이너 앨런 쿠퍼[Alan Cooper]는 저서 『About Face 3』에서 질문에 대한 대답으로, 유사한 개념인 목표를 언급한다. "사용자가 애초에 활동[activity], 과업, 행동[action], 작업 수행[operation]을 하는 이유는 무엇인가?"[3]

그것을 목표라고 부르든 혹은 JTBD이라고 부르든 사용자의 주된 동기, 즉 사용자가 충족시키려는 기본 요구사항[fundamental needs]을 설명하고자 하는 것이다.

사용자의 기본 요구사항을 이해하면 사용자가 수행하는 활동 의미를 이해해 더 적절하고 만족스러운 디자인을 할 수 있다.[4] 경험 기계의 경우 핵심 기능 과제에 대한 깊은 이해는 기업이 경쟁 솔루션보다 훨씬 더 잘 업무를 수행할 수 있는 제품 또는 서비스를 만들 수 있게 한다.[5] 팀이 사용자의 기본 요구사항, 기본 목표, 사용자가 작업하길 원하는 핵심 작업을 이해하면 조직은 더욱 혁신적이고 성공적인 경험을 만들어낼 수 있다.

---

2   Anthony W. Ulwick, Alexander Osterwalder, 『Jobs to Be Done: Theory to Practice』, Idea Bite Press, 2016

3   Alan Cooper, Robert Reimann, David Cronin, 『About Face 3: The Essentials of Interaction Design』, Wiley, 2007

4   3번 각주와 동일

5   2번 각주와 동일

동기^{motivation}, 과업, 맥락 및 영향 요인은 각 사용자에 대해 추적해야 할 많은 정보를 의미한다. 다행히도 제작 중인 제품에 필요한 사용자 속성에만 집중할 수 있다.

방앗간 주인과 아들, 그리고 당나귀

나는 어릴 적 랜덤하우스 출판사에서 나온 이솝 우화『팔려가는 당나귀(영문판: the miller, his son, and their donkey)』[6] 그림책을 좋아했다.

한 방앗간 주인과 아들은 마을에서 당나귀를 팔기 위해 길을 나섰다. 그들이 길을 걸어가고 있는데 지나던 행인이 아들을 당나귀에 태울 수 있는데 걷게 했다고 주인을 나무랐다. 그래서 주인은 아들을 당나귀에 앉히고 길을 계속 갔다.

---

6   Aesop, J. P. Miller,『Tales from Aesop』, Random House, 1976

얼마 후 또 다른 행인은 "아버지를 걷게 하고 자기만 타다니 얼마나 배은망덕한 행동인가?"라며 아들을 비난한다. 이 말을 들은 아들은 아버지가 타도록 말에서 내린다.

조금 더 가니 다른 행인은 "두 사람 다 탈 수 있는데 둘 중 한 명이 걷게 되면 너무 어리석은 것 같다."고 말한다. 그래서 방앗간 주인과 아들은 모두 당나귀 위에 올라 타고 마을로 간다.

방앗간 주인과 아들이 불쌍한 당나귀 위에 앉아있는 것을 보고, 또 다른 사람은 이렇게 말한다. "당나귀에게 짐을 다 짊어지게 하다니 얼마나 잔인한가!" 행인의 말을 듣고 주인과 아들은 당나귀 발을 장대에 매달아 어깨에 메고 남은 길을 간다.

방앗간 주인과 아들이 다리를 건너 마을로 들어갈 때, 군중들이 모여 나귀를 어깨에 메고 있는 어리석은 두 사람을 비웃는다. 군중의 큰 야유 소리에 놀라 불쌍한 당나귀는 겁을 낸다. 당나귀가 몸부림치다 밧줄이 느슨해지자 결국 당나귀는 다리를 건너다가 강에 떨어져 죽었다.

팔 당나귀가 없어진 방앗간 주인과 아들은 빈손으로 집에 돌아오게 된다.

모든 행인은 방앗간 주인과 아들이 마을로 올 때 편한 방법을 추천했다. 하지만 아무도 그들이 당나귀를 파는 일은 도와주지 않았다.

아무도 사용자 목표와 JTBD를 말하지 않았다

방앗간 주인과 아들이 하고 싶었던 일은 당나귀를 파는 일이었지만, 모든 사람은 그들이 마을에 도착하는 과정에 조언을 한다. 당신은 이런 문제를 반복해서 보게 될 것이다. 사용자 목표와 JTBD는 보이지 않는다. 인터페이스에서 보이는 부분을 이야기하고, 보이지 않는 부분을 간과하는 것처럼 사람들은 해야 하는 작업이나 목표에 대해 말하지 않는다. 목표와 JTBD에 대해 아무도 언급하지 않는다면 그들은 사용자가 필요로 하는 것이나 원하는 것을 어떻게 이야기할 수 있을까?

마케팅 팀은 마케팅 페르소나를 말한다

역사적으로 살펴보면 마케팅 담당자들은 인구통계학적 세그먼트^{segment}에 초점을 맞췄을 때 성공했다. 클레이튼 크리스텐슨^{Clayton Christensen}은 여성 위생 용품, 육아 용품 같은 사례를 통해 인구통계학적 세그먼트와 사용자가 하려는 작업을 긴밀하게 결합시켰다. 인구통계학을 이해한다면 해당 작업

을 이해할 것이다.[7]

마케팅 팀은 또한 가치, 의견, 태도, 흥미, 라이프 스타일 같은 심리학적 정보를 활용해 서로 다른 고객 유형을 모델로 하는 마케팅 페르소나를 만든다. 인구통계학과 심리학에 기반을 둔 마케팅 페르소나는 고객과 소통하고 고객에게 광고할 수 있지만, 마케팅 페르소나는 사용자 경험을 개선하거나 혁신하는 데 도움이 되지는 않는다.

누군가가 인구통계학(예: 결혼한 여성, 35~45세)이나 심리학(예: 품질보다 낮은 비용 선호, 친구와의 시간을 소중히 여김)에 기초해 사용자를 정의할 때마다 당신은 사용자 목표와 JTBD에 대해 말하는 게 아님을 알 것이다.

기술 팀은 기능과 기술을 말한다

마케팅 팀이 자신이 알고 있는 마케팅 세그먼트에 집중하는 것처럼 기술 팀도 자신이 알고 있는 기능과 기술에 초점을 둔다. 그들의 경력을 살펴보면 기술 팀은 기능이나 개발 구현에 집중할 때 성공을 거두곤 했다.

누군가 기능이나 기술을 언급할 때마다 꼭 사용자 목표와 JTBD에 대해 말하는 것은 아니다.

조직은 제품과 서비스를 말한다

혁신 전문 컨설턴트인 앤서니 울윅과 랜스 베턴코트Lance Bettencourt[8]는 많은 회사가 제품과 서비스 혹은 경쟁사 제품과 서비스에 초점을 맞춘다고 말한다. 제품 및 서비스에 대한 이러한 초점은 마케팅 및 기술 팀과 일치

---

7   Clayton M. Christonsen, Scott Cook, Taddy Hall, "Marketing Malpractice: The Cause and the Cure", 「Harvard Business Review」, Dec. 2005

8   Lance Bettencourt, Anthony W. Ulwick, "The Customer-Centered Innovation Map", 「Harvard Business Review」, May 2008

한다. 마케팅 팀은 제품과 서비스를 어떻게 마케팅할지 고민하고, 기술 팀은 제품과 서비스를 어떻게 구현할지를 생각한다.

누군가 제품 및 서비스 측면에서 말할 때마다 사용자 목표와 JTBD를 달성하도록 도와주자.

사용자는 솔루션과 사양을 말한다

심지어 사용자들도 자신의 목표를 말하지 않는다. 울윅은 사용자가 솔루션, 사양specification, 니즈needs, 혜택benefit에 대해 어떻게 자주 이야기하곤 하는지 그 방식에 대해 설명한다. 울윅은 면도기에 관해 고객이 내놓는 의견을 예로 든다. 고객은 면도기에 대한 질문을 받으면 피부를 보호하는 윤활밴드 같은 특정 솔루션을 원하거나, 더 가벼운 무게 또는 더 날렵한 외관 같은 사양을 설명할 수 있다. 사용자는 또한 요구사항에 대해 설명하고, 면도기가 신뢰할 수 있거나 신뢰할 수 있게 되길 원한다고 말할 수 있다. 마지막으로 사용자는 '더 나은 면도', '쉬운 세척'[9] 같이 면도기에서 보고 싶은 이점을 언급할 수 있다. 솔루션과 사양은 추상적인 목표보다 구체적이고 설명하기 쉽다.

사람들이 솔루션이나 사양을 이야기할 때 기본 목표를 확인하기 위해 좀 더 조사할 필요가 있다는 사실을 알고 있다.

방앗간 주인과 아들은 당나귀를 팔고 싶다는 사실을 알았다. 하지만 결과는 마케팅 팀, 기술 팀, 조직 및 사용자는 방앗간 주인과 아들이 마을에 도착하는 방법에 집중하는 것을 선호해서 생긴 일이었다.

9　Anthony W. Ulwick, 『What Customers Want: Using Outcome-Driven Innovation to Create Breakthrough Products and Services』, McGraw-Hill, 2009

프로젝트 목표는 사용자 모델에 필요한 속성을 보여준다

사용자 모델엔 어느 정도의 충실도가 필요하다. 포함하려는 속성이 많을수록 모델의 충실도는 높아진다(표 9-1).

표 9-1 사용자 모델 유형에 따라 더 많은 속성이 포함될 수 있고, 충실도도 더 높을 수 있다.

		사용자 모델 유형		
		'사용자'	역할 '영업 관리자'	페르소나 '새미(Sammy), 영업 관리자'
사용자 속성	**과업** 사용자가 무엇을 수행 하는가?	X	X	X
	맥락 사용자가 언제 어디서 어떻게 누구와 그 일을 하는가?		X	X
	영향 요인 어떤 불편과 이점이 그 일에 영향을 미치는가?			X

프로젝트의 목표 유형에 따라 사용자 모델에는 다른 유형의 사용자 속성이 필요하다. 프로젝트 목표를 활용해 사용자 모델에 포함할 속성을 결정하자 (표 9-2).

필요한 사용자 속성을 확인한 후에는 해당 속성을 입력하는 데 필요한 정보를 확인하자. 이제 본인에게 필요한 사용자 리서치 방법을 확인했다.

표 9-2 프로젝트 목표 유형별 사용자 모델 속성

프로젝트 목표 유형	모델에 포함해야 할 사용자 속성
• 콘텐츠, 기능 추가	**과업** 사용자가 무엇을 수행하는가?
• 효율 개선 • 오류 제거 • 출력 품질 향상	**맥락** 사용자가 언제 어디서 어떻게 누구와 그 일을 하는가?
• 전환율(conversion) 향상 • 채용(adoption)[10] 향상 • 유지율(retention)[11] 향상 • 참여(engagement) 증대 • 사회적 활동 증가	**영향 요인** 어떤 불편과 이점이 그 일에 영향을 미치는가?
• 고객 가치 극대화 • 기존 시장 보호 • 새로운 시장 혁신 • 기존 시장 해체	**목표와 JTBD** 어떤 근본적인 니즈가 사용자를 움직이는가?

사용자 리서치의 4가지 유형

많은 사람이 활용 가능한 수많은 사용자 리서치 방법은 근본적으로 두 가지 성격으로 나뉜다.

- 직접 관찰direct observation
- 간접 관찰indirect observation

직접 관찰이란 자신이 정보를 직접 수집하는 연구를 말한다. 사용자들이

---

10 처음 사용하는 사용자 관리 지표 – 옮긴이

11 재사용자 관리 지표 – 옮긴이

실제 세계에서 무엇을 하는지 직접 조사하기 위해 사용자들을 관찰한다. 사용자가 디지털 세계에서 무엇을 하는지 직접 확인하기 위해 행동 분석 정보를 보고, 사람들이 무엇을 클릭하고 언제 얼마나 자주 보는지 관찰한다.

간접 관찰은 다른 사람이 제공하는 연구를 말한다. 간접 관찰을 통해 사용자가 수행하는 작업을 알아보려면 사용자와 상호작용하는 사람들에게 문의하라. 간접 관찰 방법으로 다른 사람들을 인터뷰해 사용자들이 무엇을 하는지 알아보자. 이 사람들은 영업 및 고객 지원 부서, 기타 사용자들일 수 있다. 이 사람들은 또한 다른 사용자 연구자들일 수 있다. 이 방법에서 직접 관찰하는 부분은 여러분이 알아보길 원하는 사람에 대한 간접 관찰이다.

리서치는 직접적이든 간접적이든 두 가지 인사이트를 제공한다.

- 행동behavior
- 태도attitude

행동 연구behavioral research는 사용자가 하는 일을 기록한다. 디자인 민족지학 design ethnography, 분석analytics 및 이해관계자 인터뷰stakeholder interview는 사용자가 무엇을 하는지, 어떻게 행동하는지에 대한 정보를 제공한다.

태도 연구attitudinal research는 사용자가 원한다고 말하거나 그렇게 하고 있다고 말하는 것을 기록한다. 사용자 인터뷰를 통해 사용자가 무엇을 말하는지 직접 관찰한다. 검색 분석 정보search analytic, 고객 지원 로그customer support log, 고객 피드백customer feedback, 사용자 설문 조사user survey 및 일기 연구diary study를 통해 사용자가 말하는 내용을 간접적으로 관찰할 수 있다.

사람들이 말하는 것과 실제로 하는 것은 서로 다르다. 행동 연구는 태도 연구보다 더 정확하다.

리서치 방법론: 직접 또는 간접, 행동 또는 태도 연구

사용자 리서치 방법론은 직접 및 간접 관찰을 행동 및 태도 연구와 비교하는 그리드에 다음과 같이 매핑된다(표 9-3).

표 9-3 리서치 방법론에 적용해본 직접 또는 간접 관찰, 행동 또는 태도 연구

		리서치 인사이트 유형	
		태도 사용자가 원하거나 한다고 이야기하는 것	**행동** 사용자가 실제 하는 일
리서치 유형	**직접 관찰** 여러분이 사용자를 관찰	• 사용자 인터뷰	• 분석 정보 관찰 • 민족지학적 관찰
	간접 관찰 다른 사람이 사용자를 관찰	• 검색 분석 정보 • 고객 지원 로그 • 설문조사 • 일기 연구	• 이해관계자 인터뷰

사용자 속성과 프로젝트 목표에 따라 리서치 방법을 선택하라

어떤 사람들은 분석, 관찰 같은 행동 연구가 사용자를 이해하는 유일한 방법이라고 말한다. 공정하게 말하자면 사용자를 관찰하면 가장 정확한 정보가 생성된다. 안타깝게도 직접적인 행동 연구에는 많은 시간과 자원이 든다.

직접적인 행동 관찰만이 사용자를 연구하는 유일한 방법은 아니다. 리서치 방법을 선택하려면 사용자 모델을 만드는 데 필요한 속성에 중점을 두

고 결정하자. 속성이 프로젝트 목표에 부합하는 것처럼 연구 방법도 마찬가지다(표 9-4).

필요한 사용자 속성은 리서치 목표에 따라 달라진다. 예를 들어 전환율을 개선하려는 목표가 있다면 사용자 인터뷰에는 과업, 맥락, 영향 요인에 대한 질문이 포함돼야 한다. 반대로 오류를 줄이려는 목표가 있다면 사용자 인터뷰에는 과업과 상황에 대한 질문만 포함하면 된다.

시간, 비용, 난이도에 따라 리서치 방법론을 수정하라

리서치를 수집할 수 있는 몇 가지 선택사항이 있다. 직접 관찰은 대체로 간접 관찰보다 더 정확한 정보를 제공하지만, 더 많은 시간과 돈, 기술이 필요하다.

직접적인 행동 연구가 사용자들을 이해하는 유일한 방법은 아니다. 많은 팀이 간접적인 관찰 방법을 이용하거나 이미 사용자에 대해 알고 있다고 생각하는 내용에 근거한 프로필을 사용하기도 한다. 이러한 유형의 사용자 모델은 프로토 페르소나proto-persona[12], 애드 혹 페르소나ad hoc persona[13], 추정 페르소나assumptive persona[14]로 불리며, 사용자 중심적 사고user-centered thinking 와 테스트 중심 디자인test-driven design에 팀의 자원을 집중시키기 위해 조금은 덜 정확한 리서치 방법론을 사용하기도 한다.

---

12 Jeff Gothelf, "Using Proto-Personas for Executive Alignment", 「UX Magazine(https://uxmag.com/articles/using-proto-personas-for-executivealignment)」, 1 May 2012

13 Donald A Norman, "Ad-Hoc Personas & Empathetic Focus", 「Don Norman's Jnd.org(https://jnd.org/ad-hoc_personas_empathetic_focus)」, 16 Nov. 2004

14 Jonathan Browne, "Assumption Personas Help Overcome Hurdles to Using Research-Based Design Personas", Forrester Research, 2009

표 9-4 프로젝트 목표와 사용자 속성을 기반으로 정리한 리서치 방법론

프로젝트 목표	사용자 속성 유형	직접 관찰	간접 관찰
• 콘텐츠, 기능 추가	**과업** 사용자가 무엇을 수행하는가?	• 사용자 인터뷰 • 분석 정보	• 이해관계자 인터뷰 • 경쟁사 분석
• 효율 개선 • 오류 제거 • 출력 품질 향상	**맥락** 사용자가 언제 어디서 어떻게 누구와 그 일을 하는가?	• 사용자 인터뷰 • 분석 정보 관찰 • 민족지학적 관찰	• 이해관계자 인터뷰 • 경쟁사 분석
• 전환율 향상 • 채용 향상 • 유지율 향상 • 참여 증대 • 사회적 활동 증가	**영향 요인** 어떤 불편과 이점이 그 일에 영향을 미치는가?	• 사용자 인터뷰 • 민족지학적 관찰	• 이해관계자 인터뷰
• 고객 가치 극대화 • 기존 시장 보호 • 새로운 시장 혁신 • 기존 시장 해체	**목표와 JTBD** 어떤 근본적인 니즈가 사용자를 움직이는가?	• 사용자 인터뷰	• 이해관계자 인터뷰 • 설문조사 • 고객 피드백 • 일기 연구

협업 목표를 리서치 목표에서 분리해서 생각하자. 누구든 다른 방향의 노력을 방해해서는 안 된다. 어떤 리서치로 시작하든 팀과 협업하고 사용자 프로필을 만드는 방법은 다양하다.

좋은 사용자 모델은 제품과 함께 진화한다

페르소나는 경험 기계가 최종 사용자에 대해 더 명확하게 파악하도록 돕는다. 사용자 프로필은 시간이 지남에 따라 팀이 설계, 복귀 및 개선할 수 있는 모델을 만든다. 훌륭한 사용자 모델을 프로젝트 초반에 만들 수 있겠지만 모델은 고정적이어선 안 된다. 그리고 반대로 덜 정확한 모델로 시작

한다면 개선하려고 노력하라. 시간이 지남에 따라 팀원들은 사용자에 대해 더 많이 알게 될 것이다.

팀이 최고의 제품을 만들기 위해 어떤 정보가 필요한지 알아내기는 어렵다. 프로젝트 목표를 활용해 가장 관련성이 높은 사용자 속성을 확인하고, 프로젝트 목표와 속성이 필요한 모든 리서치를 안내하게 만들어라. 하지만 만약 어떤 연구가 누락됐을 때, 그 누락된 연구 때문에 앞으로 진행하지 못하게 막지는 말자. 리서치는 사람을 더 많이 이해하게 하고, 사용자 모델은 사람들과 협업을 더 잘할 수 있게 한다.

이 모든 것은 여러분이 어떤 사용자가 중요한지 알고 있다고 가정한다. 다음 활동은 팀이 자신들의 레이더에 어떤 사용자가 있어야 하는지 파악하는 데 도움이 된다.

10장

불스 아이 캔버스로 사용자 식별하기

방앗간 주인은 당나귀를 팔려고 시장으로 데리고 갔다. 그런데 결과적으로 방앗간 주인은 사람들의 놀림감이 됐고, 당나귀는 강에 빠져 익사했다. 다시는 그런 일이 일어나지 않기를 바랄 것이다. 그러면 누구를 위해 디자인해야 할까? 당나귀를 소유한 방앗간 주인? 그를 놀린 사람들? 아니면 익사한 당나귀?

누구를 위한 제품인지 확실히 하지 않으면 올바른 제품 결정을 내리기 어렵다. 팀은 잘못된 사용자에게 필요한 기능을 구축할 위험이 있다. 팀이 올바른 사용자를 식별해 올바른 사용자를 위한 적합한 제품을 만들게 하자.

팀원 모두가 누구를 위해, 왜 만들고 있는지 이해해야 한다. 10장에서는 불스 아이 캔버스Bull's Eye Canvas를 활용해 제품 사용자를 식별하고, 어떤 사용자가 중요한지에 대해 합의한다. 또한 프로젝트 킥오프 미팅 또는 탐색 워크숍에서 사용할 수 있는 이 불스 아이 캔버스 활동의 공식 버전을 살펴볼 것이다. 이 접근 방식은 피드백을 제공하기 전에 사용자를 검증하려는 즉흥적 대화 상황에도 잘 작동한다.

사용자를 어떻게 식별하는가

사용자 매핑^{user mapping}은 불스 아이 캔버스를 활용해 사용자를 생성하고, 제품과 상호작용하거나 제품의 영향을 받는 방식에 따라 사용자를 지도에 매핑하는 방법론이다(그림 10-1). 그리고 이 불스 아이 캔버스는 네 개의 동심원 위에 제품이 사용자에게 어떤 영향을 미치는가에 따라 사용자를 구성한 것이다. 중심 원은 제품을 나타낸다. 제품과 직접 상호작용하는 사용자는 두 번째 원 안에 들어간다. 세 번째 원은 사용자가 소통하거나 협력하는 모든 사람을 포함하며, 네 번째 원은 누구든 제품의 영향을 받는 사람을 위한 것이다. 팀은 캔버스를 완성하기 위해 다음의 세 가지 활동을 수행한다.

- 팀원들은 함께 직접 사용자(제품을 사용할 사람) 목록을 생성한다.
- 팀원들은 함께 간접 사용자(직접 사용자와 소통하거나 협력하는 사람)를 확인한다.
- 팀원들은 함께 확장된 사용자(제품의 영향을 받는 사람)를 확인한다.

이 작업을 완료하면 팀은 다음과 같은 세 가지 사용자 목록을 작성한다.

- 직접 사용자 목록(이 사람들을 위해 디자인함)
- 디자인의 영향을 받는 사용자 목록(디자인할 때 고려해야 하는 사용자)
- 우선순위를 낮춰야 하는 사용자 목록

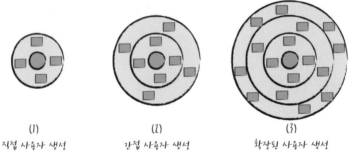

(1)	(2)	(3)
직접 사용자 생성	간접 사용자 생성	확장된 사용자 생성

그림 10-1 불스 아이 캔버스를 사용해 제품과 상호작용하거나 제품의 영향을 받는 사용자를 생성하고 매핑한다.

사용자 식별하기

프로젝트 시작 시점에 불스 아이 캔버스를 활용해 팀이 같은 사용자 목록을 공유하게 한다. 또한 불스 아이 캔버스는 여정 지도 및 흐름journey mapping and flow(4부 참고) 또는 인터페이스 아이디어 도출 과정ideation(5부 참고)을 위해 사용자를 식별하는 데도 유용하다.

불스 아이 캔버스는 팀원들에게 제품이 사용자에 어떤 영향을 미치는지 이해하게 한다. 보통 팀원들은 누가 디자인을 사용할지에 대해 나름의 생각을 갖고 있다. 하지만 팀에서의 다른 가정과 마찬가지로 많은 부분에서 서로 견해가 일치하지 않을 수 있다. 모든 사람을 같은 곳을 보게 하면 팀이 같은 비전을 공유하는 데 도움이 된다.

입력 및 빠른 시작

팀은 사용자가 누구일지에 대해 이미 어느 정도 가정하고 있기 때문에 제로베이스에서 시작해도 불스 아이 캔버스가 잘 작동한다. 또한 여러분은 사용자 목록이나 기존 페르소나 목록을 요청할 수 있다. 팀 안에 문서화된 사용자 목록이 없더라도, 활동을 시작하기 전에 팀원을 대상으로 설문조사를 하고 사용자 목록을 수집할 수 있다.

이전에 프로젝트 목표와 미래 비전을 통해 작업한 적이 있다면 팀은 특히 특정 유형의 사용자로 시작하는 미래 시나리오에서 이미 많은 사용자를 언급했을 것이다. 미래 시나리오의 사용자를 활용해 토론을 시작하자.

여러분이 사용할 재료

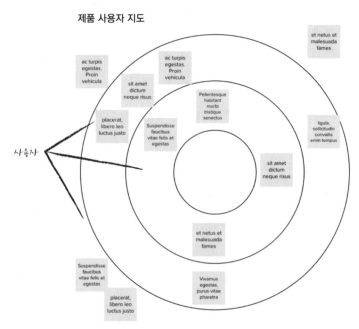

제품 사용자 지도

그림 10-2 제품 사용자 지도는 불스 아이 캔버스와 세 가지 다른 사용자 그룹의 네 가지 영역으로
구성된다.

불스 아이 캔버스

불스 아이 캔버스를 화이트보드나 벽에 그리거나 투사하자. 아니면 종이에
캔버스를 그려도 된다. 3개 또는 4개의 동심원을 그려 사용한다(그림 10-2).

사용자

토론하는 동안 캔버스 위의 사용자를 옮길 수 있다. 포스트잇을 사용하면
사용자를 쉽게 추가하고 옮길 수 있으며, 심지어 쉽게 없앨 수도 있다. 그
리고 화이트보드를 사용하면 쉽게 사용자를 쓰고 지울 수 있다.

웹사이트에서 템플릿, 프레임 자료, 원격 자원을 찾아 활용
해보자(http://pxd.gd/users/user-target).

활동 1: 직접 사용자 생성하기

일반적으로 제품과 직접 상호작용하는 사람들이 가장 중요한 사용자다.
이 활동에서 팀은 제품을 사용할 사람들의 목록을 만들기 위해 함께 협력
한다.

팀은 누가 제품을 사용할지 알 것이고, 이를 바탕으로 쉽게 목록을 만들 것
이다. 사용자 목록을 수집했으면 캔버스에 사용자를 배치해 토론을 시작
하자.

프레임

무엇을 할 것인가?	제품을 직접 사용하는 사람들을 도출한다.
결과는 무엇인가?	제품과 직접 상호작용하는 사용자 목록
이 활동이 왜 중요한가?	팀이 누구를 위해 제품을 만들어야 하는지 이해하는 데 도움이 된다.
어떻게 그 일을 할 것인가?	모두 함께 작업한다.

직접 사용자를 생성하는 프레임을 제안하려면 다음과 같이 이야기해보자.

> "시스템을 사용하는 사용자를 파악해 그들의 경험을 최적화시킬 수 있
> 습니다. 지금부터 시스템 및 인터페이스와 직접 상호작용한 사람을 나
> 열해봤으면 합니다."

직접 사용자 생성하기

모두에게 묻는다.

"누가 그 제품과 상호작용하고 사용할까?"

가운데 원은 제품을 나타낸다. 팀원들이 사용자를 이야기하면, 불스 아이 캔버스의 두 번째 원에 사용자를 기록한다(그림 10-3).

이 활동의 자료로 사용자 목록을 준비했으면 캔버스에 사용자를 배치하면서 소리 내어 이야기하고, 팀에게 사용자를 배치한 위치가 적절한지, 이에 동의하는지 물어보자.

사용자와 제품 간 적절한 관계 조사하기

사용자라고 믿었던 사람들이 사실은 직접 사용자가 아니라고 참가자들이 여긴다면, 사용자가 제품으로 무엇을 하는지 조사해보자. 사용자가 제품의 어떤 부분과 상호작용하는지 물어보자. 팀원들은 우리가 예기치 못했던 사용자가 제품과 상호작용하는 방법을 알아낼 것이다. 여하튼 사용자가 제품과 직접 상호작용하면 해당 사용자는 캔버스의 두 번째 원에 추가한다.

간접적으로 또는 확장된 방식으로 제품의 영향을 받는 사용자들을 파악하는 것도 일반적인 방법이다. 제품이 사용자에게 어떤 영향을 미치는지 논의하고 이해하게 되면, 영향을 받는 수준에 따라 사용자를 캔버스의 적절한 원에 배치하자.

제품 사용자 지도

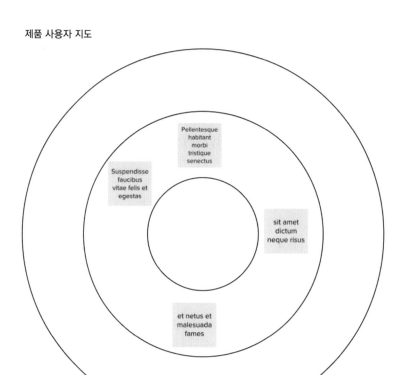

그림 10-3 불스 아이 캔버스의 두 번째 원에 직접 사용자를 배치시킨다.

다른 사용자 조사하기

팀원들은 제품 사용자를 볼 때 색안경을 쓴다. 그들은 한 사용자에게 집중하고, 다른 사용자를 무시한다. 다른 사용자에 대해 모르는 것은 아니다. 오히려 그들은 한 사용자를 다른 사용자보다 우선시하는 것이다. 다만 이때 잘못된 사용자에게 초점을 맞추곤 한다.

다른 사용자를 조사하기 위해 누가 제품을 사용할지 물어보자. 그리고 색안경을 벗겨보자.

기술 서비스 조직은 구매 담당자들이 더 많은 서비스를 주문할 수 있도록 웹사이트를 재설계하길 원했다. 하지만 그들은 엔지니어와 기술자가 대부분의 주문과 트래픽을 사이트로 유도한다는 사실을 매우 빨리 발견했다. 구매 담당자들이 비용을 지불하는 사람임에도 불구하고, 해당 조직은 잘못된 사용자를 위해 사이트를 만들기를 원했다.

이런 경우 다른 사용자군으로 시선을 넓혀보라. 아무리 보잘것없어 보이는 사용자라도 괜찮다. 목표는 광범위하고 포괄적인 잠재 사용자 목록을 생성하는 것이다.

팀이 시스템 사용자를 모르는 경우

신제품을 개발하는 경우이거나 새 팀을 꾸린 경우, 사용자가 누구인지 모를 수 있다. 이런 경우 정말 더 멀리 나아갈 수 없다. 구체적인 미래 비전을 만들기 위해 사고를 확장해보라(7장 참조). 그러한 시도는 잠재적 제품 사용자를 확인하는 데 도움이 될 것이다.

마무리 후 간접 사용자로 이동하기

직접 사용자에 대한 논의가 느려지면 팀에게 간접 사용자에 집중할 준비가 됐다고 이야기한다. 간접 사용자는 제품을 직접 사용하지 않으면서도 직접 사용자와 소통하거나 협업하는 사람들이다.

> "캔버스의 다음 원으로 넘어가서 직접 사용자와 대화하거나 함께 작업하는 사용자에 대해 이야기를 나눠봅시다."

활동 2: 간접 사용자 생성하기

팀은 일반적으로 제품과 직접 상호작용하는 사람들에게 중점을 두고 작업을 진행한다. 그러나 사용자는 종종 제품을 사용하면서 다른 사람들과 소통하고 협업한다. 이러한 간접 사용자는 직접 사용자 니즈에 영향을 미친다. 그렇다면 사용자는 누구와 대화하고 함께 일하는가?.

이번 활동에서 팀은 직접 사용자가 대화하거나 함께 작업해야 하는 사용자 목록을 생성해본다.

프레임

무엇을 할 것인가?	간접 사용자를 기록한다.
결과는 무엇인가?	직접 사용자가 소통하고 협업해야 하는 사용자에 대한 목록
이 활동이 왜 중요한가?	직접 사용자가 제품을 사용하는 방법을 지원하기 위해 제품을 어떻게 최적화할지 고민하고 이해하는 데 도움이 된다.
어떻게 그 일을 할 것인가?	모두 함께 작업한다.

간접 사용자에 대해 토론하는 프레임을 제안하려면 다음과 같이 이야기해보자.

> "이제 누가 이 제품을 사용할지 알았으니 그들이 누구와 협업하는지를 살펴봅시다. 그래서 사용자들이 쉽게 작업을 처리할 수 있도록 합시다. 지금부터 사용자와 대화하거나 함께 일하는 모든 사람을 나열해보려고 합니다."

간접 사용자 생성하기

모두에게 묻는다.

"사용자가 우리의 제품을 사용하는 동안 그들은 누구와 대화하거나 함께 일할까요?"

팀에서 간접 사용자를 나열하면 불스 아이 캔버스의 세 번째 원에 배치하자(그림 10-4).

연결된 사용자 조사하기

다음 질문을 통해 간접 사용자를 식별할 수 있다.

- 사용자는 제품을 사용하는 동안 누구와 대화하는가?
- 사용자가 누구든 다른 사람과 정보를 공유하는가?
- 다른 누군가가 사용자의 행동 또는 선택을 검토하거나 승인하는가?
- 사용자는 누구와 함께 작업하는가?
- 사용자는 누구에게 불평하는가?
- 사용자가 제품을 사용하는 동안 누가 사용자를 보고 있는가?
- 사용자는 누구에게 보고하는가?
- 사용자가 제품을 사용하는 동안 누가 필요한 정보를 제공하는가?

제품 사용자 지도

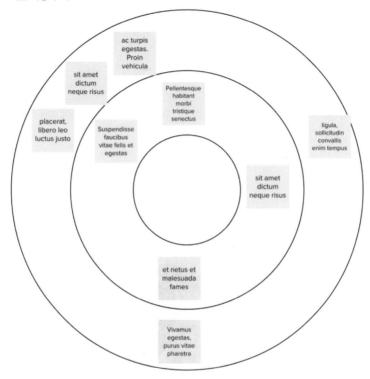

그림 10-4 불스 아이 캔버스의 세 번째 원에 간접 사용자를 기록한다.

안티 사용자 조사하기

경우에 따라 사용자가 제품을 사용하는 동안 일부 사람과 접촉을 피하려
할 수 있다. 이러한 관계를 이해해 이러한 동작을 지원하거나 방지하도록
제품을 최적화할 수 있다. 제품을 사용하는 동안 사용자가 피하거나 숨기
는 사람이 있는지 팀에 문의한다.

캔버스의 세 번째 원에 안티 사용자anti-user를 기록하자. 그리고 안티 사용
자를 다른 간접 사용자들과 구분하기 위해 이름 옆에 X 표시를 한다.

마무리 후 확장된 사용자로 이동하기

팀에서 간접 사용자를 식별했다면, 이젠 더 많은 확장된 사용자에 대해 이야기할 차례다.

"캔버스의 다음 동그라미로 넘어가 보겠습니다. 직접 사용자가 제품을 사용해 수행하는 작업에 영향을 받을 수 있는 모든 사용자에 대해 이야기해봅시다."

활동 3: 확장된 사용자 생성하기

동화 『라푼젤^{Rapunzel}』에서 마녀는 아내를 위해 양상추를 훔치던 남편을 붙잡는다. 남편은 마녀의 형벌을 피하기 위해 마녀에게 첫 아이를 내어주는 것에 동의하고 만다.

이 이야기에서 마녀와 남편은 직접 사용자를 의미한다. 각각은 해당 거래에 동의하는 데 직접 참여한다. 아내는 간접 사용자다. 그녀는 남편과 상호작용하지만, 그 계약에는 참여하지 않았다.

몇 달 후, 아내는 훔친 상추에 대한 대가로 마녀가 데려갈 딸을 낳는다. 라푼젤은 확장된 사용자다. 상추를 훔치거나 저주를 무릅쓰거나 마녀의 흥정에 뛰어든 적은 없지만, 마녀의 탑에서 청춘을 보내며 마녀에게 머리카락을 내려줘 탑을 오르내리게 한다.

확장된 사용자는 제품을 사용하지 않거나 제품을 사용하는 사람들(직접, 간접 사용자들)과 상호작용을 하지 않는 사람들이다. 제품과의 거리에도 불구하고 그들은 그 영향력을 느낀다. 많은 디자인은 의도하지 않은 결과를 낳곤 하지만, 어느 정도의 예측은 부정적 결과를 줄이는 효과가 있다.

이번 활동에서 팀은 함께 제품의 영향을 받는 확장된 사용자들의 목록을 만들어낸다.

프레임

직접 사용자들과 간접 사용자는 누가 영향을 받을 수 있는지 생각할 수 있는 견고한 토대를 제공한다. 제품에 영향을 받을 수 있는 사람 또는 직접, 간접 사용자들에 영향을 받을 수 있는 모두에게 초점을 맞춘 토론 프레임을 만들어보자.

무엇을 할 것인가?	확장된 사용자를 기록한다.
결과는 무엇인가?	제품의 영향을 받을 수 있는 사용자 또는 직접 사용자, 간접 사용자의 영향을 받을 수 있는 사용자 목록
이 활동이 왜 중요한가?	프로젝트 목표에 역행하는 의도하지 않은 결과를 피하는 데 도움이 된다.
어떻게 그 일을 할 것인가?	모두 함께 작업한다.

확장된 사용자에 대한 논의를 진행하려면 다음과 같이 이야기해보자.

> "우리는 누가 제품을 사용할지, 그들이 누구와 대화하고 협력할지 잘 알고 있습니다. 이제 이들의 영향을 받을 만한 다른 사람을 찾아보겠습니다."

확장된 사용자 생성하기

모두에게 물어보자.

> "간접 사용자는 누구와 상호작용할까요?"

확장된 사용자를 불스 아이의 가장자리에 배치하자(그림 10-5).

제품 사용자 지도

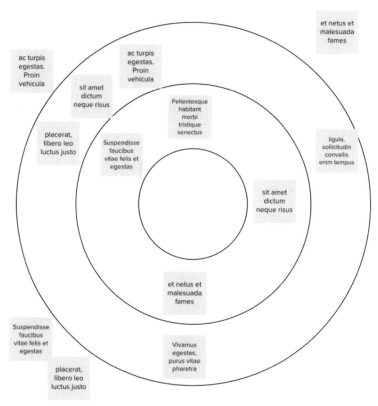

그림 10-5 확장된 사용자를 불스 아이의 가장자리에 기록한다.

간접 사용자가 사용하는 정책 또는 프로세스 조사하기

의도하지 않은 많은 결과는 제품이 아니라 간접 사용자에 의해 생긴 정책, 프로세스, 결과에서 발생한다. 일상적인 행동이 많은 사람에게 영향을 미치는 저명한 간접 사용자를 찾아라. 예를 들어 양상추를 훔쳐도 라푼젤에는 영향을 주지 않는다. 라푼젤에게 영향을 주는 것은 첫 아이를 요구하는 마녀의 정책이자 아버지 정책에 대한 동의다.

올바른 사용자를 위한 올바른 제품 만들기

팀은 확장된 사용자를 확인한 후 제품을 사용하고, 제품의 영향을 받는 사람들의 생태계를 파악하게 될 것이다. 누가 시스템에 이해관계가 있는지에 대한 비전을 공유하면 제품과 관련된, 현재 진행 중인 논의를 바르게 인도하고 영향을 미칠 것이다. 불스 아이 캔버스는 팀원들이 누가 제품 결정에 영향을 받는지 심사숙고하게 한다.

팀이 사용자 환경에 대한 공동의 비전을 세웠다면, 이제 그들이 누구를 위해 시스템을 구축할 것인지에 대한 초기 가정을 다시 검토할 시간이다. 팀은 다양한 사용자 그룹으로 불스 아이 캔버스를 채울 것이다.

11장에서는 사용자 프로필 캔버스가 팀이 사용자 과업, 맥락, 영향 요인 및 동기를 이해하는 데 어떻게 도움이 되는지 배울 것이다.

프로필 캔버스로
사용자 속성 탐색하기

어떤 사람이 자신들이 만들던 보고서 인터페이스^{report interface}를 내게 보여 줬다. "괜찮아 보이는데요."라고 나는 말했다. "사용자가 여기서 뭘 하려는 건가요? 왜 그들이 이 보고서를 보는 거죠?"라고 묻자 보고서를 만든 사람 들은 대답하지 못했다. 사용자가 무엇을 하려는지 모른다면 어떻게 피드백 을 제대로 제공할 수 있을까?

일단 디자인하고 구축하기 시작하면 사용자와 사용자 니즈를 바탕으로 대 부분의 결정이 내려져야 한다. 이때 팀은 프로젝트의 다른 측면과 마찬가 지로, 사용자와 관련해 동일한 두 가지 문제를 갖고 있다. 사용자가 누구 인지 동의하지 않았거나, 사용자에 대한 올바른 정보를 학습하지 못했거나 둘 중 하나일 것이다. 여러분은 팀이 사용자에 대해 공동의 이해를 구축하 도록 도울 수 있으며, 이해의 범위는 사용자가 필요로 하는 정확한 정보를 포함한다.

11장에서는 팀이 사용자 프로필 캔버스^{user profile canvas}를 중심으로 모여 사 용자가 누구인지 과업, 맥락, 영향 요인, 목표 및 JTBD 등에 대해 토론하 고 탐색하며 농의하는 방법을 살펴본다.

나는 일반적으로 프로젝트 탐색 워크숍을 시작하려고 사용자 프로필 캔버스를 만들지만, 여러분은 언제든 이 캔버스를 만들 수 있으며, 지속적으로 참조하길 권한다.

사용자 프로필 캔버스 작동 방법

사용자 프로필 캔버스는 시각적 체크리스트를 만들어 팀이 사용자 과업, 맥락, 영향 요인에 대해 생각할 수 있도록 돕는다. 사용자 프로필 캔버스는 팀이 사용자 속성을 모아두는 공간이다. 수집된 정보는 사용자에 대한 리서치 인사이트 또는 팀의 암묵적 지식에서 얻을 수 있다(그림 11-1). 팀은 짧은 시간 내에 사용자에 대한 많은 정보를 통합할 수 있다.

1. 팀은 함께 과업과 맥락 목록을 생성한다.
2. 팀은 함께 사용자 목표나 JTBD를 식별한다.
3. 팀은 사용자 불편점pain 목록을 작성한다.
4. 팀은 사용자 이점gain 목록을 작성한다.

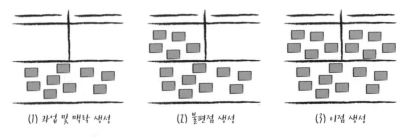

(1) 과업 및 맥락 생성   (2) 불편점 생성   (3) 이점 생성

그림 11-1 불편점, 이점 같은 영향 요인에 대해 이야기하기에 앞서 사용자의 과업과 맥락을 먼저 생성한다.

과업을 나열하는 것이 더 쉽기 때문에 팀은 과업으로 시작한 다음 사용자가 원하는 목표로 이동한다. 또한 이 과업은 우리에게 기본 목표가 실제로 무엇인지 힌트를 준다.

각 대상 사용자를 위한 사용자 프로필 캔버스를 만들자. 이런 활동이 끝나면 팀은 사용자 과업, 맥락, 영향 요인 등에 대한 유용한, 귀중한 정보를 수집할 수 있다.

사용자 속성 탐색 시기

팀이 제품에 대한 공동 비전에 맞춰 프로젝트를 시작하는 초반에 사용자 속성을 탐색하라. 또한 사용자 과업, 맥락, 영향 요인에 대한 정렬 상태가 양호하지 않거나 명확한 문서가 없을 때 프로젝트의 어느 시점에서나 이 방법을 사용할 수 있다.

입력 및 빠른 시작

사용자 프로필 캔버스는 프로필을 작성할 사용자가 한 명 이상 있다고 가정한다. 사용자 목록이 없는 경우 팀에서 프로필을 작성할 사용자 목록을 식별하게 한다(10장). 프로필을 작성할 사용자가 3~5명 이상 있다면, 팀이 사용자 순위를 지정해 가장 중요한 사용자에게 집중할 수 있게 하자.

시작하려면 캔버스 상단에 사용자 이름을 작성한다. 목표나 JTBD를 알고 있으면 이름 옆에 기록한다(모르는 경우 활동 3단계에서 목표 또는 JTBD를 확인할 수 있다).

여러분이 사용할 재료

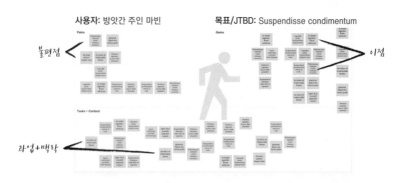

그림 11-2 팀은 사용자 프로필 캔버스를 통해 사용자 과업, 맥락, 불편점, 이점 등을 수집한다.

사용자 프로필 캔버스

캔버스를 화이트보드나 벽에 그리거나 프로젝터로 투사한다. 또는 종이에 캔버스를 그리기도 한다(그림 11-2). 이 캔버스 위에 걸어가는 사람 모양을 꼭 그릴 필요는 없지만, 나는 이 그림에 지팡이를 그려 마치 사용자가 불편점에서 멀어져 이점으로 향하게 보여주는 방식을 좋아한다.

개인의 불편점과 이점

일단 불편점과 이점을 포착해 캔버스 위에 배치하면 팀은 사용자 속성에 대해 토론하면서 이 불편점과 이점을 이동시킬 수 있다.

과업과 맥락

과업과 맥락도 포착해 캔버스 위에 배치하면 마찬가지로 움직일 수 있다. 팀은 대개 과업을 주제(커피), 유형(교육) 및 채널(모바일)별로 그룹화한다.

웹사이트에서 템플릿, 프레임 자료, 원격 자원을 찾아 활용
해보자(http://pxd.gd/users/profile-canvas).

활동 1: 과업과 맥락 생성하기

팀은 사용자 과업에 대해 쉽게 이야기할 수 있으므로 과업에서부터 시작
한다. 그러나 문제가 있다. 사용자가 뭔가를 할 때마다 누군가와 함께 할
수도 있고, 확실히 어디서 언제, 어떤 빈도로 과업을 할 것이다. 과업을 포
착하려면 팀은 해당 과업의 맥락 또한 포착해야 한다.

이 활동에서 팀원들은 함께 협력해 사용자의 과업과 맥락 목록을 생성
한다.

프레임

무엇을 할 것인가?	사용자 과업을 기록한다.
결과는 무엇인가?	사용자 스토리/시나리오 목록
이 활동이 왜 중요한가?	팀이 사용자가 과업을 수행하는 맥락의 기능적 측면을 이해하고 최적화하도록 지원한다.
어떻게 그 일을 할 것인가?	모두 함께 작업한다.

사용자 과업과 맥락에 대해 논의하는 프레임을 구성하려면 다음과 같이 이
야기하자.

> "사용자 과업과 해당 맥락을 하나하나 나열해봅시다. 그러면 우리는
> 사용자가 무엇을 달성하려고 하는지 이해할 수 있습니다."

과업과 맥락 생성하기

모두에게 사용자가 무엇을 하는지 물어보자. 팀에서 과업을 도출하면 캔버스 하단에 기록한다. 화이트보드에 캔버스를 그렸다면 과업을 보드에 직접 적거나 또는 포스트잇에 기록해 붙인다(그림 11-3).

각 과업은 [과업] + [맥락]이라는 특정 형식으로 정리돼야 한다. 예를 들어 어떤 사람의 일이 사무실에서 마실 커피를 주문하는 것이라면 다음과 같은 방법으로 포착해낼 것이다.

[사무실용 커피를 주문한다] + [2주에 한 번씩 하루 동안 동료와 함께 데스크톱으로 작업]

과업뿐 아니라 어디서, 언제, 어떤 기기로, 얼마나 자주, 누구와 함께 하는지를 포함하는 맥락을 함께 기록한다. 모든 과업이 이 정도의 맥락이 있거나 필요한 것은 아니다. 무엇이 충분한지 최선의 판단을 내려라. 어떤 과업은 더 많고, 어떤 과업은 덜하다. 그리고 토론이 진행됨에 따라 어떤 과업은 되돌아가서 더 많은 맥락을 추가할 것이다.

모든 팀원은 그룹별로 토론과 브레인스토밍을 통해 과업과 맥락을 생성한다. 사람들에게 과업과 맥락을 언급하라고 하고, 스스로 보드에 기록하게 한다. 5명 이상일 경우 각각 3~5명의 그룹으로 나누고, 각 그룹은 별도의 사용자를 탐색하게 한다.

조용한 참가자에게도 의견을 이끌어내는 등 더 넓은 관점의 의견을 수집하려면 팀원들이 함께 모여 과업과 맥락을 공유하고, 캔버스에 배치하기 전에 개인적으로 과업과 맥락을 생성하게 한다.

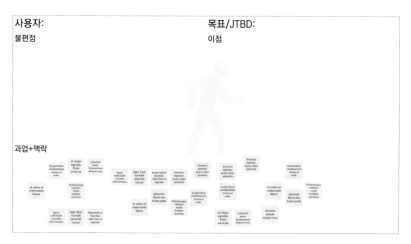

그림 11-3 캔버스 하단에 사용자 과업을 기록한다.

추가 과업에 대해 조사하기

여러 질문을 해 더 추가하고 싶은 과업이 있는지 조사한다. 때때로 참가자
들의 흥미를 북돋우면 아이디어를 엄청나게 쏟아낸다. 팀이 추가할 과업을
생각해내면 캔버스에 기록해둔다.

- 사용자가 수행할 수 있는 다른 과업이 있는가?
- 사용자는 또한…

관련 과업에 대해 조사하기

각 과업에는 관련된 과업이 있을 수 있다. 주요 과업 전후에 발생하는 과업
에 대해 질문해보자.[1]

---

1 Lance Bettencourt, Anthony W. Ulwick, "The Customer-Centered Innovation Map", 「Harvard Business Review」, May 2008

- 사용자가 과업을 준비하기 위해 어떤 작업을 수행하는가?
- 사용자가 이러한 과업을 완료하기 전에 정보나 자료가 필요한가?
- 사용자가 과업을 수행할 시점을 어떻게 아는가?
- 과업이 진행 중인 경우 사용자는 어떻게 현 상태를 유지하는가?
- 사용자는 하고 있는 일을 조정하거나 변경하는 방법을 어떻게 아는가?
- 사용자는 과업이 완료되면 무엇을 하는가?

불편점, 이점 및 목표 기록하기

과업에 대해 토론을 하다 보면 사용자의 불편점, 이점 및 목표를 알 수 있다. 팀에서 이 항목을 파악하는 대로 캔버스의 적절한 영역에 적어 기억하고, 모든 사람의 입력이 유효하고 잘 경청되도록 관리한다. 만약 팀이 딴 길로 새면 그들에게 곧 불편점, 이점 및 목표에 대한 작업을 진행할 것임을 알리고, 팀을 과업과 맥락에 다시 집중하게 하자.

유사한 과업끼리 그룹화

과업을 논리적 체계로 정렬하면 유용하다. 팀에게 과업을 그룹화하도록 요청하면 그룹이 조직적으로 나타난다. 과업을 구성하는 일반적인 두 가지 방법은 다음과 같다. 이 방법은 팀이 여정journey이나 사용자 접점touchpoint을 매핑할 때도 도움이 될 것이다(4부 참고).

- 유사성similarity별 그룹화: 이 과업은 당나귀를 타는 것과 관련이 있고, 저 과업은 다른 행인들과 관련이 있는 등 유사한 항목끼리 그룹화하는 것이다.

- 시간별 그룹화: 이 과업이 먼저 발생하고, 저 과업이 마지막에 수행되는 등 과업을 시간대별로 나눠 그룹화하는 것이다.

마무리 후 불편점으로 이동하기

팀이 과업을 확인하고 그룹화했으면 이제 해당 과업을 분석하고 핵심 목표를 이해할 수 있다.

"사용자의 핵심 목표에 대해 이야기해봅시다."

활동 2: 사용자 목표를 파악하기 위해 과업 분석하기

생성된 과업을 사용해 사용자의 핵심 목표를 파악하고, 진정한 제품 경험을 실현한다.

아마도 누군가가 이미 사용자의 목표를 불쑥 말했을 수도 있고, 그러지 않았을 수도 있다. 목표가 아직은 불분명하게 보인다. 사용자 목표를 찾는 것에 대한 모호함은 올바른 고도에 도달하는 것과 관련이 있다. 스티브 멀더 Steve Mulder는 저서 『The User Is Always Right』(NEWRIDERS, 2006)에서 사용자의 목표가 어떤 수준에서 논의될 수 있는지 보여준다(그림 11-4).

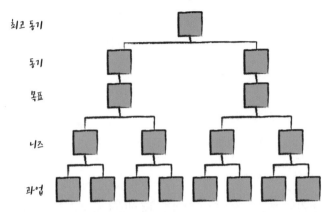

최고 동기

동기

목표

니즈

과업

그림 11-4 스티브 멀더는 사용자의 목표 수준에 따라 어떻게 달라지는지 보여준다.

낮은 수준에서는 사용자가 수행한 과업, 개별적인 시간대별 과업에 대해 명확하게 설명한다. 방앗간 주인과 그의 아들에 관한 우화에서 한 가지 과업은 당나귀를 타는 것이고, 다른 과업은 행인들이 당신을 얕잡아 보는 말을 듣는 것이다. 모든 과업은 특정한 종류의 인터페이스를 가정한다. 타는 것은 당나귀를 가정하는 것이고, 경멸하는 말을 듣는 것은 언어를 전제로 한다.

이와는 대조적으로 목표는 시간을 초월한다. 시간으로 한정할 수 없기 때문에 어떤 특정한 기술이나 인터페이스에 의존할 수 없다.

사용자는 목표를 달성하기 위해 과업을 완료하므로, 과업을 목표를 향한 사다리의 한 칸, 한 칸으로 상상할 수 있다. 사용자 목표를 파악할 수 있는 쉬운 방법은 '당나귀 타기' 같은 과업을 맡아서 "사용자는 왜 당나귀를 타는가?" 묻는 것이다.

방앗간 주인은 "마을에 가기 위해서 탑니다."라고 대답한다. 마을로 가는 것이 목표일 수도 있지만, 방앗간 주인이 왜 마을에 가는지 물어볼 수 있다. 그러면 주인은 "당나귀를 팔려고 갑니다."라고 답할 것이다.

마을에 가는 것은 좋은 목표이며, 당나귀를 팔겠다는 방앗간 주인의 높은 목표보다 계층구조상 낮다. 어떤 목표를 위해 디자인해야 할까? 이는 경우에 따라 다르다. 더 많이 제어할 수 있는 낮은 목표를 위해 디자인하는가? 아니면 더 많은 잠재적 가치를 가진 더 높은 목표에 집중하는가?

이는 당신의 프로젝트에 달려 있다. 모든 프로젝트에 대해 '적합하다'고 느끼는 수준으로 이동할 것이다.

프레임

무엇을 할 것인가?	사용자 목표를 파악한다.
결과는 무엇인가?	하나의 목표 또는 여러 목표
이 활동이 왜 중요한가?	목표는 경험의 질을 결정하는 불편점과 이점을 고려해 디자인하도록 돕는다.
어떻게 그 일을 할 것인가?	근원적 목표에 도달할 때까지 사용자가 과업을 수행하는 이유에 대해 질문한다.

사용자의 목표를 분석하는 프레임을 제안하려면 다음과 같이 이야기해보자.

> "사용자가 왜 이러한 과업을 수행하는지 알아봅시다. 사용자가 실제로
> 달성하려고 하는 것은 무엇일까요? 그들의 목표는 무엇인가요?"

'5가지 이유' 프레임으로 목표에 대해 조사하기

"왜?"라고 묻는 것은 어떤 과업을 맡아서 해당 과업의 근본적인 목표를 이해하는 가장 쉬운 방법이다. 여러분은 다섯 차례에 걸쳐 왜 그런지 묻는 방법론에 대해 들었을 것이다.

실무자들은 종종 '5가지 이유the 5 why's'라고 불리는 이 기술을 활용해 문제를

확인하고 근본 원인을 학습한다. 문제가 발생하면 왜 그런 일이 일어나는지 자문해보라. 그리고 대답을 얻었으면 그 이유를 다시 묻는다. 문제의 근본 원인에 도달할 때까지 반복해서 묻는다. 린 싱킹$^{lean\ thinking}$ 관점에서 이런 유형의 분석은 시스템의 문제를 뿌리째 뽑아 버리기 때문에 문제를 해결할 수 있게 된다. 누구나 아는 것처럼 5가지 이유는 어떤 것이든 근원적 이슈를 밝혀낼 수 있다. 그리고 그 방법은 과업과 같은 방식으로 작용한다.

목표를 찾아내려면 사용자 프로필 캔버스에서 하나의 과업 또는 특정한 과업 그룹을 선택하고 "사용자가 왜 그 일을 하는가?" 묻는다.

여러분은 당나귀 우화에 대해 다음과 같이 질문할 수 있다.

- "방앗간 주인은 왜 길을 걸어가는가?" – 마을에 가기 위해서
- "그는 왜 마을에 가려는 걸까?" – 당나귀를 팔기 위해서
- "그는 왜 당나귀를 팔려는 걸까?" – 돈을 벌기 위해서
- "그는 왜 돈을 벌려는 걸까?" – 핸드폰 요금을 내기 위해서
- "그는 왜 핸드폰 요금을 지불하려 하는가?" – 그게 그가 앱으로 커피를 주문할 수 있는 유일한 방법이기 때문에

모든 행인이 그에게 마을로 가는 방법을 조언했지만, 모바일 앱으로 커피를 사는 방법에 대해서는 아무도 조언하지 않았다. 또는 돈을 버는 방법, 당나귀를 파는 방법에 대해 이야기할 수 있었을 텐데 아무도 그들에게 조언하지 않았다. 우리는 멀더의 계층구조(그림 11-5)에 답을 매핑할 수 있으며, 또한 근본 원인에 대한 분석을 통해 다양한 수준에서 문제를 어떻게 밝혀내는지 알 수 있다. 그 수준은 문제를 해결하기 위해 선택할 수 있는 층위다.

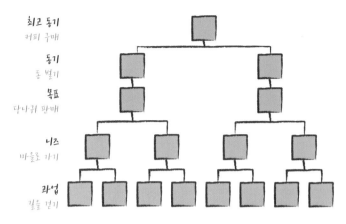

그림 11-5 '5가지 이유'는 다른 수준에서 해결해야 할 문제를 드러낸다.

사용자 목표의 힘은 당신이 그 이유에 대해 어떻게 대답하는지에 달려 있다. 방앗간 주인이 다른 답변을 한다면 어떻게 될까?

- "그는 왜 당나귀를 팔려는 걸까?" – 왜냐하면 그에게 당나귀가 너무 많기 때문에
- "그에게 왜 당나귀가 너무 많은가?" – 왜냐하면 그의 농장은 공간이 매우 넓기 때문에

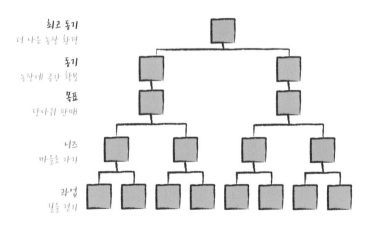

그림 11-6 '5가지 이유'에 대한 다른 답변은 해결해야 할 다른 문제를 드러낸다.

두 경우 모두 당나귀를 마을로 데려갈 수 있는 더 나은 교통수단은 방앗간 주인이 당나귀를 파는 데 도움이 된다. 진정한 혁신은 방앗간 주인이 그의 핵심 목표를 달성하도록 도울 때 이뤄진다. 그의 핵심 목표는 커피를 사는 것인가, 아니면 당나귀 수를 관리하는 것인가? 해결방법을 선택하라!

사다리에 목표를 얹어라

이유를 물을 때마다 사용자 니즈의 사다리에 올라라. 그리고 프로필 캔버스를 활용해 답변을 기록한다(그림 11-7).

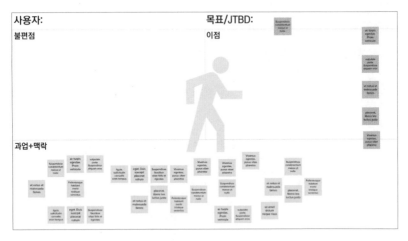

그림 11-7 이유를 묻고 목표의 사다리로 올라가면서 프로필 캔버스에 이유를 기록한다.

올바른 사용자 목표에 도달했다고 느낀다면 목표에 대해 팀과 협의해 합의하도록 하자. 한두 단계 너무 높이 올려서 오히려 올바른 수준을 발견하는 경우도 종종 있다. 중요한 것은 팀은 하나 이상의 목표에 집중하기로 결정한다는 것이다. 그렇다고 해서 디자인 대상이 될 만한 다른 목표가 없다는 의미는 아니다. 팀은 이 목표에 집중하기로 결정한 것이다.

마무리 후 사용자 불편점으로 이동하기

사용자 목표가 파악되면 팀은 이제 사용자 불편점과 이점을 평가하는 데 명확한 기준을 갖게 된 것이다. 불편점은 항상 생성하기 쉽다. 그러므로 불편점에서 시작해보자.

> "이제 가장 중요하다고 생각되는 사용자 목표를 파악했으므로, 목표를 향해 나아가면서 사용자를 방해하는 불편사항과 문제점을 살펴보도록 하겠습니다."

활동 3: 사용자 불편점 생성하기

사용자 과업보다 더 상상하기 쉬운 것은 그들의 불편점이다. 이제 사용자 과업과 목표를 이해했으므로 사용자가 피하려고 하는 불편함, 한계, 부정적인 결과를 포착하자.

사용자는 모든 과업에서 불편함과 한계를 극복해야 한다. 그리고 사람들은 부정적인 부작용에 대해 이야기하기를 좋아한다. 이러한 불편함과 부작용을 아는 것은 팀이 핵심 목표와 JTBD를 더 잘 이해하도록 도울 뿐 아니라 문제점을 식별하는 데에도 도움이 된다. 그리고 제품은 사용자들이 문제점을 극복하도록 도울 것이다.

프레임

무엇을 할 것인가?	사용자의 불편점, 한계, 위험 요소를 생성한다.
결과는 무엇인가?	사용자 불편점 목록
이 활동이 왜 중요한가?	사용자의 행동과 결정에 영향을 미치는 제약을 밝혀낸다.
어떻게 그 일을 할 것인가?	팀은 그룹으로 나눠 사용자 불편점 목록을 브레인스토밍한다.

사용자의 불편점에 대해 토론하려면 다음과 같이 이야기해보자.

"사용자 불편점과 한계에 대해 이야기해보겠습니다. 이를 통해 우리는 사용자 경험을 개선할 방법을 찾을 수 있습니다."

불편점 생성하기

모두에게 묻는다.

"사용자는 이런 과업을 수행할 때 어떤 점을 싫어할까요? 그들이 가장 성가시다고 여기는 것은 무엇일까요?"

팀이 불편점을 생성해내면 사용자 프로필 캔버스 왼쪽에서 해당 내용을 기록한다(그림 11-8).

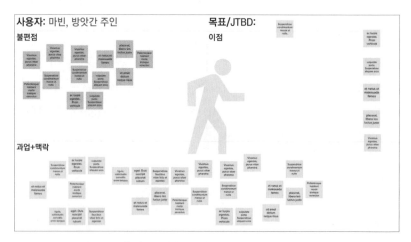

그림 11-8 사용자 프로파일 캔버스 왼쪽에 사용자 불편점을 기록한다.

팀은 다음과 같은 3가지 유형의 사용자 불편을 발생시킨다.

- 과업을 완료하기 어렵게 만드는 한계
- 과업을 좌절시키는 골칫거리^{annoyance}
- 사용자가 과업을 수행할 때 회피하려 하는 부정적 부작용^{negative side effect}

사용자 불편점의 각 유형에 대해 살펴보자.[2]

한계에 대해 조사하기

한계는 사용자가 과업을 완료하거나 목표를 달성하지 못하게 하는 모든 것이다. 한계는 또한 사용자의 일을 어렵게 만드는 것을 의미하기도 한다.

팀에 존재하는 한계에 대해 조사해보자. 다음 질문을 활용해 사용자의 목표 달성을 방해하는 한계가 있는지 묻는다.

- 가격이 너무 비싼가?
- 무엇을 해야 하는지 이해 못하는가?
- 시간이 충분하지 않은가?
- 훈련 또는 매뉴얼이 부족한가?
- 필요한 정보나 도구에 접근할 수 없는가?

골칫거리에 대해 조사하기

성가심, 골칫거리란 사용자들을 좌절시키는 모든 것을 의미한다. 사용자는 무엇을 귀찮고 답답하다고 여기는지, 사용자에게 일을 쉽게 하기 위해 무

---

2 Anthony W. Ulwick, Lance A. Bettencourt, "Giving Customers a Fair Hearing", 「MIT Sloan Management Review」, April 1, 2008 / Lance A. Bettencourt, Anthony W. Ulwick, "The Customer-Centered Innovation Map", 「Harvard Business Review」, May 2008 / 알렉스 오스터왈더 , 예스 피그누어 , 그렉 버나다 , 앨런 스미스, 「밸류 프로포지션 디자인(Value Proposition Design)」, 조자현 옮김, 생각정리연구소, 2018

엇을 바꾸겠는지 질문해보자.

다음과 같이 질문하고 어떤 부분이 성가신지 조사한다.

- 누락된 기능이 있는가?
- 흔히 일어나는 오작동은 무엇인가
- 성능에 문제가 있는가?
- 고객이 흔히 저지르는 실수는 무엇인가?
- 시간이 너무 많이 걸리는가?
- 비용이 너무 많이 드는가?
- 과도한 노력을 요구하는가?
- 무엇이 이 일을 어렵게 만드는가?
- 무엇이 더 효율적일 수 있는가?
- 문제 해결이 필요한 것은 무엇인가?
- 그들은 어떤 해결 방법을 사용하는가?

부정적인 부작용에 대해 조사하기

부정적인 부작용은 과업을 완료했을 때 발생하는 바람직하지 않은 결과를 의미한다. 사용자가 과업 달성에 성공했을 때 싫어하는 부작용은 없었는지 질문하자.

"사용자가 성공하더라도 싫어하는 부작용이 있는가?"

다음과 같은 질문으로 조사한다.

- 사용자는 자신이 다른 사람들에게 어떻게 인식될지 걱정하는가?
- 사용자는 죄책감을 느끼는가? 또는 무서워하거나 창피해하는가?
- 사용자는 무엇이 잘못될까 걱정하는가?

- 사용자는 추가적으로 수수료 또는 비용이 발생할지 걱정하는가?

불편점을 심각도 순으로 순위 매기기

팀에서 불편점에 대해 파악한 후, 어떤 불편사항이 가장 큰 문제를 유발하는지 이해한다. 심각도에 따라 가장 심한 것부터 심하지 않은 것까지 순서대로 나열한다(그림 11-9).

그림 11-9 심각도 수준에 따라 가장 심한 것부터 가장 심하지 않은 것까지 불편점에 대한 우선순위를 지정한다.

마무리

불편점을 심각도에 따라 우선순위를 매겼다면 사용자 이점에 대한 토론으로 넘어갈 시점이다.

"지금까지 사용자 불편점을 알아봤습니다. 이번엔 사용자들이 무엇을 좋아하는지에 대해 이야기해 봅시다."

활동 4: 사용자 이점 도출하기

불편점과 한계가 무엇인지 명확해졌다. 사용자들이 불편을 피하고 한계를 극복하도록 도와주면 엉망이 될뻔한 그들 삶의 불편함을 덜어주지만, 그렇다고 세상이 나아지는 것은 아니다. 반면 사용자에게 기대되는 결과, 예상치 못한 기쁨의 순간 같은 사용자 이점은 제품이 지향하는 가장 중요한 사항으로 구성된 명확한 로드맵을 제공한다.

가장 기본적인 수준에서 사용자는 상호작용에 대해 구체적인 기대치를 갖고 있다. 이러한 기대치를 이해해 팀이 올바른 경험을 만들 수 있게 하자.

프레임

무엇을 할 것인가?	사용자가 기대하는 예상치 못한 이점을 도출한다.
결과는 무엇인가?	사용자 이점 목록
이 활동이 왜 중요한가?	사용자의 행동과 결정에 영향을 미치는 이점을 밝혀낸다.
어떻게 그 일을 할 것인가?	팀은 그룹으로 나눠 사용자 이점 목록을 브레인스토밍한다.

사용자 이점에 대한 논의를 시작하려면 다음과 같이 이야기하자.

> "사용자가 무엇을 얻을지 이야기해보도록 하겠습니다. 이 활동을 통해 경험을 그들의 기대에 부합하게 만들 수 있습니다."

이점 생성하기

모두에게 묻는다.

> "이 목표를 달성하면 사용자는 무엇을 얻는가? 그들은 무엇을 성취하길 기대하는가?"

팀이 이점을 생성하면 사용자 프로필 캔버스 오른쪽에 기록하자(그림 11-10).

그림 11-10 사용자 프로파일 캔버스 오른쪽에 사용자 이점을 기록한다.

팀은 다음과 같은 세 가지 유형의 사용자 이점을 도출할 것이다.[3]

- 사용자가 스스로 성공적이라 여길 수 있도록 반드시 달성해야 하는, 필수적이면서도 기대되는 이점required and expected gains
- 더 나은 경험을 만들어주는 사용자가 원하는 이점desired gains
- 사용자를 기쁘게 하는 예상치 못한 이점unexpected gains

사용자 이점[4]의 각 유형을 조사하고, 무엇이 사용자를 위해 제품을 더 좋게 만들도록 이끄는지 전체 그림을 그려보자.

---

3   이 세 가지 유형의 사용자 이점은 카노 분석을 통해 연구된 고객 선호도를 반영한다. 사용자 이점을 탐색하는 또 다른 방법으로 카노 모델(Kano Model)을 참조하길 바란다(https://en.wikipedia.org/wiki/Kano_model).

4   각주 3번 참조

필수적이면서도 기대되는 이점 조사하기

일부 경험의 경우 사용자는 특정한 결과를 요구하고 기대한다. 예를 들어 커피숍에서 식사를 하면 여러분은 앉기를 기대할 것이며, 음식은 먹을 수 있는 수준일 것이고 더 나아가 맛있기를 요구한다.

카노 분석Kano analysis에서 필수적이면서도 기대되는 이점은 경험에 반드시 존재해야 하는 것처럼 '필수must-be'라고 불린다. 경험을 디자인할 때 사용자가 요구하고 기대하는 이점을 충족하지 못하면 곧바로 실패로 보기 때문에, 팀은 그러한 기대expectation와 요구사항requirement을 파악할 필요가 있다.

다음과 같이 물어보자.

> "사용자는 이러한 과업을 완료할 때 어땠으면 하는 기대를 하는가? 사용자가 성공하려면 어떤 이점이 필요할까?"

다음과 같은 질문을 활용해 이점을 조사한다.

- 어떤 기능이 필요한가?
- 사용자는 어떤 결과를 기대하는가?
- 사용자는 과거에 어떤 결과 또는 기능을 경험했는가?
- 경쟁사는 어떤 결과 또는 기능을 제공하는가?
- 사용자는 자신이 성공했음을 어떻게 알 수 있는가?
- 사용자는 성능 또는 품질을 어떻게 측정하는가?
- 사용자는 가치 또는 비용을 어떻게 결정하는가?

원하는 이점 조사하기

경험의 일부로 꼭 제공돼야 하는 필수적이면서 기대되는 이점과는 달리, 원하는 이점은 경험을 개선시키는 결과를 가져온다. 원하는 이점은 케이크위를 장식하는 것과 같다. 케이크는 아이싱이 없어도 환상적일 수 있다. 하지만 아이싱을 더하면 더 좋아진다.

카노 모델은 원하는 이점을 '매력 요인^{attractor}[5]이라고 부른다. 사용자들이 두 가지 동일한 경험을 비교할 때, 더 많이 원하는 이점을 제공하는 경험이 사용자에게 더 매력적일 것이다.

어떤 결과가 사용자에게 더 나은 환경을 제공할 수 있는지 다음 질문을 활용해 물어보자.

- 어떤 종류의 절감 효과가 고객을 만족시키는가? 시간? 돈? 노력?
- 고객은 어떤 차원의 품질에 비중을 더 두는가?
- 사용자의 기분을 좋게 만드는 결과는 무엇인가?
- 사용자의 위험 요소는 어떻게 줄일 수 있는가?

예상치 못한 이점 조사하기

예상치 못한 이점은 사용자가 전혀 예상하지 못했거나 예상할 수 없었던, 예기치 못한 기쁨의 순간을 의미한다. 사용자가 예상치 못하는 일이기 때문에 예상치 못한 이점을 파악할 수 있는 고정불변의 법칙 같은 것은 없다. 개인적인 예를 하나 들어보도록 하겠다.

어느 날 나는 식당을 찾기 위해 내 맥북에 있는 지도 앱을 열었다. 식당을 찾아가는 도중 식당까지 가는 길을 찾기 위해 아이폰에 있는 지도 앱을 열었는데, 핸드폰에서 해당 식당을 검색할 필요도 없이 그 식당은 이미 첫 번째 옵션으로 나와 있었다. 이런 기능을 기대하지 않았었는데, 매우 만족스러웠다.

---

5   매력 요인(attractor), 또는 매력적 품질 요소(attractive quality element) – 옮긴이

이러한 즐거움은 예기치 못한 것이기 때문에 생각해내기가 어렵다.

"어떻게 하면 더 나은 경험을 만들 수 있을까?"

탐색을 위한 질문을 소개한다.

- 고객은 무엇을 꿈꾸는가?
- 시간, 비용, 노력을 절감해주면 그들은 행복할까?
- 고객에게 무엇이 큰 도움이 될까?

사용자에게 가치 있는 순으로 이점의 우선순위 정하기

사용자 불편점과 마찬가지로 대부분의 이점을 가장 가치 있는 것부터 가치
가 낮은 순으로 순위를 매기면 유용하다(그림 11-11).

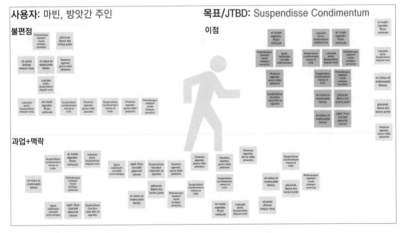

그림 11-11 이점을 선호도 순으로, 가장 가치 있는 것부터 가치 없는 순으로 나열한다.

더 나은 제품을 만들기 위해 사용자 속성 탐색하기

지금까지 4가지 주제를 통해 사용자 프로필 캔버스를 완성했다. 사용자 과업, 불편점 및 이점 목록을 갖고 있을 뿐 아니라 전체 경험을 안내하는 일련의 사용자 목표도 갖췄다. 각 항목을 입력해 사용자 모델을 생성한다.

새로운 프로젝트를 진행하는 경우 각 주요 사용자에 대한 프로필 캔버스를 만들면 팀원들이 사용자 행동에 실제로 영향을 미치는 불편점과 이점을 이해하게 될 뿐 아니라, 그들이 디자인할 과업을 명확히 설정하는 데 도움이 된다.

이러한 활동을 분리해 따로 사용할 수도 있다. 여러분은 어떤 과업으로도 사용자 목표에 대해 토론하고 파악하기 위한 활동을 시작할 수 있다. "왜?" 는 마법의 질문이다. 마찬가지로 어떤 과업에서든 더 나은 제품을 디자인하는 데 도움이 되는 불편점이나 이점을 탐색할 수 있다.

여러 명의 사용자를 보유하고 있다면 팀은 상당히 많은 양의 정보를 만들어낼 것이다. 또한 다른 사용자들 사이에서도 유사한 과업, 맥락, 불편, 이점 등을 발견했을 것이다. 여러분에겐 모든 사용자 간 사용자 속성을 분석하고 비교할 수 있는 방법이 필요하다. 12장에서는 이를 분석하고 비교할 수 있도록 속성 그리드에 대해 살펴본다.

12장

속성 그리드의
사용자 니즈와 선호도

길을 만드는 사람으로서 방앗간 주인과 아들, 당나귀 혹은 이들을 경멸하는 행인들을 위해 언제 최적화해야 하는지 어떻게 알 수 있을까? 팀원들은 자신의 사용자에 대한 많은 정보를 배우고 추측하기 때문에 해당 정보 중에서 어떤 정보가 중요한지 이해하고, 관련 정보를 사용해 결정을 내리기가 참 어렵다. 속성 그리드는 팀원들이 사용자 인사이트를 분석하고, 어떤 것이 가장 중요한지 이해하는 데 도움이 된다. 팀은 중요한 맥락과 선호도에 초점을 맞출 것이고, 당신은 그들이 이런 활동을 잘 수행하도록 도울 것이다.

12장에서는 속성 그리드를 사용해 팀이 사용자에 대해 알고 있는 모든 정보를 모으고 이해해, 더욱 나은 제품 결정을 내릴 수 있는 방법을 알아본다. 팀이 속성 그리드를 통해 사용자 맥락user context과 선호도preference를 분석하면 유용성usability과 효율성efficiency을 개선하고 오류error를 줄일 수 있으며, 사용자 선호도에 부합하는 제품은 전환율이 좋아지고 참여도engagement도 높아진다. 이러한 이점을 얻기 위해 사용자에 대한 모든 것을 알 필요는 없으나 중요한 것이 무엇인지는 알 필요가 있다.

가장 중요한 것은 전통적인 페르소나 방법론과는 달리, 속성 그리드는 시간이 지남에 따라 팀이 사용자에 대해 더 많이 알게 됨에 따라 점차 성장하고 발전할 수 있다는 특징이 있다.

속성 그리드는 어떻게 작동하는가

사용자 연구자료를 한 페이지 분량의 페르소나로 바꾸는 일은 마술처럼 보인다. 하지만 이 방법은 사실 간단한 단계별 과정으로 가능하다.

1. 인사이트와 관찰 결과를 기록한다.
2. 자료를 그룹화하고 분석, 정제한다.
3. 1순위 사용자primary user와 2순위 사용자secondary user를 식별한다.

속성 그리드는 팀이 시간에 따라 연구 결과를 포착하고 업데이트하는 데 유용하며, 정보를 쉽게 편집하고 구성하며 필터링할 수 있도록 돕는다. 그리드는 대비contrast와 색상color을 사용해 정보를 표기하기 때문에 유사점, 차이점 및 패턴을 한눈에 볼 수 있다(그림 12-1). 정보의 시각화를 통해 팀의 모든 사람은 정보를 더욱 쉽게 이용할 수 있다.

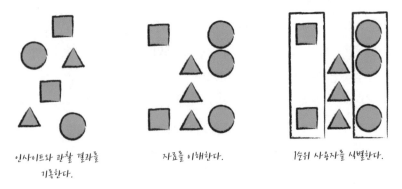

인사이트와 관찰 결과를 기록한다.   자료를 이해한다.   1순위 사용자를 식별한다.

그림 12-1 속성 그리드를 활용해 사용자 맥락과 선호를 이해하고, 기본 디자인 페르소나를 파악한다.

팀은 속성 그리드에 사용자의 맥락, 행동, 선호 등을 문서화한다. 이 정보는 팀이 더욱 유용한 제품과 더 매력적인 경험을 구축하는 데 도움이 된다. 또한 속성 그리드는 팀이 인사이트와 관찰 결과를 포착해 기록하게 하고, 데이터를 이해하며, 제품이 지원할 수 있는 1순위 사용자 그룹과 2순위 사용자 그룹을 식별하는 데 유용하다.

분석을 완료하면 다음과 같은 3가지 주요 제품 도구를 갖추게 된다.

- 1순위 사용자 목록
- 제품의 의사결정을 안내하는 주요 속성 목록
- 당신이 구축할 수 있는 속성 그리드

4단계 프로세스

반복 가능한 4단계 프로세스를 사용해 속성 그리드로 리서치 결과를 분석해보자(표 12-1).

1. 인사이트와 관찰 결과를 생성해 지형도를 만든다.
2. 명확한 의미를 전달할 수 있도록 정보를 다듬어 노이즈를 제거한다.
3. 패턴을 밝혀내기 위해 해석하고 분석한다.
4. 중요한 사항의 우선순위를 검토하고 공유하기 위해 문서화한다.

표 12-2 속성 그리드의 4단계 프로세스

1. 지형도 제작	2. 노이즈 제거를 위한 정제	3. 이해하기 위한 해석	4. 공유하기 위한 문서화
3~5명	3~5명	1~2명	3~5명
• 알고 있는 내용을 해체하기 • 그룹화하기 • 값 부여	• 더 나은 데이터를 만들기 위해 살펴보기 • 속성을 정제하기 위해 해체하고 결합하기 • 관련 없는 속성 제거하기	• 열과 행을 재정렬하기 • 항목의 유형(그룹) 또는 수준(값)을 집중 분석하기 위해 필터링하기	• 중요한 것에 우선순위 부여하기 • 가설과 관련된 것에 우선순위 부여하기 • 중요하다고 생각한 것 • 중요하다고 밝혀진 것 • 검토 및 협업

속성 그리드를 사용하는 경우

사용자를 더 많이 이해할수록 제품은 더 좋아진다. 따라서 프로젝트 도중 언제든지 속성 그리드를 활용하라. 그리고 그리드는 살아있는 문서라는 점을 명심하자. 사용자에 대해 알아갈 때마다 그리드를 업데이트하라. 그리드는 사용자 우선순위를 지정해 활용하거나(11장) 프로필과 페르소나 같은 사용자 모델을 만들기 전에 그리드 작업을 한다(14장).

입력 및 빠른 시작

속성 그리드는 관찰, 인터뷰 및 설문 조사 같은 사용자 리서치를 통해 정성적 또는 정량적 인사이트를 수집할 수 있는 도구다. 더 나은 리서치가 더 나은 인사이트를 제공할까? 물론이다. 그러나 아직 리서치를 하지 않았더라도, 속성 그리드를 통해 팀이 이미 사용자에 대해 알고 있는 사실 또는 안다고 여기는 것으로 토론을 시작할 수 있다.

그리드는 구조화된 형식으로 분석 결과를 기록하기 때문에 정보가 정성적이든 정량적이든 일단 시작하고, 시간이 지남에 따라 다시 열어서 더 나은 더 완벽한 정보를 포함시킨다. 팀의 지식이 커짐에 따라 그리드 또한 커진다.

팀의 암묵적 지식과 사용자 리서치 외에 시장 및 트렌드에 대한 리서치를 수행해 사용자 행동과 선호도에 대한 더 많은 정보를 제공하라.

여러분이 사용할 재료

그리드에서 각 사용자 그룹은 한 줄의 세로 열로 표현되고, 각각의 가로 행에 해당 사용자 그룹의 맥락과 선호도에 대한 분석을 채워 넣는다(그림 12-2). 이렇게 하면 팀은 모든 사용자 그룹의 모든 속성이 어떻게 다른지 비교할 수 있다.

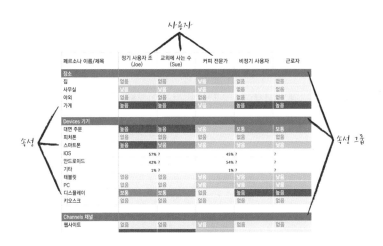

그림 12-2 속성 그리드는 사용자 그룹별로(열) 맥락, 선호 속성을(행) 비교한다.

속성 그리드

화이트보드나 벽에 그리드를 그리거나 투사한다. 또는 종이에 그리거나 인쇄한다. 나는 마이크로소프트 사의 엑셀Excel이나 애플의 넘버스Numbers 같은 스프레드시트 프로그램을 추천한다.

사용자와 속성

세로 열로 사용자를 구분하고, 가로 행마다 개별적 속성에 대한 분석 결과를 적을 것이다. 결과를 해석하고 분석했으면 행과 열을 이동해가며 패턴을 밝혀낸다. 스프레드시트를 사용하면 많은 행과 열을 쉽게 이동할 수 있다.

확인된 모든 사용자를 포함해 시작하거나 가장 중요한 사용자부터 시작해보자.

속성 그룹

속성을 식별한 후 유사성을 바탕으로 그룹화하자. 이때 속성은 이동하더라도 속성 그룹의 제목은 자주 이동하지 않는다.

 웹사이트에서 템플릿, 프레임 자료, 원격 자원을 찾아 활용해보자(http://pxd.gd/users/attribute-grid).

사용자 맥락: 사용자들이 언제, 어디서, 어떻게 참여하는지 여부

- 물리적 맥락(physical context): 사용자는 언제, 어디서, 어떻게 참여하는가?
- 정보 검색 행동(information-seeking behavior): 사용자는 정보를 어떻게 찾는가?
- 커뮤니케이션 행동(communication behavior): 사용자는 어떤 의사소통 방식을 선호하는가?
- 협업(collaboration) 및 사회적 행동(social behavior): 사용자는 다른 사람들과 어떻게 상호작용하는가?
- 선호(preference): 사용자는 무엇과 관계를 맺길 선호하는가?
- 콘텐츠 유형(content format) 및 선호(preference): 사용자는 어떤 유형의 콘텐츠를 사용하고 또 선호하는가?

특정 콘텐츠 및 기능에 대한 선호: 사용자는 이 프로젝트에서 어떤 콘텐츠와 기능에 관심이 있는가?

활동 1: 속성 지형도를 만들기 위해 속성 생성하기

당신은 사용자들에 대해 많이 알고 있거나 또는 많이 알고 있다고 생각할 것이다. 하지만 이 방법은 머리로 알고 있는 것보다 훨씬 그 이상을 다룬다. 모든 것을 한꺼번에 볼 수 있도록 한 곳에 모으기 위해 사용자 리서치나 암묵적 지식에서 인사이트를 수집하고, 각 인사이트는 속성 그리드에 별개의 속성으로 포함시킨다. 각 인사이트를 개별 모듈 단위로 기록하면, 팀은 모든 사용자에게 또는 일부 사용자에게 해당 인사이트가 적용되는 정도를 쉽게 이해할 수 있다.

프레임

무엇을 할 것인가?	맥락 및 선호도와 관련 있는 속성을 수집한다.
결과는 무엇인가?	유사 항목끼리 그룹화된 속성 목록
이 활동이 왜 중요한가?	제품 사용성 및 참여도에 영향을 미치는 제약 사항, 니즈, 선호도 등을 식별한다.
어떻게 그 일을 할 것인가?	한 번에 한 속성씩 작은 그룹으로 나눠 작업한다.

속성을 생성하는 프레임을 제안하려면 다음과 같이 이야기해보자.

> "사용자들이 언제, 어디서, 어떻게 참여하는지 여부는 그들의 제품 사용 방식에 큰 영향을 미칩니다. 일반적인 맥락과 사용자 선호도를 분석합시다. 우리는 좋은 제품을 만들 수 있을 것입니다."

물리적 장소 및 기기에 대한 정보 수집하기

기기, 채널, 빈도 같은 물리적 맥락은 제품의 사용성에 영향을 미치는 제약 사항을 부각시킨다. 사용자가 제품과 상호작용하는 장소와 방법은 사용자의 제품 사용과 관련된 주요 제약사항을 보여준다.

- 사용자는 제품을 어디서 사용할까? 집에서? 사무실? 일선에서? 현장에서?

- 사용자는 어떤 기기를 이용해 제품과 상호작용할까? 노트북 아니면 데스크톱 PC? 태블릿? 스마트폰? 피처폰? 키오스크? 디스플레이 화면? 전화? 서류 양식? 스마트 기기?

- 사용자는 어떤 채널을 사용할까? 웹? 앱? 채팅? 목소리? 이메일? SMS 메시지 또는 글?

- 사용자는 제품과 관련된 커뮤니케이션을 어떻게 주고 받길 원하는가?

팀이 장소, 기기 및 채널을 확인하면 속성 그리드에 새 행을 추가해 기록한다.

각 속성에 점수 매기기

티셔츠 크기를 대중소로 구분하는 것처럼 속성별 답을 그리드의 각 사용자 그룹에 대한 별도 행에 기록하자(그림 12-3). 각 속성에 점수를 매기기 위해 특정 리서치를 더 수행하기보다는, 대중소 표시를 해 그룹을 일반화시킨다. 또한 티셔츠 크기는 팀원들이 각 사용자를 비교하게 한다. 대중소 척도는 다음과 같이 "이 속성은 다른 사용자와 동일하거나 그 이상 또는 그 이하인가?"하고 묻는 것과 같다. 다른 사용자에 비해 각 사용자의 점수를 매기므로, 다른 속성으로 이동하기 전에 모든 사용자를 속성에 대해 점수를 매긴다. 다음 속성으로 넘어가기 전에 속성 그리드에 있는 속성의 전체 행을 채우자.

페르소나 이름/제목	정기 사용자 조 (Joe)	교외에 사는 수 (Sue)	커피 전문가	비정기 사용자
장소				
집	없음	없음	낮음	없음
사무실	낮음	낮음	낮음	없음
야외	없음	없음	없음	없음
가게	높음	높음	낮음	높음
기기				
대면 주문	높음	높음	낮음	보통
피처폰	없음	없음	없음	없음
스마트폰	높음	낮음	낮음	낮음
태블릿	없음	없음	낮음	낮음
PC	없음	없음	낮음	낮음
디스플레이	보통	보통	없음	높음
키오스크	없음	없음	없음	없음
채널				
웹사이트	없음	없음	낮음	없음
앱	높음	높음	낮음	없음
매장 안	높음	낮음	낮음	높음
드라이브스루	낮음	높음	없음	없음
채팅	없음	없음	낮음	없음
SMS 문자	없음	없음	없음	없음
이메일	없음	없음	낮음	없음

그림 12-3 각 사용자 그룹의 각 맥락에 대한 분석 결과를 기록하자.

각 속성에 맞는 티셔츠 크기 선택하기

모든 속성에 맞는 척도를 적용하자. 또한 척도는 속성에 따라 다른 의미를 가질 수 있다. 다음과 같이 인원수, 빈도의 사례를 살펴 보자.

사용자 규모를 표현하는 척도의 경우 대규모, 중간 규모, 소규모로 구분하는 척도는 얼마나 많은 사람이 해당 사용자 그룹에 속하는지를 표시한다. 대중소로 나누는 척도는 다른 그룹에 비해 해당 그룹의 명수를 표시하는 것과 관련이 있다.

빈도의 경우에 대중소는 높음, 보통, 낮음과 같은 의미다. 그렇더라도 각 점수에 대한 정의를 제공한다. 높음, 중간, 낮음은 매월, 매주, 매일 또는 매년, 매월, 매주 등 다른 것으로 변환될 수 있다.

품질의 중요성 같은 가치 관련 속성에서 낮음, 보통, 높음은 중요하지 않음, 중요함, 매우 중요함을 의미하기도 한다. 또한 팀이 티셔츠 크기를 정의하는 방법은 토론 중에 바뀔 수 있다. 추가된 사용자나 속성을 평가할 때 팀의 빈도가 바뀌는 상황을 자주 볼 것이다. 이러한 변화는 팀이 고객 그룹에 대한 이해를 넓히는 토론 과정에서 자연스럽게 발생한다.

스프레드시트를 사용하는 경우 대중소가 의미하는 것을 설명하는 속성에 메모로 추가하자. 특히 빈도를 측정하는 속성의 경우 각 티셔츠 크기에 특정 값을 부여하자. 소는 하루에 몇 번, 매일, 매주, 매달, 매년과 동일한가? 그리고 중과 대는 무엇을 의미하는가?

점수를 조정하기 위해 조사하기

토론이 진행됨에 따라 이전 점수를 업데이트하게 될 것이다. 팀원들이 내용에 동의하는지 확인하자.

전체 그리드를 채웠으면 모든 사람이 동의하는지 다시 확인하자. 어떤 것이든 이견이 있는지 조사한다. "다음으로 넘어가기 전에 우리가 기록한 점수 중 어떤 것이든 동의하지 않는 사람이 있습니까?"

의견이 다른 사람들에게 반대할 권리가 있음을 알린다. "모든 사람이 반대 의견을 말할 수 있습니다. 이 그룹에서 잘못된 부분이 있다고 생각되는 게 있습니까?" 그들 마음속 의견을 재차 확인한다. "조금이라도 잘못됐다고 느껴지는 부분이 있으면 이야기해주세요."

시간, 빈도, 지속 기간에 대한 정보 수집하기

사용 빈도와 지속 시간은 제품을 사용하는 방법에 대한 정보를 나타낸다.

- 사용자들이 하루 중 언제 제품과 상호작용하는가? 아침? 오후? 저녁? 늦은 밤?
- 사람들이 얼마나 자주 제품을 사용할까? 하루에 여러 번? 하루에 한 번? 일주일에 한 번? 한 달에 한 번? 일년에 한 번? 그저 딱 한 번?
- 사용자들이 상호작용할 때 제품을 잠깐 사용하는가? 짧은 시간 사용하는가? 아니면 더 긴 시간?
- 사용자들이 상호작용할 때 경험에 전적으로 집중하는가? 아니면 멀티태스킹하면서 사용하는가? 전혀 제품에 주의를 기울이지 않는가?

정보 검색 행동 분석하기

사람들이 제품을 사용하는 방식도 중요하다. 일부 제품에선 사용자가 정보에 접근한다. 사용자의 정보 검색 행동을 살펴보자.[1]

- 사용자는 본인이 원하는 것을 알고 있는가? 어떤 단어를 검색해야 할지 알고 있는가? 그들은 어디서부터 시작해야 할지 잘 알고 있는가?
- 사용자는 본인에게 필요한 것이 무엇인지 알고 있지만 적절한 단

1 Donna Spencer, "Four Modes of Seeking Information and How to Design for Them", Boxes and Arrows(boxesandarrows.com/four-modes-of-seeking-information-and-how-to-design-for-them/), 14 Mar. 2006

어를 모르는가? 그들은 어디서부터 시작해야 할지 모르는가?

- 사용자는 그들이 알아야 할 사항을 알고 있는가? 그들은 어떤 한 가지가 필요하다고 생각하고 있지만, 실제로는 다른 것이 필요하지는 않은가?
- 사용자는 이미 본 것을 다시 찾기도 할까?

작업 그룹 행동 분석하기

인트라넷, 워크플로 및 협업 도구 등 직원용으로 디자인된 제품의 경우, 직원들이 어떻게 일을 하고 협업하는지 분석한다.

- 직원들은 일할 때 개인 업무와 팀 업무 중 무엇에 더 많은 시간을 투입하는가?
- 직원들에게 어느 정도의 자율권이 부여되는가, 그렇지 않은가?
- 직원들은 업무를 중단했다가 다시 수행하는가, 아니면 중단 없이 수행하는가?
- 직원들은 외부 또는 내부 사용자와 직접 협력하는가?
- 직원들은 다른 직원들을 관리하는가? 소규모의 팀인가? 큰 팀인가?

소셜, 협업적 행동 분석하기

제품에 소셜social 기능 또는 협업 기능을 제공하든 그렇지 않든, 사용자는 소셜미디어에 참여하거나 다른 제품을 사용하면서 협업할 수 있다. 사용자의 소셜 행동을 이해하면 사용자 참여율, 행동 유지 부분을 개선시킬 수 있는 기회가 나타난다.

사용자는 커뮤니티, 그룹과 어떻게 관계를 맺고 있는가?

- 사용자는 커뮤니티나 그룹에 가입하는가?
- 사용자는 커뮤니티나 그룹을 관리하는가?
- 사용자는 새로운 커뮤니티나 그룹 활동을 시작하는가?

사용자는 커뮤니티 콘텐츠를 어떻게 이용하고 있는가?

- 사용자는 게시된 내용과 메시지를 읽는가?
- 사용자는 내용을 평가하는가(예: 좋아요, 엄지 척 아이콘)?
- 사용자는 콘텐츠에 회신하거나 코멘트를 하는가?
- 사용자는 컨텐츠를 공유하거나 추천하는가?

사용자가 콘텐츠를 어떻게 제공하는가?

- 사용자는 기사를 게시하거나 블로그를 하고 있는가(예: 미디엄)?
- 사용자는 마이크로 블로그와 상태 메시지를 게시하는가(예: 트위터, 페이스북)?
- 사용자는 자원(예: 도구, 템플릿, 워크시트)을 제공하는가?

콘텐츠 유형에 대한 선호 경향 조사하기

성공하지 못한 제품은 사용자가 텍스트를 선호할 때 비디오로 모든 내용을 전달한다. 사용자가 선호하는 방식으로 소통해야 한다.

- 사용자는 짧은 글을 선호하는가? 긴 글을 선호하는가?
- 사용자는 몇 개의 이미지만 있는 걸 선호하는가? 아니면 많은 이미지를 선호하는가?

- 사용자는 사진, 일러스트를 선호하는가? 또는 다이어그램, 인포그래픽을 선호하는가?
- 사용자는 비디오를 선호하는가? 오디오를 선호하는가?

콘텐츠와 기능 선호도 분석하기

사용자는 또한 제품의 콘텐츠와 기능에 대한 다양한 선호 경향을 보인다. 제품에 계획된 콘텐츠와 기능을 속성 그리드의 행으로 나열해보자. 각 콘텐츠 유형 및 기능에 대한 사용자 관심 수준 또는 요구 수준을 티셔츠 크기 척도처럼 점수를 매겨보자(그림 12-4).

페르소나 이름/제목	정기 사용자 조 (Joe)	교외에 사는 수 (Sue)	커피 전문가	비정기 사용자
콘텐츠 및 기능 선호				
커피 설명	낮음	낮음	보통	없음
음료 설명	보통	보통	없음	높음
모바일 주문(order ahead)	높음	낮음	없음	없음
메뉴	낮음	낮음	없음	높음
머그	없음	없음	없음	없음
여행용 머그	낮음	없음	없음	없음
스낵	낮음	낮음	없음	보통
아침 식사	보통	보통	없음	없음
점심 식사	낮음	낮음	없음	낮음
일반 주문	높음	높음	보통	없음
사전 주문	높음	높음	낮음	없음
등급	없음	없음	보통	없음
리뷰	없음	없음	높음	없음
커피 생산 스토리	없음	없음	높음	없음
커피 기원 스토리	낮음	없음	보통	낮음
커피 일반	낮음	없음	없음	낮음
기업 일반	낮음	없음	없음	낮음
커피 내리는 팁	없음	없음	낮음	없음
맛 평가	보통	낮음	없음	없음
저장 팁	없음	없음	보통	없음
커피 내화 팁	없음	없음	없음	없음

그림 12-4 각 사용자의 제품별 콘텐츠 및 기능에 대한 관심 정도를 평가한다.

예를 들어 스페셜티 음료$^{specialty drink}$, 도움말 콘텐츠, 등급, 리뷰, 공유된 콘텐츠를 나열해볼 수 있다. 이러한 기능이 가장 필요하거나 원하는 사용자를 식별하자.

각 척도가 사용자 관심, 니즈, 사용 빈도를 반영하는지 설명하기 위해 스프레드시트 셀에 메모를 적어두자. 예를 들어 그리드에 사전 주문에 관한 속성이 있는 경우, 대중소 척도 표시는 사용자가 이 사전 주문 속성에 매우 관심이 있다는 표시일까? 이것이 정말 해당 속성 정보가 필요하거나 또는 사용자가 해당 기능을 항상 사용한다거나 사용할 것이라는 의미일까?

사용자, 시장 및 트렌드 리서치에서 얻은 모든 속성 기록하기

가능한 맥락, 행동 및 선호 경향을 식별하기 위해 리서치 결과를 샅샅이 살펴보자. 그리고 여기서 나온 인사이트를 기록한다. 인사이트가 오직 한 사용자 그룹에만 관련됐더라도 모든 사용자를 대상으로 이 속성을 평가한다.

가능한 모든 속성 포함시키기

당신은 자신이 무엇을 모르는지, 무엇이 중요한지도 모른다. 당신이 팀과 함께 맥락, 선호에 대해 토론할 때 사람들이 제시하는 모든 사항을 포함시켜 논의를 진행하라. 누군가는 여러분이 중요하지 않게 여겼던 내용도 제안할 수 있다. 아마 당신이 옳을 수도 있지만, 전체 분석이 끝날 때까지는 알 수 없으므로 모든 것을 포함하라.

항목을 다 생성했다면 다듬어서 노이즈 제거하기

팀에서 속성에 대한 전반적인 내용을 다 생성하고 수집했다면, 팀은 그리드에 속성을 채워 넣어야 한다. 덜 복잡한 제품도 최소 50개 정도의 속성이 있어야 하고, 복잡한 제품이라면 그 정도는 훨씬 초과할 것이다.

생성 단계를 마무리하고, 만들어진 속성을 검토하고 다듬는 과정으로 넘어가보자.

활동 2: 노이즈 제거를 위한 속성 다듬기

가능한 한 많은 속성을 수집하고 점수를 매겼다면 팀은 거대한 노이즈의 벽에 직면할 것이다. 그리고 노이즈 속에 파묻혀 제품 성공을 이끄는 핵심 인사이트를 찾으려 할 것이다.

이 활동에서 팀은 그리드 속성의 품질을 향상시키기 위해 함께 협력해 값을 확인하고, 데이터를 개선하며 관련 없는 속성을 제거한다.

프레임

무엇을 할 것인가?	품질을 개선하기 위해 속성을 검토하고 불필요한 것을 제거한다.
결과는 무엇인가?	유사성을 기반으로 분류해 정제된 속성 목록
이 활동이 왜 중요한가?	가능한 모든 데이터를 좀 더 관련 있는 속성 목록으로 압축시킨다.
어떻게 그 일을 할 것인가?	모두 함께 모든 속성을 검토한다.

속성을 정제하는 작업을 진행하려면 다음과 같이 이야기해보자.

> "우리는 지금까지 사용자에 대해 엄청나게 많은 정보를 수집했습니다. 속성을 검토하고 불필요한 항목은 제거하며, 티셔츠 크기를 실제 데이터로 대체할 수 있는 방법을 찾아보겠습니다. 우리는 이를 통해 사용자에 대한 밑그림을 최대한 명확히 만들어보고자 합니다."

속성을 유형별로 그룹화하기

심지어 작은 제품이더라도 100개 이상의 속성을 식별하는 일은 흔히 일어난다. 유사성에 따라 그룹화하면 이러한 긴 속성 목록을 쉽게 관리할 수 있다. 유사한 속성을 서로 비교해가며 검토하고 그룹화하자(그림 12-5). 그리고 새로운 인사이트를 확인하면서 모든 속성을 가장 잘 반영할 수 있도록 그룹화를 수정하라.

채널				
웹사이트	없음	없음	낮음	없음
앱	높음	높음	낮음	없음
매장 안	높음	낮음	낮음	높음
드라이브 스루	낮음	높음	없음	없음
채팅	없음	없음	낮음	없음
SMS 문자	없음	없음	없음	없음
이메일	없음	없음	낮음	없음
목표				
의례적 즐김	높음	높음	높음	없음
각성 효과	높음	높음	없음	없음
사교적 커피	낮음	낮음	없음	높음
맛 음미	낮음	낮음	높음	낮음
과업				
커피 리서치	없음	없음	높음	없음
커피 구매	낮음	낮음	보통	없음
매장 찾기	보통	보통	없음	보통
커피 시음	없음	없음	낮음	없음
일하기	낮음	없음	없음	낮음
WiFi 사용하기	낮음	없음	없음	낮음
친구 만남	없음	없음	없음	보통
휴식	낮음	없음	없음	낮음
콘텐츠 및 기능				
커피 설명	낮음	낮음	보통	없음
음료 설명	보통	보통	없음	높음
모바일 주문	높음	낮음	없음	없음
메뉴	낮음	낮음	없음	높음

그림 12-5 긴 속성 목록을 좀 더 쉽게 처리할 수 있도록 속성을 유사성별로 그룹화하고 그룹명을 짓는다.

관련 없는 속성 제거하기

활동 1에서는 특정 유형의 제품과 경험에 관련된 항목을 포함시켜 질문했다. 이번엔 팀이 사용자를 이해하는 데 거의 또는 전혀 도움이 되지 않는 속성을 제거한다. 값이 없는 속성을 찾자(그림 12-6). 예를 들어 제품이 디스플레이 화면이나 키오스크에 나타나지 않는다면 해당 항목은 무시하자.

장소			
집	없음	없음	낮음	없음
사무실	낮음	낮음	낮음	없음
야외	없음	없음	없음	없음
가게	높음	높음	낮음	높음

기기			
대면 주문	높음	높음	낮음	보통
피처폰	없음	없음	없음	없음
스마트폰	높음	낮음	낮음	낮음
태블릿	없음	없음	낮음	낮음
PC	없음	없음	낮음	낮음
디스플레이	보통	보통	없음	높음
키오스크	없음	없음	없음	없음

채널			
웹사이트	없음	없음	낮음	없음
앱	높음	높음	낮음	없음
매장 안	높음	낮음	낮음	높음
드라이브 스루	낮음	높음	없음	없음
채팅	없음	없음	낮음	없음
SMS 문자	없음	없음	없음	없음
이메일	없음	없음	낮음	없음

그림 12-6 값이 없는 항목은 종종 관련이 없는 속성을 의미한다. '야외'는 여행하는 사람들을 위한 애플리케이션을 디자인할 때는 관련이 있을 수 있지만, 우리가 만들려는 커피 회사에는 해당되지 않는다. 한편 해당 항목은 잠재된 기회 영역을 보여주기도 한다. 만약 상점에 키오스크를 놨다면 어땠을까? 만약 여러분이 SMS를 통해 미리 주문할 수 있다면 어떨까?

마찬가지로 모든 사용자에게 동일한 가치를 갖는 속성은 가치가 낮다. 예를 들어 모바일 애플리케이션을 만드는 경우 모든 사용자의 모바일 기기 사용량은 '높음'으로 평가될 것이다. 이때 모바일 사용과 관련된 내용을 추적해보면 유용한 정보를 찾기 어렵다.

속성값을 다시 열어 수정하기

속성값은 절대 최종값이 아니다. 이는 사용자 맥락과 선호에 대한 팀의 가장 최근의 인식을 보여준다. 사용자 이해는 반복 과정을 거친다. 속성을 검토하고 토론하면서 사용자에 대한 이해도는 변화한다. 팀 안에서 진화하고 공유되는 사용자 비전을 반영하기 위해 값을 다시 열어 변경하도록 권장한다.

새로운 사용자를 암시하는 상충 지점 감시하기

팀원들이 사용자 그룹에 대한 값을 검토하다가 사용자 그룹의 일부 구성원들이 A라는 값을 가질 때 다른 구성원들이 B라는 값을 갖는 경우가 발생했다면 사람들의 의견을 경청해보자. 예를 들어 하나의 기술적 페르소나로 시작했다고 가정해보자. 토론하는 동안 팀원들은 사용자 그룹이 데스크톱 PC로 일을 하는지 아니면 태블릿으로 일을 하는지 서로 이견이 있다. 어떤 사용자는 사무실의 데스크톱 PC에서 일하는 반면, 다른 사용자는 현장에서 태블릿을 잠깐씩 보면서 일하는 경우를 발견한 것이다.

이렇게 상충되는 값은 하나의 기술적 사용자를 두 명의 개별 사용자(현장 근로자와 사무직 근로자)로 나눌 가능성을 보여준다(그림 12-7). 새 사용자를 위한 세로 열을 추가하고 원래 사용자의 열을 복사해 새 열에 붙여넣자. 두 개의 서로 다른 열을 사용하면 각 사용자 유형에 대해 상충되는 값을 기록할 수 있다.

사용자 그룹을 분할하거나 결합해 유용한 요구사항 또는 제약사항을 표시하자. 어떤 사용자 모델이든 실제 사람들을 하나의 원형으로 압축하는 것이다. 그 사람들은 모두 비슷하기도 하고, 다르기도 하다. 모든 사용자를 하나씩 내려가보면서 모델을 더 작고 작은 모델로 나눌 수 있다.

더 나은 제품 디자인을 지원하도록 사용자를 세분화하자. 새 그룹이 유용한 요구사항이나 제약사항을 의미하지 않으면 사용자 그룹을 분할하지 않는다. 모든 일이 그렇듯 스스로 타당하다고 느끼는 대로 하자.

페르소나 이름/제목	정기 사용자 조 (Joe)	교외에 사는 수 (Sue)
기기		
대면 주문	높음	높음
피처폰	없음	없음
스마트폰	높음	보통
태블릿	없음	없음
PC	없음	없음
디스플레이	보통	보통
키오스크	없음	없음
채널		
웹사이트	없음	없음
앱	높음	높음
매장 안	높음	낮음
드라이브 스루	낮음	높음
채팅	없음	없음
SMS 문자	없음	없음
이메일	없음	없음
목표		
의례적 즐김	높음	높음
각성 효과	높음	높음
사교적 커피	낮음	낮음
맛 음미	낮음	낮음
과업		
커피 리서치	없음	없음
커피 구매	낮음	낮음
음료 구매	높음	높음
매장 찾기	보통	보통
커피 시음	없음	없음
일하기	낮음	없음
WiFi 사용하기	낮음	없음
친구 만남	없음	없음
휴식	낮음	없음
콘텐츠 및 기능		
커피 설명	낮음	낮음
음료 설명	보통	보통
모바일 주문	높음	낮음
메뉴	낮음	낮음
머그	없음	없음
여행용 머그	낮음	없음
스낵	낮음	낮음
아침 식사	보통	보통
점심 식사	낮음	낮음
일반 주문	높음	높음
사전 주문	높음	높음

그림 12-7 속성값이 충돌하면 단일 사용자를 둘 이상의 사용자 그룹으로 분할해야 한다. 우리는 '정기 사용자 조'의 속성 중 '모바일 주문'과 '드라이브 스루' 속성이 서로 다른 사용자를 발견했다. 그래서 해당 페르소나를 분할해 '교외에 사는 수'라는 페르소나를 추가했다.

사용자 모델을 개선하기 위해 속성을 분할하고 결합하기

속성을 검토하고 수정할 때 기존 항목을 여러 속성으로 분할할 기회를 모색하자. 이를 통해 더 자세한 사용자 정보를 추적할 수 있다. 마찬가지로 여러 개별 속성을 하나의 항목으로 결합하는 것이 타당한 지점도 찾아보자. 예를 들어 '음료 구입'에 대한 속성이 있는 경우, 이 속성은 '커피 구입'과 '(그 외) 음료 구입' 등 두 개의 별도 맥락으로 나눌 수 있다(그림 12-8). 새 속성은 새 가로 행으로 추가하고 각 사용자에 대한 점수를 매긴다. 제품의 고유한 사용자에 맞게 항목을 추가하고 제거하며 결합하고 분할하자.

커피 리서치	없음	없음	높음	없음
커피 구매	낮음	낮음	보통	없음
음료 구매	높음	높음	낮음	높음
매장 찾기	보통	보통	없음	보통
커피 시음	없음	없음	낮음	없음
일하기	낮음	없음	없음	낮음
WiFi 사용하기	낮음	없음	없음	낮음
친구 만남	없음	없음	없음	보통
휴식	낮음	없음	없음	낮음

그림 12-8 속성을 계속해서 분할하고 결합해 사용자를 가장 잘 보여줄 수 있는 전체 그림을 만들어보자. 여기서 우리는 포장된 커피 메뉴와 만들어진 음료 메뉴가 다르기 때문에 '커피 구매'를 둘로 나눠 '음료 구매'를 추가했다. 우리는 '매장에서 시간 보내기' 속성을 사용자가 매장에 머무는 이유에 따라 4가지로 구분했다.

데이터와 속성값의 충실도 개선하기

소형, 중형, 대형 같은 티셔츠 사이즈는 팀이 사용자의 맥락과 선호를 빠르게 분석할 수 있게 한다. 하지만 티셔츠 사이즈는 화면을 스케치하는 것과 같다. 그들은 무엇이 중요한지에 대해 일반적인 경향을 제시하지만, 전체 그림을 보여주지는 않는다.

더 나은 데이터가 필요한 항목을 확인하라

팀은 분석할 때 더 중요한 항목을 식별하고, 데이터의 충실도를 개선할 수 있는 방법을 찾는다. 예를 들어 iOS, 안드로이드, 윈도우 같은 모바일 운영 체제의 경우, 특정 플랫폼용 네이티브 앱을 구축하기 전에 더 구체적인 숫자로 된 척도를 원할 수 있다.

사용 가능한 데이터 식별하기

더 나은 데이터 보충이 필요한 항목이라면 이미 보유하던 기존 데이터를 포함시키는 방안을 고민한다(그림 12-9). 경우에 따라 분석 과정에서 데이터를 추출하기도 한다. 예를 들어 구글 애널리틱스Google Analytics 또는 어도비Adobe의 마케팅 클라우드Marketing Cloud 같은 현재 통용되는 분석 플랫폼에서 휴대폰 운영 체제에 대한 특정 데이터를 가져올 수 있다.

어떤 데이터 소스를 가져올지, 팀이 데이터에 액세스하기 위해 연락할 수 있는 사람은 누구인지 파악해보자.

기기					
대면 주문	높음	높음	낮음	보통	보통
피처폰	없음	없음	없음	없음	없음
스마트폰	높음	보통	낮음	낮음	낮음
IOS	57% ?		45% ?		?
안드로이드	42% ?		54% ?		?
기타	1% ?		1% ?		?
태블릿	없음	없음	낮음	낮음	낮음
PC	없음	없음	낮음	낮음	낮음
디스플레이	보통	보통	없음	높음	높음
키오스크	없음	없음	없음	없음	없음

그림 12-9 가능하면 티셔츠 크기 수준의 척도를 더 나은 데이터로 교체한다.

누락된 데이터를 얻기 위한 계획 세우기

필요하지만 얻을 수 없는 데이터가 존재한다는 것은 리서치가 필요한 상황임을 의미한다. 리서치 방법을 시간, 비용 및 난이도뿐 아니라 프로젝트 목표와도 일치시키자(9장의 '사용자와 사용자 리서치'를 참고한다). 리서치를 수행할 담당자와 시기를 파악한다. 이 부분은 매우 중요하다. 리서치에 대한 니즈를 지속적으로 파악하지 않은 상태에서 리서치를 추진한다면, 경험 기계가 만들어 내는 모든 것이 부족하게 느껴질 것이다.

추가적인 사용자 정보 추가하기

팀은 사용자에 대해 많이 알고 있고, 속성 그리드에 사용자와 관련된 모든 정보를 수집할 수 있다. 여기에는 과업, 목표, 심지어 다른 사용자와의 관계가 포함될 수 있다.

과업과 목표 추가하기

그리드에 사용자 과업 또는 목표를 추가하고, 해당 내용이 각 사용자 그룹에서 얼마나 중요한지 표시한다(그림 12-10). 여러 사용자 그룹이 과업과 목표를 공유한다. 사용자 프로필 캔버스에서 과업과 목표를 끌어오자(11장 참조). 팀원들은 사용자들이 과업과 목표를 어떻게 공유하는지 보면서 무엇을 구축해야 할지 우선순위를 더 잘 정할 수 있다.

목표				
의례적 즐김	높음	높음	높음	없음
각성 효과	높음	높음	없음	없음
사교적 커피	낮음	낮음	없음	높음
맛 음미	낮음	낮음	높음	낮음
과업				
커피 리서치	없음	없음	높음	없음
커피 구매	낮음	낮음	보통	없음
음료 구매	높음	높음	낮음	높음
매장 찾기	보통	보통	없음	보통
커피 시음	없음	없음	낮음	없음
일하기	낮음	없음	없음	낮음
WiFi 사용하기	낮음	없음	없음	낮음
친구 만남	없음	없음	없음	보통
휴식	낮음	없음	없음	낮음

그림 12-10 팀 내 사용자 이해도를 향상시키기 위해 과업, 목표, 일, 참여에 대한 값을 포함시킨다.

다른 사용자와의 관계 추가하기

다른 사용자를 위해 새로운 가로 행을 추가해 각 사용자와 다른 사용자와 상호작용하는 빈도 또는 상호간에 얼마나 많은 영향을 미치는지 보여준다 (그림 12-11). 팀이 불스아이 캔버스(10장)로 식별한 사용자를 참조하라. 접촉 빈도 또는 영향의 정도를 분석하면 사용자다 누구와 소통하고 협업하는지에 관한 인사이트가 도출된다.

영향				
정기 사용자 조	보통	보통	낮음	낮음
교외에 사는 수	보통	보통	낮음	낮음
커피 전문가	없음	없음	높음	없음
비정기 사용자	보통	보통	없음	높음
다른 매장 방문자	보통	보통	낮음	없음
공항 여행자	없음	없음	없음	낮음

그림 12-11 사용자들이 서로 어떻게 상호작용하고 서로에게 어떤 영향을 미치는지 이해하기 위해 다른 사용자들을 가로 행으로 포함시킨다.

정보 세분화 단계를 마무리하고, 패턴을 이해하고 찾는 단계로 이동

팀이 정보를 정제하면서 나타나는 새로운 속성을 모두 기록하자. 정보를 세분화하는 활동이 어느 정도 진행됐다면 팀의 초점을 속성을 해석하고, 이해하며 패턴을 찾는 활동으로 넘어가보자.

> "이제 사용자들과 그들의 니즈, 선호 경향에 대해 잘 이해하게 된 것 같습니다. 이번에는 한 발짝 물러서서 우리의 제품을 개선하는 데 사용할 수 있는 패턴을 찾아보도록 하겠습니다."

활동 3: 사용자 행동에서 패턴과 특이값 이해하기

팀에선 많은 사용자에 대해 상당히 알고 있지만, 모두를 위해 모든 것을 디자인하고 싶진 않을 것이다. 좋은 제품 팀은 가치를 극대화하기 위해 디자인할 수 있는 모든 사용자의 하위 요소를 파악한다. 우선순위를 매겨 주요 사용자에 집중한다는 의미가 항상 다른 사용자들을 희생시켜 일부 사용자 군을 무시한다는 의미는 아닌 것이다. 때때로 여러 사용자 그룹은 유사한 행동, 맥락 및 선호를 보인다. 이러한 사용자들 중 하나를 위해 제품을 구축하면 제품은 유사한 사용자들도 지원하게 된다. 제품을 만들면서 더 많은 것을 얻을 수 있다.

정제된 속성을 잘 선택해 사용자 그룹이 서로 어떻게 비교될 수 있는지 조사한다. 팀은 사용자들이 속성을 공유하는 영역과 사용자 그룹이 서로 다른 값을 갖는 영역을 찾는다.

프레임

무엇을 할 것인가?	사용자 행동, 선호에서 패턴을 발견한다.
결과는 무엇인가?	사용자들이 서로 어떻게 유사하고, 어떻게 다른지 이해한다.
이 활동이 왜 중요한가?	주요 제약사항과 니즈를 파악한다.
어떻게 그 일을 할 것인가?	작은 그룹으로 나눠 작업하며, 속성을 재조정하고 필터링한다.

속성 분석을 시작하기 위해 다음과 같이 이야기하자.

> "지금부터 우리는 패턴을 찾기 위해 정제된 사용자 속성을 검토하고 필터링하겠습니다. 우선 사용자들이 비슷한 곳을 찾아봅시다."

확대 및 축소

패턴을 찾기 위해 먼저 우리의 시점을 15,000미터 보기로 축소해 거시적 관점의 매크로 트렌드^{macro trend}를 살펴보자. 그리고 반대로 확대해서 15미터 높이에서도 패턴을 찾아보자.

데이터 작업을 하면서 시점을 가까운 곳에서 먼 곳으로, 그리고 다시 뒤로 조정하면서 보게 될 것이다. 사용자 세로 열에서 초점을 이동해 속성의 가로 행을 살펴보라. 사용자 모델은 2차원 공간에 살고 있지만, 사용자는 풍부하고 다면적 삶을 산다. 건축 공사장의 격자 비계^{scaffolding} 같은 그리드 위에서 사용자들을 다른 관점에서 보고 그들이 필요한 사항에 대해 더 깊게 이해한다.

비슷한 사용자 그룹을 파악하기 위한 매크로 패턴 찾기

전체 사용자 그리드를 보려면 축소시켜 멀리서 보자. 사용자들을 단일 열로 보자. 어떤 사용자들이 서로 비슷한가? 유사한 사용자들을 파악하기 위해 어둡고 밝은 색상으로 표시한 패턴을 찾아라. 비슷한 사용자를 서로 인접하게 이동시켜 해당 사용자들이 그리드 위에서 함께 그룹화해 보이게 한다(그림 12-12). 유사한 세로 열은 한 종류의 사용자를 위한 설계로 여러 사용자의 니즈를 충족시키는 기회를 제공한다.

'정기 사용자 조'와 '교외에 사는 수'는 비슷해 보인다.

'비정기 사용자'와 '근로자'도 같아 보인다.

그림 12-12 전체 그리드에서 유사한 사용자 열을 보려면 그리드를 축소시키고, 유사한 사용자 열을 서로 인접하게 배치한다.

유사점과 차이점을 강조하기 위해 가로 행 이동시키기

속성 그룹을 검토할 때 속성값이 밝고 어두운 표시가 번갈아 나오는 위치가 있는지 찾아라. 색이 번갈아 나오는 곳이 있으면 패턴을 보기 어렵다. 어두운 행은 다른 어두운 행에 인접하게 배치해 패턴이 쉽게 보일 수 있게 하자.

행을 움직이면 어떤 사용자는 패턴이 더 쉽게 읽히는 데 반해 다른 사용자는 패턴을 읽기 어려워진다. 무엇이 가장 합리적인가? 무엇이 가장 좋은 패턴을 보여주는가? 속성 행을 이동해 더 중요하다고 생각되는 패턴을 더 잘 보이게 만들어보자.

가장 중요한 맥락, 니즈 및 선호 파악하기

이러한 패턴은 성공적인 제품을 정의하는 요구사항과 제약사항을 드러낸다. 가장 중요한 속성을 파악하려면 특이값뿐 아니라 모든 사용자에게 영향을 미치는 속성을 찾아야 한다. 긍정적인 속성을 찾아라. 프로젝트는 어떻게 해야 할까? 또한 하지 말아야 할 사항, 부정적인 요구사항도 파악해야 한다. 팀은 나중에 제품 디자인과 관련한 의사결정을 할 때 이러한 속성을 다시 살펴보고 참고한다.

중요한 내용 파악하기

어떤 맥락은 전체 시스템에 대한 요구사항을 제시한다. 예를 들어 모든 사용자는 스마트폰을 사용할 수 있다. 콘텐츠에 대한 니즈를 제안하는 속성을 찾아라. 사용자가 구입하기 전에 제품 무게를 알고 싶어 한다면 크기에 관한 정보를 제공해야 한다. 어떻게 콘텐츠를 생성해야 하는지 설명하는 속성을 찾자. 익숙하지 않은 사용자는 더 많은 정보가 필요하다. 지식이 풍부한 사용자에겐 더 전문적인 콘텐츠가 필요할 수 있다.

그룹이 중요한 속성을 파악하면 그리드상의 해당 핵심 속성에 X 표시를 해둔다(그림 12-13).

페르소나 이름/제목	핵심	정기 사용자 조	교외에 사는 수	커피 전문가	비정기 사용자	근로자
기기						
대면 주문	x	높음	높음	낮음	보통	보통
피처폰		없음	없음	없음	없음	없음
스마트폰	x	높음	보통	낮음	낮음	낮음
IOS		57%?			45%?	?
안드로이드		42%?			54%?	?
기타		1%?			1%?	?
태블릿		없음	없음	낮음	낮음	낮음
PC		없음	없음	낮음	낮음	낮음
디스플레이	x	보통	보통	없음	높음	높음
키오스크	x	없음	없음	없음	없음	없음
채널						
웹사이트	x	없음	없음	낮음	없음	없음
앱	x	높음	높음	낮음	없음	없음
매장 안	x	높음	낮음	낮음	높음	높음
드라이브 스루	x	낮음	높음	없음	없음	없음
채팅		없음	없음	낮음	없음	없음
SMS 문자		없음	없음	없음	없음	없음
이메일		없음	없음	낮음	없음	없음
목표						
의례적 즐김	x	높음	높음	높음	없음	없음
각성 효과	x	높음	높음	없음	없음	없음
사교적 커피		낮음	낮음	없음	높음	높음
맛 음미	x	낮음	낮음	높음	낮음	낮음

그림 12-13 그리드에 중요한 속성을 표시하면 나중에 다시 참고할 수 있다.

중요한 기능 파악하기

콘텐츠와 마찬가지로 그리드는 기능에 대한 요구사항과 제약사항을 드러낸다. 대다수의 사용자들과 관련된 기능을 찾아보고, 기능에서 원하는 것과 사용자가 해당 기능을 사용하려는 방법을 구별하라. 사용자들이 정보를 공유하고자 할 때 이메일, 인쇄물, 트윗 등의 방법을 원할까? 사용자는 링크, 이미지, 설명 등 또 무엇을 공유할까?

조직에 무엇이 중요한지 파악하기

마지막으로 회사는 어떤 속성에 중점을 두고 있는가? CEO는 어떤 속성이 중요하다고 생각하는가? 이런 속성이 정말 중요한지 여부에 관계없이 모든 사람의 마음 속에서 두드러지게 부각되기 때문에 해당 속성을 다룰 필요가 있다. 당신은 그 속성이 중요하지 않다고 생각할지도 모르지만, 나머지 팀원들은 중요하게 생각하고 있으니 핵심 열에 메모를 해두자. 모든 것이 그렇듯이 팀원들을 신뢰하는 것은 중요하고, 그들이 생각하는 것 또한 중요하다.

가장 중요한 사용자 그룹 파악하기

그리드에 중요한 속성이 표시돼 있으면 전체 사용자를 볼 수 있도록 그리드를 축소하고, 어떤 사용자들이 가장 중요한지 생각해보자. 팀원들이 가장 중요한 사용자에 대해 알게 되면, 그들은 사용자들이 원하는 제품을 만드는 데 초점을 맞춘다.

가장 중요한 사용자는 제품에 따라 다르다. 가장 중요한 사용자는 때로는 가장 많은 수의 사용자를 대표하는 그룹이고, 때로는 가장 많은 돈을 쓰는 것은 그룹이다. 어떤 때는 그것을 가장 자주 사용하거나 가장 중요한 일을 하는 그룹이기도 하고, 때로는 크고 가장 빈번한 그룹이 가장 중요한 사용자 그룹이기도 하다.

그리드에 1순위 사용자$^{primary\ user}$를 기록하자(그림 12-14). 나는 팀이 무언가를 구축해야 할 대상인 사용자를 나타내기 위해 '1순위^{primary}'로 표시하고, 그 다음의 우선순위를 가진 사용자는 '2순위^{secondary}'로 표시한다. 팀이 특별히 무시해야 할 사용자는 '부정적^{negative}'으로 표시하며, 다른 사용자와 충분히 유사한 사용자는 다른 사용자와 그룹화했음을 나타내는 '결합^{combined}'으로 표시한다.

페르소나						
페르소나 이름/제목	핵심	정기 사용자 조	교외에 사는 수	커피 전문가	비정기 사용자	근로자
설명						
페르소나 유형		1순위	1순위	부정적	2순위	결합
일반						
빈도	x	높음	높음	낮음	낮음	
중요도	x	일(높음)	일(높음)	주(보통)	달(낮음)	
		높음	높음	낮음	보통	
영향력		보통	보통	보통	높음	높음
참여 값		54	54	4	6	6

그림 12-14 그리드에 1순위, 2순위, 결합, 부정적 사용자들을 기록한다.

1순위 디자인 대상 파악하기

어떤 사용자 그룹이 유사한 속성을 지닐까? 이 그룹은 비슷한 패턴으로 흑백 명도 표시가 돼 있기 때문에 여러분은 이 그룹을 그리드에서 확인할 수 있다. 유사한 사용자들을 결합해야 할까? 그렇지 않다면 유사한 사용자들의 니즈를 지원하도록 디자인할 수 있는가? 그 자체가 디자인 대상이면서도 다른 사용자 유형을 지원하는 사용자는 또 다른 1순위 디자인 대상이다. 그리고 유사한 사용자는 2순위 디자인 대상이다. 그리드에 이 내용을 기록해두자.

우리의 글로벌 커피 기업에선 '정기 사용자 조'와 '교외에 사는 수'를 1순위 사용자들로 선택했다. 둘 다 고객층의 상당한 부분을 대표하고(두 사용자군의 '인원수'는 '많음/높음'이다), 다른 그룹보다 더 자주 매장을 방문하기 때문이다(두 사용자군의 '빈도'는 '매일/높음'이다). 이 예에서는 속성값에 대해 깊이 고민하지 않더라도 그리드에서 멀찍이 떨어져서 보면, '정기 사용자 조'와 '교외에 사는 수'가 다른 사용자들이 표시된 열보다 어두운 것을 알 수 있다.

속성 그리드에서 더 중요하다고 표시된 사용자들을 식별한 후, 팀이나 조직이 중요하다고 생각하는 사용자들을 식별한다. 초반에 세웠던 가정이 더 이상 사실이 아니라고 생각할 수도 있지만, 나머지 팀원들은 데이터에서 팀이 다른 사용자를 위해 구축해야 한다고 제안하는 이유를 이해할 필요가 있다. 또한 편차가 있는 경우 더 광범위한 팀과 조직에 사용자 모델을 공유하면서 그 이유를 설명해야 한다.

고유한 디자인 대상 식별하기

서로 다른 니즈를 가진 사용자들을 찾자. 이 사용자는 고유한 요구사항을 나타내는가? 아니면 그들을 무시해야 하는가? 무시해야 하는 사용자라면 그들을 부정적 디자인 대상으로 기록해두자. 무시하지 않아야 한다면 그들은 1순위 또는 2순위 디자인 대상인가? 그들의 독특함은 팀이 그들을 위해 특별한 준비를 해야 한다는 것을 의미하는가? 그들을 나중에 다뤄야 하는가?

디자인 대상을 식별한다는 것은 경험 기계가 집중해야 하는 가장 가치 있는 사용자를 식별한다는 의미다. 충분히 오랜 시간 사용자들을 살펴볼 수 있다면 모든 사용자가 소중하고, 모두 모든 제품을 즐거운 방법으로 사용한다. 하지만 내 경험으로 볼 때 어떤 프로젝트도 일정이 충분하지 않다. 그렇다면 지금 당신의 경험 기계는 누구를 도울 수 있을까?

마무리 후 가장 중요한 사용자, 속성 및 속성 그룹 기록하기

결국 당신의 분석 결과를 더 광범위한 팀, 조직과 함께 확인한다. 모든 내용을 공유할 수는 없으므로 가장 중요한 사용자들과 속성에 집중하자.

1순위와 2순위 디자인 대상을 식별하고, 그리드에 주요 속성 및 속성 그룹을 표시했는지 확인한다. 분석을 완료하고 가장 중요한 사용자들과 속성을 기록한 후, 더 큰 팀과 함께 초기 사용자 모델을 확인해야 한다.

공유하고 검토하기 위해 사용자 속성 그룹 파악하기

사용자 프로필 그리드user profile grid는 디자인상 가능한 모든 속성을 저장하며, 단순한 제품과 경험인 경우에도 수백 가지 속성으로 확장된다. 소규모 그룹은 모든 속성을 분석하므로 큰 규모의 팀에선 분석할 필요가 없다. 더 큰 규모의 그룹에서 분석을 진행한다면 다음의 3가지 속성 유형을 중심으로 확인한다.

- 주요 가정key assumption에 도전하는 속성: 우리의 생각과 다른 점이 무엇인가?
- 알려지지 않은 니즈를 드러내는 속성: 여러분은 무엇을 배웠는가?
- 팀에 중요한 속성: 여러분은 무엇을 여전히 추적하는가?

주요 가정에 도전하는 속성이나 알려지지 않은 니즈와 관련된 속성은 팀이 제품을 개선해야 한다는 점을 드러낸다. 그리고 팀에 중요한 속성 그룹도 식별하자. 분석 과정에서 새로운 사항이 발견되지 않더라도 이러한 속성을 검토하면 분석 결과가 여전히 올바른지 검증하는 데 도움이 되며, 팀이 중요하게 여기는 내용을 귀담아 듣고 이해하려 한다는 모습을 보여준다.

활동 4: 더 넓은 범위의 팀, 이해관계자들과 공동 비전 구축하기

공동 비전shared vision이란 단지 목표와 인터페이스에 관한 것만이 아니다. 사용자들에 대한 공통된 이해는 팀과 조직 내 나머지 사람들이 더 나은 제품 결정을 내리고, 더 나은 경험을 제공하도록 돕는다.

안타깝게도 사용자 분석은 소규모 그룹에서 가장 효과가 있으므로 분석 후 더 넓은 범위의 팀과 공유하거나, 영향력 있는 외부 이해관계자와 분석 결과를 공유할 일정을 잡아야 한다.

프레임

무엇을 할 것인가?	특정 속성 그룹의 분석 결과를 확인한다.
결과는 무엇인가?	사용자에 대한 팀원 간의 공통된 이해
이 활동이 왜 중요한가?	사용자에 대한 분석이 올바른지 확신하기 위해서다.
어떻게 그 일을 할 것인가?	팀원은 그룹으로 나눠 핵심 속성을 검토한다.

검토를 시작하는 프레임을 제안하려면 다음과 같이 이야기하자.

"지금까지 우리는 소규모 그룹에서 핵심 사용자 속성을 분석해 사용자의 요구사항과 니즈를 더 잘 이해하게 됐습니다. 우리는 나머지 팀원들과 이러한 속성을 검토해 우리의 분석 결과가 올바른지, 잘못된 점은 없는지 확인하고자 합니다. 그룹별로 사용자 속성을 살펴보겠습니다."

속성 검토 촉진

속성을 검토하려면 단일 속성을 검토하는 것이 아니라 전체 속성 그룹을 검토하자. 예를 들어 팀은 사용자들이 스마트폰을 사용할 것으로 가정하고 진행했는데, 분석에 어려움이 있는 경우 기기와 관련된 전체 속성 그룹을 검토한다(그림 12-15). 전화기 대신 노트북에 대해 토론하려 한다면 그전에 팀은 사용자들이 모든 기기와 어떻게 상호작용하는지 살펴봐야 한다. 마찬가지로 알려지지 않았던 니즈를 보여주는 속성의 경우, 관련된 전체 속성 그룹을 검토해 팀에 더 많은 맥락을 공유하자. 그래서 그들이 분석 결과를 이해하고 평가할 수 있게 하자.

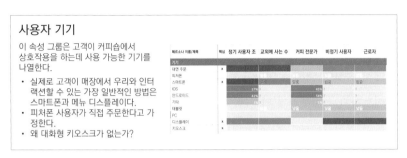

사용자 기기

이 속성 그룹은 고객이 커피숍에서
상호작용을 하는데 사용 가능한 기기를
나열한다.

- 실제로 고객이 매장에서 우리와 인터
  랙션할 수 있는 가장 일반적인 방법은
  스마트폰과 메뉴 디스플레이다.
- 피처폰 사용자가 직접 주문한다고 가
  정한다.
- 왜 대화형 키오스크가 없는가?

그림 12-15 분석 결과가 팀이 특정 속성과 관련해 세운 가설과 상충한다면 전체 속성 그룹을 검토하
는 것이 좋다.

속성 그룹에 대한 설명으로 검토 프레임 구성하기

각 속성 그룹에 대한 설명과 해당 그룹에 포함된 속성을 갖고 검토를 시작
한다. 분석을 수행한 소그룹에겐 분명해 보일 수 있지만, 더 넓은 범위의
그룹에겐 설명이 필요하다. 그들도 본인이 무엇을 보고 있는지 알 수 있어
야 한다.

각 속성 그룹에 대해 가장 중요한 결론 보고하기

팀이 각 속성 그룹에 대해 관심을 가져야 하는 이유를 설명하자. 분석 결과
가 기존 가설과 상충되는가? 알려지지 않았던 니즈를 드러내는가? 분석을
통해 이전의 가설을 확인했는가? 더 큰 그룹이 무엇을 평가해주길 바라는
지 설명하자.

각 그룹의 각 속성값 점검하기

팀원들이 어떻게 속성을 분류하고 무엇을 평가해야 할지 이해했다면, 각
속성과 각 사용자에 대한 값에 대해 토론하라. 당신은 소규모 그룹으로 각

속성과 사용자를 분석했다. 전체 팀과 함께 중요한 속성과 사용자를 2차 분석을 해 추가적인 관점을 제시하고 사용자 모델을 개선하자.

속성값의 변경 사항을 토론하고 기록하기

팀에서 속성에 대해 논의하고 변경 사항을 확인하면, 곧바로 그리드를 업데이트하거나 검토가 끝난 시점에 꼭 메모해서 그리드를 업데이트한다. 가능하면 실시간으로 그리드를 업데이트한다. 그렇게 하면 당신이 변경사항을 듣고 적용한 내용을 모든 사람이 볼 수 있다.

마무리 후 1순위와 2순위 디자인 대상으로 다시 돌아가기

팀이 중요한 속성값을 검토하고 업데이트한 후 그리드를 업데이트한다. 그리고 다음 3가지 질문으로 사용자 그룹을 다시 평가하자.

- 유사 사용자 그룹이 여전히 유사한가?
- 업데이트된 속성값이 새로운 패턴을 생성하는가?
- 업데이트된 속성값으로 인해 1순위와 2순위 디자인 대상이 변경되는가?

대부분 사용자 그룹과 디자인 대상은 변경되지 않지만, 그들이 어떻게 변해야 하는지 생각해보자. 변화를 주지 않는 방법이 가장 쉬울 것이다. 그리고 대개는 잘 안 변한다. 변화는 옳지만 쉽지 않다.

업데이트된 속성 그리드는 제품 사용자에 대한 종합적이고도 시각적인 모델을 문서화하고 설명한다. 시간이 지남에 따라 팀은 새롭고 정제된 데이터로 그리드를 업데이트한다. 이때 사용자 모델을 재평가하기 위해 이 3가지 질문을 활용해 검토한다. 팀의 지식은 시간이 지남에 따라 향상되며, 속성 그리드는 그동안 사용자가 이해한 바를 지속적으로 전달하는 역할을 할 것이다.

그리드의 시각적 명암 표시는 각 사용자를 종합적으로 볼 수 있도록 기록하지만, 그리드는 사용자 요구사항만 제시한다. 그리드는 여러분이 특정한 방식으로 제품을 디자인해야 하는 이유를 좇지만, 방법을 알려주지는 않는다. 디자인 가이드라인과 요구사항을 기록하고 공유하려면 사용자 모델을 제작해 팀원들과 조직에 공유하라.

속성 그리드는 페르소나를 위한 토대를 제공한다

속성 그리드는 팀이 사용자들에 대해 알고 있는 모든 것을 나타내며, 중요한 것은 물론 그렇지 않은 속성도 표시한다. 이런 풍부한 정보는 사용자에게 도움이 될 새로운 제품과 특징을 상상할 수 있는 비옥한 기반을 제공한다. 하지만 사용자들을 한눈에 이해하기는 어렵다. 이것이 우리가 종종 주요 정보를 개괄적으로 제공하는 페르소나를 만드는 이유다.

사용자 니즈, 불편사항, 이점에 대한 개요는 이러한 니즈를 충족시키는 새로운 제품을 상상하는 데 도움이 된다. 그러나 이러한 기능을 구축하기 시작하면 사용자 니즈를 더 이상 알 필요가 없다. 이제 해당 사용자를 위해 구축하는 방법을 알아야 할 차례다. 이 경우 페르소나는 더 이상 사용자 니즈를 표시하지 않고, 대신 사용자들을 위한 구축 가이드라인을 표시해야 한다. 13장에서는 두 가지 상황에서 사용자 속성을 전달하는 가장 좋은 방법을 살펴보기로 한다.

13장

사용자 모델을 문서화하고 공유하라

팀이 클라이언트에게 페르소나를 소개했다. 프레젠테이션을 들은 클라이언트는 "왜 이게 필요한 건가요? 이것이 우리에게 무슨 도움이 되나요?"라고 묻는다. 이 페르소나는 유익하지만 유용한 정보를 공유하지 못했다.

많은 사람이 리서치 결과를 전하기 위해 길게 풀어 쓴다. 하지만 너무 길면 읽지 않게 된다. 페르소나, 프로필, 원형으로 불리는 사용자 모델은 벽에 포스트잇으로 채운 끝없는 속성 그리드를 팀원들이 이해하는 단순한 형식으로 변형시켜 사용자에게 필요하고 사랑하는 제품을 만들 수 있다.

대부분의 사용자 모델은 불편사항, 니즈, 목표 등의 정보를 문서화한다(그림 13-1). 일단 문서화하면 해당 정보로 무엇을 할까? 그건 해당 프로세스에서 어디쯤 있느냐에 따라 다르다. 바꿔 말하면 팀이 해야 할 일이 사용자 모델을 문서화하는 방법을 결정한다.

정기 사용자 조

모닝 커피는 내가 하루를 시작하는 방법

채널

모바일 앱

매장 안

사용자 목표

- 직장에 오래 있으므로 편안하게
- 아침 업무를 준비하기 위해 뇌에 시동 걸기

불편사항

- 아침에 긴 줄 서기
- 혼잡한 군중 사이에서 음료를 쏟지 않도록 신경 쓰기
- 내 작업복에 라떼 거품이 뚝뚝 떨어짐

월별 커피 구매

그림 13-1 사용자 모델은 불편사항, 니즈, 목표 같은 사용자 정보를 문서화한다(긴팔원숭이 사진 출처: 에릭 킬비(Eric Kilby), www.flickr.com/photos/ekilby/4877055767).

사용자 모델은 사용자에 대한 광범위한 정보를 팀이 한눈에 이해할 수 있는 수준으로 요약한다. 최고의 사용자 모델은 짧은 브리핑, 인포그래픽처럼 포인트를 간결하게 전달한다. 안타깝게도 대부분의 팀은 개요를 간결하게 쓰고 인포그래픽을 디자인할 수 있는 사람들을 별도 인력으로 두지 않는다. 좋은 사용자 모델을 만들려면 개요를 작성하고 인포그래픽을 만드는 방법을 배워야 한다.

여기서는 개요를 작성하거나 인포그래픽 만드는 방법을 배우지 않는다. 그러나 올바른 사용자 정보를 올바른 형식으로 정리할 수 있을 만큼 문서화하는 방법을 충분히 배울 것이다. 팀은 더 많은 사용자 중심 제품을 만들고, 사용자 모델은 제품을 만드는 데 도움이 될 것이다.

이를 위해 사용자 모델에 들어가는 요소, 팀에서 사용할 수 있는 여러 방법, 다양한 유형의 정보를 전달하는 유용한 방법을 살펴보도록 하겠다.

사용자 모델은 4가지 다른 질문에 답변한다

다른 계획과 프로젝트에 따라 사용자에 대해 다른 질문을 한다(그림 13-2). 프로젝트의 성격을 대체로 혁신innovation 또는 구현implementation으로 구분한다고 생각하고, 다음 표를 살펴보자.

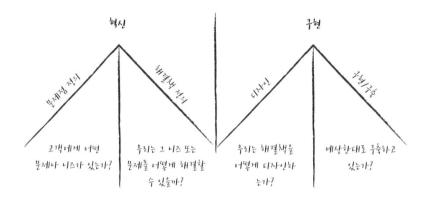

그림 13-2 각각의 다른 단계에서 팀원들은 사용자에 대해 다른 질문을 한다.

혁신 프로젝트에 대한 질문

혁신 프로젝트 팀은 아직 해결책이 무엇인지 모른다. 그래서 그들은 구현 관련 질문에 대답할 수 없다. 사실 혁신 프로젝트는 그들이 어떤 문제를 해결하고자 하는지도 모른다. 혁신 팀은 주로 다음과 같이 2가지 질문을 한다.

- 사용자는 어떤 문제점 또는 니즈를 갖고 있는가? 사용자들을 위해 무엇을 더 잘 만들 수 있을까?
- 이러한 문제점을 해결할 수 있는 방법은 무엇인가? 사용자들을 위해 어떤 해결책을 추구할 수 있을까?

혁신에 초점을 맞춘 프로젝트는 대개 구현할 솔루션을 파악하는 시점에 구현으로 전환된다.

구현 프로젝트에 대한 질문

구현하는 동안 팀은 다음과 같은 2가지 서로 다른 질문을 통해 해결책에 대한 아이디어를 제품으로 변환시킨다.

- 해결책을 어떻게 구축해야 하는가? 어떤 디자인이 사용자에게 도움이 될까?
- 제대로 구축했는가? 해결책이 우리가 생각했던 대로 사용자에게 작동하는가?

사용자 모델을 사용해 팀이 답변해야 하는 질문에 맞게 포함하는 정보를 다듬어보자.

사용자 모델의 2가지 유형: 이론적 근거와 가이드라인

프로젝트 성격을 구현 또는 혁신으로 구분한다면 다음과 같은 2가지 종류의 사용자 모델을 만들 수 있을 것이다.

- 혁신 방법을 보여주는 사용자 모델
- 구현 방법을 알려주는 사용자 모델

혁신에 대한 이론적 근거를 보여주는 모델

혁신 단계에서 팀은 사용자에게 어떤 문제가 있고, 가능한 해결책을 만드는 방법을 이해하는 데 도움이 필요하다. 또한 혁신 팀은 사용자 니즈, 불편사항, 목표, 맥락 및 영향 요인을 전달하는 모델이 필요하다.

혁신 단계에서 팀원들은 무엇을 구축해야 할지에 대한 이론적 근거를 제공하는 모델이 필요하다. 사용자 모델이 사용자가 커피숍의 위치를 이해해야 한다는 사실을 보여준다면, 그 필요성은 팀에게 해당 문제를 해결할 이유가 되는 것이다.

구현 가이드라인을 제공하는 모델

구현 단계에서 팀은 이론적 근거 대신 해결책을 구축하는 방법에 대한 가이드라인이 필요하다. 팀은 니즈, 불편사항, 목표 대신에 인터페이스를 디자인하고, 메시지를 전달하는 방법에 대한 가이드라인이 필요하다. 이론적 근거는 사용자들이 매장을 찾을 수 있는 방법이 필요하다고 팀에게 알려준다. 반면 가이드라인은 사용자들이 핸드폰으로 매장 위치를 보기 때문에 팀에게 모바일 기기에서 매장 위치를 쉽게 검색할 수 있도록 만들라고 지시한다.

이론적 근거와 가이드라인 비교하기

지금까지 사용자 속성을 과업, 맥락, 영향 요인 및 목표로 구분했다. 이 4가지 유형의 사용자 속성은 이론적 근거나 가이드라인을 함께 표시할 때 다르게 보인다(표 13-1).

표 13-1 이론적 근거와 가이드라인이 사용자 속성을 전달하는 방식 비교

	이론적 근거 무엇을 구축할 것인가?	가이드라인 어떻게 구축할 것인가?
목표	사용자는 왜 이 일을 하려고 하는가?	
과업	사용자에게 필요한 기능은 무엇인가?	어떤 콘텐츠와 기능을 구축해야 하는가?
맥락	사용자는 언제 어디서 참여해야 하는가?	적절한 맥락에서 사용할 수 있게 하려면 어떻게 콘텐츠와 기능을 구축해야 하는가?
영향 요인	어떤 결과와 선호도가 사용자 행동에 영향을 주는가?	채택과 참여를 높이기 위해 어떻게 구축해야 하는가?

이론적 근거를 제공하는 사용자 모델은 팀이 사용자 리서치와 사용자 니즈를 이해하는 데 도움이 되므로, 이 모델을 통해 가치 있는 문제점과 그 문제점을 해결하는 방법에 관한 유용한 아이디어를 식별할 수 있게 된다. 그리고 가이드라인을 제공하는 사용자 모델은 팀이 어떤 콘텐츠와 기능을 구축할지 결정하는 데 도움이 되며, 사용할 수 있도록 만드는 방법을 결정하고, 채택과 참여율을 개선하는 데 유용하다.

혁신 또는 구현 여부에 따라 팀에 필요한 다양한 유형의 정보는 사용자가 생성하는 사용자 모델의 유형을 변화시킨다.

사용자 모델은 3가지 형식으로 제공된다

팀이 사용자 모델을 어떻게 사용하는지에 따라 모델에 포함할 정보 유형과 정보를 구성하는 형식이 달라진다. 사용자 모델은 일반적으로 다음의 3가지 형식으로 표시된다.

- 레퍼런스^{참고사항, reference}: 사람들에게 사용자를 상기시킨다.

- 한 장의 문서^{one-sheet}: 한 장에 한 명의 사용자를 기록한다.
- 나란히 비교^{side-by-side}: 여러 사용자를 나란히 비교하거나 대조한다.

레퍼런스

디자인 프로세스를 진행하면서 여러 곳의 사용자를 참고하게 될 것이다. 와이어프레임을 보여주고, 특정 사용자를 위해 화면을 디자인했다고 설명할 때 참조한다. 사용자 접점^{touchpoint}을 설명할 때 사용자에 대해 기록하고, 인터페이스를 디자인할 때 대상 사용자를 확인한다(그림 13-3). 두 경우 모두 완전한 사용자 모델을 포함시키지 말자. 대신 청중에게 사용자에 관해 간단히 상기시킨다.

사용자

 정기 사용자 조
모닝 커피는 내가 하루를 시작하는 방법

시나리오

정기 사용자 조는 기차에서 내리면서 모바일로 커피를 주문한다. 매장에서 커피를 받아서 일하러 간다.

그림 13-3 우리는 레퍼런스를 활용해 팀원에게 우리가 만든 것을 점검하는 방법을 상기시킨다 (긴팔 원숭이 사진 출처: 플리커 사이트의 에릭 킬비 사진).

사용자 레퍼런스는 사소하게 보일 수 있지만, 팀에게 우리가 만든 것을 점검하는 데 필요한 중요한 정보를 제공한다. 사용자 레퍼런스는 팀이 사용자와 관련 속성을 호출할 수 있도록 충분한 정보를 담고 있어야 한다. 생각하기-만들기-점검하기 프로세스에서 사용자 레퍼런스는 팀이 확인해야할 중요한 정보를 제공할 것이다.

한 장의 문서

페르소나를 떠올릴 때 아마 한 장으로 정리한 문서를 생각할 것이다. 특정 사용자를 한 장에 문서화하되, 모든 관련 속성을 심층적이고도 상세하게 정리한다(그림 13-4). 사고와 의사결정 과정에서 그 한 장의 문서는 팀원들에게 이론적 근거나 가이드라인을 제공하기 때문에, 그들은 혁신 또는 구현과 관련된 질문에 스스로 답변할 수 있다.

그림 13-4 한 장의 문서는 팀원들의 사고와 의사결정에 도움을 줄 수 있도록 한 장에 한 명의 사용자만 문서화한다(긴팔원숭이 사진 출처: 플리커 사이트의 에릭 킬비 사진).

한 장의 문서는 보는 사람들에게 중요한 내용을 명확히 알려줘야 하는 책임이 있다. 또한 사람들이 더 깊이 알아야 하는 상황엔 내용의 수준을 조정해 더 자세한 정보를 제공해야 한다.

나란히 비교

서로 다른 사용자 모델을 비교하는 방법을 이해하려면 사용자 모델을 나란히 표시해보라(그림 13-5). 나란히 배치하는 방식은 레퍼런스보다는 많은 정보를 전달하고, 한 장의 문서보다는 적은 정보를 전달한다. 그리고 사용자들이 어떻게 유사하거나 다른지를 설명한다.

팀원들은 사용자끼리 나란히 비교하는 방식을 통해 사용자가 무엇을 비중 있게 생각하는지 알게 된다. 또한 이 방식은 각 사용자의 고유한 가이드라인을 파악할 수 있어 팀원들은 이를 통해 자신의 작업을 평가할 수 있다.

웹사이트 페르소나

정기 사용자 조
매일 근무시간에 마실
커피 구매

사용자 목표
- 직장에 오래 있으므로 편안하게
- 아침 업무를 준비하기 위해
  뇌에 시동

교외에 사는 수
볼일 보러 갈 때마다
커피 구매

사용자 목표
- 쇼핑객을 만나도 상쾌한 기분을
  유지할 수 있도록
- 빠른 화장실 사용을 위한 쾌적
  하고 안전하며 깨끗한 장소

비정기 사용자
커피숍에서 친구들
을 만남

사용자 목표
- 친구들과 긍정적, 사교적
  시간 보내기
- 사람들을 만나기에 쾌적하고
  편안하며 무난한 장소

그림 13-5 사용자 모델을 나란히 표시해 사용자끼리 서로 비교하는 방법을 보여준다(사진: 에릭 킬비 (www.flickr.com/photos/ekilby/4877055767, www.flickr.com/photos/ekilby/4144806327), 제레미 커투어(Jeremy Couture(www. flickr.com/photos/jeremy-couture/5661996950)).

사용자 속성을 전달하는 3가지 방법

한 장의 문서, 나란히 비교하는 문서, 레퍼런스 등 어떤 형식의 문서를 만들든지 사용자 모델은 사용자 속성을 전달한다. 다음과 같은 3가지 방법으로 사용자 속성을 전달한다.

- 목록^{list}
- 이진값^{binary value}
- 개별값^{individual value}

세부적인 값이 필요하지 않거나 알 수 없는 경우 목록 사용

때때로 많은 내용을 전달할 필요가 없는 경우가 있다. 무언가 존재한다는 사실만 전달하려면 목록을 사용한다(그림 13-6).

커피숍 활동

- 아침 커피 구매
- 아침 식사 구매
- 오후 커피 구매
- 스낵 구매
- 업무를 위한 Wi-Fi 사용
- 개인 용무를 위한 Wi-Fi 사용
- 친구들과의 소셜 미팅

그림 13-6 속성값에 대해 간단한 목록을 활용하며 소통할 수 있다.

예를 들어 사용자에게 어떤 기기가 있는지(갤럭시 S20, 엑스박스, 아이패드, 블루레이 플레이어 등) 팀원들에게 말하고 싶을 것이다. 사용자가 엑스박스라는 기기를 얼마나 많이 갖고 있는지 설명할 필요 없이 단지 사용자의 엑스박스 보유 유무만 알리면 된다. 또한 사용자가 얼마나 많은 기기를 가졌는지 알 수 없을 때 이 목록 형태를 사용하기도 한다.

긍정적인 목록

사용자 기기 목록 사례는 긍정적인 목록positive list이다. 긍정적인 목록에는 존재하는 것, 해야 할 것, 고려해야 할 사항이 포함된다. 우리가 작성해야 하는 목록의 대다수가 여기에 속한다.

부정적인 목록

목록이라고 하면 대체로 긍정적이고 존재하는 사항의 목록, 해야 할 일의 목록 또는 고려할 사항을 떠올린다. 하지만 존재하지 않는 것 또는 피해야 하는 일 같은 부정적인 사항negative list에 대한 목록 또한 만들 수 있다. 예를 들어 애플 워치Apple Watch, 구글 홈Google Home, 애플 TVApple TV 등 사용자에게 없는 기기를 열거할 수도 있는 것이다. 때로는 존재하지 않는 것, 피해야 할 사항에 대해 생각하는 것이 더 도움이 되기도 한다.

두 속성을 대조하기 위해 이진법 사용하기

이진법binaries은 단일 연속체의 양쪽 끝에 두 가지 속성을 표시한다(그림 13-7). 목록과 마찬가지로 이진값에는 속성이 존재한다. 다만 목록과 달리 이진값은 각 속성에 대한 값을 표시한다.

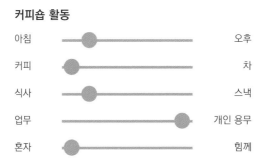

그림 13-7 이진법은 두 속성을 하나의 연속체의 양끝에 보여준다.

이진법은 하나의 연속체에 두 개의 속성을 표시하기 때문에 속성을 전달하는 다른 방법보다 공간이 덜 필요하다. 만약 올바른 속성을 사용한다면 이진 항목을 더 쉽게 이해할 수 있다. 예를 들어 저녁 식탁에서 사용하는 물건을 이야기하면서 포크와 스푼을 연속체의 반대 양끝에 놓을 수 있다. 포크를 더 많이 쓰면 숟가락을 적게 쓰고, 이와 반대로 숟가락을 많이 쓰면 포크를 적게 쓴다.

이 방식은 서로 상반되는 개념의 속성을 비교할 때 이해가 잘 된다. 이 반대항 구조는 암시적이든 실제적이든 두 속성 간의 분명한 차이를 보여준다. 사용자가 하나 이상의 속성을 가졌다고 제안하고 싶을 때 이진법을 활용하라.

이진은 속성이 반대되는 개념으로 이해할 때 가장 잘 작용한다. 포크와 스푼 대신 포크와 접시로 이진 구조를 만들면 어떨까? 그것이 사실이라고 연구 결과가 나왔다 하더라도 포크를 더 많이 사용하면 접시를 덜 사용한 게 되는데, 그것은 연속체에서 말이 되지 않는다. 사용자 모델은 팀원들과 이해관계자들이 연구 결과를 보면서 명확하게 의사소통해야 하므로, 상반되는 속성을 가진 이진 구조를 만들도록 하자.

이진법은 사용자 속성 뒤에 있는 값을 숨길 수 있다. 연속체의 한쪽 끝은 '따뜻함'이고 다른 쪽 끝은 '시원함'이라고 가정해보자. 따뜻하고 시원하다는 개념은 실제로 정반대의 가치를 나타내기 때문에 이 경우는 어떤 정보도 숨기지 않았다. 그런데 이게 아니라 한쪽 끝은 '따뜻함'인데 다른 쪽 끝은 '편안함'이라는 연속체를 만든다면 어떨까(그림 13-8)? 따뜻해질수록 마음이 덜 편하다는 게 괜찮은 설정일까? 가끔 따뜻함을 측정하는 방법과 편안함을 측정하는 방법은 다르기 때문에 둘을 하나의 연속체 위에 놓는 것은 각 개념의 뒤에 있는 값을 왜곡하고 숨긴다. 가끔 이런 접근도 괜찮을 수도 있지만, 그렇지 않을 때도 있어 주의가 필요하다.

따뜻함　　　　　　　　　　　　　　　　　편안함

그림 13-8 이진 구조는 개별 속성값을 숨길 수 있다.

더 좁은 공간에서 더 많은 사용자 데이터를 비교 및 대조하기 위해 개별값 활용하기

값은 하나의 속성 정보를 표시한다(그림 13-9).

커피숍 활동

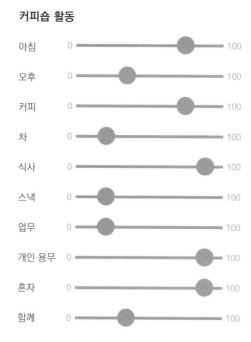

그림 13-9 값은 각 개별 속성에 대한 정보를 표시한다.

개별 속성에 대한 값을 표시한다면 앞에서 설명한 이진 구조를 가져와서 그것을 반으로 나누고, 두 속성을 각각의 값으로 표시하는 것과 같다. 다만 각 속성은 그것의 고유한 값을 표시하므로, 이 접근법은 목록 또는 이진 구조보다 더 많은 공간이 필요하다.

마찬가지로 모든 속성의 값을 표시하면 더 많은 정보가 표시되므로 한눈에 이해하기가 더 어려워진다. 하지만 모든 속성에 대한 값을 보여주기 때문에 개별값은 사용자 데이터와 가설을 가장 정확한 방법으로 전달한다. 이진 구조가 두 속성을 서로 대조시키는 반면, 이 구조는 개별값을 쉽게 비교하고 대비해볼 수 있도록 나란히 보여준다.

12장에서 살펴본 속성 그리드는 모든 사용자에 대한 모든 속성값을 보여준다. 그리고 이때 속성 그리드에서 팀원들은 DNA 스트립처럼 값을 시각화하기 위해 색을 사용해 속성을 시각적으로 비교하고 대조할 수도 있다. 또한 다음 그림처럼 숫자, 그래프 길이, 크기로 값을 표시할 수도 있다(그림 13-10).

커피숍 활동			커피숍 활동		커피숍 활동	
아침	80%		아침		아침	
오후	33%		오후		오후	
커피	80%		커피		커피	
차	18%		차		차	
식사	90%		식사		식사	
스낵	18%		스낵		스낵	
업무	18%		업무		업무	
개인 용무	90%		개인 용무		개인 용무	
혼자	90%		혼자		혼자	
함께	33%		함께		함께	

그림 13-10 속성값을 색상, 숫자, 길이, 크기 등으로 표시할 수 있다.

속성을 전하는 가장 좋은 방법 선택하기

어떤 속성을 설명할지 선택하는 것은 매우 쉽다. 하지만 속성을 전달하는 가장 좋은 방법을 찾기는 쉽지 않다. 목록, 이진, 개별값 등 어떤 방법을 선택하든 각 방법에는 장단점이 있다(표 13-2). 사용자 속성을 표시하는 가장 좋은 방법을 찾기 위해 최소한의 노력으로 필요한 내용을 전달하는 데 무엇이 도움이 되는지 살펴보도록 하자.

표 13-2 사용자 속성을 전달하는 다양한 방법의 장단점 비교

	목록	이진값	개별값
이해하기 용이함	높음	보통	낮음
공간이 필요함	낮음	보통	높음
속성을 대조함	없음	보통	높음
속성을 비교함	없음	낮음	높음
속성값 표시 수준	없음	낮음	높음

사용자 아이덴티티에 이름과 이미지 부여해 소통하기

사용자의 독자적 아이덴티티user identity는 사용자 모델에서 가장 중요한 부분이다. 속성이 더 중요하다고 생각하겠지만, 사용자를 지칭할 수 없다면 팀이 사용자의 속성을 참조할 방법이 없다.

아이덴티티는 두 가지 역할을 한다. 첫째 각 사용자를 식별해 기억하게 만든다. 둘째 기억에 남을 만한 정체성은 팀이 사용자를 더 잘 기억하고, 사용자 모델이 더 넓은 조직에 활용될 수 있도록 돕는다.

사용자 아이덴티티에 이름, 시각저 이미지를 둘 다 부여해 소통하자.

좋은 이름을 부여해 사용자 모델 식별하기

팀원들은 사용자 모델의 이름을 들었을 때, 그 사용자의 과업, 맥락, 영향 요인 및 목표 등을 기억할 수 있어야 한다.

오랫동안 사용자 모델은 '존 스미스John Smith'나 '홍길동Hong Gil Dong' 같은 실제 이름을 갖고 있었다. 디자이너들은 실제 같은 이름을 가진 페르소나를 개발자가 실제 사람으로 상상하고, 그들의 니즈를 더 잘 충족시키는 제품을 개발하는 데 도움을 준다고 믿었다. 하지만 안타깝게도 이 방식으로는 종이 한 장 정도의 정보도 떠올리기 쉽지 않고, '홍길동'이나 '존 스미스' 같은 이름은 사용자들의 니즈를 잘 전달하지도 못한다.

여러분이 '홍길동, HR 매니저' 또는 '존 스미스, 서비스 구독자' 같이 제목을 보완하면, 실제 이름으로도 사용자 니즈를 전달할 수 있다. 때로는 제목이나 역할로 팀원들이 사용자 니즈를 상기시키는 데 도움이 된다.

나는 사용자 모델에 '**샘, 서비스 구독자**'처럼 기억에 더 잘 남도록 첫 글자를 맞춘 이름을 봐왔다. 이름은 모델을 더 실감 나게 해주기 때문에 팀은 샘에게 필요하고 원하는 것에 공감하고 이야기할 것이다.

실제 같은 이름은 사용자 모델을 인간처럼 느끼게 만들지만, 그 실감 나는 이름으로 인해 인간의 역사와 편견이 더해지기도 한다. '샘, 서비스 구독자'와 '사만다, 서비스 구독자'가 있다면, 누가 프로 스포츠를 더 많이 볼 것 같은가? 누가 아이들을 키우려고 직장을 그만둘 가능성이 더 높을까?

모든 이름은 고정관념과 편견을 불러일으킨다. 때때로 팀원들이 사용자가 남자인지 혹은 아시아 출신인지를 기억하길 원한다. 반대로 아시아 남성들에 대한 고정관념이 팀에 나쁘거나 적절치 못한 결정을 내리게 만든다면 실제 같은 이름을 버리고 제목만 사용한다. 사용자 모델의 이름을 '샘, 서비스 구독자'가 아니라 '서비스 구독자'로만 지정하는 식이다.

사용자 모델의 이름을 어떻게 정할지 선택할 때, 팀에 무엇이 더 필요하고 필요치 않은지 고민해보자(표13-3). 팀이 사용자에게 공감하는 게 필요한 가? 고정관념이 사용자 속성을 이해하는 수준을 더 개선시키거나 방해하지는 않는가?

표 13-3 사용자 모델 이름 지정 방법의 장단점

	공감도	속성 전달력	고정관념 연상
이름 샘 존스	높음	낮음	높음
이름+설명 샘 서비스 구독자	보통	높음	보통
설명 서비스 구독자	낮음	높음	낮음

좋은 시각 이미지를 활용해 사용자 모델 식별하기

사용자 모델은 종종 실제 사람의 사진을 포함해 모델을 더 실제처럼 보이게 만든다. 사진은 이름처럼 고정관념을 불러일으키기도 한다.

사용자 사진의 부정적 영향을 방지하려면 편견을 주지 않는 이미지를 사용하자. 올바른 이미지는 모델이 연상시킬 고정관념을 제어하기 위해 나이, 성별, 민족적 특성을 숨길 수 있다.

고정관념을 주는 이미지가 반드시 나쁜 것은 아니다. 한 프로젝트에서 사용자들 중 한 세그먼트는 중국에서 살고 일했는데, 그들은 미국 사용자들과 크게 다른 행동을 보였다. 딤은 종종 미국 사용자들의 행동만을 고려해 결정을 내리곤 했는데, 그러지 않도록 중국 사용자 모델에게 얼굴 사진을 붙였다. 팀이 작업을 진행하면서 다른 인종의 사진을 보게 함으로써, 잠시 멈추고 중국과 미국에서의 행동이 어떻게 서로 비슷하고 다른지 생각하도록 상기시켰다.

물론 얼굴 사진이나 일러스트 이미지는 사용자 속성에 대해 많은 정보를 포함하지 않는다. 시각 자료가 전달하는 정보의 양을 개선하려면 역할과 행동을 암시하는 아이콘을 사용한다.

시각 자료는 또한 사용자 맥락을 표현할 수 있다. 얼굴 사진 대신 사용자가 물리적 장소에 있는 전형적인 사진을 사용하라. 예를 들어 얼굴 사진 대신 에스프레소 머신 뒤에 있는 바리스타 사진을 보여준다. 그리고 아이콘 같이 넓은 개념을 표현하는 이미지 요소는 사용자가 어디에서 무엇을 하는지 행동과 장소를 암시하는 동시에, 사용자 모델에 상대적으로 구분된 시각 정보를 제공한다.

이름과 마찬가지로 팀 요구에 가장 잘 부합하는 사용자 모델 이미지를 선택하자(표 13-4).

표 13-4 사용자 모델을 시각화하는 다양한 방법의 장단점

	공감도	속성 전달력	고정관념 연상
얼굴 사진[1] 	보통	낮음	높음

---

1   긴팔원숭이 사진 출처: 에릭 킬비(www.flickr.com/photos/ekilby/4877055767)

얼굴 일러스트	낮음	보통	보통
아이콘	낮음	보통	낮음
맥락 사진[2]	높음	높음	높음
맥락 일러스트	보통	높음	보통

청중에 따라 이름과 시각 자료 변경하기

모든 사람에게 동일한 방식으로 사용자 모델을 전달해야 한다는 규칙은 없다. 청중에 따라 사용자를 보여주는 방법을 다르게 하라(그림 13-11). 예를 들어 임원 프레젠테이션인 경우, 맥락을 보여주는 사진을 사용해 자세한 정보를 제공할 것이다. 그리고 팀원들끼리는 더 많은 정보를 내면화

2 긴팔원숭이 사진 출처: 카쯔(www.flickr.com/photos/cazzjj/15716471788)

했기 때문에 아이콘을 사용할 수도 있다. 사용자를 언급할 때마다 일관성보다는 청중과의 소통이 더 중요하다.

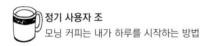
정기 사용자 조
모닝 커피는 내가 하루를 시작하는 방법

정기 사용자 조
매일 커피 구매

그림 13-11 청중이 이해해야 하는 내용을 바탕으로 사용자 모델을 참조하는 방법을 바꾼다
(긴팔원숭이 사진 출처: 플리커 사이트의 에릭 킬비 사진).

사용자 모델에 포함시킬 5가지 사항

사용자 모델을 속성 목록으로 제한하지 말자. 팀에서 제품 의사결정에 사용할 수 있는 정보라면 모두 포함시키자.

사용자 관계 보여주기

경우에 따라 제품의 성공 여부는 개별 사용자보다는 사용자 그룹에 많은 영향을 받기도 한다. 여러 비즈니스 상황에서 한 사람은 제품을 선택하고, 다른 사람은 선택을 승인하며, 다른 사람은 수표를 작성한다. 가정에서도 자동차, 가구, 가전제품 같은 고가의 가정용품을 구매할 때도 비슷한 패턴을 보일 수 있다. 한 사람은 옵션을 추천하는 반면 다른 사람은 거부권을 행사하거나 승인한다.

관계를 속성으로 설명하거나 사용자 네트워크를 도표로 그려 관계를 명확히 한다(그림 13-12). 사용자가 누구와 대화하거나 함께 일하는지 아는 것만으로 충분한가? 아니면 다양한 사용자들이 어떻게 연결돼 있는지 확인해야 하는가?

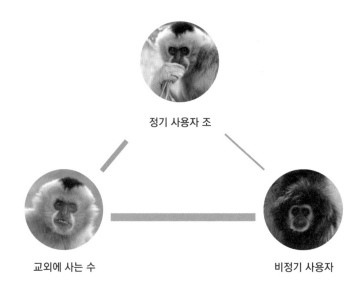

정기 사용자 조

교외에 사는 수

비정기 사용자

그림 13-12 관계가 경험에 영향을 미치는 제품의 경우 사용자 모델에 사용자 관계를 설명한다(사진 출처: 플리커 사이트의 에릭 킬비, 제레미 커투어 사진).

사용자 라이프사이클에서 사용자 위치 보여주기

사용자 라이프사이클^{user lifecycle}에 존재하는 위치를 기준으로 사용자를 분류하는 경우, 사용자 모델이 다른 사용자와 어떻게 관련되는지 설명하는 게 유용할 수 있다(그림 13-13). 잠재 사용자^{potential user}, 신규 사용자^{new user}, 기존 사용자^{established user} 및 소멸된 사용자^{lapsed user}에 대한 모델을 갖고 있을 수 있다.

사용자 라이프사이클

가끔 오는 방문자   일상적인 방문자   정기적인 방문자

그림 13-13 사용자 라이프사이클에서 모델이 존재하는 위지 표시

제품 라이프사이클에서 사용자 위치 표시하기

일부 제품은 여러 사용자와 접촉하는 라이프사이클을 거치며 변해가므로, 사용자가 제품 또는 프로세스와 상호작용하는 시기와 위치를 매핑할 수 있다. 예를 들어 다른 사용자들이 커피 한 봉지와 상호작용하는 시기를 밝힐 수 있다. 서비스 청사진은 여러 직원이 서비스 그리고 해당 서비스를 이용하는 사용자들과 어떻게 상호작용하는지 보여준다(그림 13-14).

커피 라이프스타일에서의 사용자 위치

커피 볶기   커피 유통   커피 구매   커피 분쇄   커피 추출   커피 나눠
                                                                    마시기

그림 13-14 어떤 제품은 사용자가 제품과 상호작용하는 시기와 장소를 표시한다.

사용자 모델에 지표 추가하기

팀이 각 사용자에 대해 더 잘 이해할 수 있도록 사용자 모델에 기존에 존재하는 지표를 추가한다. 예를 들어 잠재 사용자, 최근 사용자, 재방문 사용자로 사용자를 분류한 경우 각 그룹에 대한 분석이 있을 수 있다. 여러분은 아마 사용자 그룹의 전체 방문자 비율, 방문하는 화면, 장바구니의 평균 크기 등을 알 것이다. 사용자 모델을 실제 데이터에 연결하는 지표를 추가하자.

여러 사용자를 나란히 보여주기

페르소나와 사용자 모델을 생각할 때 우리는 한 명의 사용자에 대해 알려주는 얼굴 사진, 짧고 분명한 인용문, 추상적인 차트가 있는 한 페이지를 상상한다. 한 장의 문서는 하나의 페르소나를 한 장으로 압축하기 때문에 사용자 모델을 문서화하고 공유하는 데 가장 많이 사용되는 형식이면서,

가장 유용하지 않은 형식이기도 하다. 제품이 두 가지 이상의 사용자 유형을 지원한다면 한 사용자를 한 장으로 정리한 문서는 여러 사용자를 나란히 비교하는 문서만큼 유용하지는 않을 것이다.

사용자 모델이 둘 이상인 프로젝트라면 사용자들을 서로 비교하는 방법을 이해해야 한다. 여러 사용자 모델을 나란히 열거해 문서화하면 팀은 제품 결정이 다른 사용자에게 어떻게 도움이 되는지, 또는 방해가 되는지 파악하게 된다. 팀은 이를 통해 제품 결정의 영향력을 볼 수 있다.

사용자 모델을 나란히 표시하는 방법을 소개한다.

- 세로 열 구조: 정보가 덜 전달되는 측면이 있으며, 가이드라인 또는 리서치 개요에 적합하다.
- 그리드 구조: 더 많은 정보를 전달할 수 있으며, 리서치 세부사항을 정리하는 데 적합하다.

팀에 필요한 이점을 최대한 활용할 수 있는 가장 적합한 형식을 선택하자. 나란히 비교하는 구조side-by-side는 스캔하기 쉬워야 한다. 그래야 팀 구성원들은 제시된 정보를 신속하게 이해하고 필요한 정보를 찾는다. 각 사용자의 아이덴티티를 명확하게 표시하고 열과 행을 별개의 정보 체계로 구분하자.

세로 열 구조를 적용해 가이드라인과 리서치 개요 공유하기

여러 모델을 세로 또는 가로로 나란히 배치해 팀에 중요한 사용자 개요를 작성한다(그림 13-15). 중요한 디자인 대상을 나열하거나 디자인하지 않을 사용자를 강조해 표시하라.

이해관계자들과 함께 사용자 모델을 검토할 때, 나는 종종 우리가 디자인할 때 겨냥하는 사용자 목록과 우리가 디자인 대상이 아니라고 결정한 사용자 목록을 보여준다. 누가 디자인 대상이 아닌지 아는 일은 누구를 위해 디자인할지를 아는 것만큼 중요하다.

웹사이트 페르소나

정기 사용자 조
매일 근무시간에 마실
커피를 구매

사용자 목표
- 직장에 오래 있으므로 편안하게
- 아침 업무를 준비하기 위해
  뇌에 시동

교외에 사는 수
볼일 보러 갈 때마다
커피 구매

사용자 목표
- 쇼핑객을 만나도 상쾌한 기분을
  유지할 수 있도록
- 빠른 화장실 사용을 위한 쾌적
  하고 안전하며 깨끗한 장소

비정기 사용자
커피숍에서 친구들
을 만남

사용자 목표
- 친구들과 긍정적, 사교적
  시간 보내기
- 사람들을 만나기에 쾌적하고
  편안하며 무난한 장소

그림 13-15 세로 열마다 사용자를 나열하고 그들이 누구인지 개요를 제공한다(사진 출처: 플리커 사이트의 에릭 킬비, 제레미 커투어 사진).

세로 열 구조는 제작 방법에 대한 가이드라인을 전달할 수 있다(그림 13-16). 각 사용자에 간단한 목표, 콘텐츠, 인터렉션 팁을 제공하라. 여러분은 사용자가 항상 모바일 기기를 사용하는 반면, 어린 아이들은 다른 사용자를 끊임없이 방해한다는 사실에 주목할 것이다. 팀이 더 유용한 제품을 만드는 데 도움을 줄 수 있도록, 아주 유용한 정보를 담은 작은 디테일을 택하라.

인터랙션 가이드라인

정기 사용자 조

매일 근무시간에 마실
커피를 구매

인터페이스 가이드라인

- 조가 매일 방문하므로 누구인
  지 기억하라
- 모바일용 디지털 인터페이스를
  최적화하라

교외에 사는 수

볼일 보러 갈 때마다
커피 구매

인터페이스 가이드라인

- 편의 시설을 명확하고 찾기
  쉽게 만들어라
- 모바일 지도 애플리케이션을
  통해 쉽게 찾을 수 있게 하라

비정기 사용자

커피숍에서 친구들
을 만남

인터페이스 가이드라인

- 모바일 지도 애플리케이션을
  통해 쉽게 찾을 수 있게 하라
- 선택사항을 줄이고 성분은
  명확하게 표시하라

그림 13-16 세로 열 구조는 상위 레벨의 가이드라인을 공유하는 데 효과적이다(사진 출처: 플리커 사
이트의 에릭 킬비, 제레미 커투어 사진).

느슨하면서도 친숙한 세로 열 레이아웃은 디자인상 적은 양의 정보를 전달
한다. 많은 정보를 보여줘야 한다면 그리드를 사용하라.

자세한 리서치 내용과 가이드라인을 공유하려면 그리드 사용하기

세로 열 레이아웃과 마찬가지로 그리드는 여러 사용자 모델을 한 페이지
또는 한 화면에 나란히 배치한다. 그러나 열 레이아웃이 정보를 분리하기
위해 공백을 주는 반면, 그리드는 공백 대신 그리드 선을 사용한다. 그래야
더 많은 정보를 더 적은 공간으로 압축할 수 있다(그림 13-17).

채널			
웹사이트	없음	없음	낮음	없음
앱	높음	높음	낮음	없음
매장 안	높음	낮음	낮음	높음
드라이브 스루	낮음	높음	없음	없음
채팅	없음	없음	낮음	없음
SMS 문자	없음	없음	없음	없음
이메일	없음	없음	낮음	없음

목표			
의례적 즐김	높음	높음	높음	없음
각성 효과	높음	높음	없음	없음
사교적 커피	낮음	낮음	없음	높음
맛 음미	낮음	낮음	높음	낮음

과업			
커피 리서치	없음	없음	높음	없음
커피 구매	낮음	낮음	보통	없음
매장 찾기	보통	보통	없음	보통
커피 시음	없음	없음	낮음	없음
일하기	낮음	없음	없음	낮음
WiFi 사용하기	낮음	없음	없음	낮음
친구 만남	없음	없음	없음	보통
휴식	낮음	없음	없음	낮음

콘텐츠 및 기능			
커피 설명	낮음	낮음	보통	없음
음료 설명	보통	보통	없음	높음
모바일 주문	높음	낮음	없음	없음
메뉴	낮음	낮음	없음	높음

그림 13-17 그리드는 세로 열의 공백을 그리드 선으로 대체함으로써 더 많은 정보를 더 적은 공간에 압축해 제공한다.

그리드에 정보를 빽빽하게 제공하는 것은 그리드를 읽기 어렵게 만들며, 내용을 훑어보기보다는 해독하게 만든다. 그러나 그리드는 나란히 나열하는 다른 형식과 마찬가지로 팀이 여러 사용자 모델을 보고 비교할 수 있게 한다. 열 구조와 그리드 구조는 여러 사용자 모델을 한 화면 또는 페이지에 압축해 정리하지만, 공간으로 인해 포함할 수 있는 정보의 양이 제한된다. 사용자에 대해 더 많은 정보를 전달하려면 한 장의 문서로 만들자.

나란히 비교하는 문서에 목적 중심의 제목 달기

나란히 비교하는 문서는 왜 이 문서를 봐야 하는지 이유와 목적을 설명하는 제목을 붙여라. 문서가 설명하는 것은 제품이 디자인 대상으로 삼은 5가지 사용자 모델인가? 각 사용자 모델에 대한 가이드라인 모음인가? 리서치에서 강조할 부분을 뽑아놓은 것인가?

일반적으로 나란히 비교하는 방식은 두 가지 유형의 사용자 모델 중 하나를 고려하거나(286페이지) 사용자 모델이 대답하는 네 가지 질문 중 하나에 맞춰 정리한다(285페이지).

사용자 아이덴티티를 각 열과 행에 표시하기

청중과 니즈에 기반해 각 열이나 행을 사용자 아이덴티티로 설정한다. 각 사용자에 좋은 이름과 시각 자료를 사용해 다른 사용자와 차별화하고, 그들이 누구인지 전달하라. 청중이나 목표에 따라 이름 또는 시각적 이미지를 바꾸는 것에 주저하지 말자. 더 나은 커뮤니케이션은 항상 일관성보다 강력하다.

문서 목표와 일치하는 콘텐츠 선택하기

공간 제약으로 인해 이 방식은 2~3개의 내용만 포함된다. 목표에 가장 잘 부합하는 콘텐츠를 선택하자.

공간 부족은 걱정하지 말자. 자세한 정보를 표시하려면 다른 방식으로 작성하면 된다. 예를 들어 사용자 목표, 니즈 및 디자인 가이드라인에 대한 내용을 보여주기 위해 '사용자 니즈 및 디자인 가이드라인'이라는 제목으로 문서를 작성한다고 가정해보자. 나란히 나열하는 방식 중 하나를 선택해 시작할 것이다.

이 내용을 작성하는 동안 사용자 맥락과 여정에 대한 정보를 포함하기로 결정한다. 맥락과 여정은 첫 페이지로 정리하기에 적합하지 않으므로 두 가지를 나란히 비교하는 문서로 만들어라. 목표, 니즈 및 여정은 새로운 제목인 '사용자 목표와 니즈' 아래서 함께 맞추고, 맥락과 디자인 가이드라인은 '디자인 가이드라인'이라는 제목에 적합하다.

콘텐츠 표현 방식 커스터마이즈하기

각 콘텐츠 그룹이 내용을 가장 잘 전달할 수 있도록 콘텐츠를 표현하는 방식을 바꿔본다. 목록, 이진 구조, 개별값, 데이터 시각화 및 텍스트 등을 사용해 요점을 잘 드러내게 하자. 각 콘텐츠 그룹은 제목이 제기하는 질문에 답할 수 있어야 한다.

한 장의 문서로 단일 사용자에게 집중하기

나란히 있는 것보다 더 많은 양의 정보가 있거나 사용자에 대한 더 자세한 정보를 공유해야 하는 경우, 쉽게 소비될 수 있는 한 장짜리 문서로 만들자. 한 장의 문서 구조를 사용해 사용자 데이터와 속성을 표시하거나 특정 사용자에 대한 상세 가이드라인을 보여주자(그림 13-18).

정기 사용자 조

모닝 커피는 내가 하루를 시작하는 방법

채널

모바일 앱

매장 안

사용자 목표
- 직장에 오래 있으므로 편안하게
- 아침 업무를 준비하기 위해 뇌에 시동 걸기

불편사항
- 아침에 긴 줄 서기
- 혼잡한 군중 사이에서 음료를 쏟지 않도록 신경 쓰기
- 내 작업복에 라떼 거품이 뚝뚝 떨어짐

월별 커피 구매

그림 13-18 한 장의 레이아웃과 콘텐츠는 항상 프로젝트, 팀 및 사용자 모델에 따라 달라진다(긴팔원숭이 사진 출처: 플리커 사이트의 에릭 킬비 사진).

리서치 또는 가이드라인에 초점을 맞추거나 둘 다 맞추지 않거나

나는 과거에 리서치에서 발견된 내용과 사용자 속성을 가이드라인과 함께 결합해 한 장에 정리했었다. 나는 이게 잘못된 행동이었다고 생각한다. 리서치 결과를 원하는 청중들은 그들이 무엇을 만들어야 하는지 알고 싶어한다. 그리고 디자인 가이드라인을 원하는 사람은 만드는 방법을 알고 싶어한다. 그들은 무엇을 만들지와 어떻게 만들지를 동시에 알고 싶어하지 않는다. 같은 사람이 둘 다 보고 싶어하는 경우가 있다면 여러 개의 문서를 줘라.

사용자를 여러 이름과 이미지로 식별하기

한 장의 문서는 더 많은 정보를 담을 수 있는 공간을 제공한다. 각 사용자를 식별하기 위해 이름과 이미지를 확장시켜보자. 이름, 역할, 인용문, 얼굴 사진, 아이콘, 맥락 이미지 및 색상은 누가 해당 문서를 보든, 어떤 사용자를 지칭하는지는 알 수 있을 것이다.

가장 중요한 정보를 가장 눈에 띄게 만들기

대부분의 웹사이트 홈페이지는 비슷한 구조로 돼 있다. 가장 비중 있는 아이템이 화면 상단을 차지하고, 3~4가지 콘텐츠가 그 아래 있다. 포스터, 브로슈어 및 파워포인트 슬라이드는 이 레이아웃을 기본으로 적용하곤 하는데, 가장 중요한 정보를 먼저 강조하고 다음에 추가정보에 접근할 수 있기 때문이다.

한 장의 문서에 동일한 레이아웃, 동일한 패턴을 적용하자. 가장 중요한 속성 그룹 또는 가장 중요한 가이드라인을 파악하고, 해당 내용을 강조해 디자인상 두드러지게 배치하자.

어떤 정보가 더 중요하거나 덜 중요한지는 팀과 조직에 따라 다르다. 다른 우선순위를 설정할 때와 마찬가지로 스스로에게 물어보자. 성공하기 위해 그들이 알아야 할 한 가지는 무엇인가? 혹은 실패하지 않기 위해 그들이 알아야 할 한 가지는 무엇인가? 모든 프로젝트, 팀, 조직은 그 한 가지를 갖고 있다.

정보 보완하기

한 장의 나머지 부분에 3~4가지 추가정보를 담아 전달하라. 각 사용자에 대한 모든 정보 중에서 이 부분에 추가되는 정보는 팀에서 알아야 할, 다음으로 중요한 사항을 포함해야 한다.

콘텐츠 표현 방식 커스터마이즈하기

나란히 비교하는 방식과 마찬가지로, 콘텐츠를 가장 잘 전달할 수 있도록 표시 방식을 커스터마이즈한다. 목록, 이진 구조, 개별 값, 데이터 시각화 및 텍스트 등을 사용해 요점을 잘 드러내도록 하자.

다른 방법으로 사용자 모델 공유하기

한 장의 문서로 정리하는 방식과 나란히 비교하는 방식은 한 그룹이 사용자 모델을 연구하고, 문서로 세분화해 다른 그룹에게 정보를 넘겨주는 과정에서 비롯됐을 것이다. 물론 여러분은 마치 사일로 환경에서 이방인이 업무를 보듯, 절대 이런 식으로 일하진 않을 것이다.

팀원들은 다음과 같이 세 가지 방법으로 사용자 모델을 사용한다.

- 팀원들은 인터페이스와 여정에 대해 토론할 때 사용자 모델을 참조한다.
- 팀원들은 무엇을 만들지 결정하기 위해 사용자 모델을 터득한다.
- 팀원들은 제품 제작 방법을 결정하기 위해 사용자 모델을 참조한다.

이러한 목표를 달성할 수 있고, 한 장의 문서나 나란히 비교하는 방식이 아닌 다른 방법으로도 사용자 모델을 공유할 수 있다.

쉽게 참조할 수 있는 스티커

종이에 스게치를 많이 하는 팀이면 스게치에 스티커를 붙여 사용자를 쉽게 참조할 수 있다. 인터페이스를 스케치할 때든, 종이 프로토타입을 만들 때든 1순위 사용자에 스티커를 붙여 구분해보자. 접착 라벨 시트에 스티커를 인쇄해서 사용하라.

사용자 모델을 잘 보여주는 포스터

팀이 같은 장소에서 함께 작업을 하는 경우, 한 장의 문서나 나란히 비교하는 문서는 포스터로 만든다. 레이아웃과 콘텐츠는 작은 사이즈의 문서와 같지만 공간이 넉넉해서 더 크게 만들 수 있을 것이다. 팀이 작업하는 동안 항상 눈에 보이는 모델을 통해 디자인 가이드라인이나 리서치 결과를 한눈에 훑어보고 확인할 수 있다.

포켓 레퍼런스 자료로 활용되는 카드

포스터와는 반대로 카드는 사용자 모델을 휴대하기도 쉽고, 참조하기도 쉽다. 이 카드를 야구 카드 또는 포켓몬 카드처럼 사용하라. 팀이 사용자 통계와 디자인 가이드라인을 참조하는 경우를 제외하고는 카드로도 충분하다.

모든 사람이 이용 가능한 사용자 모델을 제공하는 온라인 홈

팀원들은 온라인 도구에 언제 어디서든 접속할 수 있다. 팀이 사용자 스토리를 관리하고 작업을 추적하기 위해 지라[Jira] 또는 애저 데브옵스[Azure DevOps] 같은 온라인 도구를 사용하는 경우, 사용자 모델을 쉽게 참조할 수 있도록 동일 시스템에 게시하라.

동일 시스템에 사용자 모델을 게시할 수 없는 경우, 다른 개발자 문서에 사용자 모델을 추가하거나 온라인 문서 저장소 또는 디자인 도구처럼(예: 뮤

럴^{Mural} 또는 인비전^{InVision}) 모든 사람이 접근할 수 있는 곳에 게시하자.

온라인 홈의 위치는 중요하지 않다. 팀이 사용자들을 쉽게 기억하고 사용자들과 연결돼 있으며, 계속 보고 있다는 점이 중요하다. 그리고 팀원들이 모델을 편집하고 업데이트할 수 있다면 더욱 좋겠다. 변하지 않는 것은 없다. 팀의 이해도가 변함에 따라 팀은 사용자 모델에 대해 이해하는 내용을 지속적으로 업데이트해야 한다.

모든 검토 과정에 사용자를 포함시키는 슬라이드 템플릿

제시카 할리는 슬라이드 템플릿에 사용자 모델 페이지를 포함시키라고 권한다. 이렇게 하면 검토를 준비할 때 사용자 모델은 이미 검토 범위에 포함돼 있고, 검토를 위한 단계를 설정할 준비가 돼 있다.

검토할 형식으로 사용자 모델 만들기

의심할 여지 없이 누구나 바쁜 일보다 더 가치 있는 일을 찾을 수 있으므로, 바쁜 일에 쫓기지 말자. 그리고 사용자 모델을 팀이나 다른 이해관계자들과 점검할 때 사용하는 형식과 동일하게 만들자. 한 장의 문서와 나란히 비교한 문서가 파워포인트 슬라이드처럼 보이는 것은 우연이 아니다.

그렇다고 해서 다른 방법을 적용하면 안 된다는 의미는 아니다. 포스터, 위키 등 다른 형식으로 점검하지 못할 이유는 없다. 우리 팀은 이해관계자들과 함께 사용자 속성 그리드를 검토한다. 만약 팀원들이 괴물 같은 스프레드시트에서 사용자 모델을 확인할 수 있다면, 다른 형식으로도 가능할 것이다.

여러분의 목표는 모델을 만드는 게 아니라 자신이 만든 모델을 검토한 다음, 검토할 다른 버전을 만드는 것이다. 그렇다고 해서 사용자 모델을 확인할 때 추가 작업이 없다는 의미는 아니다. 하지만 가능한 한 추가 작업을 최소화하고 검토해, 사용할 것과 동일한 형식으로 사용자 모델을 만들자.

강력한 참조 도구인 사용자 모델

좋은 페르소나는 매우 직설적이다. 사실 그것을 바탕으로 누가 관련 정보를 소비하고, 왜 정보가 필요한지에 대한 긴 일련의 중요한 의사결정을 하게 된다. 질문에 올바르게 답하고 적절한 사용자 모델을 문서화해 팀과 조직이 제품 결정을 내릴 때 참고할 수 있는 유용하고 강력한 도구를 만들자.

지금까지 스캔하기 쉽고 읽기 쉬운 문서로 사용자 속성과 분석 결과를 압축해봤다. 이제 이 내용을 실행에 옮기고 각 사용자 여정을 이해하러 가보자.

인터랙션

T: 생각하기
M: 만들기
C: 점검하기

조직이 창출하는 경험은 단일 제품에 존재하는 것이지만, 사용자는 시간이 지남에 따라 이런 경험을 확장해 나간다. 더 좋은 제품은 사용자에게 해당 제품이 필요할 때, 정확히 사용자가 원하는 방식으로 필요할 때 비로소 나타난다. 인터랙션은 사용자가 시간에 따라 제품과 상호작용하는 방법을 설명한다.

4부에서는 높은 수준의 인터랙션뿐 아니라 과업 수준에서의 구체적인 인터랙션도 살펴볼 예정이므로 팀원 및 클라이언트와의 인터랙션에도 생각하기-만들기-점검하기 활동을 적용해볼 수 있다.

14장

인터랙션 요소

대부분의 경우 팀은 서로 인터페이스를 보여주곤 한다. 스케치, 와이어프레임, 프로토타입을 가리키며 사용자가 무엇을 보거나 하는지 설명한다. 사용자는 본인이 보는 모든 것에 대해 무언가를 한다. 사용자는 인터페이스와 상호작용을 한다. 항상 뭔가를 보고, 뭔가를 하는 것이다.

인터랙션 모델interaction model은 인터페이스에서 벗어나 사용자가 보고 수행하는 것을 매핑한다. 인터랙션 모델은 사용자가 시간에 따라 인터페이스와 상호작용하는 방법을 포착한다. 인터랙션 모델은 사용자, 사용자가 보는 것, 사용자가 일정 기간 동안 수행하는 작업을 보여주기 때문에 다음과 같은 3가지 질문에 대답할 수 있다.

- 인터랙션의 다른 부분은 무엇인가?
- 다른 부분은 서로 어떤 영향을 주는가?
- 사용자를 한 부분에서 다른 부분으로 어떻게 이동시키는가?

인터랙션 모델은 시간을 고정시켜 어떤 각도에서든 개별 장면을 면밀히 확인할 수 있고, 사용자가 장면에서 장면으로 이떻게 움직이는지 이해할 수 있다. 전체 사용 시간은 팀이 프로젝트의 전체 범위를 이해하는 데 도움이 된다. 인터랙션 모델은 또한 경험에서 가장 가치 있는 영역을 식별하고, 가치를 극대화하는 변환 지점을 노출할 수 있게 해준다.

14장에서는 인터랙션 모델을 분해해 무엇으로 구성돼 있는지 학습한다. 팀은 인터랙션 모델을 사용해 더 나은 경험을 구축할 것이고, 여러분은 그들에게 도움을 줄 것이다.

인터랙션 모델의 3가지 유형

인터랙션 모델은 다음과 같은 여러 형태로 제공된다(그림 14-1).

- 시나리오 scenario
- 유스케이스 use case
- 사용자 흐름 user flow
- 과업 흐름 task flow
- 화면 흐름 screen flow
- 스토리보드 storyboard
- 프로토타입 prototype
- 서비스 청사진
- 사용자 여정 user journey
- 경험 지도 experience map

사람들은 상호작용을 모델링하는 다양한 방법을 만들어냈다. 그 방법은 모든 상황에서 시간이 지남에 따라 사용자가 하나 이상의 인터페이스와 상호작용하는 방법을 보여준다. 이 방법은 사용자가 어떻게 시스템으로 이동하는지 보여주는데, 각 모델은 이를 바탕으로 정보의 전달량 및 상호작용의 초점이 달라진다. 예를 들어 시나리오는 사용자가 무엇을 하는지 글로 설명하는 측면이 있고, 서비스 청사진은 조직이 수행하는 모든 것을 문서화한다.

인터랙션 모델은 여러 가지 형태가 있지만, 대체로 접점, 여정, 경험 experience으로 나눈다.

- 접점: 하나의 접점에서 사용자가 수행하는 작업을 매핑한다.
- 여정: 하나의 시스템 안에서 여러 접점을 매핑한다.
- 경험 지도: 시스템 내부, 외부 또는 여러 시스템 간에 접점을 보여준다.

1. 접점: 가장 단순한 인터랙션 모델

접점은 조직과 사용자가 서로 접촉하는 관점을 나타낸다. 말 그대로 마주 닿는 지점이다. 인터랙션 모델의 가장 간단한 형태는 사용자가 단일 접점에서 완료하는 과업을 나열한 것이다. 우리는 하나의 접점에서 일어나는 일을 보여주기 위해 흐름도를 사용할 수 있다(그림 14-1). 사용자가 매장을 방문해 커피를 주문하고 커피를 받아간다. 사용자가 커피숍에 들어갈 때 어떤 단계를 거치는지 알면 우리는 더 나은 인터랙션을 설계할 수 있다.

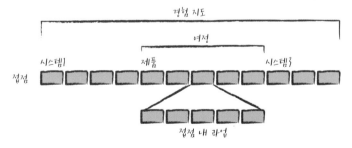

그림 14-1 접점, 여정, 경험 지도는 인형 안에 인형이 계속 포개지는 마트료시카 인형처럼 서로 들어맞는다.

2. 경험 지도: 가장 복잡한 인터랙션 모델

가장 복잡한 인터랙션 모델은 여러 시스템을 넘나드는 사용자 경험을 포함한다. 우리는 이것을 '경험 지도'라고 부르는데, 사용자의 전체 경험을 매핑하기 때문이다(그림 14-1). 사용자는 먼저 대학에서 커피를 접하고, 20대 초반까지 사회적으로 술을 마시며, 아기를 낳은 후 아침 일과로 커피를 추가하고, 나이가 들면서 매일 커피 일상을 이어간다. 사용자가 일생 동안 커피를 어떻게 경험하는지 알면 각 단계에서 사용자의 커피 습관을 지원하는 더 나은 방법을 찾을 수 있다.

3. 여정: 중간 규모의 인터랙션 모델

접점과 경험 지도 사이에는 특정 사용자와 제품과의 여정이 매핑되기 때문에 여정이라고 불리는 모델이 존재한다(그림 14-1). 사용자는 커피를 사기 위해 매장을 방문하고, 포인트 적립 카드 광고를 본다. 그는 포인트 카드에 돈을 충전하기 위해 웹사이트에 접속한다. 그리고 모바일 앱에 포인트 카드를 추가하고, 앱에서 테이크아웃 커피를 주문한다. 사용자 여정은 사용자가 글로벌 커피 회사의 다양한 제품과 어떻게 상호작용하는지 보여준다. 이를 통해 우리는 제품이 함께 작동하는 방식을 개선할 방법을 찾을 수 있다.

하나의 경험 지도에는 여러 사용자 여정이 포함돼야 하며, 사용자 여정은 여러 개의 접점을 포함한다.

접점의 4가지 요소

각 접점은 조직과 사용자가 상호작용하는 이벤트를 나타낸다. '매장에서 커피 사기'는 하나의 접점이다. 사용자는 커피를 사기 위해 여러분과 접촉한다. 반대로 여러분은 커피를 팔기 위해 사용자와 접촉하며, 커피와 돈을 교환하려 한다. '웹사이트에서 커피 사기'는 또 다른 접점이다. '웹사이트의 포인트 적립 프로그램에 가입하기'도 그런 접점 중 하나다.

모든 접점은 시나리오로 시작한다.

1. 시나리오: 여러분이 들려주는 이야기

시나리오는 인터랙션 모델이 들려주는 이야기를 멋지게 표현한 용어다. 예를 들어 사용자가 매장에서 커피를 구입하는 방법에 대한 시나리오는 다음과 같다.

> 사용자는 커피숍에 들어가 메뉴를 훑어보고 음료를 고른 후 카운터로 가서 주문하고 결제한다. 그 다음 카운터 끝으로 이동해서 음료를 기다린다. 음료가 준비되면 사용자는 바리스타로부터 음료를 받아 든다.

인터페이스가 사용자와 그들이 하는 행동에 대한 가정을 숨기듯이 시나리오도 항목을 숨긴다. 모든 시나리오에는 이야기가 있고, 모든 이야기에는 등장인물과 배경 설정이 있다. 제품 팀은 사용자를 등장인물로 캐스팅하고, 채널은 우리에게 이야기를 설정한 위치를 알려준다.

2. 사용자: 이야기 속 등장인물

시나리오에서 특정 사용자를 언급하지 않더라도 한 사용자를 가정한다. 그리고 시나리오는 다른 사용자를 이야기에 포함시켰는데, 그들을 별도로 구분하면 유용하다.

사용자가 둘 이상인 경우, 일반적인 '사용자'를 이용하기보다 사용자가 누구인지 구체화하는 것이 좋다. 한 명의 사용자를 위한 여러 이야기를 말하고 싶을 뿐 아니라, 다른 사용자에게 다른 방식으로 동일한 이야기를 전달하고 싶다.

더 구체적인 이야기에서 더 많은 내용을 배우는 것처럼 특정 사용자에 대해 고민할 때 더 많이 배운다. 이 이야기는 커피 전문가가 커피를 어떻게 사는지에 대한 이야기인가? 정기 사용자인 조의 이야기인가? 아니면 일상

속에서 커피를 마시는 사람? 커피를 구매하는 시나리오는 각 사용자 모델에 따라 달라진다(표 14-1).

표 14-1 여러 사용자가 같은 시나리오를 수행하는 방법 비교

사용자	시나리오: 커피 구매
일반 사용자	'일반 사용자'는 커피숍에 들어가 메뉴를 훑어보며 음료를 고른다. 그들은 카운터로 가서 주문과 결제를 한다. 음료를 기다리기 위해 카운터 끝으로 이동한다. 음료가 준비되면 사용자는 바리스타로부터 음료를 받아든다.
커피 전문가	'커피 전문가'는 커피숍에 들어가 무슨 커피가 내려지는지 일일 게시판을 훑어본다. 그들은 카운터로 가서 주문과 결제를 한다. 음료를 기다리기 위해 카운터 끝으로 이동한다. 음료가 준비되면 사용자는 바리스타로부터 음료를 받아든다.
정기 사용자 조	'정기 사용자 조'는 커피숍에 들어가 주문하고, 결제하기 위해 카운터로 간다. 바리스타는 그들을 알아보고 평소의 순서로 커피를 내린다. 조는 음료를 기다리기 위해 카운터 끝으로 이동한다. 음료가 준비되면 사용자는 바리스타로부터 음료를 받아든다.
비정기 사용자	'비정기 사용자'는 커피숍에 들어가 메뉴를 고민한다. 그들은 주문하고 결제하기 전에 메뉴 추천을 요청하려고 카운터로 간다. 음료를 기다리기 위해 카운터 끝으로 이동한다. 음료가 준비되면 사용자는 바리스타로부터 음료를 받아든다.

최소한 모든 인터랙션 모델은 단일 시나리오와 단일 사용자를 지정해야 한다. 다른 사용자가 동일한 시나리오로 동작할 수 있는지 살펴보고, 팀은 모든 사용자 또는 한 명의 사용자를 위해 커피 구매 과정을 개선하도록 지원하자.

3. 채널: 이야기를 위한 설정

채널은 이야기가 일어나는 곳이다. 사용자들과 마찬가지로 이야기에서 채널을 분리해서 살펴보면 유용하다. 모든 접점에는 시나리오와 채널이 있다(표 14-2).

표 14-2 접점 시나리오 및 채널 샘플

시나리오	채널
커피 구매	매장에서
커피 구매	웹사이트에서
포인트 적립 프로그램 가입	웹사이트에서
포인트 적립 프로그램 가입	매장에서

시나리오를 채널에서 분리해내면 각 시나리오를 디자인하는 방법에 대해 생각할 수 있다. 웹사이트에서 커피를 사면 매장에서 커피를 사는 것과 어떻게 비교할 수 있을까?

시나리오를 채널과 분리하면 팀원들이 어떤 채널을 지원해야 하는지를 이해하고 선택하는 데 도움이 된다. 웹사이트에서는 어떤 시나리오를 지원해야 하는가? 또 매장에서는 어떤 시나리오를 지원해야 할까?

4. 과업: 접점을 작은 단위로 쪼개기

시나리오에서 사용자와 채널을 분리하면 다른 사용자와 다른 채널에 어떻게 다른 디자인이 필요할지 생각해볼 수 있다. 하지만 더 세분화하길 원한다면 이야기를 과업으로 나누고 싶다는 의미다.

예를 들어 사용자가 커피를 구매하는 방법을 매핑하기 위해(그림 14-2) 사용자가 하는 일을 나열한다.

- 커피 선택
- 커피 주문
- 커피 결제
- 커피 기다림

- 커피 픽업

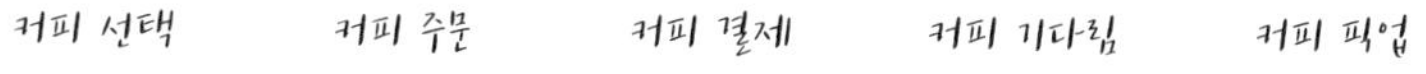

커피 선택　　　커피 주문　　　커피 결제　　　커피 기다림　　　커피 픽업

그림 14-2 시나리오를 단계 또는 과업 목록으로 분할해 사용자 경험을 최적화한다.

이 목록은 사용자가 커피를 살 때 완료하는 과업을 보여준다. 우리는 그것을 '과업 흐름'이라고 부른다. 가장 중요한 점은 이 다이어그램이 여러분과 사용자가 서로 접하는 하나의 지점, 즉 단일 접점에서 발생하는 상황이라는 것이다.

시나리오, 사용자, 채널, 과업은 모두 팀이 접점에 대해 이해하도록 돕는다. 그래서 팀은 관련 부분을 볼 수 있고, 경험을 개선할 위치를 찾을 수 있으며, 사용자에게 도달하는 새로운 방법을 발견할 수 있다.

접점은 인터랙션 모델의 기본 구성 요소다. 더 많은 접점을 추가하거나 각 접점에 더 많은 정보를 추가해 인터랙션 모델을 여정과 경험 지도처럼 더 복잡하게 만들 수 있다.

길이, 깊이, 관점

다음의 세 가지 관점은 인터랙션 모델에 어떤 콘텐츠를 포함해야 할지 설명한다.

길이length: 한 번에 몇 개의 접점을 보여주는가?

깊이depth: 각 접점에 대해 얼마나 많은 정보를 표시하는가?

관점point of view: 누구의 관점에서 이야기를 하는가?

길이, 깊이 및 관점은 인터랙션 모델이 대답할 수 있는 질문을 조정하는 레버lever 역할을 한다.

길이: 한 번에 얼마나 많은 접점을 보여줄 수 있을까?

우리는 커피 구입 사례(그림 14-2)에서 하나의 접점에 과업을 매핑했었다. '정기 사용자 조'는 매장에서 커피를 산다. 이 정도면 커피숍 안에서 '정기 사용자 조'의 경험을 이해하고 최적화하기에 충분한 정보다.

'정기 사용자 조'는 또한 카페인 섭취가 필요할 때 가장 가까운 매장을 찾기 위해 모바일 앱을 사용할 수도 있다. 이것은 별개의 접점이다. 만약 '정기 사용자 조'가 어떻게 한 접점에서 다른 접점으로(모바일 앱에서 커피숍으로) 이동하는지 이해하려면 한 접점 대신에 두 개의 접점을 함께 매핑할 수 있다(그림 14-3).

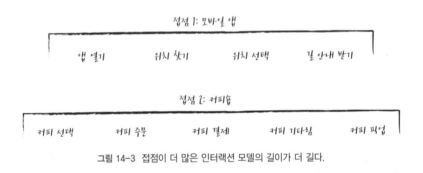

그림 14-3 접점이 더 많은 인터랙션 모델의 길이가 더 길다.

인터랙션 모델을 더 길게 만들면 최적화할 수 있는 변환점을 더 많이 노출시킬 수 있다.

깊이: 각 접점에 얼마나 많은 정보를 보여주는가?

커피 구입(그림 14-2)의 경우 '정기 사용자 조'가 매장에서 커피를 사기 위해 거치는 단계를 나열했다. 그 단계는 조의 커피 구매를 개선하는 데 도움이 된다. 우리는 여기에 다른 정보도 매핑할 수 있다.

조를 가장 실망시켰던 곳을 찾고 싶다면 어떻게 해야 할까? 우리는 조가 각 단계에서 행복해하는지 불편해하는지 알 수 있다. 우리가 조에게 적합한 메뉴표지판을 제공하고 싶다면 어떻게 해야 하는가? 우리는 각 단계에서 조가 무엇을 보는지 기록할 수 있다(그림 14-4).

인터랙션 모델에 더 많은 정보를 추가할수록 깊이가 더 깊어진다.

메뉴 보기	바리스타 보기	전체 보기	음료가 만들어지는 과정 보기	음료 보기
커피 선택	커피 주문	커피 결제	커피 기다림	커피 픽업

그림 14-4 더 많은 정보를 가진 인터랙션 모델일수록 깊이가 더 깊다.

관점: 누구 혹은 무엇이 주요 인물의 역할을 하는가?

관점은 상호작용을 어떻게 보는가를 의미한다. 대부분의 모델은 한 사용자의 관점에서 상호작용을 본다. 꼭 이런 방식일 필요는 없다. 여러 사람이 어떻게 협력하는지 이해하려면 둘 이상의 사람들을 위한 인터랙션 모델을 만들어보자. 예를 들어 '정기 사용자 조'와 '커피 매장 직원' 모두의 인터랙션 모델을 매핑해볼 수 있다(그림 14-5).

그림 14-5 단일 사용자 또는 여러 사용자의 관점에서 인터랙션을 볼 수 있다.

또한 사물의 관점에서 인터랙션을 매핑할 수도 있다. '정기 사용자 조'기 부드럽고 마시기 쉬운 커피 음료를 얻을 수 있도록 커피 원두의 관점에서 인터랙션을 모델링해보자(그림 14-6). 나는 중장비 기기, 매트리스, 석유, 소파 등에 대한 인터랙션을 매핑해왔고, 이와 관련해 사용자들과 그들의 니즈가 시간에 따라 어떻게 변화했는지를 밝혔다.

커피의 여정	커피가 자란다.	커피가 수확된다.	커피가 볶아진다.	커피가 내려진다.	음료가 준비된다.	음료가 전달된다.	음료가 운반된다.	음료가 소비된다.
빨간 망토 소녀의 니즈						컵이 잡기 쉽고 가져 가기 쉬웠 으면	컵이 잡기 쉽고 가져 가기 쉬웠 으면	적당한 온 도였으면
바리스타의 니즈					커피 준비 훈련	음료 준비 훈련	음료 준비 용품	

그림 14-6 사물의 관점에서 인터랙션을 살펴볼 수 있다.

인터랙션 모델이 복잡해지면 모델에 다른 구조를 추가해보는 것도 유용하다.

진실의 단계와 순간

인터랙션 모델의 길이를 더 많은 접점으로 확장하면, 접점이 사용자가 유사한 유형의 작업을 수행하는 단계로 뭉쳐지는 모습을 볼 수 있다. 예를 들어 '정기 사용자 조'가 어떻게 근처 커피숍을 찾고 커피를 사는지 지도로 만들어본다면, 접점을 두 단계로 그룹화할 수 있다. 하나는 매장까지 찾아가는 것이고, 다른 하나는 커피를 구입하기 위한 것이다(그림 14-7).

매장까지 찾아가기

근처 커피숍 찾기	가는 길 확인하기	커피숍에 가기	커피숍에 들어가기

커피 구입하기

커피 선택	커피 주문	커피 결제	커피 기다림	커피 픽업

그림 14-7 여러 접점이 있는 인터랙션 모델은 단계별로 나눌 수 있다.

단계는 다양한 유형의 과업을 표시한다

각 단계에서 '정기 사용자 조'는 다른 유형의 활동을 한다. 매장으로 이동할 때 '정기 사용자 조'는 자신이 어디에 있고 어디로 가야 하는지에 가장 신경을 쓴다. 그리고 일단 매장에 도착하면 커피 주문에 가장 신경을 쓴다.

사용자의 활동 유형을 식별하면 각 단계에서 경험을 어떻게 최적화할지 알 수 있다. '정기 사용자 조'가 매장을 찾고 싶어하면 매장 탐색 기능을 최적화하라. 그가 커피를 사고 싶어하면 선택과 주문을 최적화하라.

사용자가 한 단계에서 다른 단계로 이동할 때 나타나는 변화를 표시한다

단계를 추가하면 각 단계는 현재 사용자가 있는 단계에서 다른 단계로 이동할 때 표시되는 중요한 접점으로 끝난다. 예를 들어 '커피 전문가'가 커피의 새로운 센세이션을 원한다면 그들은 기후와 원두에 대해 배우고 시음 후기를 읽는 탐색부터 시작할 수도 있다. 그러나 어느 순간 '커피 전문가'는 탐색을 중단하고 구매를 결심한다. 구매하기로 결정함에 따라 '커피 전문가'는 새로운 단계로 넘어가게 된다.

'커피 전문가'가 탐색을 끝내고 새로운 맛을 선택하는 접점은 리서치에서 구매로 사용자 활동 유형이 변경되는 지점이다. '커피 전문가'는 제대로 커피를 고를 수 있을지 고민하는 대신 지불할 방법을 생각한다. '커피 전문가'가 다음 커피의 감각을 선택하는 시점은 탐색 단계에서 구매 단계로 전환될 때 나타나는 인터랙션의 중요한 단계다. 단계를 혼란스럽게 만들면 '커피 전문가'는 사지 않을 것이다.

진실의 순간

어떤 사람들은 중요한 전환의 접점을 '진실의 순간'이라고 부른다. 나는 그 표현이 마음에 들진 않는다. 조직 관점에서는 진실의 순간이지만 사용자의 경험을 생각해보려 한다. 해당 접점을 전환점이라고 생각하는 것이 더 좋다. 그래야 팀은 사용자가 전환점을 통과하도록 돕는 작업에 집중할 수 있다.

현재 또는 미래, 나아가고 물러서기

때때로 팀원들은 현재^{as-is} 제품의 문제점을 식별하기 위해 인터랙션을 모델링한다. 이러한 경우 인터랙션 모델은 현존하는 시스템을 분명히 보여줄 수 있다. 현재 있는 그대로의 경험을 매핑하면 팀원들이 한눈에 각 부분이 동작하는 모습을 볼 수 있으므로, 그들이 함께 일하는 방식을 최적화하고 사용자를 위해 개선할 수 있다.

새로운 시스템을 만드는 팀원들은 모든 조각이 어떻게 조합될지 알고 싶어 한다. 새로운 시스템을 만들 때 팀원들은 인터랙션을 그들이 원하는 방식으로 모델링하길 원한다. 이러한 미래^{to-be}에 되고 싶은 모습에 대한 이해는 그들이 무엇을 구축해야 하는지 아는 데 도움이 되고, 더 관심을 기울여야 할 경험의 가장 중요한 부분을 드러나게 한다.

인터랙션 모델을 프로젝트와 팀의 니즈에 부합하도록 조정하라

인터랙션 모델에서 길이, 깊이 및 관점을 조정하는 방법은 다양하다. 인터랙션 모델은 프로젝트를 바탕으로 다른 질문에 답한다. 팀이 해결책을 갖고 있는 프로젝트의 경우, 인터랙션 모델은 팀에게 무엇을 구축하고 어떻게 구축해야 하는지를 보여준다. 해결 방법을 선택하지 않았거나 해결할 문제를 파악하지 못한 팀이라면 인터랙션 모델은 잠재적 문제를 밝혀내고, 가능한 해결책을 도출하고 평가할 수 있는 프레임워크를 제공한다(그림 14-8).

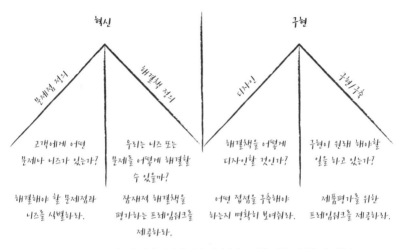

그림 14-8 프로젝트가 생긴 배경에 따라 인터랙션 모델은 다른 이점을 제공한다.

과업 흐름, 여정, 경험 지도 같은 것은 없다. 하지만 인터랙션 모델을 흐름, 여정 또는 경험 지도처럼 만들 것이다. 인터랙션 모델은 사용자와 인터페이스 모델과 마찬가지로, 팀이 탐색하려는 질문에 답을 주는 콘텐츠를 포함한다.

15~17장에서는 인터랙션 모델을 사용해 새로운 제품과 서비스를 파악하고, 경험 최적화 및 개선할 사항을 명확히 하며, 제품 개발을 지원하는 방법을 살펴본다.

접점 지도를 사용해
구축할 대상 식별하기

사용자가 제품을 어떻게 사용할지 모르면서 제품을 사용하기 쉽게 만들기는 어렵다. 하지만 팀은 기능이 얼마나 잘 유기적으로 동작하는지 명확하게 파악하지 않고 기능을 구축하곤 할 것이다. 사용자가 개별 작업을 완료하는 방법을 생각하면서 팀이 더 나은 제품 경험을 조정하도록 도울 수 있다.

15장에서는 사용자가 일련의 과업을 수행하는 방법을 지도로 제작해본다. 이를 통해 팀은 사용하기 더욱 쉽고 더욱 만족스러우며, 전환율이 더욱 높은 접점을 만들 수 있다. 스프린트 계획 차원에서 또는 공식적인 제품 개발의 일환으로 접점과 관련된 과업을 매핑할 수 있다. 이 활동은 제품 흐름을 개선하기 위한 무작위 토론을 풀어가는 데 도움이 된다.

접점 지도는 어떻게 작동하는가

팀이 인터랙션을 위한 과업을 매핑하기 전에 스토리, 사용자, 채널을 명확히 설정한다. 모든 사람과 스토리에 대해 합의하고, 과업과 그 순서 체계를 생성하고 다듬어보자(그림 15-1).

1. 팀은 함께 스토리, 사용자, 채널에 대해 토론하고 조율한다.
2. 팀은 스토리를 완성하는 데 필요한 과업을 생성한다.
3. 팀은 과업, 과업 순서 및 다른 인터랙션으로의 전달 등을 개선한다.
4. 팀은 데이터, 프로세스, 콘텐츠, 분석 결과 및 인터페이스 등 관련 정보를 이해하기 위해 과업 흐름을 탐색한다.

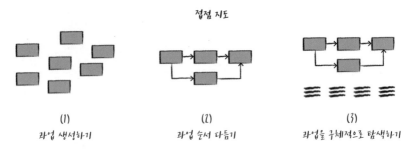

그림 15-1 먼저 스토리, 사용자, 채널을 확인한 다음, 스토리에 필요한 과업을 생성하고 구체화한다.

활동이 끝나면 팀은 다음과 같은 2가지 구체적인 결과를 도출할 것이다.

- 사용자가 한 과업에서 다른 과업으로 이동하는 방법을 나타내는 다이어그램
- 추가 세부사항 및 요구사항 목록

사용자의 과업 흐름을 매핑할 때

공식적인 제품 개발 과정처럼 인터페이스를 스케치하기 전에 과업 흐름을 매핑한다. 과업 흐름은 사용자 스토리를 백로그 준비 및 스프린트 계획을 지원하는 개별 요소로 분리한다.

비공식적인 과업 흐름은 팀이 특정 인터페이스를 논의하고, 더 큰 그림을

검토하기 위해 한 걸음 뒤로 물러나 고민할 때 자주 발생한다.

입력 및 빠른 시작

팀이 제품이나 서비스에 대한 작업을 하고 있다고 가정해보자. 여기에는 특정 사용자와 채널을 포함한 사용자 스토리가 필요하다. 사용자 프로필 캔버스(11장)를 사용해 사용자 속성을 탐색했다면, 작업을 시작할 수 있는 스토리를 발견했을 것이다.

새로운 제품과 인터페이스를 혁신하기 위해 과업 흐름을 다소 추상적으로 만들어보자. 일반 '사용자'는 지정되지 않은 채널에서 작업을 수행한다(그림 15-2). 이러한 경우에도 사용자가 누구일지 가정한다.

사용할 재료

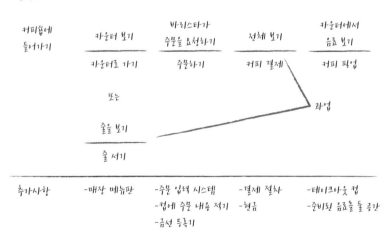

그림 15-2 과업 흐름은 시나리오와 과업이라는 두 가지 주요 부분으로 나뉜다. 그리고 추후 진행되는 토론을 통해 추가사항을 포함시킨다.

시나리오

텍스트는 스토리, 사용자 및 채널을 포함하며, 팀이 동조하는 과업 흐름의 목적에 따라 어느 정도 조정될 수 있다. 그리고 대부분은 이후 그대로 유지된다.

과업

팀은 토론 내내 과업을 추가, 편집, 이동, 제거할 예정이므로, 과업을 포스트잇이나 카드처럼 이동할 수 있거나 쓰고 지우기 쉽게 하자.

추가사항

때때로 토론 끝에 추가로 논의된다. 추가사항은 편집 및 이동할 수 있지만 과업보다 자주 발생하지 않는다.

 웹사이트에서 템플릿, 프레임 자료, 원격 자원을 찾아 활용해보자(http://pxd.gd/interactions/touchpoint-map).

활동 1: 시나리오 명확화

팀이 함께 모여 시나리오를 논의할 때 자리에서 벌떡 일어나 과업과 화살표를 그리고 싶은 유혹을 느낄 것이다. 대부분의 토론과 마찬가지로 프로젝트와 관련된 모든 사람은 스토리, 사용자 및 채널에 대한 가정을 갖고 있다.

이 활동에서

1. 시나리오를 확인할 것이다.

2. 사용자와 채널을 명확히 할 것이다.

모든 사람이 동일한 스토리를 매핑하고 있는지 확인하려면, 시나리오를 명확히 하면서 모든 과업의 매핑 작업을 시작한다. 구체적으로 어떤 사용자이고, 그들이 무엇을 하고 있으며, 어떤 채널에서 하는지 명확히 하라.

프레임

무엇을 할 것인가?	이야기, 사용자, 채널을 확인한다.
결과는 무엇인가?	팀 전체가 동의한 명확한 시나리오
이 활동이 왜 중요한가?	팀이 동일한 사용자와 과업에 대해 협력하고 논의하도록 보장한다.
어떻게 그 일을 할 것인가?	모두 함께 작업한다.

스토리를 명확히 하는 프레임을 제안하려면 다음과 같이 이야기해보자.

> "이 시나리오를 스케치하기 전에 항상 올바른 방향으로 진행할 수 있도록 사용자와 채널에 대해 적어보도록 하겠습니다."

스토리 명확화

좀 더 명확하게 설명하기 위해 예를 들어보자. 빨간 망토 소녀가 향수병에 걸린 할머니인 '정기 사용자 조'에게 줄 커피를 사다 드리고 싶다고 하자. 그리고 우리는 빨간 망토 소녀가 커피숍에서 커피를 구입하는 과업을 지도로 만들고 싶다.

시나리오로 이동하기

집에서 커피숍까지, 숲을 지나 할머니 댁까지 가는 빨간 망토 소녀의 모든 여정을 지도로 만들고 싶을 수 있다. 하지만 우리는 글로벌 커피 회사가 통제하는 하나의 접점에 초점을 맞추고 싶다. 빨간 망토 소녀의 모든 여정은 16장에서 지도로 만들어본다. 지금은 소녀가 커피숍에 갔을 때 뭘 하는지에 대해서만 지도를 만들어보자.

우리의 시나리오는 "빨간 망토 소녀는 커피숍에서 할머니를 위해 커피를 주문한다."이다.

팀이 스토리의 다른 부분을 제안하거나 단일 접점보다 더 넓은 범위의 시나리오를 설명하는 경우, 그것을 지도에 추가 접점으로 기록한다. 한 번에 하나의 접점만 매핑할 수 있다. 예를 들어 한 팀원은 어떻게 소녀가 커피숍을 찾고 커피숍까지 이동하는지 지도로 제작하고 싶다. 이 이야기는 지도로 그리기에 좋은 시나리오지만, 각각의 시나리오는 개별적으로 따로 그려라.

여기에서 우리는 소녀가 커피숍에서 할머니께 드릴 커피를 주문하는 과정을 지도로 만든다.

사용자 정하기

16장에서는 커피를 주문하는 간단한 과업조차 사람에 따라 어떻게 다를 수 있는지를 보여준다. 이러한 차이는 어떤 페르소나에 초점을 맞출지 명시하는 것이 중요한 이유를 보여준다. 만약 한 팀원이 메뉴가 필요 없는 정기 사용자 조를 가정하고, 다른 팀원은 항상 메뉴가 필요한 비정기 사용자를 가정한다면 그들은 메뉴가 필요한지 아닌지에 대해 논쟁할 것이다.

우리의 이야기에서 소녀는 커피에 대해 잘 알지 못하기 때문에 메뉴가 필요할 수 있다. 하지만 그녀는 정기 사용자인 할머니를 위해 주문을 하기 때문에 소녀는 자신이 무엇을 주문할지 정확히 알고 있다.

'정기 사용자 조'가 우리의 페르소나다.

팀원들이 사용자에 대해 합의하지 못했다고 생각되면 첫 페르소나 대신 다른 페르소나를 매핑할지, 첫 페르소나 옆에 다른 페르소나를 추가해야 할지 고민해보자. 가장 최선의 방법을 결정한 다음 채널을 정하는 단계로 넘어간다.

채널 정하기

페르소나에 따라 매핑하는 과업이 변하듯이 채널에 따라 사용자가 기대하거나 가능한 과업도 변한다. 팀은 작업 중인 제품과 관련된 채널에 대한 가정을 공유한다. 채널에 대해 큰 소리로 이야기하고 누구나 볼 수 있게 칠판에 적어두면 좋다.

이 예에서는 채널은 매장에 있다.

페르소나와 마찬가지로 논의해야 할 다른 채널이 있는지 확인한다. 팀원들이 적용하려는 다른 채널이 있는 경우 해당 채널도 기록하자. 접점 지도를 만드는 것은 빨리 해볼 수 있으니, 여러 지도를 연속해서 제작해볼 수 있다.

전체 스토리를 마무리하고 과업 생성 단계로 넘어가기

이 활동에서 우리는 빨간 망토 소녀가 향수병을 앓는 할머니(정기 사용자 조)에게 커피를 갖다 드리고 싶어한다는 스토리를 예로 들었다. 그리고 이 스토리를 지도를 그리기 위한 명확한 시나리오 "비정기 사용자는 매장에서 정기 사용자 조를 위해 커피를 구입한다."로 바꿨다.

화이트보드의 왼쪽 상단에 시나리오를 기록해 접점 지도 제작을 완료할 때까지 시나리오를 볼 수 있게 하사.

이런 종류의 특정 시나리오를 디자인하고 개발하며 테스트할 수 있다. 그리고 해당 시나리오는 하나의 접점에 초점을 맞춰 제한된 범위 내에서 짧은 시간 안에 처음부터 끝까지 살펴볼 수 있다. 시나리오 사용자와 채널을 명확히 했으면 이제 과업을 생성해보자.

> "지금까지 시나리오의 세부사항을 파악해봤습니다. 이제 과업을 지도
> 로 만드는 작업을 시작해봅시다."

활동 2: 과업 생성하기

스토리의 아름다움은 여러 이벤트를 쓸모 있도록 패키지로 모아 놓았다는 점이다. 팀이 이 스토리를 어떻게 생각하느냐에 따라 과업은 이미 가정된 것일 것이다. 이 활동에서 모든 사람의 가정을 살펴보고, 어떤 과업을 지도로 제작해야 하는지 확인하기 위해 사람들과 협업하게 될 것이다. 본 활동은 다음의 3가지 단계로 구분된다.

1. 모두 협력해 첫 번째 과업을 식별한다.
2. 각 추가적인 과업을 살펴본다.
3. 의사결정 지점을 확인한다.

프레임

무엇을 할 것인가?	과업을 목록으로 만든다.
결과는 무엇인가?	단일 접점에 대한 과업 및 의사결정 지점에 대한 목록
이 활동이 왜 중요한가?	팀이 경험을 개선하고 최적화할 과업 지형도를 식별한다.
어떻게 그 일을 할 것인가?	모두 함께 작업한다.

과업을 생성하는 프레임을 제안하려면 다음과 같이 이야기해보자.

> "이제 사용자와 채널을 알게 됐습니다. 이 시나리오를 완성하기 위해
> 수행하는 모든 과업을 나열해 봅시다."

과업 생성 진행하기

팀이 시나리오, 사용자 및 채널에 대해 토론할 때, 어떤 과업이 관련됐는지 생각했을 가능성이 높기 때문에 이 활동은 매우 빠르게 완료된다. 첫 번째 과업이 무엇인지 묻는 것에서 시작하자. 즉각적인 토론 진행을 위해 시나리오를 참조하자. 이 예시에서 시나리오는 "비정기 사용자는 매장에서 정기 사용자 조를 위해 커피를 구입한다."로 정리할 수 있다.

팀원들에게 비정기 사용자가 가장 먼저 하는 일이 무엇인지 물어보라.

그들은 '비정기 사용자가 카운터로 간다, 비정기 사용자가 주문한다, 비정기 사용자가 매장 안으로 걸어 들어간다' 등 얼마든지 다양한 답을 낼 수 있다. 이 시점에서 단지 시작할 위치를 원한다. 이것이 실제 첫 단계인지는 중요하지 않다. 화이트보드에 첫 번째 단계를 기록하라(그림 15-3).

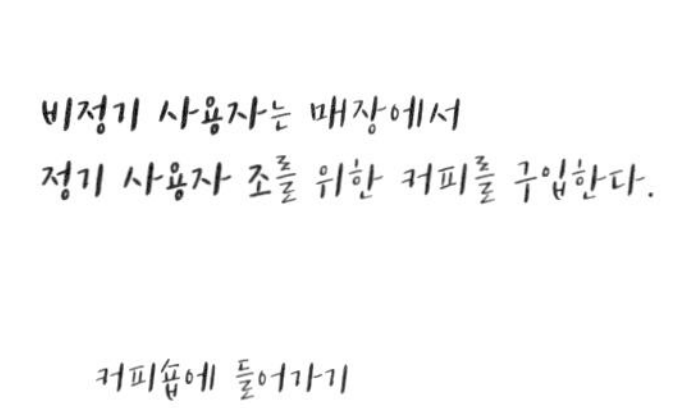

비정기 사용자는 매장에서
정기 사용자 조를 위한 커피를 구입한다.

커피숍에 들어가기

그림 15-3 모든 과업 흐름은 어딘가에서 시작된다. 보드에서 첫 번째 항목에 대한 아이디어를
기록한다.

팀이 첫 번째 단계에서 여러 옵션을 제공한다면 프로세스에서 가장 먼저 일어날 것으로 보이는 옵션을 기록하고, 다음 단계에서 추가 아이디어에 대한 작업을 하자.

사용자가 무엇을 보는지 조사하기

시나리오가 끝날 때까지 다음 작업 등을 질문하면서 계속 진행할 수 있다. 그러나 시나리오를 완성할 수 있는 방법을 제한하는 특정 사용자와 채널이 존재한다. 사용자가 본 것은 사용자가 하는 모든 행동에 숨겨져 있다.

사용자는 무언가를 보기 때문에 무언가를 한다. 궁극적으로 팀이 해야 할 일은 사용자에게 올바른 것을 보여주는 것이다. 그래서 사용자는 다음 일을 할 수 있고, 시나리오대로 움직일 수 있다.

사용자가 무엇을 하는지 묻기보다는 첫 번째 단계가 끝난 다음 사용자가 무엇을 보는지 질문하자(그림 15-4). 비정기 사용자는 커피숍에 들어갈 때 무엇을 보는가? 그녀는 메뉴와 카운터를 본다. 그녀가 다음 단계로 보는 것을 기록하고 그 밑에 선을 긋자. 지금은 사용자가 보는 것만 기록하면 된다. 그러나 곧 팀은 사용자가 필요하거나 기대하는 것을 눈 앞에 볼 수 있게 함으로써 과업 흐름을 최적화할 것이다.

비정기 사용자는 매장에서 정기 사용자 조를 위한 커피를 구입한다.

비정기 사용자는 매장에서
정기 사용자 조를 위한 커피를 구입한다.

커피숍에 들어가기　카운터 보기

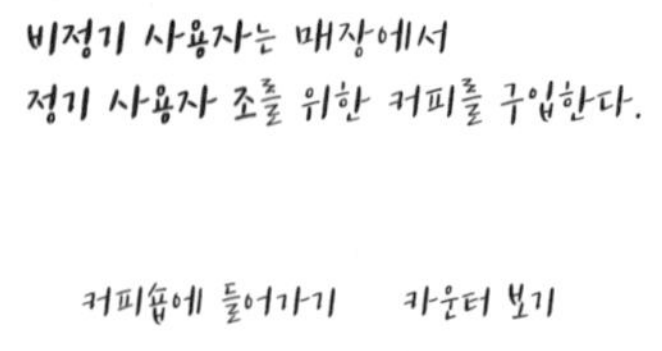

그림 15-4 사용자가 첫 단계 다음에 보는 것을 기록한다.

사용자가 보는 것에 대한 반응으로 무엇을 하는지 조사하기

처음에 사용자가 무엇을 보는지 확인하면 다음 질문에 대한 반응 프레임을 구성하는 데 도움이 된다. 사용자는 다음에 무엇을 하는가? 비정기 사용자는 메뉴와 카운터를 본다. 그녀는 다음에 무엇을 하는가? 그녀는 카운터로 걸어가는가? 가운데에 선을 긋고 선 아래에 그녀가 무엇을 하는지 행동을 적고, 그 위에는 무엇을 보는지 기록하자(그림 15-5).

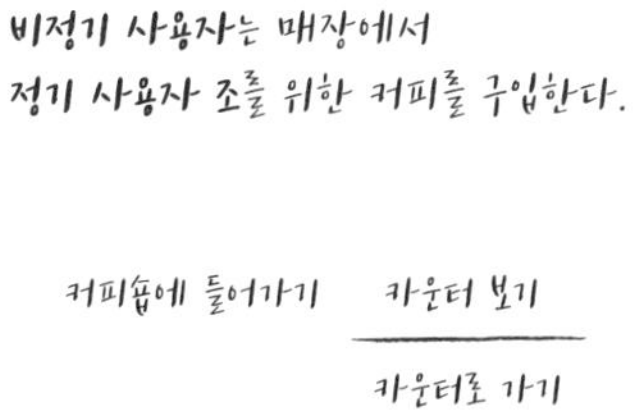

비정기 사용자는 매장에서
정기 사용자 조를 위한 커피를 구입한다.

커피숍에 들어가기   카운터 보기
카운터로 가기

그림 15-5 사용자가 보는 것에 대한 반응으로 무엇을 할지 기록하자.

여러 경로와 의사결정 지점 확인하기

드문 경우지만 사용자가 하나의 라인 위에서 한 단계씩 따라가는 프로세스로 지도를 만들 수 있다. 사용자는 종종 어떤 상황이나 결정에 따라 자신의 행동을 바꾸는 경로에 도달한다. 우리는 이 갈라지는 부분을 의사결정 지점decision point이라고 부른다.

팀이 과업을 생성할 때 의사결정 지점을 확인하자. 앞의 예에서 비정기 사용자는 항상 카운터로 가는가? 사람들이 줄을 서있으면 어떻게 되는가? 앞에서 한 것처럼 선을 긋고 그 위아래에 사용자가 본 것과 한 행동을 추가로 적는다(그림 15-6).

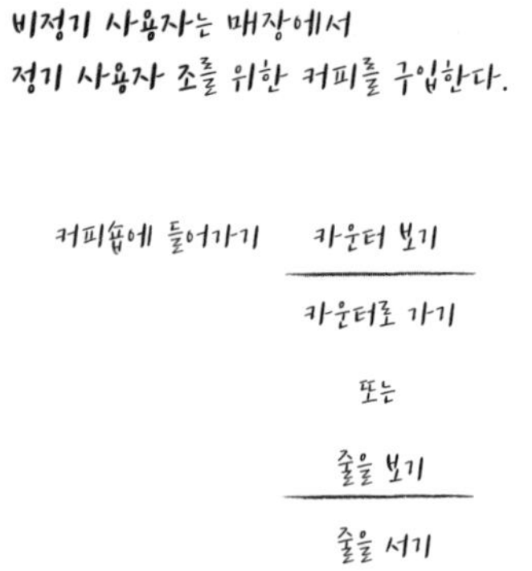

비정기 사용자는 매장에서
정기 사용자 조를 위한 커피를 구입한다.

커피숍에 들어가기   카운터 보기
_____

카운터로 가기

또는

줄을 보기
_____

줄을 서기

그림 15-6 의사결정 지점이 있으면 보는 것과 하는 행동에 대한 추가정보를 가장 적절한 위치에
선을 긋고 그 위아래에 적는다.

구조적으로 스토리는 하나의 결말을 가정하는데, 시나리오도 다르지 않다. 각 시나리오에는 하나의 결말이 있기 때문에 의사결정 지점도 두 가지 중 하나로 끝난다. 먼저 의사결정 지점은 사용자를 별도의 접점으로 이끌 수 있다. 아니면 의사결정 지점은 사용자를 시나리오의 주요 경로로 다시 안내할 것이다.

앞의 예시에서 빨간 망토 소녀가 줄을 선 사람들을 보지 못했다면 그녀는 카운터로 이동할 것이다. 줄을 봤다면 소녀도 줄을 설 것이다. 그러나 줄을 따라 이동한 다음 소녀는 카운터에 도착한다. 그녀가 어떻게 카운터에 도착하든 소녀는 커피를 주문할 것이다.

이와는 달리 만약 소녀가 카운터로 가기 전 화장실로 향한다면, 그것은 별도의 접점으로 연결된다(그림 15-7). 의사결정 지점이 별도의 접점으로 연결되면 마치 여기에 다른 경로가 있음을 기억하고 싶다고 말하는 것 같지만, 지금 당장은 다른 스토리에 초점을 맞춰 이야기해보자.

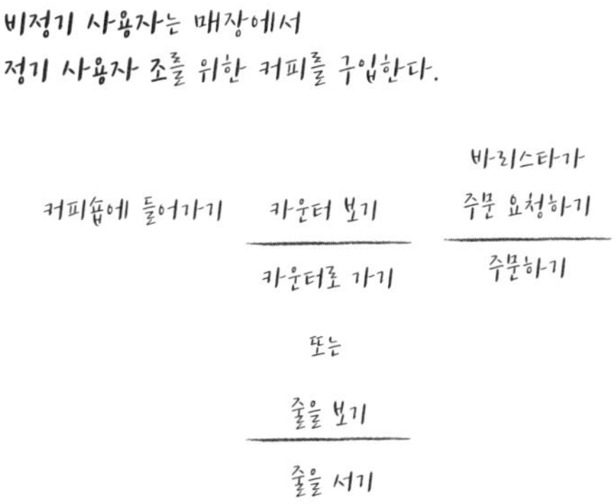

비정기 사용자는 매장에서
정기 사용자 조를 위한 커피를 구입한다.

커피숍에 들어가기 카운터 보기 바리스타가
주문 요청하기

카운터로 가기 주문하기

또는

줄을 보기

줄을 서기

그림 15-7 의사결정 지점은 메인 스토리로 돌아가거나 다른 스토리로 이어진다.

사용자가 보고 수행하는 것을 계속해서 생성하기

시나리오가 끝날 때까지 사용자가 보고 수행하는 다음 작업을 계속 기록해 보자. 예시 시나리오에서 비정기 사용자는 정기 사용자 조를 위해 커피를 주문했다. 시나리오는 비정기 사용자가 주문된 커피를 픽업하는 절대적인 종료 상태가 포함돼 있기 때문에, 종료 상태에 도달할 때까지 과업을 계속 생성하자(그림 15-8).

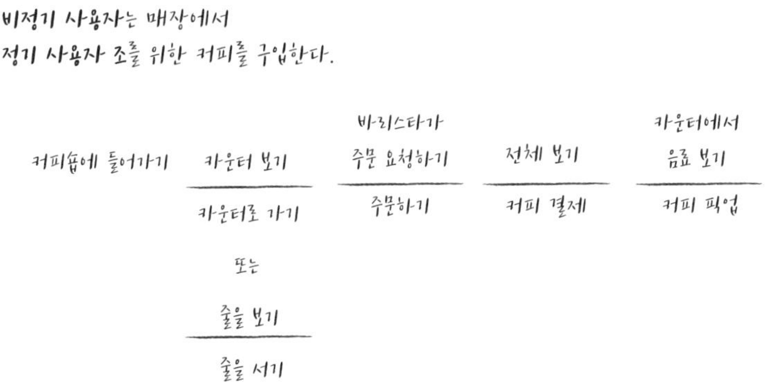

비정기 사용자는 매장에서
정기 사용자 조를 위한 커피를 구입한다.

커피숍에 들어가기 카운터 보기 바리스타가 전체 보기 카운터에서
주문 요청하기 음료 보기

카운터로 가기 주문하기 커피 결제 커피 픽업

또는

줄을 보기

줄을 서기

그림 15-8 시나리오의 종료 상태에 도달할 때까지 다음 단계를 계속 기록한디.

팀원들은 시나리오가 끝나는 위치에 대해 이견을 가질 수 있다. 첫 번째 단계에서와 마찬가지로, 다이어그램의 일부로 이해되는 모든 사항을 기록하자. 잘 맞지 않는 단계는 옆으로 빼놓고 나중에 다시 검토한다. 과업 순서를 다듬는 다음 활동이 진행되는 동안, 빼놓았던 단계를 함께 검토한다. 또는 추후 진행될 과업 흐름 다이어그램에 포함될 수 있다.

단계 생성 작업을 마무리하고 다듬는 단계로 넘어가기

사용자가 시나리오의 끝까지 다다르거나 토론이 충분히 진행됐다고 느낄 때까지, 사용자에게 무엇을 보고 무엇을 하는지 계속 물어보자. 팀이 모든 과업이나 의사결정 지점을 생성하지 않았다고 해도 괜찮다. 다음 활동에서 팀은 이러한 단계를 개선하고 추가 과업을 더하고 제거한다. 구체화하기 위해 과업 흐름을 최적화해야 할 필요성을 강조하자.

> "지금까지 우리는 사용자가 본인의 과업을 어떻게 완료하는지를 살펴봤습니다. 이제 그 내용을 더 쉽고 매끄러우며 즐겁게 만들어줄 방법을 찾아봅시다."

활동 3: 과업과 순서 다듬기

과업을 생성할 때 과업 흐름을 개선하는 데 필요한 요소를 제공한다. 팀이 어떻게 하면 더 쉽고 단순하며 즐겁게 만들 수 있을까? 아니면 헝거 게임 hunger game을 디자인한다면, 팀은 어떻게 더 어렵고 위험하며 치명적인 경기를 만들 수 있을까?

이 활동에서 팀은 다음과 같은 작업을 수행한다.

1. 과업의 순서를 변경해 인터랙션을 더욱 쉽게 만드는 방법을 찾는다.
2. 과업을 제거하는 방법을 찾는다.
3. 과업을 자동화할 방법을 찾는다. 사용자가 과업을 수행할 필요가 없어진다.
4. 주요 시나리오를 더 쉽게 만들기 위해 의사결정 지점을 도입하는 방법을 찾는다.

이러한 과업 흐름의 정제 과정을 통해 더 나은 제품을 만들 수 있다.

프레임

무엇을 할 것인가?	과업 순서를 다듬는다.
결과는 무엇인가?	최종 과업 순서
이 활동이 왜 중요한가?	팀이 구축하고 테스트할 최적화된 과업을 디자인할 수 있다.
어떻게 그 일을 할 것인가?	모두 함께 작업한다.

순서를 정교하게 하려면 다음과 같이 말해보자.

"과업 순서를 더 쉽게 완성할 수 있는 방법을 찾아봅시다."

과업 순서 개선하기

과업 흐름에 대한 다이어그램을 검토하고, 과업 순서를 바꿀 곳을 찾아보자. 사용자가 다른 순서로 과업을 완료하는 것이 더 쉬울지 팀에 물어보자. 종종 기존 프로세스는 조직이 과거에 수행한 방식을 수용하도록 디자인됐다. 또는 사용자가 쉽게 사용할 수 있도록 고려하지 않고 제작됐다. 팀원들에게 과업이 사용자가 행동하는 순서대로 표시돼야 하는 이유를 물어보자. 그리고 해당 과업 순서를 변경할 경우 시나리오가 더 나은지 여부를 물어보자.

제거할 단계 조사하기

단계를 제거하면 사용자가 시나리오를 더 쉽게 완료할 수 있다. 단계가 적을수록 해야 할 일이 적어지고, 생각을 바꾸거나 실수할 기회가 적어진다는 의미다. 팀이 제거할 수 있는 모든 단계를 확인해보자.

자동화할 단계 조사하기

때로는 단계를 제거할 수는 없지만, 단계를 자동화해 제품이 사용자를 위해 자동으로 단계를 수행하게 만들기도 한다. 사용자 관점에서는 프로세스가 여전히 쉽다. 팀의 관점에서 보면 해당 프로세스는 아마도 더 많은 작업이 필요할 것이다.

결합할 단계 조사하기

팀은 종종 자동화를 통해 여러 단계를 한 단계로 통합한다. 사용자는 동일한 결과를 경험한다. 통합되는 단계는 사용을 포기하거나 오류를 직면할 기회가 적은 더 쉬운 프로세스일 것이다. 그러나 자동화 외에도 단계를 결합시킬 수 있는 다른 기회를 찾아보자. 기존 프로세스는 결합 가능한 많은 기회를 보여준다. 팀은 새로운 사고, 기술 및 비즈니스 프로세스를 통해 과거에 분리해야 했던 단계를 합칠 수 있다.

다른 시나리오로 이동할 단계 조사하기

너무 길거나 복잡하고, 의사결정 지점이 너무 많은 과업 흐름 다이어그램은 동일한 다이어그램에서 둘 이상의 접점을 매핑했음을 나타낸다. 이 방식이 유용하다면 다이어그램을 그대로 유지하자. 하지만 일반적으로 별도의 접점을 식별해 별도의 다이어그램으로 옮기는 것이 더 유용하다.

각 접점으로 구분된 별도의 다이어그램을 통해 팀은 특정 인터랙션에 집중할 수 있으므로, 더 잘 구축할 수 있다. 큰 접점 다이어그램을 여러 개의 작은 다이어그램으로 나눌 기회를 찾아보라. 이는 사용자가 제품과 어떻게 상호작용하는지에 대해 명확하게 사고하게 한다.

개선을 마무리하고 세부사항을 이해하는 과정으로 이동하기

팀이 과업 흐름을 개선하고 나면 역할이 끝났다고 생각할지도 모른다. 그러나 과업 흐름은 인터랙션의 특정 세부사항에 대한 토론이 불가능하다. 다이어그램을 수정해 최종 과업 순서를 기록하자. 이어지는 대화는 매우 다양하다.

접점 다이어그램에 대한 대화

접점 다이어그램은 팀이 한눈에 전체 인터랙션을 볼 수 있게 하므로, 팀은 사용자에게 방해가 되는 이슈를 식별하고 찾을 수 있다. 다이어그램의 개별 과업을 통해 특정 단계를 확대해 이해할 수 있다. 확대, 축소 기능은 팀이 정지된 시점으로 다양한 관점에서 상호작용하는 모습을 살펴보게 한다. 이러한 다양한 관점은 팀이 새로운 인터랙션을 구축하고, 기존 인터랙션을 최적화하고 개선하는 방법을 계획하는 데 도움이 된다.

접점 다이어그램은 팀에서 일반적으로 나누는 인터랙션에 관한 5가지 대화 주제의 관련이 있다.

1. 인터페이스
2. 데이터
3. 비즈니스 프로세스
4. 콘텐츠
5. 분석 결과analytics

인터페이스: 사용자는 과업을 어떻게 완료하는가

인터페이스는 제품의 가장 구체적인 부분으로, 대부분의 팀에서 큰 주목을 받는 영역이다. 가장 간단한 형태의 인터페이스로, 접점 다이어그램에서는 모든 '보기/실행'에 대해 개별 인터페이스를 가정할 수 있다. 그러나 디지털 영역에서는 여러 단계를 한 화면에 쉽게 결합할 수 있다. 동일 화면에서 여러 단계가 발생할 것임을 나타내려면, 해당 단계 주위에 직사각형을 그려 서로 연결한다.

대부분의 접점 다이어그램은 단일 채널에 초점을 맞추지만, 다이어그램에 다른 채널로의 연결을 바로 표시할 수 있다. 예를 들어 일부 인터랙션은 단일 SMS 또는 이메일 메시지를 시작한다(그림 15-9).

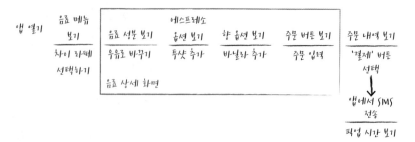

그림 15-9 동일 화면에서 나타나는 여러 단계 주위에 사각형을 그리고, 다른 채널에서 시작되는 짧은 인터랙션은 구분해 표시한다.

데이터, 비즈니스 프로세스 및 콘텐츠: 과업 지원을 위해 무엇이 필요한가

데이터는 제품 팀이 직면하는 가장 큰 제약 조건이자 가장 어려운 개발 작업을 구성한다. 접점 다이어그램은 팀이 전체 인터랙션을 보고, 시나리오를 지원하려는 데이터 및 필요한 데이터를 식별할 수 있게 한다.

데이터 관련 요구사항을 논의하려면 팀이 갖고 있거나 필요한 데이터를 접점 다이어그램 아래 세로 열에 기록하자. 열은 너무 많은 시각적 노이즈로 다이어그램을 가리지 않고, 별개의 단계에 데이터 주석을 연결한다(그림 15-10).

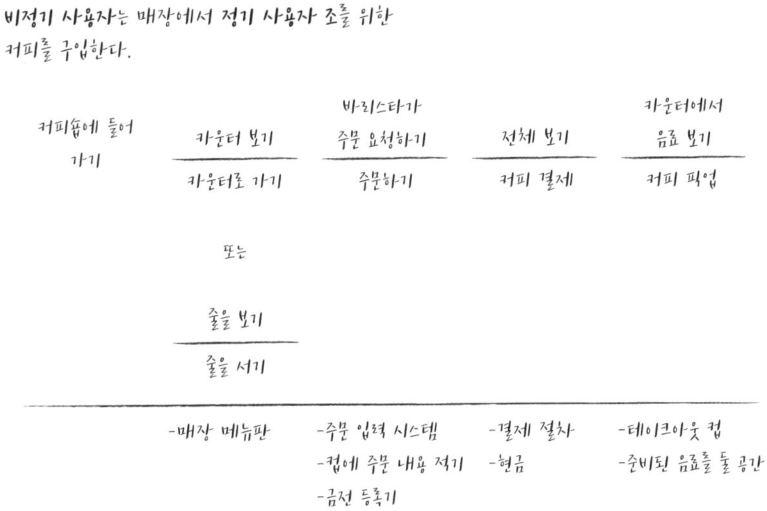

그림 15-10 접점 다이어그램에 데이터 관련 니즈 및 요구사항을 주석으로 추가한다.

일부 과업은 특정 행동에 대한 승인, 제한, 보고 같은 비즈니스 프로세스와 관련될 수 있다. 데이터와 마찬가지로 하단에 과업에 영향을 미치거나 과업의 영향을 받는 비즈니스 프로세스를 기록하라.

또한 인터페이스에도 콘텐츠가 필요하다. 인터랙션을 구축하거나 지원하기 위한 텍스트, 이미지, 비디오, 오디오, 향, 사람이 필요하진 않은가? 각 과업 아래 영역에 이 모든 정보를 기록하라. 공식적인 비즈니스 요구사항이나 사용자 스토리가 있는 경우, 요구사항 또는 스토리 ID는 팀과 의사결정자가 전체 제품에 요구사항 및 스토리가 어떻게 연결되는지 추적하는 데 도움이 된다.

분석: 무엇을 측정할 것인가

안타깝게도 팀은 인터페이스, 데이터 및 프로세스에 너무 쉽게 초점을 맞추기 때문에 성공을 측정하기 위해 추적해야 할 항목을 놓친다. 과업 흐름의 순서는 전체 인터랙션을 쉽게 파악해 분석 결과를 적용할 위치를 식별할 수 있게 한다.

시나리오의 모든 단계를 측정하려는 마음이 들 수도 있지만, 너무 많은 데이터는 데이터가 없는 것보다 더 나쁘다. 올바른 데이터에 집중하자. 인터랙션에서 가장 중요한 단계는 무엇인가? 사용자들이 해당 기능을 사용할지 여부를 식별하기 위해 얼마나 많은 사람이 과업을 완료했는지 알고 싶은가? 사용적합성 문제를 파악하기 위해 과업 시작 횟수와 완료 횟수를 비교해야 하는가?

이러한 분석 결과를 측정하고 기록하기 위해 무엇이 필요한지 생각해보자. 주요 인터랙션은 덜 중요한 인터랙션보다 더 많이 측정해야 한다. 어떤 인터랙션이 그렇게 중요하지 않다면 더 적게 측정하거나 아예 측정하지 않아도 된다.

경험의 개별 부분을 보여주는 접점 지도

조직이 점점 더 많은 접점을 설계함에 따라 접점 다이어그램은 팀이 인터페이스, 데이터, 프로세스, 콘텐츠, 측정에 관한 대화를 통해 작업을 진행하는 데 도움이 된다. 사용자 스토리 정의를 지원하기 위한 접점을 문서화하거나 필요에 따라 토론을 활성화시키기 위해 접점을 스케치한다.

접점 다이어그램은 팀이 개별 인터랙션을 확대 및 축소해볼 수 있게 한다. 이 과정처럼 제품은 전체 생태계에 걸쳐 확장되고, 팀 역시 이러한 환경을 확대 및 축소해봐야 한다. 16장에서는 동일한 기술을 사용자 여정과 경험 지도 다이어그램에 적용해 팀이 사용자의 삶과 니즈에 부합하는 제품을 디자인할 수 있도록 할 것이다.

여정 지도와 제품의
적합성 이해하기

사용자들이 처음부터 제품을 접하지 못한다면 최적화된 접점도 소용이 없다. 사용자 여정과 경험 지도는 팀원들에게 제품이 존재하는 더 넓은 범위의 사용 환경을 보여주므로, 제품이 유용한 방식으로 사용자 니즈를 충족시키는지 확인할 수 있다.

16장에선 팀원들이 제품 환경 안팎으로 사용자 여정을 매핑하는 방법에 대해 설명할 것이다. 사용자 여정을 일련의 활동으로 매핑하는 방법을 배우겠지만, 여정이 팀의 지속적인 시금석, 즉 기준으로서의 역할을 할 때 진정한 가치를 발휘할 것이다.

여정과 경험 지도의 작동 방식

사용자 여정 워크숍은 처음에는 혼란스럽고 잘못된 시작점에서 시작되곤 하며, 모든 사람이 지도로 만들어지는 결과에 만족할 때까지 반복된다. 여정에 대한 매핑 작업은 접점 생성 결과와 다양한 채널, 단계에 대한 분석 결과를 결합해 사용자가 제품 생태계로 들어오고 나가는 방법을 기시적 관점으로 보여준다(그림 16-1). 팀원들은 다음의 3가지 단계로 지도를 제작한다.

1. 함께 접점을 생성한다.
2. 여정을 분석해 맥락을 이해한다.
3. 접점을 자세히 탐색한다.

활동이 끝나면 팀은 접점 목록을 작성하고, 사용자가 한 단계에서 다른 단계로 이동하는 시점을 파악한다.

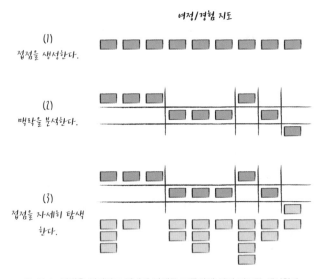

그림 16-1 접점을 생성하고 채널과 단계를 그룹화해 여정 지도를 생성한다.

사용자 여정을 지도로 만들 때

프로젝트를 시작해 탐색하는 중에 사용자 여정을 매핑해 팀이 제품을 사용자 환경에 어떻게 적합하게 만들 수 있을지 이해하도록 지원해보자. 성숙한 제품의 경우 팀이 전환conversion, 채택adoption 및 유지retention 관점에서 개선할 필요가 있을 때 여정 지도를 만들면 좋다.

입력 및 빠른 시작

여정에는 사용자와 목표가 필요하다. 팀이 사용자 프로필 캔버스(12장)를 완성한 경우, 그 목표 중 하나를 여정 지도에 활용하자. 사용자 프로필 캔버스 하단에서 정리된 과업은 여정 지도의 접점으로 변환될 수 있다(그림 16-2).

명쾌한 사용자 목표나 접점이 없다면 참가자에게 초반 두 활동을 진행하는 동안 목표와 접점을 생성하도록 요청하라.

사용할 재료

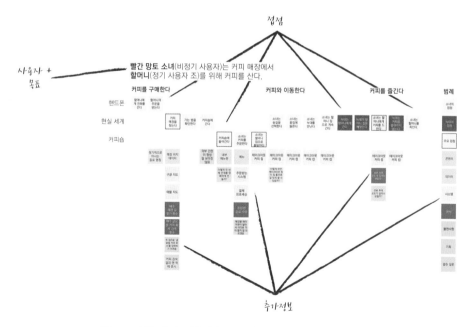

그림 16-2 여정 지도는 사용자와 목표, 접점, 채널, 단계의 네 부분으로 구성된다.

사용자와 목표

사용자와 목표는 변경될 가능성이 거의 없으므로 이동하거나 편집할 필요가 없다.

접점

접점은 일단 확인되면 필요에 따라 이동시킬 것이다. 각 접점을 쉽게 움직일 수 있는 포스트잇이나 작은 종이에 기록한다. 또는 지우거나 다시 쓰기가 쉽게 만든다.

추가정보

접점 지도와 마찬가지로 팀원들은 데이터, 콘텐츠, 분석 결과, 비즈니스 프로세스, 심지어 리서치와 관련한 추가정보를 기록할 수 있다. 이동시킬 수 있는 포스트잇이나 작은 종이에 추가정보를 기록하고, 쉽게 지우고 다시 쓸 수 있게 하면 관련된 접점을 이동시킬 때 추가정보도 함께 옮길 수 있다.

 웹사이트에서 템플릿, 프레임 자료, 원격 자원을 찾아 활용해보자(http://pxd.gd/interactions/journey-map).

활동 1: 접점 생성하기

접점 흐름에 사용자 과업을 매핑하면 여정은 한 단계 수준이 더 높아지고, 사용자 접점을 매핑하게 된다. 일부 팀은 조직에서 제어하는 접점으로 여정을 제한하기로 선택한다. 팀이 제품 생태계 안팎에서 접점을 살펴보면, 전환과 유지 관점에서 개선할 수 있는 더 많은 기회를 포착할 수 있다.

이 활동에서 팀은 다음과 같은 작업을 수행할 것이다.

1. 여정을 시작하기 위한 잘못된 시작점을 식별한다.
2. 이전의 접점을 식별한다.
3. 다음 접점을 식별한다.

사용자 프로필 캔버스(12장)에 적절한 접점이 있다면 해당 접점을 활용해 토론을 시작하자.

프레임

무엇을 할 것인가?	접점을 기록한다.
결과는 무엇인가?	제품 생태계 안팎의 접점 목록
이 활동이 왜 중요한가?	팀이 전환 및 유지 관점에서 개선할 수 있는 기회를 식별하도록 지원한다.
어떻게 그 일을 할 것인가?	모두 함께 또는 그룹으로 작업한다.

접점을 생성하는 프레임을 제안하려면 다음과 같이 이야기하자.

> "사용자 여정을 지도로 만들어서 제품을 더욱 매력적으로 만들 수 있는 기회를 찾아보려고 합니다. 먼저 사용자가 제품을 접하는 접점뿐 아니라 제품과 관련된 접점도 나열해 봅시다."

접점 생성 진행하기

모든 여정은 하나의 단계로 시작한다.

접점 목록이 이미 있다면 시간순으로 노드에 배치해보자. 예를 들어 사용자 프로필 캔버스를 사용해 과업 목록을 만들었다면(12장), 해당 목록을 보드에 배치하자. 기존 접점 목록이 없다면 팀원들에게 사용자가 언제 제품을 처음 접하는지 물어보라.

예를 들어보자. 빨간 망토 소녀가 커피를 사서 할머니에게 배달하는 방법을 개선하고 싶다고 가정해보자. 15장에서 우리는 소녀의 인터랙션을 커피숍에서 커피를 산 '비정기 사용자' 페르소나로 매핑했다. 이제 우리는 할머니의 커피를 사가는 소녀의 모든 여정을 지도로 만들어보고 싶다.

소녀는 어디에서 글로벌 커피 회사를 처음 접하는가? 여느 접점 다이어그램과 마찬가지로 이 질문에 대한 정답은 없으며, 첫 번째 대답은 나머지 대화의 시작점에 불과하다. 팀원들이 소녀의 여정이 소녀가 커피숍에 들어갈 때 시작되는 것으로 제안한다고 가정해보자. 보드에 관련 접점을 기록하자.

현재 상태나 미래 상태 선택하기

활동에 참여하는 사람들은 종종 현재 일이 어떻게 작동하는지, 또는 어떻게 작동하길 원하는지에 대한 접점을 만들어야 할지 묻는다. 개선할 점을 찾고자 한다면 현재 상태에 대한 여정을 매핑하자. 그리고 제품을 만든 후 어떻게 보이거나 어떻게 변경될지 이해하고 싶다면 미래 상태를 매핑하자.

현재 상태에 초점을 맞추든 미래 상태에 초점을 맞추든, 참가자는 현재 상태가 익숙하기 때문에 대체로 현재 상태를 사용하고 참조하며 기본값으로 설정할 것이다. 이는 사람들이 여정을 설명하는 가장 편안한 방법이다. 참가자가 미래 상태를 원하면서도 현재 상태를 설명한다면 현재 상태가 미래에 어떻게 변화되길 원하는지 이해하고, 달라질 접점을 수정하거나 그대로 놔둬라. 새로운 제품을 만들 때에도 일부는 그대로 유지될 것이다.

이전 접점에 대해 조사하기

보드에 기록된 접점을 보면서 이전에 어떤 일이 일어났는지 살펴보자. 사용자가 제품을 접하기 전에 어떤 일이 일어나는가? 사용자가 제품을 고려하는 요인은 무엇인가? 사용자는 어떻게 시작점에 도달하는가?

소녀는 커피숍에 들어가기 전에 무엇을 했는가? 그녀는 핸드폰에서 위치를 찾아 매장으로 안내하는 도움말을 따랐다. 무엇이 그녀가 위치를 찾도록 만들었을까? 그녀는 방금 할머니와 통화를 마쳤다.

보드에 이전의 접점을 각각 기록하라(그림 16-3). 이전 이벤트에 대한 충분한 정보가 있을 때까지, 왜 그리고 무슨 일이 있었는지 계속 물어보라. 할머니가 태어났을 시기 정도로 너무 멀리 가진 말고, 유용한 정도로 충분히 과거로 가보라.

빨간 망토 소녀(비정기 사용자)는 커피 매장에서
할머니(정기 사용자 조)를 위한 **커피를 산다**.

| 할머니에게 전화를 건다 | 할머니의 주문을 받는다 | 커피 매장을 찾는다 | 가는 법을 확인한다 | 커피숍에 간다 | 커피숍에 들어간다 |

그림 16-3 제품이 사용자의 전체 맥락에 어떻게 적합한지 이해하기 위해 이전에 무슨 일이 있었는지 묻고, 사용자가 무엇을 왜 어디에서 하고 있었는지 매핑해보자.

다음 접점 조사하기

여정에서 이전 단계를 살펴봤듯이 이후 단계도 살펴보자. 보드에 있는 마지막 접점에서 사용자가 다음에 무엇을 할지 물어보자. 그 후에 무슨 일이 일어날까? 사용자는 어디로 가고 있는가? 사용자가 무엇을 하고 있는가? 충분한 정보를 얻었다고 생각될 때까지 다음에 무슨 일이 일어날지 계속

물어보자.

소녀가 커피숍에 들어간 후 어떤 일이 일어나는가? 그녀는 커피를 주문한다. 우리는 그것이 어떤 모습일지 안다. 우리는 15장에서 소녀가 커피를 주문할 때부터 커피를 받을 때까지의 접점을 지도로 만들었다. 다음엔 또 무슨 일이 일어날까? 소녀는 할머니 집으로 출발해 숲길로 간다. 소녀는 꽃을 가져가려고 꽃집에 들른다. 소녀는 늑대를 만난다. 소녀는 할머니 집에 도착해서 할머니께 커피를 드린다. 할머니는 커피를 좋아하지 않는다. 빨간 망토의 소녀는 할머니를 죽인다.

보드에 이어지는 과업을 각각 기록한다(그림 16-4). 이어지는 이벤트에 대한 충분한 정보를 얻을 때까지 그 이유와 어떤 일이 있었는지 계속 물어보라.

빨간 망토 소녀(비정기 사용자)는 커피 매장에서
할머니(성기 사용자 조)를 위한 **커피를 산다**.

그림 16-4 시간이 지남에 따라 사용자가 제품과 어떻게 상호작용하는지 이해하기 위해 다음에 무슨 일이 일어날지 물어보고, 사용자가 하는 일을 매핑한다.

모르는 것을 이해하기 위해 조사하기

여러 가지 관점과 다양한 팀원들을 포용하면 새로운 내용을 배우게 된다. 새로운 것은 이상해 보이고, 오래된 물건처럼 명백해 보인다. 빨간 망토 소녀 이야기를 모른다면 왜 소녀가 할머니를 죽이는지 궁금해 할 것이다. 아마도 심지어 왜 할머니가 커피를 좋아하지 않았는지도 모를 것이다.

이해되지 않는 접점을 보면 사용자가 왜 그렇게 하는지 물어보자. 왜 소녀가 할머니를 죽이는가? 그건 진짜 할머니가 아니었기 때문이다. 할머니처럼 차려 입은 늑대다. 늑대는 왜 할머니처럼 옷을 입는가?

이해하기 위해 질문하면서 보드에 새로운 접점을 기록하자(그림 16-5).

빨간 망토 소녀(비정기 사용자)는 커피 매장에서
할머니(정기 사용자 조)를 위한 **커피를 산다.**

그림 16-5 맥락에 대해 자세히 알아보려면 이해되지 않는 접점에 대해 물어본다.

누락된 단계 조사하기

여정이 점점 더 많은 접점으로 채워지기 시작하면, 뒤로 한 발짝 물러서서 다른 곳과 비교해 비어 보이는 곳이 있진 않은지 확인한다. 어떤 일이 더 일어날지, 왜 그런지 물어보라. 팀원들이 간과했을지도 모를 접점을 찾아보자.

더 많은 영역을 다루기 위해 참가자를 그룹으로 나누기

참가자가 네다섯 명보다 많다면, 그룹으로 나눠 동시에 여정의 다른 부분을 조사하게 하라. 그룹이 탐색하는 과정에서 그룹 멤버를 자주 교환해 여정의 각 부분을 새로운 관점으로 보게 하고, 새로운 접점을 식별하게 한다.

여정을 선형화하기

내용을 시간순으로 정리하면 사람들은 내용이 일어나는 과정의 흐름을 상상한다. 사람들은 접점을 서로 다른 방향으로 분기시키고, 접점을 평행한 경로로 만들 수 있다. 팀원에게 대체 경로를 만들도록 권장하라. 이는 팀원들이 과정을 탐색하고 접점을 추가하게 만들 것이다. 다음 활동에서 각 접점이 해당 열에 배치돼 있어야 한다. 팀원들이 충분히 토론하고 문서화한 내용에 만족하면, 접점을 모두 한 줄로 재배치한다(그림 16-6).

빨간 망토 소녀(비정기 사용자)는 커피 매장에서
할머니(정기 사용자 조)를 위한 **커피를 산다.**

그림 16-6 접점 생성이 어느 정도 진행되면 접점을 이동시켜 한 줄로 세운다.

접점을 한 줄로 나란히 배치하면, 더 이상 시간 흐름이나 과정을 정확하게 반영하지는 못한다. 하지만 접점은 여전히 시간순으로 제안되며 그것으로 충분하다. 과정에 대한 정확한 다이어그램을 원한다면 과업 흐름을 만든다 (15장). 여정 지도에서 각 접점을 자세히 검토할 때 세로 열마다 배치한 하나의 접점은 큰 도움이 된다.

마무리 후 여정 구조를 분석하는 단계로 넘어가기

모든 사람이 지치거나 여정에 대한 새로운 아이디어가 더 이상 나오지 않으면 접점 생성 활동은 정체된다. 모든 접점을 챙길 수는 없으며, 모두 없어도 괜찮다. 여정에 대한 큰 개념을 이해하기에 충분하다.

> "지금까지 여정 안에서 접점을 잘 살펴봤으므로, 한 걸음 물러서서 여정의 구조를 살펴보겠습니다."

활동 2: 여정 구조 분석

접점이 길면 무슨 일이 일어나는지 상황을 파악할 수 있지만, 중요한 사항은 강조하지 않는다. 좋은 여정은 더욱 이로운 제품을 만드는 데 사용할 수 있는 유용한 정보를 강조한다.

쭉 늘어선 접점 중에 유용한 정보를 부각시키려면, 그리드를 사용해 흥미로운 기준에 부합하는 수직 또는 수평 구조를 만들어보자.

이 활동에서 팀원들은 다음과 같은 작업을 수행할 것이다.

- 시간별 여정을 분석한다.
- 인터랙션에 의한 여정을 분석한다.
- 여정에서 보이는 패턴을 분석한다.

프레임

무엇을 할 것인가?	여정에 적절한 구조를 적용한다.
결과는 무엇인가?	접점을 구성하는 흥미로운 방법
이 활동이 왜 중요한가?	팀원들이 제품을 더 유의미하게 만드는 방법을 파악하고 이해하도록 돕는다.
어떻게 그 일을 할 것인가?	모두 함께 작업한다.

여정에 대한 분석을 시작하기 위해 다음과 같이 말할 수 있다.

"지금까지 사용자가 겪는 접점에 대해 잘 알아봤습니다. 이제 여정의 다른 단계와 시스템을 이해하는 시간을 가져보려 합니다."

시간별 여정 분석하기

접점이 한 줄로 배치돼 있으면 시간은 한 방향으로 이동한다. 16장의 예시에서 시간은 왼쪽에서 오른쪽으로 움직인다. 그 방향이 미국에서 시간을 매핑하는 방식이기 때문이다. 우리는 또한 접점을 오른쪽에서 왼쪽으로, 위에서 아래로, 아래에서 위로 배치하는 등 다른 방향으로 매핑할 수도 있다.

시간별 여정을 분석하려면 타임라인을 분류하는 이유와 방법을 찾아보라. 여러분은 자신의 타임라인을 어떻게 나누겠는가? 모든 여정은 다르고, 모든 팀은 서로 다른 정보가 필요하므로 정답은 없다. 하지만 상황에 적용될 수 있는 일반적인 질문 목록을 중심으로 작업을 진행하자.

시간을 작게 나누기

타임라인은 종종 시간을 작은 조각으로 나눈다. 21세기 경제 연대표를 나눠본다면 경제 대공황 이전, 대공황 시기, 대공황 이후로 나눌 수 있다. 여기서 타임라인을 나누는 방법보다 더 중요한 것은 이유다. 타임라인을 여러 부분으로 분할하고, 타임라인의 각 부분에 있는 이벤트를 개별적으로 분석해 유용한 인사이트를 얻을 수 있다.

빨간 망토 소녀의 여정을 살펴보면서 타임라인을 여러 부분으로 구분할 수 있을까? 타임라인은 소녀가 커피를 사기 전, 커피를 살 때, 커피를 산 후로 구분할 수 있다(그림 16-7).

빨간 망토 소녀(비정기 사용자)는 커피 매장에서
할머니(정기 사용자 조)를 위한 **커피를 산다.**

그림 16-7 여정을 사용자 경험을 개선하는 방법에 대한 인사이트를 제공하는 시간 세그먼트로 나눈다.

시간을 단계로 분할하기

타임라인을 여러 부분으로 나누면 사용자가 다른 시간대에 다른 종류의 활동을 수행한다는 점을 알 수 있다. 이 예에서 소녀는 글로벌 커피 회사와

다른 방식으로 상호작용을 한다. 처음에 그녀는 할머니와 커피 주문에 대해 이야기한다. 그 다음 매장을 찾아간다. 그러고 나서 그녀는 커피를 주문하고, 마지막으로 할머니에게 커피를 배달한다.

각 단계에서 소녀는 다른 유형의 과업을 수행한다. 타임라인에서 사용자가 다른 유형의 과업을 완료하는 위치를 찾아보자. 표 16-1은 서로 다른 팀원이 어떻게 여정을 단계별로 구분했는지에 대한 예를 보여준다.

표 16-1 사용자 여정에 대한 일반적인 단계 구분

여정	사용된 단계
제품/서비스 선택	-발견하기
	-평가하기
	-선택하기
	-소비하기
서비스 경험[1]	-사용자가 서비스를 구매하기 전
	-사용자가 서비스를 구매하고 처음으로 사용하기 시작
	-사용자가 정기적으로 서비스를 사용하는 동안
	-사용자가 서비스를 사용한 후
여행	-조사 및 계획
	-쇼핑
	-예약
	-사전 예약 및 여행 전
	-여행
	-여행 후

---

1 Megan Erin Miller, "Understanding the Lifecycle of Service Experiences", 「Practical Service Design」, 22 Sept. 2016(blog.practicalservicedesign.com/understanding-the-lifecycle-of-service-experiences-33b29257f401)

게이밍[2]	-인식
	-선택
	-구매
	-플레이
	-공유
가구 쇼핑	-보는 것에서 영감을 받음
	-비슷한 형태 탐색
	-평가
	-구매
주요 프로젝트	-기회 식별하기
	-검증하기
	-계획하기
	-실행하기

시간을 시스템으로 구분하기

여정은 사용자들이 제품과 상호작용할 때 서로 다른 시스템을 어떻게 넘나드는지 보여준다. 사용자가 한 시스템에서 다른 시스템으로 이동하면, 해당 시간에 사용 중인 시스템을 기준으로 타임라인을 여러 섹션으로 분할하라.

예를 들어 소녀는 할머니에게 커피를 가져가기 위해 3개의 개별 시스템과 인터랙션한다. 첫째 그녀는 매장에 찾아가기 위해 가장 가까운 위치를 지도에서 찾는다. 둘째 그녀는 커피를 고르고 주문하기 위해 매장과 상호작용한다. 마지막으로 그녀는 커피를 운반하기 위해 커피 포장과 상호작용한다.

---

2 엔폼(nForm, 캐나다 사용자 경험 컨설팅회사 - 옮긴이)이 컴캐스트(Comcast) 게임 사이트를 위해 작성한 여정 참고(https://www.nform.com)

사용자에 의한 시간 분할하기

다른 시스템이 다른 지점에서 더 눈에 띄는 것처럼 보일 수 있듯이, 다른 사용자도 여정의 다른 지점에서 더 두드러지게 나타날 수 있다. 예시에서 커피 매장 직원과 늑대는 서로 다른 장소에서 두드러지게 나타난다. 팀원들이 제품을 더욱 유용하게 만드는 방법을 이해할 수 있도록, 단계에서 중요한 역할을 하는 배우를 식별하라.

다른 방법을 시도하고 한 가지에 안주하지 말자

여정을 수평적 세그먼트로 나누는 방법은 한 가지가 아니다. 팀은 본인들에게 가장 적절한 방법을 찾을 것이다. 다른 접근법을 시도하거나 두 가지 방법을 동시에 적용하는 것을 두려워하지 말자. 여정에 정답이란 없고, 오직 유용한 정보를 제공하는 여정인지가 중요하다.

인터랙션 중심으로 여정 분석하기

시간별 여정 분석은 타임라인을 수평적 세그먼트로 분류한다. 인터랙션별 분석을 하면 팀은 수직 공간을 활용해 여정에 대한 더 많은 정보를 밝힐 수 있다(그림 16-8). 여정의 접점에 대해 생각하는 유용한 방법은 다음과 같다.

- 소유(제어 가능 채널) 또는 미소유(제어 불가 채널): 접점은 누가 제어하는가?
- 온라인 또는 오프라인: 접점은 디지털 방식으로 제공되는가 아니면 현실 세계에서 실제 발생되는가?
- 위치, 채널, 기기: 접점은 이메일, 문자, 채팅, 웹, 전화, 대화 등 무엇을 통해 발생하는가?

팀이 인터랙션을 그룹화하는 방법을 파악하면 해당 접점을 열의 위아래로 이동시킨다. 예를 들어 제어할 수 있는 인터랙션과 제어하기 어려운 인터랙션을 식별하는 경우 제어할 수 있는 인터랙션이 맨 위에 있고, 제어하기 어려운 인터랙션은 가장 아래에 배치될 것이다(그림 16-8).

그림 16-8 접점을 위아래로 움직여서 인터랙션 유형별로 그룹화한다.

소유한 채널과 소유하지 못한 채널 식별하기

모든 여정은 사용자가 제품을 사용하면서 조직의 시스템 안팎을 어떻게 넘나드는지 매핑해야 한다. 모든 단계에서 누가 채널을 소유하는지 강조 표시해 여러분이 인터랙션을 제어할 수 있는지, 아니면 단순히 영향을 줄 수 있는지 파악하라.

빨간 망토 소녀 예시에서 소녀는 여러 시스템을 통해 과업을 수행한다. 먼저 커피 회사의 전용 앱을 사용해 매장을 찾고, 핸드폰 지도를 사용해 길을 찾아 커피숍으로 간다. 그리고 할머니 댁에 가기 위해 다시 핸드폰 지도를 사용한다.

팀원들이 소녀를 위한 제품을 개선하려 할 때, 팀은 가능한 옵션에 대해 이해하고 있다. 그들은 핸드폰의 지도 애플리케이션을 제어하려 하지 않는다. 하지만 지도 애플리케이션의 데이터에 영향을 줄 수 있다. 커피숍의 위치가 지도에 나타나는 것이다. 그리고 회사는 커피숍 매장을 통제하고 있어서 커피를 쉽게 주문하고, 픽업할 수 있게 만들 수 있다. 또한 팀은 산악 도로를 통제할 수는 없지만, 커피 컵과 음료 홀더를 잘 만들어서 걷거나 차로 커피를 쉽게 운반할 수 있게 할 수 있다.

온라인 및 오프라인 인터랙션 식별하기

디지털 시대에는 온라인과 오프라인에서 모두 상호작용이 일어난다. 실제로 여정에 오프라인 인터랙션이 없다면 주요 접점이 누락됐을 가능성이 크다. 소유한 채널과 소유하지 않은 채널과 마찬가지로 온라인과 오프라인 인터랙션에 주목하면, 해당 접점에서 경험을 향상시킬 수 있는 방법에 대한 추가정보를 팀에 제공할 수 있을 것이다. 온라인 및 오프라인 인터랙션이 경험을 통제할 수 있을까? 아니면 그저 영향을 주는 정도일까?

소녀가 여정을 거치면서 여러 온라인과 오프라인 인터랙션을 경험한다. 위치를 검색하고 길을 안내받는 것은 온라인이다. 매장으로 이동하는 경험은 온라인과 오프라인이 결합된다. 매장에서의 인터랙션은 모두 오프라인에서 일어난다. 할머니를 찾아가는 것은 다시 온라인과 오프라인이 결합되는 경험이고, 할머니를 방문하는 것은 오프라인에서 이뤄진다.

위치, 기기 및 채널 구분하기

접점의 위치 정보는 제품 팀에 인사이트를 추가로 제공한다. 위치는 사용자 주변에서 일어나는 상황과 어떤 유형의 정보나 인터페이스가 유용할지에 대한 주요 세부 정보를 제시할 수 있다.

소녀의 사례를 살펴보면 그녀는 매장 위치를 찾을 때 집에 있는가, 아니면 걷고 있는 중인가? 밖에서 돌아다니면서 위치를 찾는다는 것은 집안 소파에 앉아 찾는 것과는 엄연히 다르다.

온라인 인터랙션 또는 혼합된 인터랙션인 경우, 팀원들은 인터랙션이 일어나는 특정 기기나 채널을 식별할 수 있다. 위치를 찾기 위해 소녀는 핸드폰, 태블릿 또는 노트북을 사용하는가? 그녀는 앱이나 웹사이트를 사용하는가? 인공지능 시리^{siri}에게 물어보는가? SMS 문자, 채팅 또는 전화로 묻는가?

시간별로 분석할 때처럼 다른 접근법을 시도하거나 둘 이상의 방법을 적용해보자. 팀원들이 본인들에게 가장 유용한 정보를 식별할 수 있도록 도와주자.

여정에서 나타나는 패턴 분석하기

지금까지 팀에서 여정을 수평, 수직으로 구분해 유용한 정보를 추가로 제공하는 그리드를 만들어봤다. 그러나 어느 시점에는 사용할 수평, 수직 공간이 부족해진다. 이 경우 여정에서 나타나는 패턴을 접점 위에 표시해보자.

이미 조사한 것과 동일한 종류의 정보를 찾아보자.

- 시스템
- 사용자
- 소유 또는 비소유
- 온라인 또는 오프라인
- 위치, 채널, 기기

카드를 위아래, 좌우로 이동할 수 없다면 접점에 시각적 표시를 사용해 주요 내용을 강조하자. 색상, 점 및 아이콘은 특정 접점이 정해진 그룹에 속함을 나타낼 수 있다. 예를 들어 소녀가 핸드폰을 사용하는 모든 접점에는 핸드폰 아이콘을 표시할 수 있다. 늑대의 접점엔 빨강색을 칠하자. 커피가 있는 곳이면 검은 점을 추가한다. 범례를 추가하면 모든 사람이 지표의 의미를 알 수 있다(그림 16-9).

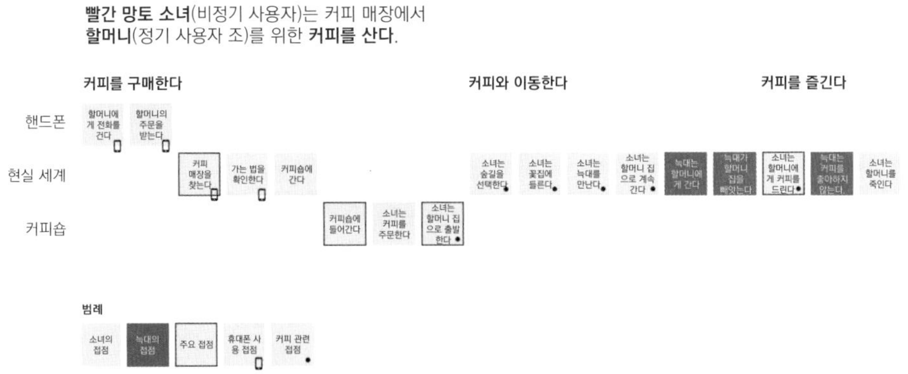

그림 16-9 여정에서 패턴을 보이는 접점을 표시한다.

마무리 후 특정 접점을 이해하는 단계로 넘어가기

이 분석은 여정을 광범위한 접점으로 나누고, 팀이 더 나은 제품을 만드는 데 활용할 수 있는 풍부한 추가정보와 맥락을 제공한다. 필요에 따라 여기서 멈추거나 특정 접점에 대해 더 자세히 알아보자.

"여정 구조의 관점에서 각 접점에 대해 더 자세히 알아봅시다."

활동 3: 접점을 구체적으로 살펴보기

여정의 구조를 분석할 때 여러 접전 그룹을 이해하고 고민히며 인사이드를 얻는다. 이제 세로 열로 구분된 각 활동에 초점을 맞춰, 개별 접점을 더 심층적으로 분석할 수 있다.

개별 접점을 분석하려면 각 접점을 차례로 돌아가며 접점 열의 하단에 추가 정보를 추가해보자.

이 활동에선 그룹별로 각 접점에 대해 토론하고 분석한다.

프레임

무엇을 할 것인가?	개별 접점을 분석한다.
결과는 무엇인가?	각 접점에 대한 추가정보
이 활동이 왜 중요한가?	여정 전반에 나타나는 추가 패턴과 각 접점의 특정 제약 조건과 요구사항을 제시할 수 있다.
어떻게 그 일을 할 것인가?	그룹으로 작업하며, 차례로 각 접점을 검토한다.

접점을 탐색하는 프레임을 제안하려면 다음과 같이 이야기해보자.

"각 접점을 더 심층적으로 파고들어 자세히 살펴보도록 하겠습니다."

접점 탐색 활동 촉진하기

접점으로 가득 채운 여정에서 일부 접점은 중요한 인터랙션을 보여준다. 그리고 접점은 어려운 제약사항이나 복잡한 비즈니스 요구사항을 드러내기도 한다. 2~5명으로 구성된 팀으로 작업하며, 각 접점을 심도 있게 검토해 인터랙션에 대한 중요한 정보를 식별한다.

팀은 여기에 설명된 모든 내용을 조사하진 않아도 된다. 제품에 가장 중요한 항목을 선별하고 선택하라. 정보를 기록할 때 각 접점에 해당하는 열을 중심으로 해당 단일 인터랙션에 대해 여러분이 알고 있는 모든 정보를 수집한다(그림 16-10).

그림 16-10 각 접점의 개별 열에 추가정보를 기록한다.

주요 인터랙션 조사하기

사용자가 한 유형의 인터랙션에서 다른 유형의 인터랙션으로 이동하는 접점을 찾아보자. 예를 들어 사용자는 온라인에서 오프라인으로, 한 시스템에서 다른 시스템으로 또는 한 채널에서 다른 채널로 이동한다. 이러한 접점은 사용자가 한 인터랙션에서 다른 상호작용으로 쉽게 이동할 수 있도록 디자인할 때 각별한 주의가 필요하다.

마찬가지로 사용자가 한 단계에서 다른 단계로 이동하는 접점을 찾아보자. 종종 이런 변화는 사용자가 여정에서 계속 가기로 결정한 곳, 지향하는 방향을 나타낸다.

비즈니스 프로세스 조사하기

조직에서 제어하는 모든 접점에서 비즈니스 관련 프로세스를 식별하라. 예를 들어 소녀가 매장에 들어서면 글로벌 커피 회사는 고객의 주문을 받고 음료를 만드는 과정을 거친다.

다른 유형의 제품에선 업무 프로세스에 승인, 알림 및 다른 요구사항이 필요할 수 있다. 이런 접점의 경우 팀은 제품이 이런 프로세스도 지원하는지 확인해야 한다.

데이터 요구사항 조사하기

특히 디지털 제품에서 중요한 것은 각 접점에 대해 제품이 데이터를 표시해야 하거나, 수집해야 하거나 또는 참조해야 하는지의 여부를 확인하는 일이다. 예를 들어 소녀가 앱에서 매장을 찾을 때 앱은 각 매장에 대한 데이터가 필요하다. 그리고 소녀가 매장에서 커피를 주문할 때 바리스타는 정확한 음료 가격을 알려야 한다.

시스템 통합 조사하기

데이터와 마찬가지로 접점마다 해당 인터랙션을 지원하는 데 필요한 모든 시스템을 식별한다. 시스템은 데이터를 앞뒤로 전달한다. 그리고 접점은 시스템이 사용하는 모든 데이터와 관련된 시스템이 필요하다. 비즈니스 프로세스에는 시스템이 필요할 수 있다. 예를 들어 시스템은 승인을 처리하거나 알림을 보낼 수 있다.

콘텐츠 요구사항 조사하기

조직이 제어하는 모든 접점에서 필요한 콘텐츠를 파악하라. 사용자가 보는 데이터는 콘텐츠로 간주하며, 접점은 종종 설명 지침, 도움말 정보, 다국어 시스템의 콘텐츠 번역 등 다양한 종류의 콘텐츠가 필요하다.

분석 필요성 조사하기

프로젝트 목표에 따라 주요 지표를 측정할 수 있거나 측정해야 하는 접점을 식별하자. 예를 들어 앱에서 매장을 찾는 사용자 수를 측정하고, 길 안내를 제공하기 위한 링크를 연결하길 원할 수 있다. 또는 매장에 들어가는 사용자 수와 매장에서 받는 주문 수를 비교하길 원할 수도 있다. 어떤 분석이 유용할지 생각해보자. 지금 간단히 얻을 수 있는 분석과 데이터를 추적하는 데 더 많은 작업이 필요한 분석을 구분해 판단한다.

불편사항과 기회 조사하기

각 접점에서 사용자가 직면한 불편사항과 한계에 대해 논의해보자. 사용자 프로필 캔버스에서 불편사항을 파악했다면, 해당 사항을 여정에서 적용할 수 있는 위치에 매핑하자. 팀은 사용자가 어려움을 극복할 수 있도록 어떻게 도울 수 있을까?

마찬가지로 팀은 각 접점에 대한 기회를 명확하게 파악할 수 있다. 인터랙션을 개선하거나 사용자 불편을 개선하기 위한 새로운 아이디어를 모아보자.

열린 질문으로 생각하기

팀은 각 접점에 대해 고르지 않은 정보를 갖고 있다. 대부분의 경우 정보가 누락된 것은 괜찮다. 모든 접점에 대해 모든 사항을 채울 필요는 없다. 하지만 때로는 팀이 대답할 수 없는 중요한 문제에 부딪치기도 한다. 각 접점의 세로 열에 이렇게 답을 찾지 못한 열린 질문을 기록해두자.

여정 지도는 더 나은 제품을 만드는 비법

사용자가 제품을 사용하는 여정을 기록하면 팀은 제품을 각 사용자에게 더욱 유의미하고 유용하며 편리하게 만들 수 있다. 사용자가 필요할 때 바로 필요한 것을 제품이 제공할 때, 행복감을 느끼는 사용자와 기쁨의 순간을 만들어낼 수 있다.

지금까지 팀이 제품을 어떻게 만들어야 하는지, 왜 다른 기능이 필요한지에 대해 이야기했다. 팀이 이러한 생각을 실제 제품으로 바꿀 수 없다면 이모든 이야기는 시간을 낭비한 것이다. 17장에선 팀이 제품에 필요한 인터페이스를 생각하고 만드는 방법을 살펴볼 것이다.

5부

인터페이스

경험 기계로서 조직은 직원과 고객 모두를 위한 경험을 생성한다. 직원과 고객은 이러한 경험을 위해 인터페이스에 참여한다. 인터페이스는 이러한 경험을 가능케 하고 촉진시키며 추진한다.

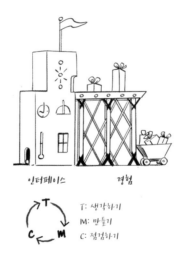

조직은 사용자 경험 공장이다. 아이디어가 들어가면 모든 사람은 자신의 역할을 맡고, 직원과 고객을 위한 경험을 만들어내는 인터페이스가 결과물로 나온다.

인터페이스는 경험을 이끌어내기 때문에 프로젝트는 인터페이스에 많은 시간과 노력을 들인다. 와이어프레임을 디자인하길 원하거나 프론트엔드

CSS를 작동시키길 원하는 경우, 또는 사용자가 어떻게 행동하는지 분석하려는 경우 팀원들은 인터페이스에 중점을 둔다. 화면은 모든 사람이 의논할 수 있는 구체적인 것이다.

여기에서는 인터페이스의 여러 부분, 인터페이스의 다양한 유형, 인터페이스 충실도를 제어하는 방법 등을 살펴보고, 팀과 클라이언트와의 인터페이스에 대한 생각하기-만들기-점검하기 활동을 수행해본다.

조직이 더 나은 경험을 구축할 수 있도록 팀원들이 인터페이스에 대해 고민하고 만들어가는 방법을 변화시켜보자. 여러분은 더 나은 사용자 경험을 만들어내기 위해 더 잘 협력할 것이다. 아이디어가 들어가면 모든 사람은 자신의 역할을 하고, 직원과 고객을 위한 경험을 만들어내는 인터페이스가 결과물로 나온다.

17장

인터페이스의
가시적 영역과 비가시적 영역

어떤 시스템이든 '최종 사용자가 제품과 어떻게 상호작용하는지' 스스로에게 물어보자. 사용자는 전화를 거는가? 이메일을 보내는가? 웹사이트를 찾아보는가? 특정 양식의 메일을 사용하는가? 동료와 얘기를 하는가?

최종 사용자가 제품과 어떻게 상호작용하는지 묻는다면 답은 인터페이스다. 인터페이스는 많은 조직이 다른 어떤 것보다 가장 많이 고민하는 주제다. 인터페이스는 경험 기계가 제어하는 경험의 마지막 부분이며, 매우 구체적인 특징이 있다. 하지만 인터페이스는 구체적으로 보이는 것이 다가 아니며, 훨씬 더 많은 영역을 아우른다.

17장에서는 인터페이스의 가시적 영역과 보이지 않는 비가시적 영역에 대해 알아본다. 화면screen 같은 인터페이스의 가시적 요소에 초점을 맞추면 보이지 않는 요소 즉 장면scene을 간과하기 쉽다. 모든 인터페이스 화면은 전체 장면에서 한 단계, 사용자 여정의 한 단계일 뿐이다(그림 17-1).

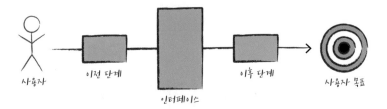

그림 17-1 인터페이스는 목표를 향한 사용자의 전체 여정에서 한 단계일 뿐이다.

실제 인터페이스

당신은 실제 인터페이스나 인터페이스 모델에 대해 이야기할 수 있다.

웹사이트를 둘러보면서 사용하기 어려운 위젯, 명확하지 않은 설명을 발견한다면 이는 실제 인터페이스를 확인하는 활동이며, 이 활동에서의 분석은 고객이 실제 인터페이스와 상호작용하는 방법을 측정하는 것이다(그림 17-2).

인터페이스 모델

각 디자인 직군은 서로 다른 종류의 인터페이스에 초점을 둔다. 건축가는 건물을 디자인하고, 인테리어 디자이너는 방을 디자인한다. 서비스 디자이너는 서비스를 만들고 사용자 인터페이스 디자이너는 화면을 만든다. 여러분은 본인의 디자인 취향에 관계없이 디자인을 생각하고 만들며 점검하는 작업을 하면서, 아마도 어떤 종류의 인터페이스 이미지를 검토하게 될 것이다. 이때 실제 인터페이스를 보는 것이 아니라 인터페이스 모델을 검토한다.

인터페이스 모델을 이야기할 때 건물, 이메일, 채팅, 전화번호 연락처, 스크립트, 웹사이트, 애플리케이션 및 자동차 등 가능한 모든 것에 대해 이야기할 수 있다. 다만 이 책에서 대부분의 예시는 디지털 제품과 서비스 화면을 참조한다.

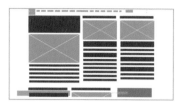

그림 17-2 왼쪽에 있는 실제 인터페이스는 실제 제품 또는 서비스다. 오른쪽에 있는 인터페이스 모델
은 인터페이스에 대한 이미지다.

인터페이스의 4가지 가시적 영역

실제 인터페이스에 대해 이야기를 하든 인터페이스 모델에 대해 이야기를
하든, 인터페이스의 4가지 가시적인 영역 중 하나에 대해 이야기를 하게
될 것이다.

- 콘텐츠: 인터페이스가 전달하는 내용
- 기능functionality: 인터페이스에서 수행할 수 있는 기능
- 레이아웃layout: 인터페이스 구성 방법
- 디자인: 인터페이스 표시 방법

1. 콘텐츠

콘텐츠는 인터페이스가 사용자에게 명시적으로 전달하는 모든 내용을 포
함한다. 콘텐츠는 사용자가 인터페이스에서 추론할 수 있는 내용을 포함
하지는 않는다. 예를 들어 웹사이트에서 콘텐츠는 텍스트와 이미지를 포
함한다(그림 17-3). 영화에서 콘텐츠는 텍스트, 이미지, 소리를 포함한다(그

림 17-4). 아마존의 에코닷$^{Echo\ Dot}$ 같은 하드웨어 제품에서 콘텐츠는 아마존 로고, 아이콘, 인공지능 스피커인 알렉사^{Alexa}가 말하는 내용을 포함한다(그림 17-5). 나무 숟가락은 콘텐츠가 없다(그림 17-6).

그림 17-3 웹사이트에서 콘텐츠는 텍스트와 이미지를 포함한다.

그림 17-4 영화에서 콘텐츠는 텍스트, 이미지 및 소리를 포함한다.

그림 17-5
아마존 에코닷에서 콘텐츠는 아마존 로고, 아이콘(이미지), 알렉사가 말하는 모든 것을 포함한다.

그림 17-6
나무 숟가락 같은 일부 인터페이스에선 콘텐츠가 없다(사진 출처: 마르코 버치(Marco Verch), www.flickr.com/photos/30478819@N08/38273620312).

2. 기능

기능은 인터페이스가 어떤 일을 할 수 있게 해주는 것을 의미한다. 우리는 구글 홈 화면에서 검색어를 입력하고 검색 버튼을 누를 수 있다(그림 17-7).

그림 17-7 구글 홈 화면의 기능을 사용해 검색어를 입력한 후 검색 버튼을 누를 수 있다.

어포던스

디자이너는 기능을 어포던스[행동유도성, affordance]와 연관 지어 이야기하기도 한다. 디자인 사상가 도널드 노먼[Donald A. Norman][1]은 어포던스를 '물건이 어떻게 사용될 수 있는지 결정하는 속성'이라고 설명했다.

기능은 디자이너가 의도해 정의한 인터페이스 사용 방법에 국한되지 않는다. 누구든 기능을 만들어 사용할 수도 있다. 나무 숟가락도 마법사 헤르미온느[Hermione]의 지팡이가 될 수 있는 것이다(그림 17-8).[2]

---

1   도널드 노먼, 『디자인과 인간 심리(The Design of Everyday Things)』, 박창호 옮김, 학지사, 2016
2   물건의 속성에 대해 이야기할 때 우리는 여전히 어포던스를 이야기한다. 노먼은 디자인할 때 이제 어포던스 대신 '기호(signifier)'를 참조하라고 권한다(Donald A. Norman, "Signifiers, Not Affordances", 『Jnd. org』(jnd.org/signifiers_not_affordances/), 17 Nov. 2008).

그림 17-8
나무 숟가락은 또한 지팡이가 되기도
한다.

3. 레이아웃

레이아웃은 인터페이스가 어떻게 구성되는지를 설명한다. 구글은 홈 화면
에서 화면 중앙에 검색 기능을 배치하고, 가장자리에 보조 기능을 넣었다
(그림 17-9). 아마존은 에코닷 제품의 윗면에 아이콘, 스피커 및 버튼을 배
치하고, 브랜드 로고는 측면에 넣었다(그림 17-10).

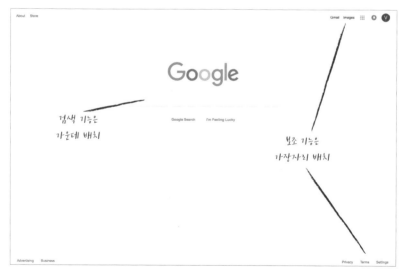

그림 17-9 구글은 화면 중앙에 검색 기능을, 가장자리에 보조 기능을 배치한다.

상단에 기능 배치

측면에 로고 배치

그림 17-10 아마존은 에코닷 제품의 상단에 기능을, 측면에 브랜드 로고를 넣어 구성했다.

4. 디자인

디자인은 인터페이스가 보여지는 방법이다. 구글과 빙^{Bing}은 둘 다 웹 검색 기능을 제공하지만, 홈 화면은 다르게 보인다(그림 17-11). 숟가락을 구매 한다고 해보자. 다양한 숟가락 디자인의 세계가 펼쳐진다(그림 17-12).

그림 17-11 구글과 빙은 검색 화면에 다른 디자인을 적용한다.

그림 17-12 나무 숟가락도 다양한 디자인으로 제공된다(사진 출처: 마르코 버치, www.flickr.com/photos/30478819@N08/38273620312).

형태 VS 기능

'형식은 기능을 따른다form follows function'는 것은 디자이너가 물건을 디자인할 때 기능도 함께 고려해 디자인해야 함을 의미한다. 이는 좋은 디자인을 만드는 방법에 대한 한 의견이다. 하지만 형태form와 기능functionality은 서로 관련이 없다.

디자이너는 형태를 선택한다. 그리고 기능은 디자이너의 의도와 사용자의 상상력에서 나온다. 디자이너는 형태를 제어하고, 디자이너와 사용자는 기능에 대한 제어권을 공유한다.

인터페이스의 비가시적 영역

누구든 화면을 상상할 때 인터페이스의 가시적인 부분인 콘텐츠, 기능, 레이아웃 및 디자인을 떠올린다. 그러나 그들은 또한 누가 화면을 사용할지, 왜 사용하는지, 이전에 무슨 일이 일어났는지 그리고 다음에 무슨 일이 일어날지, 인터페이스의 보이지 않는 부분에 대해서도 가정한다. 여러분도 화면 와이어프레임 초안을 작성하더라도 그 와이어프레임은 전체 장면에서의 해당 단계의 스냅샷을 기록하는 것이다.

모든 인터페이스에는 4개의 비가시적 영역이 존재한다(그림 17-13).

- 사용자
- 사용자가 완료하려는 과업
- 이전 단계
- 이후 단계

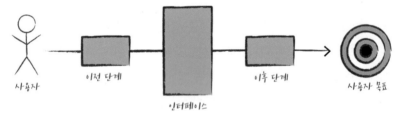

그림 17-13 인터페이스에는 사용자, 목표, 이전 단계, 이후 단계 등 4가지 보이지 않는 영역이 있다.

사용자

여러분과 팀은 인터페이스에 대해 이야기할 때 사용자를 상상한다. 사용자를 언급하지 않더라도 모든 사람은 사용자를 상상한다. 기능을 사용하는 사람을 상상하지 않는다면 기능에 대해 생각할 수 없다. 인터페이스에 설

정한 어포던스는 사용자가 사용할 수 있어야 한다(손으로 숟가락을 잡는다. 손
가락으로 버튼을 누른다).[3]

사용자 목표와 과업

인터페이스는 누군가 인터페이스를 사용해 목표를 달성할 것이라고 가정
한다. 인터페이스를 디자인할 때 사용자가 해당 목표에 도달할 수 있게 디
자인하고자 한다. 여러분은 그 이유를 위해 인터페이스를 구축하는 것이다.

이전 단계

사용자는 어떤 인터페이스에서든 인터페이스를 보기 전에 무언가를 하거
나 본다. 팀원들이 한 화면에 대해 이야기할 때 그들은 바로 전에 일어났던
일을 추측한다. 그리고 전체 장면을 상상한다.

이후 단계

인터페이스를 생각할 때 이전 단계를 상상하는 것처럼 다음 단계도 상상
한다. 사용자가 숟가락을 들거나 검색 버튼을 누른 후 어떤 일이 일어나는
지 상상하는 것이다.

실제 인터페이스 또는 인터페이스 모델에 대해 논의할 때마다, 인터페이스
의 가시적인 부분과 비가시적 부분을 함께 고민하게 된다. 인터페이스를
디자인하려면 가시적 인터페이스와 비가시적 인터페이스를 함께 디자인해
야 한다.

---

3   Andrew Hinton, 『Understanding Context Environment, Language, and Information Architecture』,
     "Perception, Cognition, and Affordance", O'Reilly Media, 2014

인터페이스의 비가시적 영역이 가장 중요하다

팀원들이 인터페이스의 가시적 영역에 집중하는 동안 가장 중요한 부분은
잘 보이지 않는다. 인터페이스에 대한 작업을 수행할 때, 보이지 않는 영역
을 잘 보이게 해야 팀이 올바른 결정을 내릴 수 있다. 18장에서는 인터페이
스의 가시적인 부분과 보이지 않는 부분에 대해 사고하는 방법을 살펴보기
로 한다.

18장

4코너 방법론으로
인터페이스 디자인하기

나는 예전에 웹사이트를 재디자인하는 프로젝트를 진행한 적이 있다. 프로젝트를 시작한 지 4주가 지났을 때 팀원들과 고객이 모두 참여하는 워크숍을 진행했다. 당시 15명의 참가자들에게 각자 2분 동안 웹사이트 홈페이지의 와이어프레임을 스케치하도록 요청했다. 시간이 지나고 타이머가 울리자 15장의 스케치를 모두 모아 회의실 벽에 테이프로 붙였다.

회의실 전체에 걸쳐 15가지 다른 버전의 홈페이지가 걸렸다. 여러 장의 스케치에서 공통적인 요소가 보였다. 많은 사람이 화면 상단에 큰 이미지를 포함시켰다. 이들 중 일부는 큰 이미지가 캐러셀 방식으로 작동하길 바랬다. 어떤 사람은 제품 또는 뉴스 항목을 목록으로 제공했고, 누구는 다른 유형의 사용자와 직접 대화하는 링크를 눈에 잘 띄게 배치했다.

4주 후에 같은 프로젝트에 참여한 15명이 홈페이지에 대해 서로 다른 비전을 가진 이유는 무엇일까?

누구나 화면에 대해 생각할 때 머릿속에 콘텐츠, 기능 및 레이아웃 등을 떠올린다. 그리고 누가 화면을 사용할지, 왜 사용할지, 어디서 접근했는지, 다음에 어디로 갈지를 가정한다.

와이어프레임은 화면에만 관련된 것처럼 보이지만, 실제로는 전체 장면에서 하나의 스냅샷을 포착한 것이다. 워크숍에서 참가자들은 각각 다른 보이지 않는 인터페이스를 상상했기 때문에 15가지 버전의 홈페이지를 스케치했다.

좋은 인터페이스를 만들어내려면 제대로 생각해야 한다. 4코너 방법론 4-corners method은 팀 또는 고객과 함께 사고하도록 도와주기 때문에 더 나은 인터페이스를 만들 수 있다. 팀은 더 나은 화면을 만들기 시작할 것이고, 여러분은 그들을 도울 것이다.

4코너 방법론 동작 방식

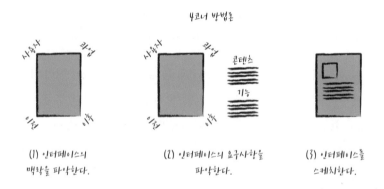

그림 18-1 먼저 인터페이스의 비가시적 영역을 파악한다. 그런 다음 필요한 콘텐츠와 기능을 확인하고, 마지막으로 인터페이스를 스케치한다.

4코너 방법론은 팀원들이 인터페이스의 가시적 영역과 비가시적 영역에 대해 생각하게 한다. 이 방법론은 캔버스를 사용하기 때문에 팀원들은 가시적 부분을 작업하기 전에 인터페이스의 비가시적 부분을 볼 수 있다. 그리고 팀원들은 다음과 같은 6가지 활동을 통해 디자인 이면의 디자인을 생각하도록 도와준다.

1. 사용자를 파악한다.
2. 과업을 파악한다.
3. 다음 단계와 이전 단계를 파악한다.
4. 콘텐츠 목록을 만든다.
5. 기능 목록을 만든다.
6. 화면을 스케치한다.

4코너 방법론은 팀원들이 인터페이스의 가시적 부분과 비가시적 부분을 고민하는 데 사용하는 시각적 체크리스트를 작성한다(그림 18-1). 팀원들은 사용자 여정에 대해 생각할 때, 최종 사용자와 조직 모두에게 더 많은 가치를 창출하는 더 나은 인터페이스를 디자인한다.

이 활동이 끝나면 팀은 다음과 같은 결과물을 얻는다.

- 인터페이스에 관한 스케치
- 인터페이스의 콘텐츠와 기능에 대한 설명

이 방법론으로 작업하면 팀은 화면에서 가장 중요한 사용자, 목표, 이전 및 다음 단계 등 인터페이스의 비가시적 영역에 대해 합의한다. 팀은 또한 어떤 콘텐츠와 기능을 보여줘야 하는지 인터페이스의 가시적 영역에 대해서도 의견을 조정한다.

4코너 방법론으로 인터페이스를 스케치할 때

인터페이스를 스케치하거나 검토해야 할 때면 언제든지 4코너 방법론을 사용하라. 나는 지금껏 디자이너, 개발자, 클라이언트와 함께 이 방법론을 사용해 모든 유형의 플랫폼, 기업 간 B2B, 소비자 간 B2C 웹사이트와 애플리케이션 화면을 성공적으로 디자인해왔다. 이 방법론은 언제 어디서든 통한다.

입력 및 빠른 시작

팀은 4코너 방법론을 사용하기 전에 제품 사용자에 대한 감각뿐 아니라 제품의 최종 상태에 대한 비전도 갖춰야 한다. 사용자와 최종 상태에 대한 공동 비전은 4코너 토론으로 몰입시키는 데 도움이 된다(7장에서 살펴본 미래 상태 비전을 만드는 방법을 알아보자. 3부에서 설명한 시스템 사용자 내용도 참고하기 바란다).

사용할 재료

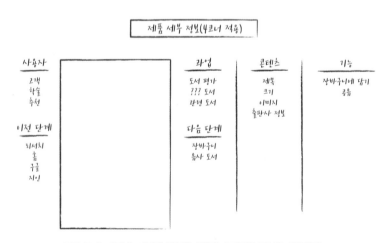

그림 18-2 4코너는 6가지 목록을 사용해 스케치할 대상을 생각한다.

4코너 캔버스

팀원들과 함께 4코너 방법론을 수행하려면 4코너 캔버스[4-courners canvas]를 시각화할 방법이 필요하다(그림 18-2). 미리 인쇄한 워크시트를 사용하거나 화이트보드, 플립차트 및 종이 등에 캔버스를 스케치하자.

사용자, 과업, 이전 단계, 다음 단계, 콘텐츠 및 기능

토론하는 동안 이 요소를 편집하거나 움직일 수 있다. 항목이 많진 않기 때문에 포스트잇을 사용하거나 간단히 보드에 쓰거나 지운다.

 웹사이트에서 템플릿, 프레임 자료, 원격 자원을 찾아 활용해보자(http://pxd.gd/interfaces/4-corners).

활동 1: 인터페이스 사용자 파악하기

모든 인터페이스는 사용자가 무언가를 할 수 있도록 돕는다. 해당 사용자를 파악하면 조직과 최종 사용자에게 유의미하면서도 유용한 인터페이스를 만들 수 있다. 팀은 사용자에 대해 고민하기 위해 다음 사항을 수행한다.

- 인터페이스를 사용할 것으로 생각하는 사용자를 식별한다.
- 가장 중요한 사용자를 식별할 수 있도록 사용자 간 우선순위를 정한다.

사용자가 한 명이거나 이미 가장 중요한 사용자를 알고 있다면, 이 과정을 건너뛰고 다음 활동으로 이동해 사용자 과업에 대해 이야기한다.

프레임

무엇을 할 것인가?	주요 사용자를 식별한다.
결과는 무엇인가?	화면에서 가장 중요한 사용자
이 활동이 왜 중요한가?	가장 중요한 사용자를 위해 화면을 최적화하도록 돕는다.
어떻게 그 일을 할 것인가?	모두 함께 인터페이스의 다양한 사용자에 대해 토론한다.

사용자에 대해 토론하는 프레임을 제안하려면 다음과 같이 이야기해보자.

> "화면에서 가장 중요한 사용자를 파악해서 화면을 제대로 최적화해야
> 합니다. 먼저 가능한 사용자를 나열한 다음 가장 중요한 사용자를 선
> 택해보겠습니다."

가능한 사용자에 대한 토론 촉진하기

화면 사용자에 대해 이야기하는 것은 팀원들에게 "누가 이 화면을 사용할
까?"라고 묻는 것처럼 쉽다. 팀원들이 사용자에 대해 이야기할 때, 모든 사
람이 볼 수 있는 4코너 캔버스에 사용자를 기록하자(그림 18-3).

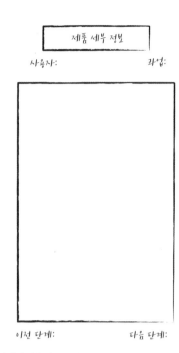

사용자

정기 사용자 조
커피 전문가
비정기 사용자

제품 세부 정보

사용자: 과업:

이전 단계: 다음 단계:

그림 18-3 캔버스 왼쪽 상단에 사용자를 나열한다.

팀이 몇몇 사용자를 누락했다고 생각되면 질문이나 진술로 조사한다. 개방형 질문은 팀이 사고를 확장하는 데 도움이 된다. 예를 들어 "이 화면을 사용할 수 있는 다른 사용자가 있을까?"라고 물어볼 수 있다. 팀이 특정 사용자를 간과했다고 여긴다면, "모바일 사용자가 이 화면을 사용해 커피숍을 고를 수도 있겠네요."라며 사고를 환기시킨다.

함께 일하는 사용자

사용자가 다른 사람과 일하는 방식을 생각해보는 것도 유용하다. 우리는 가구가 놓일 공간을 보여주는 제품 상세 화면을 디자인했다. 리서치 결과에 따르면 온라인 쇼핑객은 가족과 구매 결정을 내리는 것으로 나타났다. 팀과 함께 사용자가 정보를 다른 사용자와 공유하는지 토론해보라.

사용자를 모르는 경우

팀에서 어떤 사용자가 적절할지 모른다면 중요한 단계를 건너뛴 것이다. 토론을 위해 대화의 중심을 사용자로 돌려보자(10장 참고).

여러 사용자 간 우선순위 선정

최종 목적은 이 화면에서 가장 중요한 사용자를 파악하는 것이다. 팀이 오직 하나의 사용자만 식별하면 완료된 것이며, 사용자 과업 단계로 넘어갈 수 있다.

팀이 여러 사용자 목록에서 우선순위를 지정해야 가장 중요한 사용자를 식별할 수 있다. 가장 중요한 사용자에서 가장 중요하지 않은 사용자까지 순위를 정하자(그림 18-4). 팀에서 순위를 매길 때 어려움이 있다면, 우선순위를 정하는 데 도움이 되는 다음 질문을 활용한다.

- 한 사람만을 위해 화면을 디자인한다면 누구를 위해 디자인해야 하는가?
- 이 화면을 가장 자주 사용하는 사용자는 누구인가?
- 이 화면에서 실패하면 안 되는 사용자는 누구인가?
- 이 화면을 사용할 때 어떤 사용자가 조직에 가장 큰 가치를 창출하는가?
- 이 화면에서 어떤 사용자가 가장 필요한가?

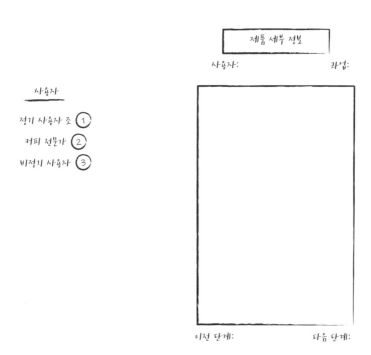

그림 18-4 가능한 사용자 목록의 순위를 매긴다.

팀이 가장 중요한 사용자에 대해 합의하면 화면 왼쪽 상단에 사용자를 표시하고, 사용자가 수행하려는 과업에 집중할 준비가 됐음을 팀에 알린다.

하지만 이 화면은 모든 사용자를 위한 것이다!

화면에 가장 중요한 사용자 한 명을 선택하는 일은 두려울 수 있다. 고객과 팀원에게 다른 사용자를 무시하지 않도록 안심시켜라. 보통 인터페이스에는 두 명의 중요한 사용자가 있다. 목록에 두 사용자 모두 기록하고 우선순위를 정하면 두 사용자 모두 지원하는 인터페이스를 디자인할 수 있다.

토론하는 동안 가능한 사용자 모두를 4코너 캔버스에 담았다. 이는 여러분이 참가자들의 의견을 들었음을 모두에게 알리고 안심시킨다. 팀이 가장 중요한 사용자에서 가장 덜 중요한 사용자까지 순위를 매길 수 없는 경우 다른 우선순위 지정 방법을 시도해보자. 가장 중요한 사용자를 알면 포함할 콘텐츠와 기능, 레이아웃 구성 방법을 결정하는 데 도움이 된다.

마무리 후 사용자 과업 토론 단계로 넘어가기

팀은 사용자들이 하나 이상의 과업을 완료하기 위해 인터페이스를 사용한다고 가정한다. 팀이 인터페이스 사용자를 식별하고 우선순위를 정했다면 각 사용자의 과업을 명확히 하기 위해 토론을 진행해보자.

> "인터페이스의 1순위 사용자가 완료하려는 과업이 무엇인지 살펴봅시다."

활동 2: 사용자 과업 식별하기

참가자 15명이 15가지 다른 버전의 홈페이지를 스케치한 워크숍을 진행했을 때, 참가자 모두 홈페이지가 사용자에게 어떤 도움을 줄지에 대해 약간 다른 생각을 갖고 있었다. 각 디자인은 사용자가 약간 다른 일련의 과업을 수행하는 데 도움을 줬다.

모든 인터페이스는 사용자가 무언가를 하도록 돕는다. 사용자 과업에 대해 생각해보기 위해 팀은 사용자가 인터페이스에서 완료한 과업을 파악한 다음, 해당 과업의 우선순위를 매겨 가장 중요한 과업을 확인한다.

이 화면에 하나의 과업만 존재하거나 여러분이 가장 중요한 과업을 이미 알고 있는 경우, 이 단계를 건너뛰고 인터페이스의 다음 단계에 대해 이야기하자.

프레임

무엇을 할 것인가?	우선순위가 지정된 과업 목록을 확인한다.
결과는 무엇인가?	화면의 주요 과업
이 활동이 왜 중요한가?	적합한 사용자와 과업을 위한 인터페이스를 최적화하도록 돕는다.
어떻게 그 일을 할 것인가?	인터페이스 과업을 식별하고 우선순위를 정한다.

과업에 대해 토론하는 프레임을 제안하려면 다음과 같이 이야기해보자.

> "화면의 주요 과업을 파악해서 화면을 올바른 방향으로 최적화해야 합
> 니다. 먼저 가능한 과업을 파악한 다음 가장 중요한 과업을 선정해보
> 겠습니다."

가능한 과업에 대한 토론 촉진하기

과업 목록을 생성하려면 '사용자가 이 화면에서 완료해야 하는 과업'에 대
해 팀에 물어보자. 팀이 과업을 나열하면 캔버스에 적는다(그림 18-5).

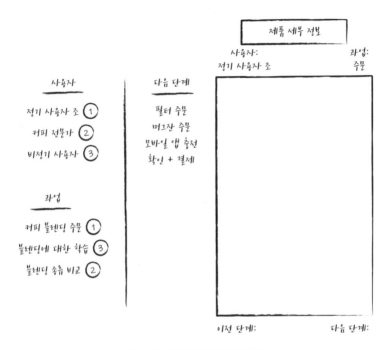

그림 18-5 캔버스에 과업을 기록한다.

팀에서 여러 과업을 생성하겠지만, 다른 가능성을 더 생각해보라고 독려하라. 사용자를 조사했을 때와 마찬가지로 질문하고 설명을 덧붙여가면서 더 조사해보자.

- 질문: "사용자는 이 화면에서 무엇을 더 하고 싶어할까요?"
- 설명: "쇼핑객은 블렌드 커피를 친구와 함께 나눠 마셔보고 싶어 할 수도 있겠지요."

너무 폭넓은 과업
과업의 범위가 너무 광범위하게 설정되지 않게 하려면 "사용자는 해당 과업을 이 화면에서 수행할까? 아니면 여러 화면에 걸쳐 과업을 완료할까?"

라고 질문해보자.

제품 상세 화면에서 제품을 구입하는 것이 주요 과업이라고 말하지만, 사용자는 상세 화면에서 제품을 구입할 수 없다. 여러분은 사용자가 제품을 구매하길 원한다. 그렇다면 제품 상세 화면은 사용자가 구매하도록 어떤 도움을 줘야 할까? 이 사례에서 제품 상세 화면은 사용자가 제품을 구매하기로 결정하도록 도와줘야 한다.

너무 좁은 과업

일부 과업은 주요 과업을 지원한다. 제품 상세 화면에서 사용자는 가격 또는 시음 관련 정보를 보거나 등급과 리뷰를 평가하길 원할 수 있다. 이러한 과업은 사용자가 커피를 사기로 결정하는 주요 과업을 완료하는 데 도움이 된다.

너무 좁은 과업이라고 판단된다면 캔버스 오른쪽에 있는 기능에 해당 과업을 기록해두자. 그리고 그 과업은 기능에 대해 이야기할 때 논의하도록 하자.

과업의 우선순위 정하기

디자인과 상호작용하는 요령이 있다. 두 가지 과업을 지원하는 인터페이스를 디자인하는 경우, 두 과업 모두 여러분이 하나의 과업을 디자인할 때처럼 성공적일 수 없다. 인터페이스에 별도의 과업이 추가되면 추가된 각 과업에 대한 디자인 효과는 전반적으로 떨어진다. 팀이 가장 중요한 과업을 파악하면 여러분은 최종 디자인에서 어떤 과업에 우선순위를 둬야 하는지 배운다.

과업을 가장 중요한 것부터 덜 중요한 것까지 순위를 매긴다. 가장 중요한 사용자를 선택할 때 사용한 질문과 유사한 질문을 사용해보자.

- 이 화면에서 가장 자주 완료되는 과업은 무엇인가?
- 이 화면에서 한 가지 과업만 디자인할 수 있다면 어떤 과업을 디자인할까?
- 이 화면에서 어떤 과업을 실패하면 안 되는가?
- 이 화면에서 어떤 과업이 사용자에게 가장 큰 가치를 제공하는가?
- 조직에 어떤 과업이 가장 큰 가치를 창출하는가?

마무리 후 사용자 여정에서 인터페이스 존재 지점에 대해 집중하기

화면 오른쪽 상단에 주요 과업을 기록한다. 팀은 주요 사용자와 과업을 파악하면 사람들이 인터페이스를 사용할 이유를 아는 것이다. 그러나 모든 인터페이스는 다른 인터페이스로 연결된다. 그리고 다른 인터페이스로의 연결은 가능한 한 매끄럽기를 바란다.

"지금까지 사용자와 과업에 대해 살펴봤습니다. 우리는 인터페이스가 여정을 지원하는지 확인하고 싶습니다. 사용자가 다음으로 이동하는 단계에서 알아보겠습니다."

활동 3: 다음 단계 식별하기

사용자의 다음 단계에 대해 이야기해야 사용자가 해당 지점에 닿도록 인터페이스를 디자인할 수 있다. 모든 인터페이스가 다른 인터페이스로 어떻게 연결되는지 방법을 파악하고 강화시키면, 팀은 사용자가 자신이 원하는 곳에 닿게 해주는 더 우수하고 유용한 경험을 만들 것이다.

인터페이스 다음 단계에 대해 생각하기 위해 팀과 함께 가능한 다음 단계를 토론하고, 우선순위를 매겨 가장 중요한 단계를 선정한다.

프레임

무엇을 할 것인가?	다음 단계를 확인한다.
결과는 무엇인가?	화면에서 가장 중요한 다음 단계
이 활동이 왜 중요한가?	화면 레이아웃과 디자인을 최적화하는 데 도움이 된다.
어떻게 그 일을 할 것인가?	다음 단계를 확인하고 우선순위를 매긴다.

다음 단계에 대해 토론하는 프레임을 제안하려면 다음과 같이 이야기한다.

> "사용자가 다음에 도달할 지점을 확인하고, 화면을 올바른 방향으로 최적화해야 합니다. 먼저 가능한 다음 단계를 파악한 다음, 가장 중요한 단계를 선정해보겠습니다."

다음 단계에 대한 토론 촉진하기

사용자의 다음 단계에 대해 토론할 때 팀이 모든 가능한 옵션을 검토할 수 있도록 돕자. 팀원에게 "사용자가 화면에서 과업을 완료하면 어떤 일이 벌어질까요? 사용자는 어디로 가야 할까요?"라고 물어보자. 그리고 캔버스에 다음 단계에 대해 적는다(그림 18-6). 모든 사람의 의견에 경청하고 있음을 보여주고, 사용자의 관점이 포함됐다고 안심시켜라.

주요 과업은 다음 단계를 분명히 해야 한다. 제품 상세 화면은 사용자가 제품 구매를 결정할 때 도움을 준다. 사용자가 '장바구니에 담기' 버튼을 클릭한다면 그 다음엔 어떻게 될까? 사용자는 무엇을 볼까?

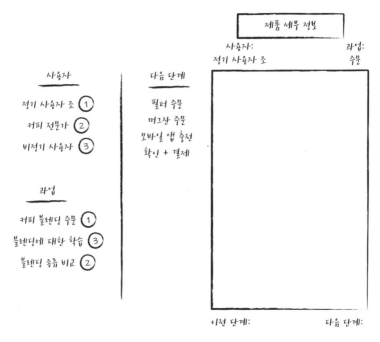

그림 18-6 디자인하는 모든 인터페이스는 사용자 여정에서 한 단계일 뿐이다.

충돌하는 다음 단계에 대한 조사

조직의 관심사는 때로는 사용자 관심사와 상충한다. 사용자가 수행하길 바라는 과업과 사용자 본인이 하길 바라는 과업 간에 상충되는 점이 있는지 팀원에게 물어보자.

- 사용자는 무엇을 하길 원하는가?
- 조직은 사용자가 무엇을 하길 원하는가?

사용자가 제품 상세 화면에서 제품을 '장바구니에 담기'를 원할 수 있다. 한편 사용자는 구글에서 제품을 검색해 더 싸게 파는 곳에서 구입하길 원할 수 있다. 운이 좋으면 조직과 사용자가 같은 다음 단계를 원할 것이다. 하

410

지만 그렇지 않은 경우 상충되는 다음 단계를 캔버스에 기록해두자.

다음 단계 우선순위 지정

다음 단계가 둘 이상으로 파악되면 우선순위를 매기는 질문을 통해 가장 중요한 단계에서 가장 덜 중요한 단계까지 순위를 정하자(그림 18-7).

- 사용자가 가장 자주 방문하는 다음 단계는 무엇인가?
- 사용자가 오직 하나의 다음 단계로 이동하도록 디자인한다면 어떤 단계를 디자인할 것인가?
- 사용자가 접근할 수 있는 다음 화면은 무엇인가?
- 사용자에게 가장 큰 가치를 제공하는 다음 화면은 무엇인가?
- 조직에 가장 큰 가치를 창출하는 다음 화면은 무엇인가?

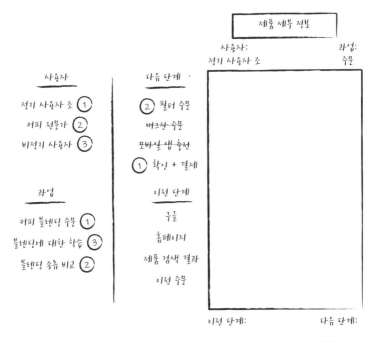

그림 18-7 다음 단계 순위를 가장 중요한 것부터 가장 덜 중요한 단계 순으로 정하라.

마무리 후 이전 단계에 대해 토론하기

캔버스 오른쪽 하단에 있는 기본 다음 단계를 기록하고, 사용자의 이전 단계에 집중할 준비가 됐음을 팀에 알리자.

"이제 사용자가 어디서 왔는지 이야기해봅시다."

활동 4: 이전 단계 식별하기

사용자가 어느 경로에서 왔는지 물어보고 사용자가 다음 단계 화면을 봤을 때 모든 것이 이해되는지 확인하자. 사용자가 시스템에서 길을 잃지 않게 하고, 적절히 환영받으며, 여정의 다음 단계로 나아갈 수 있게 해야 한다.

사용자가 제품 상세 화면에 도착했는데 그들이 무엇을 기대할지 알지 못하거나 무엇을 찾는지 모른다면, 그들은 '뒤로 가기' 버튼을 누를 것이다. 사용자를 다음 단계로 안내하려면 해당 화면에 사용자가 머물도록 해야 한다. 화면을 최적화시켜 전환을 극대화하려면 그들이 어디서 왔는지, 출발지와 어디로 갈 것인지 목적지 간의 강력한 연결이 필요하다.

이전 단계를 생각해보기 위해 팀은 가능한 이전 단계에 대해 토론하고, 단계 간 우선순위를 정해 가장 중요한 단계를 식별한다.

프레임

무엇을 할 것인가?	사용자가 이 화면에 도착할 수 있는 모든 방법에 대해 토론한다.
결과는 무엇인가?	화면에서 가장 중요한 이전 단계
이 활동이 왜 중요한가?	화면 레이아웃과 디자인을 최적화하는 데 도움이 된다.

어떻게 그 일을 할 것인가?	사용자가 이 화면에 도착할 수 있는 모든 방법을 나열하고 우선순위를 매긴다.

이전 단계에 대해 토론하는 프레임을 제안하려면 다음과 같이 이야기해보자.

> "사용자가 어디서 올지 파악해 사용자가 기대하는 바를 화면에 반영해야 합니다. 가능한 이전 단계를 모두 나열한 다음 가장 중요한 단계를 선정해봅시다."

이전 단계에 대한 토론 촉진하기

디지털 세계에서 사용자는 여러 경로를 통해 원하는 화면으로 이동한다. 제품 상세 화면의 경우 사용자는 홈페이지에 소개된 제품을 보고 링크를 클릭할 수 있다(그림 18-8).

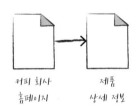

커피 회사
홈페이지

제품
상세 정보

그림 18-8 제품 상세 화면으로 올 수 있는 경로 중 하나는 사이트 홈페이지다.

이외에 대체 경로도 사용자를 제품 상세 화면으로 안내한다. 사용자는 구글, 얀덱스yandex, 바이두baidu 등 외부 검색 엔진에서 제품 이름으로 제품을 검색할 수 있다. 사용자는 검색 결과에 표시된 제품을 보고 링크를 클릭해 제품 상세 화면으로 이동한다(그림 18-9).

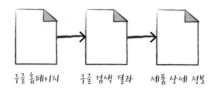

구글 홈페이지　　구글 검색 결과　　제품 상세 정보

그림 18-9 제품 상세 화면으로 올 수 있는 다른 경로는 외부 검색 엔진이다.

이전 단계 목록을 생성하려면 팀원들에게 "사용자가 어디서 왔는가? 그들은 이 화면에 오기 위해 어떤 경로를 거쳤는가?"를 물어보자. 대부분의 화면은 여러 진입 경로가 있으므로, 팀원들은 여러 옵션을 생성해낼 것이다. 옵션을 캔버스에 적자(그림 18-10).

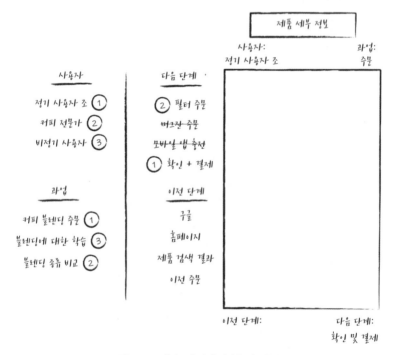

그림 18-10 캔버스에 이전 단계를 기록한다.

414

다른 사이트 및 채널 경로 조사하기

어떤 팀원들은 제품에 너무 집중해서 외부 경로를 간과한다. "사용자는 광고에 적힌 URL을 봤는가?", "이메일에 있는 링크를 클릭했는가?", "지인에게서 해당 사이트에 대해 들었을까?" 등 다른 채널 경로에 대해 물어보자.

사용자가 어디에 있는지, 어떻게 화면에 도착하는지 생각해보자. 사용자가 매장에 있다면 휴대폰을 사용할 것이다. 사용자가 영업 사원과 이야기하고 있다면 아마 데스크톱 PC가 있는 사무실에 있을 것이다. 사용자가 링크를 클릭했는가? QR 코드를 스캔했을까? URL을 타이핑해서 입력할까? 사용자는 당신이 디자인하는 화면에 어떻게 도달했을까?

오프라인 소매 업체인 경우 고객들이 매장에서 본 제품 정보를 인터넷에서 검색하는 건 일반적이다. 반면 조직의 영업 사원이 대부분의 구매를 유도하는 경우라면, 고객은 브로셔에 표시된 URL을 타이핑해서 입력할 가능성이 높다.

이전 단계의 우선순위 정하기

경로의 우선순위를 어떻게 정할까? 다음 4가지 질문은 가장 중요한 경로를 파악하는 데 도움이 된다.

- 어떤 경로가 가장 자주 발생하는가?
- 한 경로로 도착하는 사용자만 지원하는 화면을 디자인한다면 어떤 경로를 선택해야 할까?
- 조직에 가장 큰 가치를 창출할 수 있는 이전 단계는 무엇인가?
- 사용자에게 가장 큰 가치를 제공할 수 있는 이전 단계는 무엇인가?

이전 단계를 가장 중요한 단계부터 가장 덜 중요한 단계까지 순위를 매긴다. 가장 중요한 이전 단계를 캔버스 왼쪽 하단에 기록하자.

마무리 후 콘텐츠 논의 단계로 넘어가기

이제 화면의 콘텐츠에 대해 이야기해야 할 차례다.

"지금부터 화면에 어떤 콘텐츠를 표시해야 할지 이야기해봅시다."

활동 5: 인터페이스 콘텐츠 식별하기

콘텐츠는 사용자와 의사소통하는 방법이자 사용자가 목표를 달성하게 돕는 방법이다. 화면을 디자인하기 전에 어떤 콘텐츠를 제공해야 하는지 알아야 한다.

토론이 끝나면 팀은 디자인에 포함할 콘텐츠를 나열하고 우선순위를 정할 것이다. 팀이 사용자 니즈에 기반한 콘텐츠에 집중할 수 있게 하려면, 4코너 방법론을 활용해 사용자 스토리를 설명해보자.

프레임

무엇을 할 것인가?	사용자가 과업을 완료하는 데 필요한 콘텐츠를 확인한다.
결과는 무엇인가?	우선순위가 지정된 콘텐츠 목록
이 활동이 왜 중요한가?	화면 디자인에 포함돼야 하는 요소를 식별한다.
어떻게 그 일을 할 것인가?	다양한 콘텐츠 요소를 나열하고 우선순위를 정한다.

콘텐츠에 대해 토론하는 프레임을 제안하려면 다음과 같이 이야기하자.

"이제 사용자가 무엇을 하려는지 알게 됐습니다. 어떤 콘텐츠가 필요한지 파악해 화면에 필요한 내용이 모두 포함되게 합시다. 다양한 유형의 콘텐츠를 나열한 다음, 가장 중요한 내용을 이해하도록 콘텐츠의 우선순위를 정합시다."

사용자 스토리로 콘텐츠에 대한 토론 촉진하기

4코너 방법론은 팀이 인터페이스의 비가시적 영역 즉 사용자, 과업, 이전 단계 및 다음 단계를 고려하게 돕는다. 4코너가 없다면 그저 어떤 콘텐츠가 필요한지 물어보며 화면을 디자인할 것이다. 4코너를 활용하면서 디자인하게 되면 팀은 해당 디자인을 하나의 스토리로 구성한다. 인터페이스는 단일 화면에서 사용자 여정 속 장면으로 전환된다.

제품 상세 화면의 경우 "사용자가 구글 화면에 나온 제품을 본다. 그러고 나서 링크를 클릭해 구매를 결정한 제품의 세부 정보 화면을 본 후 '장바구니에 담기' 버튼을 클릭한다."는 스토리가 있다.

사용자 스토리에 초점을 맞추면 팀의 생각이 바뀐다. 제품 상세 화면을 디자인하는 대신에 팀은 사용자 결정을 돕는 화면을 디자인한다. 사용자 스토리는 인터페이스가 어떻게 유용하고 성공적일 수 있는지에 대한 팀원 간 합의된 공동의 비전을 반영한다.

스토리를 통해 쉽게 비전 공유하기

스토리는 복잡한 세부사항을 함께 엮어서 각 내용이 독립적이면서도 이해하기 쉬운 패키지로 만든다. 머릿속에 요구사항 목록을 넣고 어떤 요구사항이 중요한지 하나하나 기억하기는 어렵다. 스토리는 어떤 세부사항이 가장 중요한지, 왜 그런지 이유를 설명한다.

팀에서 요구사항 대신 스토리로 소통하면, 공동 비전을 공유하기가 더 쉽다. 그리고 스토리를 통해 사용자의 여정을 쉽게 내재화하고 기억할 수 있다. 또한 이 방법은 클라이언트나 다른 청중과 더욱 쉽게 공유할 수 있다.

스토리로 작업하면 인터페이스에 대해 생각하고 말하는 방법이 바뀐다. 팀은 제품 상세 화면을 기능 목록으로 채우는 대신, 그들이 생산하는 모든 인터페이스를 사용할 사용자 중심의 접근 방식을 택한다.

스토리는 디자인 마비를 방지한다

좋은 협업은 모든 사람을 포용하고 더 많은 아이디어를 창출하며, 해당 아이디어를 평가하기 위한 더 많은 관점을 제공한다. 이러한 넓은 관점엔 한 아이디어가 다른 아이디어보다 좋거나 나쁜지에 대한 많은 이유를 포함한다. 댄 히스Dan Heath 교수와 칩 히스Chip Heath 교수가 쓴 책 『스위치Switch』에서 우리의 분석적 자아는 상대방의 허점을 찾고 아이디어를 토론하는 걸 좋아한다는 점에 주목한다. 두 교수는 "분석 단계analyzing phase는 실행 단계doing phase보다 더 만족스러운 경우가 많은데, 그렇게 되면 위험하다."고 설명하고 있다.[1]

여러분이 스토리에 초점을 맞추면 팀은 사용자가 과업을 완료할 수 있도록 에너지를 쏟는다. 그 스토리는 최종 목표, 목적지를 식별한다. 제품 상세 화면에서 목적지는 더 이상 제품 정보가 아니다. 이제 목적지는 구매 결정이다. 두 명의 히스 교수에 따르면 사용자 스토리에 초점을 맞추면 팀은 분석 마비paralysis를 피하고 목적지를 향해 나아갈 수 있다.

1 　댄 히스, 칩 히스, 『스위치(Switch)』, 안진환 옮김, 웅진지식하우스, 2010년

사용자 스토리를 염두에 둔다면 팀은 가시적인 인터페이스, 콘텐츠 및 기능에 대해 사고할 수 있는 프레임을 갖춘 것이다. 토론을 시작하려면 4코너 방법론을 활용해 사용자 스토리를 만들어라.

> '사용자'가 '이전 단계'에서 도착했을 때, '다음 단계'로 이동하게 하려면 어떤 콘텐츠가 '과업'에 필요한가?

제품 상세 화면은 다음과 같은 스토리로 적용된다.

> '고객'이 '구글 검색 결과 화면'에서 도착했을 때, '장바구니 화면'으로 이동하게 하려면 어떤 콘텐츠가 '구매 결정'에 필요한가?

팀원들이 콘텐츠를 열거하면 4코너 캔버스 오른쪽에 기록한다(그림 18-11).

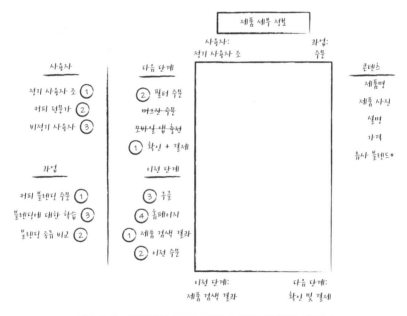

그림 18-11 사용자에게 필요한 콘텐츠를 캔버스 오른쪽에 기록한다.

고객이 이 커피를 구매하기로 결정하려면 제품 상세 화면에 다음 4가지 정보가 필요하다.

- 커피 블렌드 이름
- 커피 패키지 사진
- 커피에 대한 설명
- 커피 가격

가장 중요한 사용자와 과업을 선택하고 이전 단계와 다음 단계를 식별했기 때문에, 팀은 필요하면서도 적합한 콘텐츠를 쉽게 생성할 수 있다.

콘텐츠와 기능의 차이

콘텐츠를 생성할 때 텍스트, 이미지 및 멀티미디어(오디오, 비디오, 애니메이션 등)에 대해 알고 싶다. 콘텐츠는 기능과 다르며 소비되는 것이다. 기능은 사용자가 무언가를 할 수 있게 해준다. 사람들은 콘텐츠 생성 중에 기능 관련 내용도 이야기하곤 한다.

콘텐츠와 기능은 서로 얽혀 있다. 예를 들어 제품 상세 화면의 경우, 누군가는 사용자가 시음 가이드를 다운로드할 것이라고 제안할 수 있다. 시음 가이드는 콘텐츠다. 그리고 시음 가이드를 다운로드하는 것은 기능이다.

콘텐츠와 기능을 분리해보자. 물론 여러분이 경청하고 있음을 강조하기 위해 콘텐츠와 기능 모두를 캔버스에 기록하자. 누군가가 시음 가이드 다운로드 기능을 제안하는 경우, 콘텐츠 아래에 '시음 가이드'를, 기능에 '시음 가이드 다운로드'라고 적는다(그림 18-12).

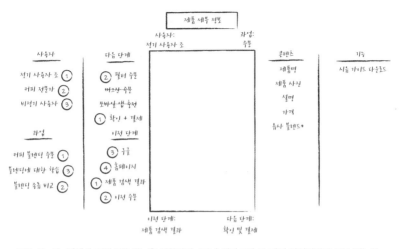

그림 18-12 팀에서 콘텐츠와 기능을 결합하면 4코너 캔버스에 두 가지 아이디어를 모두 적는다.

추가 콘텐츠 조사하기

4코너 활동을 할 때 단일 사용자 및 과업에 초점을 맞추면, 팀이 단일 시나리오를 대상으로 하는 인터페이스를 만드는 데 도움이 된다. 이 장점은 단점이기도 하다. 대부분의 화면은 여러 사용자와 시나리오를 지원한다.

다음 5가지 질문은 추가 콘텐츠를 확인하는 데 도움이 된다.

- 다른 어떤 콘텐츠가 유용할까?
- 다른 사용자는 어떤 콘텐츠가 필요한가?
- 이 화면을 다른 방법으로 사용할 수 있는가?
- 경쟁사는 어떤 종류의 콘텐츠를 제공하는가?
- 비슷한 유형의 화면에 어떤 유형의 콘텐츠가 표시되는가?

사용자 스토리를 참조하라. 사용자가 과업을 완료하는 데 도움이 되는 다른 콘텐츠는 무엇일까? 제품 상세 화면에서 "고객의 제품 구매 결정에 도움이 되는 다른 콘텐츠가 있다면 무엇인가?"를 물어보자.

제품 상세 화면에서 고객이 커피 구매 결정을 내리는 데 도움을 주는 다른 컨텐츠가 있다면 무엇인가? 온갖 종류의 콘텐츠가 떠오른다.

- 지역
- 블렌드
- 형식: 가루 커피^{ground coffee}, 원두 커피^{unground coffee 또는 coffee bean}, 캡슐 커피^{K-cups} 등

화면을 사용할 수 있는 다른 방법에 대해 물어보자. 예를 들어 고객은 커피를 구입한 후 제품 상세 화면을 참조할까? 다른 사용자는 다른 과업을 지원하기 위해 이 화면을 사용할까?

예를 들어 다수의 B2B 사이트에서 고객은 제품 사양을 찾기 위해 제품 정보 화면을 참조한다.

최고에게서 훔치다

경쟁사가 사용하는 콘텐츠 또는 유사 인터페이스에서 보이는 콘텐츠에 대해 물어보자. 경쟁사로부터 무엇을 가져와야 하는가? 자동차를 구매하는 일은 커피를 구매하는 것과는 다르지만, 자동차 딜러가 외관상 제품 상세 화면을 더욱 유용하게 만드는 콘텐츠엔 흥미로운 내용이 있을지도 모른다.

범위를 벗어난 콘텐츠 조사하기

프로젝트의 업무 범위^{SOW, scope of work}는 팀이 특정 일정과 예산 내에서 작업할 것과 하지 않을 것을 구분한 가정과 합의에 기반한다. 범위는 프로젝트가 무엇을 할지 또는 무엇을 안 할지에 대한 공동의 비전을 만들어낸다. 애

자일 팀처럼 구체적인 프로젝트 범위가 설정되지 않은 프로젝트라도 팀에선 무언의 가정이 있다.

비록 모든 사항을 구축할 수 없고 구축하지 않을지라도, 범위에 대해 과거에 세운 가정을 조사해보자. 팀이 범위를 벗어났다고 생각하지만 실제로는 그렇지 않은 콘텐츠를 식별하는 데 도움을 준다.

팀의 가정이 잘못됐을 수 있다. 예전에 팀원들과 협업할 때 개발자가 API 또는 데이터베이스 어딘가에 숨겨진 유용한 콘텐츠를 알고 있는 경우가 꽤 많았다. 팀이 범위 안에 있다고 가정하는 것 이상으로 조사하지 않는다면, 여러분은 절대 이 가능성을 발견하지 못한다.

범위보다는 아이디어 도출에 집중하기

범위에 연연하지 않고 조사하려면 아이디어 도출ideation에 대한 토론에 집중하자. "범위 내에 있는 어떤 콘텐츠가 사용자 과업 수행에 도움이 될까?" 하는 질문이어서는 안 된다. 질문은 "사용자가 과업을 완수하는 데 도움이 되는 콘텐츠는 무엇일까?"여야 한다. 이 단계에서 여러분은 아이디어를 도출해내려 한다.

제품 오너, 개발, 프로젝트 관리자는 프로젝트 범위를 벗어난 것을 이야기하면 당황한다. '범위를 벗어났다'는 의미는 지키지 못하는 마감일, 예산 변동 및 많은 야근을 의미한다. 아이디어를 찾고 있는 팀원을 안심시키고, 어느 누구도 아무것도 전달하지 않았다고 말하라.

범위를 벗어나 로드맵 식별하기

최악의 경우 범위를 벗어난 콘텐츠는 나중에도 추가할 수 있다. 하지만 나중에 무엇을 만들 수 있는지를 이해하면 팀은 미래 비전에 적합한 제품을 설계하는 데 도움이 될 것이다. 미리 앞서 고민하면 앞에서 설명한 코너 요소를 향후 다시 작업해야 하는 상황이 발생하지 않는다.

범위를 변경해야 할 수 있다

제대로 조사하면 범위에 대한 가정이 적절했는지 확인할 수 있다. 제품 상세 화면에서 제품에 대한 평가와 리뷰가 범위를 벗어났다고 판단할 수 있다. 이때 범위에 연연하지 않고 조사하면 대화를 통해 초반에 가정한 내용을 다시 살펴볼 수 있다.

범위는 여느 규칙과 같다. 규칙은 무엇을 해야 하는지가 아니라 규칙이 깨졌을 때의 결과에 관한 것이다. 마찬가지로 프로젝트 범위는 무엇을 구축해야 하는지에 대한 가이드라인이기보다는 그 선을 넘었을 때 무엇이 더 필요한지에 대한 가이드라인이다.

제품 상세 화면에서 평가와 리뷰가 프로젝트 성공에 매우 중요한 요소라고 판단할 수 있다. 이런 점을 깨닫게 된다면 팀은 평가와 리뷰를 포함하도록 범위를 재논의해야 함을 알게 된다.

범위 내에 있는 항목을 재검토해야 할 수도 있다. 아마 어떤 가치는 새로 발견할 수도 있고, 그래서 평가와 리뷰를 포함할 수도 있다. 아마도 일정이 연장되고, 팀원이 늘어나며, 더 많은 예산이 추가 집행될 수도 있다. 지금 사용자에게 도움이 되는 콘텐츠 아이디어를 내보자. 시간, 예산 및 기능 등에 관한 어려운 대화로 시작할 필요는 없다. 그러나 이런 아이디어는 팀이 해야 하는 어려운 대화를 이끌어낼 것이다.

팀원에게 여러분은 아무 것도 하지 않았다고 안심시키자. 해당 내용을 기록할 때 범위를 벗어난 항목이라고 표시하자. 이건 범위를 벗어난 아이디어 옆에 별표를 표시하는 것만큼 간단할 수 있다(그림 18-13).

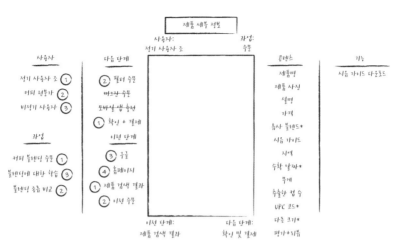

그림 18-13 범위를 벗어난 항목을 표시해 여러분이 팀원의 우려사항을 잘 들었으며, 프로젝트 범위를 확장하려는 것이 아님을 확실히 해 팀원을 안심시키자.

콘텐츠 간 우선순위 매기기

가능한 콘텐츠를 탐색했다면 가장 중요한 콘텐츠를 우선순위로 정하자. 어떤 콘텐츠가 더 중요하고 덜 중요한지 구분하고, 각 콘텐츠 항목 옆에 순위를 기록하자(그림 18-14).

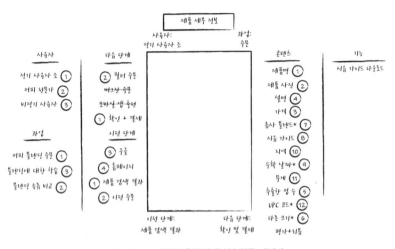

그림 18-14 콘텐츠 항목에 우선순위를 매긴다.

우선순위를 매기기 위한 첫 번째 질문을 시작해보자.

- 이 화면에서 한 가지 콘텐츠만 제공할 수 있다면 무엇을 제공할까?

팀에서 우선순위를 정하는 데 도움이 되는 사용자 스토리를 참조하라. 콘텐츠 우선순위를 정하는 방법에 대한 아이디어가 있다면, 해당 아이디어를 바탕으로 가장 중요한 콘텐츠 항목 몇 가지를 꼽아보자. 이 방법은 팀원이 반응하고 대답할 수 있는 무언가를 제공한다.

다음으로 팀원이 각 콘텐츠 항목의 순위를 매길 수 있도록 다른 기준의 우선순위 질문을 사용해보자.

- 이 화면에서 가장 자주 사용되는 콘텐츠는 무엇인가?
- 이 화면에서 사용자에게 가장 큰 가치를 제공하는 콘텐츠는 무엇인가?

반응형 디자인 시대에 걸맞게 모바일 화면을 사용해 우선순위를 정할 수도 있다.

- 콘텐츠는 휴대폰에서 어떤 순서로 표시돼야 하는가?

우선순위를 매긴 콘텐츠 목록은 화면을 디자인할 때 무엇이 포함돼야 하는지 점검하는 체크리스트가 된다. 우선순위는 콘텐츠 레이아웃에 영향을 준다.

마무리 후 기능을 논의하는 단계로 넘어가기

팀이 콘텐츠 우선순위를 정했으면 기능을 논의한다.

"이제 콘텐츠를 정리했으니 화면에 어떤 기능을 포함해야 할지 이야기 해봅시다."

활동 6: 기능 식별하기

콘텐츠는 사용자에게 과업을 완수하는 데 필요한 정보를 제공한다. 사용자의 다음 단계는 여러분의 통제 범위를 벗어날 수 있다. 사용자는 제품 상세 화면에서 책을 구매하기로 결정하지만, 정작 다른 곳에서 책을 구입할 수도 있다. 기능은 사용자가 여러분이 제공하는 경험 안에서 과업을 완료하도록 돕는다.

팀원은 이 마지막 논의 과정에서 기능을 생성하고 우선순위를 정할 것이다. 팀원이 사용자 스토리에 중점을 두게 하고, 우선순위가 지정된 기능 목록을 기록해보자.

프레임

무엇을 할 것인가?	사용자가 과업을 완료하는 데 필요한 기능에 대해 토론한다.
결과는 무엇인가?	우선순위가 지정된 기능 목록
이 활동이 왜 중요한가?	포함돼야 하는 요소를 식별한다.
어떻게 그 일을 할 것인가?	다양한 기능 요소를 나열하고 요소 간 우선순위를 정한다.

기능에 대해 토론하는 프레임을 제안하려면 다음과 같이 이야기를 시작해 보자.

> "이제 우리는 사용자가 무엇을 하려는지, 어떤 콘텐츠가 있는지 압니다. 다음으로 기능을 파악해서 사용자에게 필요한 모든 내용이 화면에 포함되는지 확인해보도록 합시다. 다양한 유형의 기능을 나열한 다음, 우선순위를 정해서 무엇이 가장 중요한지 이해해봅시다."

기능에 대한 토론 촉진하기

주제에 대해 이야기하고 기능을 생성하려면, 콘텐츠 토론에서 했던 것처럼 질문에 사용자 스토리를 적용한다.

> '고객'이 '구글 검색 결과 화면'에서 도착했을 때, '장바구니 화면'으로 이동하게 하려면 어떤 기능이 '구매 결정'에 필요한가?

팀원이 생성한 모든 기능을 4코너 캔버스의 오른쪽 부분에 나열하자(그림 18-15).

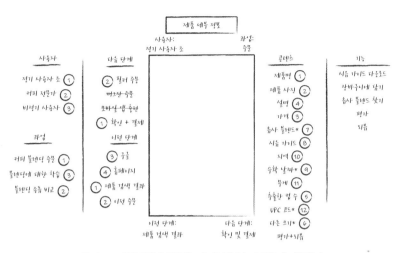

그림 18-15 사용자에게 필요한 기능을 캔버스 오른쪽에 나열한다.

가장 중요한 다음 단계에 집중하기

팀원이 기능 중 가장 중요한 단 한 가지의 기능에 집중할 수 있도록 돕자. 하나의 기능은 사용자의 가장 중요한 과업과 관련이 있다. 제품 상세 화면에서 사용자가 책을 구매하기로 결정하면 사용자에게는 '장바구니에 담기' 버튼이 필요하다.

이 원칙은 매일 사용하는 애플리케이션과 웹사이트에서 작동되고 있다. 대개 다른 기능보다 더 두드러지는 기능이 있다. 때때로 기능 중 가장 중요한 부분을 1순위 콜투액션primary call to action이라고 부른다.

팀원이 어디서 출발해야 할지 잘 모르는 경우, 팀이 만든 사용 흐름 또는 여정을 다시 참조하라.

각 사용자 과업과 관련된 기능 조사하기

사용자의 가장 중요한 과업을 파악했고, 더불어 추가적인 과업도 확인했다. 우선순위를 매긴 사용자 과업 목록을 사용해 추가 기능을 조사하자. 사용자가 커피를 추천하고 싶어한다면 제품 상세 화면에 다른 사람과 커피 정보를 공유할 수 있는 도구가 꼭 있어야 하는 걸까?

콘텐츠 관련 기능 조사하기

각 콘텐츠는 추가 기능에 대한 기회를 제공한다.

첫째 사용자가 각 콘텐츠에 접근해야 할 수도 있지만, 그렇다고 해서 사용자가 이 화면에 있는 콘텐츠를 소비해야 한다는 의미는 아니다. 사용자는 시음 가이드를 보고 싶을 수 있다. 하지만 그렇다고 시음 가이드를 제품 상세 화면에 표시해야 하는 것은 아니다. (그러나 그렇게 하면 어떨까?) 사용자가 콘텐츠에 접근할 수 있는 기능을 제공할 수 있다.

둘째 기능은 콘텐츠를 향상시킬 수 있다. 예를 들어 사용자는 아마도 성장하는 지역의 더 큰 지도를 보고 싶을 수 있다. 이때 사용자가 지도를 확대하거나 더 큰 버전의 지도를 볼 수 있는 기능을 제공할 수 있다.

또한 제품 리뷰를 제공한다면 사용자가 어떤 리뷰를 볼지 필터링하는 방법을 제공할 수 있다. 사용자는 좋은 리뷰만 보거나 별표 하나짜리 리뷰만 골라볼 수 있다.

범위를 벗어난 기능 조사하기

콘텐츠 단계와 마찬가지로, 모든 사람이 범위 내에 있다고 가정하는 주제만으로 토론을 제한하지 말자. 모든 기능을 만들 수 없고 만들지도 않겠지만 범위와 관련한 과거 가정도 조사해, 팀이 범위를 벗어난 것으로 여기지만 실제로는 그렇지 않은 기능을 파악할 수 있게 하자. 결국 범위를 벗어난 기능에 대한 주제로 토론이 끝날 수도 있지만, 구현할 수 있는 유용한 기능을 발견할 수도 있다.

안전한 디자인 조사하기

완벽한 디자인이란 없다. 우리는 때때로 사용자를 실망시킨다. 사용자가 이 화면에 방문했는데 자신이 예상한 화면이 아니거나 필요한 콘텐츠 또는 기능을 제공하지 않는다면 어떻게 도울 수 있을까? 이 사용자를 사로잡아 길을 안내하는 안전망은 어떻게 제공할 수 있는가?

제품 상세 화면에서 사용자는 다른 버전의 화면을 찾고 있을 수 있다. 원두 또는 캡슐 커피에 대한 링크를 제공할 수 있는가? 어쩌면 이게 그들이 원하는 커피는 아닐 수 있다. 유사 블렌드에 대한 링크를 제공할 수 있는가?

기능 간 우선순위 매기기

기능을 생성한 후 각 기능 옆에 숫자를 적어 무엇이 가장 중요하고, 무엇이 가장 중요하지 않은 지 표시하자(그림 18-16). 가장 중요한 기능은 주요 행동을 유도하는 기능이다.

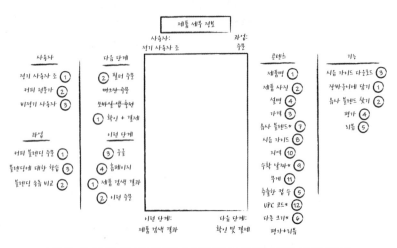

그림 18-16 각 기능을 가장 중요한 순에서 가장 덜 중요한 순으로 순위를 매긴다.

우선순위를 매기기 위한 첫 번째 질문을 시작해보자.

- 이 화면에서 한 가지 기능만 제공할 수 있다면 무엇이어야 할까?

팀에서 우선순위를 정하는 데 도움이 되는 사용자 스토리를 참조하라. 일반적인 우선순위 질문을 활용해 기능의 우선순위를 정해보자.

- 이 화면에서 가장 자주 사용하는 기능은 무엇인가?
- 이 화면에서 사용자에게 가장 큰 가치를 제공하는 기능은 무엇인가?
- 조직에 가장 큰 가치를 제공하는 기능은 무엇인가?

우선순위를 모두 지정하면 화면에 어떤 기능을 표시해야 하며, 어떤 기능이 가장 두드러져야 하는지 알 수 있다.

마무리 후 인터페이스 스케치 단계로 이동하기

지금까지 팀은 인터페이스의 비가시적 영역과 가시적 영역을 탐색했다. 이제 스케치를 시작할 시간이다.

와이어프레임, 목업 및 프로토타입을 위한 4코너 방법론

와이어프레임, 목업 및 프로토타입을 만들기 전에 4코너를 사용해 1순위 사용자와 맥락을 생각하고, 콘텐츠와 기능의 우선순위를 정하자.

또한 4코너를 사용해 인터페이스 이면에 있는 스토리로 와이어프레임, 목업 및 프로토타입에 주석을 달 수 있다(그림 18-17). 4코너 정보를 서로 연결해 화면을 만들 때 사용한 시나리오를 설명한다. 제품 상세 화면이라면 이렇게 적을 수 있다.

> "고객은 본인이 이 커피를 살 것인지 결정하고 싶다. 제품 검색 결과로 나온 커피를 보고 링크를 클릭해 제품 상세 화면으로 이동한다. 고객이 이 커피를 구매하기로 결정하면 '장바구니에 담기' 버튼을 클릭한다."

제품 상세 화면

주 사용자
정기 사용자 조

기타 사용자
C커피 전문가
비정기 사용자

이전 단계
유기적 검색

주 과업
커피 선택 및 주문

기타 과업
블렌드 비교
블렌드 더 알아보기

다음 단계
확인 및 결제

그림 18-17 와이어프레임, 목업 및 프로토타입에 4코너 스토리로 주석을 달아 인터페이스 이면에
숨긴 이유를 설명할 수 있다.

화면에 4코너를 기록해두면 팀이 화면을 만들 때 내린 결정을 기억하는 데
도움이 된다.

화면 이상의 내용을 설명하기 위한 4코너 방법론

4코너는 모든 종류의 인터페이스를 생각하고 만드는 방법이다. 지금까지
화면을 예로 들었지만, 다른 맥락에서 인터페이스의 가시적 영역과 비가시
적 영역을 고민할 때 4코너 접근법을 사용해선 안 된다는 의미는 아니다.

애자일 사용자 스토리를 위한 4코너 방법론

애자일 개발 팀에서 사용자 스토리로 작업할 때, 4코너 체크리스트는 팀이 사용자 스토리를 구현하는 방법을 고민하는 데 도움이 된다. 와이어프레임, 목업 및 프로토타입과 마찬가지로, 4코너를 사용자 스토리와 함께 문서화하면 팀이 사용자 스토리를 구현하는 방법에 관해 결정했던 주요 사항과 당시의 맥락을 기억하는 데 도움이 된다.

교차 채널 디자인을 위한 4코너 방법론

여기서 설명하는 사례는 화면 기반 인터페이스이지만, 4코너 방법론은 어떤 종류의 인터페이스든, 어떤 종류의 접점이든 적용할 수 있다. 이메일, 하드웨어, 증강현실AR, Augmented reality 및 음성 시스템을 디자인할 때 4코너를 사용하자. 4코너는 화면뿐 아니라 어떤 종류의 인터페이스든 생각할 수 있는 체크리스트를 제공한다.

마찬가지로 4코너에서의 이전 단계와 다음 단계는 같은 채널에 있을 필요는 없다. 이전 단계는 이메일이 될 수 있고, 다음 단계는 실제 매장이 될 수도 있다. 4코너는 사용자의 현재, 이전 또는 다음 채널에 관계없이 인터랙션의 맥락에 대해 생각하는 데 도움이 된다.

서비스 디자인을 위한 4코너 방법론

4코너의 유연성은 서비스 디자인까지 확장된다. 주요 사용자는 행위자가 되며, 서비스를 디자인할 때 나타나는 모든 프론트 또는 백스테이지 행위자가 될 수 있다. 서비스를 매핑할 때 서비스 인터랙션에 대한 맥락을 기록하기 위해 각 접점에 4코너 스토리를 추가하자.

4코너는 인터페이스에 대한 전체론적 공동 비전을 생성한다

여기서 인터페이스를 스케치하는 방법을 다루진 않을 것이다. 인터페이스를 스케치하는 방법은 여러분이 스케치하려는 인터페이스 유형, 당시의 스타일과 트렌드 및 지원하려는 인터랙션 유형에 따라 달라진다. 당신은 스케치하는 방법을 알고 있다. 4코너 방법론을 통해 작업한 후 무엇what과 왜why에 대한 공동 비전을 만들었고, 제품이 실제로 필요한 작업을 수행할 가능성을 높였다.

19장에서는 4코너와 스케치를 적용해 팀을 하나로 모으고, 함께 많은 아이디어를 낼 수 있는 방법을 살펴보려 한다.

인터페이스 스케치 전략

인터페이스 제작을 시작하기에 앞서 수많은 생각이 계속 떠오른다. 4코너 캔버스는 인터페이스를 만들기 전에 팀과 함께 고민할 수 있는 방법을 제공한다. 4코너는 디자인 프로세스에 사용자 중심의 사고를 불어넣는다. 생각이 끝나면 인터페이스를 만드는 단계로 넘어갈 수 있다.

다양한 스케치 활동은 팀에게 독특한 이점을 제공한다. 다음의 3가지 구체적인 활동을 살펴보겠다.

- 단일 공동 비전을 생성하는 '그룹 스케치'
- 그룹 내에서 여러 관점을 드러내는 '개별 스케치'
- 개별 화면에 여러 변형을 만들어내는 '6-8-5 스케치'

이런 각 활동은 팀 또는 클라이언트가 인터페이스 모델을 스케치하는 데 도움이 된다. 4코너 방법론을 사용하고, 스케치 협업을 이끌면 팀은 더 나은 인터페이스를 만드는 방법을 배운다. (18장에서 살펴본) 4코너 방법론으로 생각을 계속 스케치한다면 여러분과 팀이 방금 논의한 주제를 참조하도록 한다.

활동 1: 단일 공동 비전을 생성하는 그룹 스케치

그룹으로 스케치 활동을 한다는 것은 팀이 협업해 한 버전의 화면을 만든다는 의미다. 이 활동은 주된 문제가 인터페이스가 어떤 모습이어야 하는지가 아니라, 모든 사람의 동의를 얻어야 할 때 유용하다. 그룹 스케치는 인터페이스가 어떻게 보여야 하는지에 대한 공동의 비전을 세운다. 협업 로드맵을 사용해 팀을 집중하게 만들자. 프레임에서 시작해 스케치를 수행하게 하고, 최종 버전의 스케치로 마무리한다.

프레임

무엇을 할 것인가?	인터페이스를 스케치한다.
결과는 무엇인가?	하나의 인터페이스 스케치
이 활동이 왜 중요한가?	다른 이해관계자와 확인할 수 있는 그들의 의견을 토대로 한 스케치를 제공한다.
어떻게 그 일을 할 것인가?	인터페이스 레이아웃을 스케치하며, 콘텐츠와 기능도 포함시킨다.

그룹 스케치에 대한 프레임을 제안하려면 다음과 같이 이야기하자.

> "인터페이스를 함께 스케치해봅시다. 우리가 구축하려는 인터페이스 초안을 만들어볼 것입니다. 4코너를 염두에 두고 우선순위가 정해진 콘텐츠와 기능 목록을 가져와서 화면에 배치해보겠습니다."

그룹 스케치 진행하기

비어 있는 캔버스는 소심한 팀을 겁먹게 한다. 첫 부분을 제시해서 참여를 북돋아보자. 가장 중요한 콘텐츠 또는 기능을 스케치해 협업을 시작하자.

첫 번째 부분을 추가하는 일은 팀원들에게 해야 할 일을 보여주고, 그것이 얼마나 쉬운지를 알려주며, 팀이 반응할 수 있는 무언가를 제공하는 것이다.

제품 상세 화면이라면 화면 왼쪽 상단에 제품 이미지를 그릴 수도 있다(그림 19-1). 여러분이 하는 행동을 말로 들려주면서 진행한다. 팀원들에게 다음과 같이 질문한다.

"제품 이미지를 왼쪽 상단에 놓으면 어떨까요?"

확정적 문장이 아닌 질문 형태로 이미지를 어디에 뒀는지 설명하면, 해당 아이디어가 토론을 위해 열려있다는 신호를 팀에 보내는 것이다.

옵션을 닫아두지 말라

패스트 컴퍼니Fast Company에서 켈로그 경영대학원 교수인 리 톰슨Leigh Thompson은 첫 번째 아이디어가 어떻게 대안의 문을 닫아버릴 수 있는지 경고한다.[1] 당신은 토론을 촉진시키는 역할을 하는 사람으로서 절대 본인의 아이디어를 그룹에 강요하지 말라. 성공적 협업은 당신의 아이디어가 아니라 그룹의 아이디어에 대한 합의를 이끌어내는 것이다.

질문으로 토론을 이끌어가면 토론을 열린 형태로 유지할 수는 있지만, 이것만으로는 충분하지 않다. 상대방을 기분 좋게 배려하려는 사람들은 상반되는 생각을 내놓기보다는 당신의 합리적 제안에 동조할 것이다. 직접적인 질문을 통해 대안적이면서도 상충되는 아이디어를 만들어내자. 제품 이미지의 경우 다음과 같이 면밀하게 질문할 수 있다.

---

[1] Rebecca Greenfield, "Brainstorming Doesn't Work; Try This Technique Instead", 「Fast Company」, 20 Jan. 2017(https://www.fastcompany.com/3033567/brainstorming-doesnt-work-try-this-technique-instead)

- 이미지를 어디에 더 배치할 수 있을까?
- 경쟁사는 제품 이미지를 어디에 두는가? 우리는 똑같이 해야 할까, 아니면 다르게 해야 할까?
- 제품 이미지가 왼쪽 상단에 있으면 어떤 문제가 생기나?
- 제품 이미지가 없으면 어떻게 해야 할까?
- 서로 다른 제품엔 다른 크기의 이미지를 제공할까? 만약 비디오가 있다면? 우리는 다른 방식으로 제품을 표시하고 싶은가?

묻는 질문은 화면마다 다를 것이다. 각 인터페이스는 서로 다른 콘텐츠와 기능 세트로 다른 사용자 문제를 해결한다. 팀원들이 다른 옵션을 생각해 내도록 몰아붙여라.

조용한 참석자로 가득 찬 방은 텅 빈 캔버스와 같다. 사람들은 먼저 이야기하길 주저한다. 성공적인 협업을 위해선 모든 사람을 포함시켜야 한다. 회의실이 너무 조용하면 특정 팀원에게 질문을 던져라. 질문을 받은 당사자는 대답해야 한다. 이는 여러분의 활동을 토론을 리딩하는 것에서 두 사람이 대화하는 방식으로 변화시킨다.

첫 번째 참가자가 너무 빨리 동의하면 다른 참가자에게 동일한 질문을 한다. 모든 사람이 너무 잘 동조하면 유용한 토론을 하지 못할 수도 있다. 나머지 인터페이스를 계속 스케치해보자.

잘못된 의견을 제시해 참여 독려하기

동료는 좋은 아이디어 목록에 어설픈 아이디어를 더하는 것을 꺼려한다. 하지만 참가자는 나쁜 허점이 보이는 아이디어에 쉽고 안전하게 반응하며, 이에 동의하지 않는다.

제품 상세 화면에서 일반적으로 배치하지 않는 곳에 뭔가를 배치하거나 버튼 같은 것을 색다른 곳에 배치해야 한다고 제안해보라. 아주 긴 화면의 맨 아래에 '장바구니에 담기' 버튼을 스케치할 수도 있을 것이다. 이때 누군가가 해당 버튼을 화면에서 좀 더 높이 표시하길 원할 수 있다. 또한 2순위 또는 3순위의 행동 유도 장치를 1순위 장치보다 더 두드러지게 배치할 수 있다. 이런 행동은 팀원이 의견을 내게 만들 것이다.

참가자가 직접 스케치하게 하기

토론이 잘 진행되면 아이디어와 댓글, 피드백이 빠르고 격렬하게 흐른다. 참가자가 더 복잡한 생각이나 의견을 제시할 때 그들이 스케치할 수 있도록 마커를 건네라. 여러분은 다음과 같이 말할 수 있다.

> "저는 그게 어떤 모습일지 잘 모르겠어요. 직접 그려주실 수 있을까요?"

모든 사람이 포용되고 신뢰받는 팀에서라면 많은 팀은 스케치하러 앞으로 나올 것이다. 사람들이 가능한 한 자주 스케치를 할 수 있도록 권장하라. 팀원들이 마커를 거부한다면 더 강력하게 다시 물어보라. 다음과 같이 말한다.

> "여기에 여러분이 말하고자 하는 바를 그려주세요."

바쁘다고 해서 스케치 도움 받기

여전히 참가자가 스케치에 참여하게 할 수 없다면, 필요에 따라 참가자가 당신의 역할을 하게 만들자. 스케치 단계에서 누군가는 스케치를 해야 한다. 만약 당신이 마커를 들고 보드 앞에 있다면 팀원들은 어떤 것도 스케치할 의무가 없다. 그들에게 의무를 부여하기 위해 본인이 스케치할 수 없는 상황을 만들어야 한다.

본인이 스케치에서 손을 떼려면 화이트보드에서 벗어나야 할 이유를 만들어라. 현재 토론 내용과 관련된 자료를 찾아보기로 했다고 하자. 보드에서 가장 가까운 사람을 찾아서 당신이 자료를 찾는 동안 스케치를 대신해 달라고 부탁하라. 다음과 같이 말할 수 있다.

"마커 좀 잠깐 갖고 있을래요? 저는 뭘 좀 찾아봐야겠어요."

그들에게 마커를 건네라. 사회적으로 당신에게 주어졌던 것을 받지 않긴 어려울 것이다. 팀원이 마커를 맡을 거고, 당신은 회의실 뒤쪽으로 이동할 수 있다. 토론을 계속 진행하며 마커를 쥔 사람이 스케치하면 된다.

자주 반복하기

어떤 사람은 첫 번째 초안을 내고 곧 다시 시작하는 데 아무런 문제가 없다. 반면 어떤 사람은 처음 냈던 소중한 아이디어에 집착한다. 팀원들이 다시 시작하길 반복할 수 있도록 격려하자.

반복할 때는 첫 스케치 위에 'x'를 표시하고, 그 옆에 다른 스케치를 시작한다. 스케치 속도는 몇 초 안에 새로운 스케치를 시작하고 끝낼 수 있는 정도로 한다. 자주 반복하는 구조로 만들어서, 팀원들에게 이 방식이 얼마나 빠르고 쉽게 이뤄질 수 있는지 알려준다.

다른 사람이 스케치하고 있다면 다른 버전을 스케치하고, 이를 반복하도록 격려하자.

마무리

인터페이스 레이아웃을 스케치하고 토론하길 반복하면 팀은 합의에 도달하게 되고, 최종 스케치에 대한 대화도 마무리하게 된다.

필요한 경우 스케치를 깔끔하고 깨끗한 버전으로 만들어 콘텐츠, 기능 및 레이아웃이 모두 명확하게 정리되도록 한다. 팀이 잊지 않도록 중요한 박스 표식 또는 구불구불한 선에 이름을 짓거나 설명을 달아둔다. 4코너 캔버스를 사용하는 경우 사용자, 과업 및 기타 정보 등이 명확한지 확인하고, 스케치 제목이 제대로 적혀 있는지 다시 확인한다. 사진을 찍거나 문서를 저장하고, 가능한 한 빨리 모든 사람에게 스케치를 공유한다.

팀원에게 스케치를 공유할 것임을 알린다. 그래야 자신들이 무엇을 기대하는지 알 수 있다.

> "이 스케치 자료는 여기서 작업을 마치는 대로 바로 저장하고, 모든 사람에게 공유하겠습니다."

한 세션에 여러 화면을 스케치하는 경우, 다음 화면에 대한 프레임으로 넘어간다. 10분 정도면 화면을 스케치하고 토론하며 반복할 수 있다. 더 복잡한 화면이라면 30분까지도 걸릴 수 있다. 대부분의 팀은 30분 안에 사용자 여정에 존재하는 여러 화면을 스케치할 수 있다.

그룹 스케치는 팀원들이 하나의 공동 인터페이스 비전을 갖게 한다. 팀원들은 공동 비전을 통해 함께 일하기도 하고, 따로 일하기도 한다. 또한 공동 비전은 컨셉에서 제품 출시까지 이어지는 전 과정에서 경험에 대해 이야기하고 작업할 때, 팀원들이 공동의 언어와 이해를 갖추도록 돕는다. 공동 비전은 팀이 더 나은 경험을 구축하는 데 도움이 되며, 그룹 스케치 활동을 촉진시킬 때 팀이 어떻게 해야 할지 학습하게 한다.

때때로 팀이 공동 비전을 만들 준비가 안 된 경우가 있다. 팀원들은 머릿속에 여러 이질적이고 서로 충돌하는 비전을 갖고 있을 수도 있고, 모든 옵션을 평가하지 않은 채 방향을 선택했을 수도 있다. 이는 워크숍에 참여했던 참가자들이 15개의 서로 다른 홈페이지 버전을 스케치했던 그 워크숍에서 일어난 일이다.

활동 2: 경쟁적인 관점을 드러내기 위한 개별 스케치

인터페이스에서 팀을 하나의 방향으로 동조시킬 수도 있지만, 하나의 비전에 대한 준비가 안 돼 있을 수도 있다. 팀에겐 한 방향으로 동조하기 전에 논의해야 할 경쟁적 아이디어가 있을 수 있다. 개별 스케치는 팀이 상충하는 비전을 밝히고 토론하는 데 도움이 된다. 만약 팀이 방향을 너무 일찍 결정했다고 여긴다면, 개별 스케치를 통해 팀이 여러 옵션을 만들어내도록 도울 수 있다. 개별 스케치는 특히 홈페이지나 랜딩 화면^{landing screen}처럼 그룹이 서로 다른 우선순위를 가진, 논쟁을 초래할만한 화면에서 유용하다. 여러 가지 경쟁적 버전을 만들기 위해 모든 사람이 그룹과 공유하기 전에 자체적으로 화면을 스케치한다.

프레임

무엇을 할 것인가?	인터페이스에 대한 여러 대안을 확인한다.
결과는 무엇인가?	각 참가자가 개별적으로 작성한 스케치
이 활동이 왜 중요한가?	인터페이스를 개선하기 위한 서로 다른 아이디어를 확인한다.
어떻게 그 일을 할 것인가?	각 참가자는 개별적으로 스케치를 작성한다.

개별 스케치를 통해 다양한 옵션을 만들어내려 한다. 이 목표를 준수해 가능한 한 적은 방향으로 활동을 구성하자. 물론 참가자에게 특정 솔루션을 제시해 옵션에 대한 가능성을 닫아버려서도 안 된다.

각 팀원의 관점에서 옵션을 만들도록 장려하려면, 각자의 관점에서 개별적으로 스케치를 작성하게 한다. 제품 상세 화면에서 다음과 같이 말할 수 있다.

> "제품 상세 화면을 스케치해봅시다. 모두 각자 종이와 펜을 잡고, 제품 상세 화면이 어떻게 보여져야 한다고 생각하는지 그림으로 그려봅시다."

개별적 관점에 초점을 맞출 때 다양한 이해관계자들이 본인들의 독특한 관점에 집중하도록 권한다.

당신은 여러 옵션을 생성하길 바라고 있지만, 팀에선 비슷한 관점을 갖고 있다면 대체 버전을 생성하는 데 중점을 두도록 활동을 구성한다. 제품 상세 화면에서 다음과 같이 말할 수 있다.

> "제품 상세 화면의 다양한 변형을 가능한 한 많이 스케치해봅시다. 이 방법은 우리가 인터페이스를 개선하기 위한 다른 방법을 고민하는 데 많은 도움이 될 것입니다. 모든 사람이 3분 동안 우리가 할 수 있는 다양한 방법으로 제품 상세 화면을 스케치해봅시다."

개별 스케치 촉진하기

어떻게 개별 스케치를 할지 방법에 관계없이 동일한 방식으로 스케치 활동을 진행하자.

재료를 나눠주고 스케치 시작하기

빈 종이 한두 장을 각 참가자에게 나눠주고, 펜이나 마커도 준다. 모든 사람이 참여하는 데 필요한 물품을 갖고 있는지 확인하고, 다음과 같이 말한다.

"모두 종이 한두 장과 쓸 펜이 있으신가요?"

모든 사람이 준비되면 활동 지침을 반복해서 이야기하고, 팀원들에게 시간을 얼마나 주는지 알려준 다음 타이머를 시작한다. 제품 상세 화면에서 다음과 같이 말할 수 있다.

"우리는 3분 동안 스케치를 할 예정입니다. 그 정도 시간이면 모든 사람이 제품 상세 화면을 스케치할 수 있을 겁니다. 이제 타이머를 시작하겠습니다."

참가자가 제대로 하는지 확인하기

모든 사람이 스케치를 시작하면 각 참가자를 둘러보면서 잘 하고 있는지 점검한다. 사람들의 스케치를 보라. 어떤 사람은 곧바로 시작하고, 어떤 사람은 시작하기 전에 앉아서 생각한다. 누군가는 설명이 필요할 것이다. 모든 사람을 확인해 확신이 서지 않는 참가자들은 개인적으로 질문할 수 있게 하라. 어려워하는 사람이 있으면 질문이 있는지 물어보고 시작할 수 있도록 도와준다.

어떤 참가자는 무슨 그림을 그려야 할지 잘 모를 것이다. 빈 캔버스에 어쩔 줄 몰라 하거나 엉뚱한 것을 스케치할까 두려워한다. 그들에게 제품 상세 화면이라면 어떤 내용을 그려도 괜찮다고 안심시켜라.

또 어떤 참가자는 모바일 또는 데스크톱 PC에서 동작하는 화면을 스케치해야 하는지 여부 등 여러 사항에 대해 명확히 알고 싶어할 것이다. 다시 말하지만 뭐든지 상관 없다. 그들에게 무엇이든 스케치할 수 있다고 안심시켜라. 그들에게 "무엇을 스케치하고 싶은가요? 모바일 버전인가요? 아니면 데스크톱 PC 버전인가요?"라고 질문하고, 스스로 선택할 수 있게 하자.

활동 시간 설정하기

마감 시간이 임박하면 팀은 일을 시작하는 데 필요한 추진력을 갖게 된다. 1분마다 시간이 흐르고 있음을 알려라. 2분, 1분, 30초, 10초가 남았을 때 회의실에 알린다.

남은 시간을 알려주면 참가자들은 각자의 스케치를 완성하려 하기 때문에, 이로써 많은 사람이 함께 스케치하는 활동이 마무리된다. 모든 사람이 스케치를 내면 낸 사람 모두를 포함시키고, 이후의 협업을 지원하는 신뢰를 구축하라.

개별 스케치를 취합하고 공유하라

시간이 끝나면 시간이 다 됐음을 알리고, 모두의 스케치를 모은 후 다음과 같이 이야기한다.

> "시간이 다 됐습니다. 작업 중인 스케치를 마무리하고 우리가 스케치
> 한 것을 공유해봅시다."

각 스케치를 벽에 테이프로 붙이거나 모든 사람이 서로 다른 버전을 나란히 볼 수 있는 테이블에 배치하는 것이 이상적이다. 참가자들이 자신의 스케치를 벽에 붙여 모두가 자리에서 일어나 돌아다니게 한다. 이때 침체된 분위기를 만들지 않게 하라.

변화 범위를 강조하고 논의하기

여러 스케치가 비슷해 보이지만, 두 개가 똑같아 보이는 경우는 거의 없을 것이다. 개별 스케치 활동을 함으로써 우리는 화면에 대한 대안적 아이디어를 생성하고, 팀 내 모든 사람이 각자 독특한 관점과 그림을 그릴 수 있음을 알게 된다. 모든 사람이 서로 다른 생각을 갖고 있음을 배운다는 것은

협업과 공동 비전의 가치를 보여준다.

팀원들에게 본인의 스케치를 그룹에게 보여달라고 부탁하라. 일반적인 기능을 확인하고 차이점을 강조하라. 보통은 몇 개 스케치는 다른 스케치와 완전히 다르다. 스케치 작성자에게 다르게 화면을 스케치했는지 이유를 물어보자. 각 프레젠테이션은 2~3분 간격으로 진행한다.

마무리

이 활동의 궁극적 목표는 모든 사람이 동의하는 화면, 단 하나의 스케치다. 다른 버전에 대해 토론한 후, 19장 앞부분에서 나온 그룹 스케치 활동을 수행해 공동의 단일 비전을 만들자.

활동 3: 여러 변형을 만들어내는 6-8-5 스케치

개별 스케치는 광범위한 옵션을 탐색하는 일이다. 이 활동은 팀원들이 대안을 고려하기도 전에 방향을 선택해버리는 위험을 막는다. 물론 각 참가자는 가능한 변화에 대해 생각하기 전에 이미 개별적으로 방향을 정했을 수 있다.

개별 참가자가 사고를 확장할 수 있도록 각 참가자는 여러 버전을 스케치한다. UX 컨설팅 업체인 어댑티브 패스의 토드 워펠[Todd Warfel], 러스 웅거[Russ Unger]는 '6-8-5 스케치'라고 부르는 방법론을 보급했다. 6-8-5 스케치에서 각 참가자는 5분 안에 6~8가지 변형 화면을 만든다. 여기서 5분이라는 제한시간보다는 각 참가자가 여러 변형을 스케치하는 데 더 중점을 두고 진행하도록 한다.

개별 스케치는 다양한 이해관계자 그룹과의 활동에 효과적인 반면, 6-8-5 스케치는 동종 그룹 내 광범위한 변형을 탐구하는 데 더 적합하다.

6-8-5 스케치는 오직 2가지만 있으면 되기 때문에 많은 상황에 활용할 수 있다.

- 종이
- 필기도구

재료 준비

필기도구 외에 약간의 준비가 필요하다. 사용자가 스케치할 수 있도록 6~8개 구역으로 나눈 스케치 워크시트를 사용하거나, 참가자가 빈 종이를 접어 스케치할 수 있는 8개 하위 섹션을 만들게 한다.

1. 종이를 반으로 접는다. 그러면 종이가 두 부분으로 나뉜다.
2. 종이를 다시 반으로 접어 네 부분으로 나눈다.
3. 종이를 한 번 더 반으로 접어 여덟 부분으로 나눈다.

참가자들이 워크시트를 갖고 있거나 종이를 접어 섹션을 만들면, 6-8-5 스케치를 쉽게 할 수 있다.

1. 종이 왼쪽 상단에 스케치할 화면 이름을 작성한다.
2. 5분 타이머를 시작하고, 모든 사람에게 화면에 대한 6~8가지 변형 버전을 스케치하게 한다.
3. 5분 동안 참가자들은 종이의 각 섹션에 화면을 스케치한다.

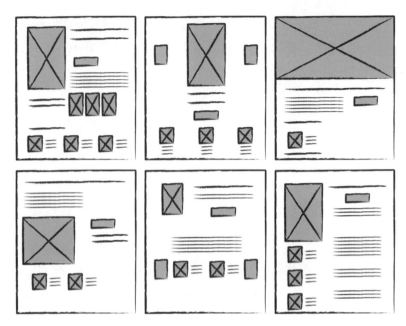

그림 19-1 미리 준비된 워크시트로 6-8-5 스케치를 하거나, 빈 종이를 접어 자신만의 스케치 워크시트를 만든다.

프레임

다른 유형의 스케치 활동과 마찬가지로, 팀은 이미 제품 사용자에 대한 감각과 제품의 최종 상태에 대한 비전을 갖추고 있어야 한다. 공동 비전은 스케치를 제한한다. 팀에서 개별 스케치를 수행할 때와 유사한 프레임을 설정하자.

무엇을 할 것인가?	인터페이스에 대한 여러 대안을 확인한다.
결과는 무엇인가?	각 참가자의 6~8가지 스케치
이 활동이 왜 중요한가?	인터페이스를 개선하기 위한 여러 아이디어를 확인한다.
어떻게 그 일을 할 것인가?	각 참가자는 해당 화면에 대한 6~8가지 버전을 스케치한다.

각 팀원이 본인의 관점을 제시할 수 있도록 그들의 관점에서 6-8-5 스케치에 대한 프레임을 만들어보자. 제품 상세 화면에서 다음과 같이 이야기할 수 있다.

> "제품 상세 화면을 스케치해봅시다. 모든 사람은 종이 한 장과 펜을 챙겨주세요. 지금부터 제품 상세 화면이 어떤 모습이어야 하는지 각자 생각하는 바를 6가지 다른 버전으로 스케치해보겠습니다. 제가 타이머를 시작하면 종이에 제품 상세 화면을 6가지 이상 스케치해주세요. 가능한 한 많이 다양한 버전을 스케치해주세요."

참가자 중 누군가가 다양한 버전이 무슨 의미인지 묻는다면 다른 버전은 콘텐츠, 레이아웃, 구성, 전략 및 접근 방식이 달라질 수 있다고 설명한다.

6-8-5 스케치 촉진하기

활동 시간을 설정, 공유 및 토론한다

개별 스케치 활동과 마찬가지로 모든 사람이 같이 시작하고 끝낼 수 있도록 활동 시간을 설정하고, 스케치를 마친 다음엔 모두 자기 스케치를 공유하고 토론하게 한다.

스케치를 공유하고 토론하기 위해 각 참가자는 나머지 그룹 사람에게 6~8가지 변형안을 발표한다. 이때 유사점과 차이점을 강조해 설명하도록 한다. 사람들이 사용자에게 특히 유용하다고 여기는 콘텐츠 또는 기능, 특별한 아이디어를 찾도록 도와주자.

그룹 단위로 공유 시간 제한하기

각 참가자가 공유해야 하는 양을 고려하면 6-8-5 스케치는 5~7명 정도의 그룹 단위로 공유하는 것이 가장 적절하다. 참가자 수가 그보다 많으면 공유 시간이 너무 오래 걸려서 어떤 참가자는 흥미를 잃을 수도 있다. 전체 참가자가 8명 이상이면 4~5명씩 그룹을 지어 회의실을 나눠 쓴다. 참가자는 자신의 스케치를 그룹과 공유하고 토론할 수 있다.

모든 사람이 자신이 속한 그룹에 6~8가지 변형안을 공유한 후엔 그룹이 함께 화면을 스케치해 그룹의 최선책을 하나로 결합한 하나의 화면으로 마무리한다. 각 그룹이 자신들의 생각을 한 화면으로 압축하면 각 그룹이 더 넓은 그룹과 화면을 공유하게 한다. 개별 스케치 활동에서 했던 것처럼 변동 범위를 강조 표시하고 토론한다.

마무리

개별 스케치의 마지막 단계에서처럼 6-8-5 스케치 결과를 바탕으로 그룹이 함께 스케치해 하나의 공동 비전을 만든다.

스케치할 때 고려할 추가사항

프레임 없는 스케치

개별 스케치와 6-8-5 스케치는 모두 인터페이스에 대한 대안적 접근방식을 보여준다. 가능한 한 많은 다양성을 장려하는 차원에서 되도록이면 일반적인 화면 프레임을 제시한다. 예를 들어 모든 사람에게 화면에 표시돼야 하는 콘텐츠나 기능을 설명하지 않고, 제품 상세 화면을 스케치하도록 요청한다.

명시적인 프레임을 제시하지 않으면 팀원들은 어떤 콘텐츠와 기능을 표시해야 하는지, 화면 레이아웃을 어떻게 구성해야 하는지, 사용자가 기능과 어떻게 상호작용해야 할지 등을 고려할 때 각자 머릿속에 이미 형성된 관념에 더 쉽게 의존할 것이다. 더 다양한 변형 아이디어를 생각해낼 수 있도록 팀에게 인터페이스가 어떻게 작동하는지 상상할 수 있게 완전한 권한을 부여하자.

개별 스케치와 6-8-5 스케치는 명시적 프레임 없이 광범위한 콘텐츠, 기능, 레이아웃 및 인터랙션 모델을 식별한다. 명시적 프레임이 없으면, 4코너 모델로 도출한 결과와는 다른 콘텐츠와 기능 목록을 생성하는 대안적 방법론을 제공하게 된다.

프레임 있는 스케치

개별적으로 도출하는 활동은 인터페이스에 무엇이 포함돼야 하는가에 대한 질문에 답하는 일이다. 그러나 인터페이스에 무엇을 포함해야 할지 이미 정의돼 있다면, '인터페이스는 어떻게 표시돼야 하는가'라는 질문에만 답하고 싶을 수 있다.

인터페이스에 포함돼야 하는 것이 아니라 인터페이스가 보이는 방식에만 변화를 주고 싶다면, 4코너를 활용해 스케치 활동을 해보자. 팀은 콘텐츠와 기능에 맞춰 레이아웃을 다양하게 만들어내는 일에 집중하고, 사용자가 콘텐츠와 기능에 상호작용하는 방법에 중점을 두게 될 것이다.

스케치하기 전에 레이아웃과 인터랙션에 맞춰야 할지, 아니면 콘텐츠와 기능도 맞춰야 할지 자문해보자.

여러 변형안 종합하기

결국에 팀은 제품 상세 화면의 한 버전만 제작하게 된다. 따라서 팀은 여러 변형안을 하나의 인터페이스 모델로 만들어야 한다. 개별 스케치와 6-8-5 스케치 모두 인터페이스마다 여러 변형을 만들어낸다. 그룹 스케치는 팀이 해당 인터페이스를 위해 하나의 스케치로 압축하게 한다.

그룹이 단일 변형안을 결정하지 못하는 경우

그룹은 종종 인터페이스의 단일 버전에 합의할 준비가 돼 있다. 하지만 경우에 따라 팀원들 간 인터페이스가 어떻게 기능해야 하는지 이견이 생기기도 한다. 당신이 동의하지 않는다는 점을 아는 일은 여러분이 동의하는 것만큼이나 가치가 있다. 팀이 단일 버전을 진행하기로 결정하지 못하는 경우, 최선의 방안을 확인하고 테스트할 수 있는 경쟁적 변형안을 스케치해보자. 그 변형안은 레이아웃이 다를 수도 있고, 인터랙션이 다를 수도 있으며 또는 둘 다 다를 것이다.

팀이 하나의 방안을 선택할 수 없으면, 이는 기본 가정에 대한 공통된 이해가 부족하다는 의미다. 확인할 경쟁적 변형안을 만들 때 팀은 서로 상충하는 가설을 평가하고, 특정 방향으로 합의해나갈 수 있다.

레이아웃 변형안

팀은 레이아웃 변형안을 통해 콘텐츠와 기능이 어디에 표시돼야 하는지 결정하지 못한다. 팀은 제품 상세 화면에서 제품 이미지를 화면 오른쪽 상단에 표시해야 할지, 왼쪽 상단에 표시해야 할지 여부를 놓고 의견이 갈릴 수 있다. 팀은 '장바구니에 담기' 버튼이 화면 상단에 가깝게 배치돼야 할지 하단에 배치돼야 할지 결정해야 할 때도 의견이 다를 수 있다.

지금 이야기한 두 경우 모두 팀은 사용자가 과업을 달성하고 다음 단계로 이동하는 데 가장 도움이 되는 레이아웃을 이해하려고 한다. 사용자가 제품 구매를 결정하는 데 가장 도움이 되는 레이아웃은 무엇인가? 사용자가 장바구니에 제품을 담는 데 가장 도움이 되는 레이아웃은 무엇인가? 사용자에게 가장 유용한 레이아웃은 무엇인가?

레이아웃 대안을 만들어서 어떤 레이아웃이 가장 유용한지 평가할 수 있다.

인터랙션 변형안

팀은 인터랙션 변형안을 통해 어떻게 인터페이스를 가장 유용하게 만들지 판단하긴 어렵다. 사용자가 여러 옵션 중 하나를 선택해야 하는 경우, 사용자가 드롭다운 메뉴에서 옵션을 선택하도록 하는 것이 더 유용한 방법일까? 아니면 사용자가 여러 라디오 버튼 중 하나를 선택하도록 하는 게 더 나은가? 두 가지 변형안이 모두 유사한 레이아웃을 갖고 있더라도, 각 인터랙션 방식을 확인해(드롭다운 메뉴 중 하나를 선택하거나 라디오 버튼을 선택) 가장 유용한 방법을 결정할 수 있다.

다른 사람이 자신만의 인터페이스를 만들 수 있도록 신뢰하기

팀과 함께 4코너 요소를 몇 차례 살펴보면 그들은 디자이너처럼 생각하기 시작한다. 화면에 접근할 때 팀은 사용자, 과업, 이전 및 다음 단계를 생각할 것이고, 화면 디자인을 시작하기 전에 콘텐츠와 기능을 나열하고 우선순위를 정할 것이다. 팀원들은 더 나은 경험을 디자인하게 될 것이고, 당신은 팀이 그렇게 하도록 돕는다.

팀원들에게 4코너를 소개하면 생각하는 방식이 달라진다. 팀원들은 좋은 화면 디자인에 필요한 비전을 함께 공유할 것이다. 따라서 당신 없이도 팀원들이 자신만의 스케치와 와이어프레임을 만들 수 있도록 팀을 신뢰하라. 팀원들이 내린 결정, 팀원이 만든 디자인을 신뢰하고, 전문지식이나 피드백이 필요할 때면 팀이 도움을 요청할 것임을 믿자.

모든 화면을 디자인하려 하기보다는, 팀원들이 더 나은 화면을 만들도록 도와주자. 그리고 스스로 더 나은 디자인을 하도록 안내하자. 팀원들이 당신 없이도 더 잘 디자인할 수 있도록 돕는 몇 가지 전술을 소개한다.

쉽게 접근할 수 있는 4코너 만들기

추상적인 주제에 대해 고민하기보다는 워크시트를 채우는 일이 더 쉽다. 4코너 재료를 쉽게 찾아 사용할 수 있도록 만들어보자. 그리고 많은 사람이 쉽게 이용하는 공용 공간에 워크시트를 쌓아둔다. 팀 위키team wiki와 프로젝트 사이트에 템플릿 파일 링크를 올려둔다. TFS, Jira 같은 추적 시스템에 과업용 4코너 워크시트를 첨부한다. 4코너 워크시트와 체크리스트를 더 쉽게 찾고 활용할 수 있게 되면 더 많은 사람이 관련 자료를 찾아 사용하게 될 것이다.

4코너 의식 만들기

나는 10년 동안 매일 밤 잠자리에 들기 전에 아이들과 양치질을 했다. 우리는 모두 욕실에 가서 칫솔에 치약을 짜고 하나 둘 셋 숫자를 세고 '시작!'이라고 외친 다음, ABC 노래를 두어 번 흥얼거리며 이를 닦는다. 매일 밤 그렇게 하고 있다. 그리고 몇 년 전부터 우리는 이 야간 의식에 구강청정제와

치실을 추가했다.

이제 아이들은 스스로 이를 닦으면서도 같은 의식을 따른다. 그들은 숫자를 세고 '시작'을 외치며 ABC를 두 번 노래하면서 이를 닦는다. 그리고 치실을 하고 구강청정제로 입을 헹군다.

4코너를 팀에서 행하는 의식의 일부로 만들려면 모든 사람이 볼 수 있는 곳에서 직접 의식을 관찰하라. 당신이 스스로 행동을 모델링할 때 당신 자신과 다른 사람은 그 행동을 하는 방법과 그 행동으로 인한 이익을 얻는 게 얼마나 쉬운지 알게 된다.

디자인 문제가 아닌 팀 문제 해결하기

인터페이스에 관한 협업을 할 때, 팀은 다음의 두 가지 근본 문제 중 하나를 해결하려 할 것이다.

- 팀이 어떻게 여러 비전을 하나의 공동 비전으로 정리할 수 있는가?
- 팀이 화면의 성공 여부를 어떻게 평가할 수 있는가?

인터페이스에서 협업을 할 때, 팀이 이런 문제를 해결하도록 돕자. 팀원들과 인터페이스를 만들 때 협업은 팀에 존재하는지도 몰랐던 특정한 질문을 식별하고 해결한다. 이 질문을 끄집어내고 대답하면서 최종 인터페이스가 개선된다. 그리고 팀원들은 학습을 경험 기계 전반에 걸쳐 수행한다.

4코너 방법론을 적용하면서 스케치 활동을 할 때, 낮은 충실도의 스케치에는 콘텐츠, 기능 및 레이아웃이 포함된다. 그러나 인터페이스 모델로서 스케치의 제한된 충실도는 콘텐츠, 기능, 시각 디자인 및 맥락을 모델링하는 수준도 제한할 수 있다.

스케치를 통해서만 모델링과 테스트를 충분히 할 수 있다. 인터페이스를 만들 때 스케치에서 확인하고 싶은 내용을 확인하지 못한다면 어떨까? 4코너 방법론과 스케치는 특정 질문에 답하기 위해 특정 수준의 충실도로 인터페이스를 고민하고 만드는 방법을 제공한다. 스케치를 해야 할 때와 와이어프레임 또는 프로토타입을 만들 시기는 어떻게 알 수 있는가? 올바른 인터페이스를 어떻게 만드는지는 20장에서 알아보겠다.

20장

적합한 인터페이스 모델 선택하기: 와이어프레임, 콤프[1] 및 프로토타입

지금까지 인터페이스 모델을 만들기 위해 스케치를 사용했다. 모델을 만들었으므로 모델을 확인할 수 있는 것이다. 모델을 이야기하는 또 다른 방법은 질문에 답하기 위해 인터페이스 모델을 만드는 것이다. 예를 들어 스케치는 팀이 인터페이스의 3가지 가시적 영역인 콘텐츠, 기능 및 레이아웃 대해 생각하는 데 도움이 되므로 이를 표현하는 또다른 방법은 스케치를 만들어 콘텐츠, 기능 및 레이아웃에 관한 질문에 답하는 것이다.

스케치는 특정 질문을 할 수 있는 인터페이스 모델 유형의 하나지만, 그게 유일한 방법은 아니다. 인터페이스는 5가지 방법으로 모델링할 수 있다. 올바른 질문에 답하려면 올바른 질문에 답할 수 있는 적절한 충실도를 제공하는 모델을 선택하자.

---

1 콤프: comprehensive layout이라는 의미로, 해외에서는 visual comp, design comp라는 용어로도 많이 쓴다. sketch, layout보다는 충실도가 높은 시각물의 의미로 보통 사용한다(용어참조: https://en.wikipedia.org/wiki/Comprehensive_layout). – 옮긴이

인터페이스 모델의 5가지 유형과 실제 제품

인터페이스를 이야기할 때마다 실제 제품처럼 만든 실제 인터페이스 또는 와이어프레임 같은 인터페이스 모델에 대해 이야기한다. 실제 제품은 항상 실제 제품이다. 그러나 다양한 방법으로 인터페이스를 모델링할 수 있다. 전체적으로 인터페이스를 점검할 수 있는 6가지 방법을 소개한다.

- 텍스트 설명
- 스케치
- 와이어프레임
- 목업 또는 비주얼 콤프시각적 합성물, visual comps, 구성물compositions
- 프로토타입
- 실제 제품actual product

각 인터페이스 모델은 서로 다른 수준의 충실도를 제공한다. 다섯 가지 유형의 인터페이스 모델이 실제 제품과 어떻게 다른지 비교하면 클라이언트, 팀과 협업할 때 어떤 모델을 선택할지 판단하는 데 도움이 된다.

텍스트 설명

텍스트 설명은 인터페이스를 설명하는 가장 빠른 방법이다.

지금까지 함께 일했던 최고의 개발자를 떠올려보자. 이제 여러분과 그 사람이 전자상거래 사이트를 위한 제품 상세 화면을 구축한다고 해보자. 지금 여러분이 가장 좋아하는 그 개발자와 복도에서 만나 새로운 제품 상세 화면에 대해 이야기한다고 상상해보라. 제품 이름, 제품 설명 및 제품 이미지에 대해 이야기한다. 물론 '장바구니에 담기' 버튼에 대해서도 이야기한다.

해당 정보만 있으면 인터페이스를 디자인하는 데 필요한 모든 내용을 아는 것이다. 그리고 개발자도 코딩을 시작하는 데 필요한 모든 것을 갖고 있다. 어떤 인터페이스든 콘텐츠와 기능에 대해 이야기하는 것이 인터페이스를 가장 빠르고 쉽게 설명하는 방법이다. 제품 상세 화면의 경우 여러분과 개발자 친구는 다음의 두 목록으로 작업을 시작한다.

콘텐츠의 경우 다음 3개 항목이 있다.

- 제품 이름
- 제품 설명
- 제품 이미지

기능 목록은 다음 1개 항목이 있다.

- '장바구니에 담기' 버튼

텍스트 설명으로 콘텐츠와 기능을 설명할 수 있지만, 이렇게 하면 여러분과 여러분이 가장 좋아하는 개발자는 시각 디자인과 레이아웃에 대해 서로 다른 가정을 하게 된다.

스케치

텍스트 설명으로 콘텐츠와 기능을 설명할 수 있다. 스케치는 콘텐츠와 기능 중심의 텍스트 설명을 확장해 레이아웃도 포함한다(그림 20-1).

그림 20-1 스케치는 콘텐츠, 기능, 레이아웃을 보여준다.

좋아하는 개발자와 이야기를 나눈 제품 상세 화면을 상상해보자. 반짝이는 화이트보드 앞으로 가서 파란 마커로 화면을 그린다. 텍스트는 구불구불한 선으로 긋고, 제품 이미지는 X 표시를 한 사각형 박스로, '장바구니에 담기' 버튼은 작은 사각형으로 표시한다. 이제 화면을 스케치해 콘텐츠, 기능 및 레이아웃에 대해 논의했다.

스케치가 더 많은 정보를 제공하지만 그것은 레이아웃에 대한 대략적인 아이디어일 뿐이며, 여전히 시각적 디자인을 상상해야 한다.

와이어프레임

와이어프레임에선 인터페이스를 텍스트나 스케치로 설명할 때보다 더 상세한 내용을 추가한다(그림 20-2). 콘텐츠, 기능 및 대략적 레이아웃 외에도, 형식과 관련해 암묵적으로 합의된 가정을 실제 세부사항으로 대체한다.

[Product Name]

[Product Price] ($x/ounce)

Add to cart

Excepteur sint occaecat cupidatat non proident, sunt in culpa qui officia deserunt mollit anim id est eopksio laborum. Sed ut perspiciatis unde omnis istpoe natus error sit voluptatem accusantium doloremque eopsloi laudantium, totam rem aperiam, eaque ipsa quae ab illo inventore veritatis et quasi architecto beatae vitae dicta sunot explicabo.

Other blends you may like

Download the
Tasting Guide
to find more
flavors to enjoy

18 ounces brews ~64 cups of fresh, delicious coffee.

Recommended if you drink more than 2-cups of coffee per day.

Also available in these sizes:

[Product Size]	**[Product Size]**	**[Product Size] for the office**
~y cups	~y cups	~y cups
~1 cup per day	~few cups on weekends	~400 cups

그림 20-2 와이어프레임은 기능과 레이아웃에 콘텐츠 형식과 양을 더 보여준다.

와이어프레임의 추가 세부 정보는 표시할 수 있는 콘텐츠 양, 콘텐츠 문자열의 길이와 형식, 이미지 크기 등 기타 세부사항을 더 보여준다. 와이어프레임은 레이아웃에 대한 더 정확한 정보를 포함하며, 기능 어포던스에 대한 명확한 세부 정보도 포함한다. '장바구니에 담기' 버튼은 커야 하는가, 작아야 하는가?

목업

목업 또는 비주얼 콤프는 실제 제품이 사용자에게 어떤 모습인지 보여준다 (그림 20-3). 목업은 실제 제품은 아니지만 실제 제품처럼 보인다. 목업은 정확한 색상, 간격, 글꼴, 사진 및 일러스트레이션 스타일이 포함된 '포괄적 레이아웃comprehensive layout'[1]을 보여준다.

그림 20-3 목업은 제품이 어떻게 생겼는지 보여준다.

---

1 "Comprehensive Layout," 「Wikipedia」, Wikimedia Foundation, 2 Feb. 2005

일반적으로 목업은 와이어프레임이 최종 상태에서 어떻게 나타나는지 보여준다. 하지만 와이어프레임처럼 목업은 화면의 동작을 제안만 한다. 사용자가 '장바구니에 추가' 버튼을 클릭하면 실제로 어떤 일이 발생하는지 볼 수 없다.

스크린샷

다른 유형의 인터페이스 모델과 달리 스크린샷screenshot은 인터페이스 모델이 아니라 실제 제품의 이미지다. 하지만 스크린샷은 이미지일 뿐이어서 목업에서 볼 수 있는 수준의 정보를 제공한다. 스크린샷은 실제 콘텐츠, 형식, 글꼴, 색상 및 레이아웃을 보여준다.

스크린샷은 목업과 똑같아 보이지만 한 가지 중요한 차이점이 있다. 목업은 인터페이스 모델이고, 스크린샷은 실제 인터페이스의 이미지인 것이다.[2]

프로토타입

프로토타입엔 실제 기능을 추가한다. 프로토타입은 화면의 콘텐츠, 기능, 레이아웃 및 디자인 스타일을 알 수 있을 뿐 아니라 사용자가 '장바구니에 담기' 버튼을 클릭했을 때 어떤 일이 일어나는지 보여줄 수 있다(그림 20-4). 사용자가 버튼을 클릭했을 때 제품 상세 화면을 유지하면서 제품이 장바구니에 추가됐다는 메시지가 표시되는가? 아니면 장바구니 세부 항목을 볼 수 있는 다른 화면으로 연결되는가?

---

2   내가 지금까지 해온 모든 프로젝트에서 실제 인터페이스의 스크린샷은 인터페이스 모델인 목업과 전혀 똑같지 않다. 재미있지 않은가?

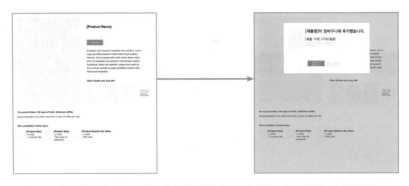

그림 20-4 인터페이스를 프로토타입으로 모델링하면 사용자가 화면과 상호작용할 때 어떤 일이 일어나는지 보여줄 수 있다.

실제 제품

실제 제품은 인터페이스 모델이 아닌 실제 인터페이스다. 제품 상세 화면에서 실제 콘텐츠와 기능이 실제로 작동하는 모습을 본다. 제품 상세 화면의 실제 시각 디자인을 보는 것이며, 실제 웹 브라우저에서 화면을 볼 수 있다.

인터페이스를 논의하기 위한 각 방법은 서로 다른 수준의 충실도로 인터페이스를 보여준다. 그리고 이렇게 다른 충실도는 팀이 다른 질문에 답하게 한다.

어떤 인터페이스 모델을 사용해야 할지 어떻게 아는가? 적절한 충실도를 제공하는 모델을 선택하자.

인터페이스 충실도의 5가지 종류

팀원, 클라이언트와 인터페이스를 디자인할 때, 올바른 주제에 대해 올바른 대화를 하길 원할 것이다. 적절한 충실도는 팀 내 공동 비전을 유지시키는 데 유용하다. 충실도가 높을수록 공동 비전을 더 확실히 구축할 수 있지만, 그 모델을 확인할 수 있기까지 만드는 데 오랜 시간이 걸린다. 반면 충실도가 낮으면 반복 속도가 빨라지지만 팀원들이 공유하는 비전의 수준도 낮다.

다음 5가지 방법으로 모델의 충실도를 조정하자.

- 콘텐츠 충실도content fidelity
- 기능적 충실도functional fidelity
- 레이아웃 충실도layout fidelity
- 시각적 충실도visual fidelity
- 맥락적 충실도contextual fidelity

콘텐츠 충실도

인터페이스 모델을 만들 때 콘텐츠 충실도는 콘텐츠가 얼마나 정확한지 설명하는 척도다. 제품 상세 화면에 대한 스케치를 보여줄 때 제품 이름을 구불구불한 선으로 표시하는가? 아니면 '제품명'이라고 적었는가? 그도 아니면 실제 제품의 이름을 적었는가?

시각 디자이너는 종종 표준 채우기 텍스트인 로렘 입숨Lorem ipsum 같은 더미dummy 텍스트를 목업에 사용한다. 더미 텍스트는 실제 샘플 콘텐츠보다 콘텐츠 충실도가 낮다(그림 20-5). 시각 디자이너가 더미 텍스트를 사용하는 경우 그들은 시각 디자인에서 서체가 얼마나 적절하게 적용됐는지를 확인하고 싶은 것이다. 그리고 더미 텍스트는 어떤 글자로든 가능하다.

텍스트로 적힌 콘텐츠가 적절한지 확인하고 싶다면 어떻게 해야 할까? 더미 텍스트로 채운 인터페이스에서 텍스트 내용을 평가할 수 있을까? 아마 아닐 것이다.

Oluptam ut officab orestios ditem nonsequi beruptat. Vidio corem. Et quam faccaborem volecest, od et ulliquos ducil maximagnimus magnitiis quasi quatur simus re occus, quodit magnam aligenimaio quae numquias eaque et ullendit et que alignit lanimus modit landam .

From seven to twelve per cent, of the supply of coffee received in the United States comes from the northern part of South America, and is known as Maracaibo, Laguarya, or Porto Cabello coffee. It is grown either in Venezuela or the United States of Colomboa.

그림 20-5 콘텐츠 충실도는 인터페이스 모델에서 콘텐츠가 얼마나 정확하게 표시되는지 나타낸다.

콘텐츠 충실도는 다음 3가지 수준으로 존재한다.

- 콘텐츠 유형^{content type}
- 콘텐츠 형식^{content format}
- 실제 콘텐츠^{actual content} 또는 샘플 콘텐츠^{sample content}

팀과 함께 제품 상세 화면을 스케치한다고 가정해보자. 스케치 맨 위에 있는 '제품명'을 흘려 쓴다면 표시할 콘텐츠 유형을 식별하고 쓴 것이다.

제품명을 150자 이내의 '텍스트'로 적는다면 콘텐츠 형식을 정의한 것이다.

만약 '과테말란 프렌치 로스트^{Guatemalan French Roast}'라고 적는다면 실제 콘텐츠 혹은 샘플 콘텐츠를 사용한 것이다.

콘텐츠 충실도 수준	예시
콘텐츠 유형(낮음)	제품명
콘텐츠 형식	텍스트, 150자 이하
실제 또는 샘플 콘텐츠(높음)	과테말란 프렌치 로스트

콘텐츠와 관련된 다양한 질문을 충실도를 통해 확인할 수 있다. 어떤 콘텐츠에 대해 묻고 싶은가? 콘텐츠 형식인가? 아니면 인터페이스가 실제 콘텐츠와 잘 작동하는지 확인하고 싶은가?

기능적 충실도

기능적 충실도는 인터페이스 모델에서 기능이 얼마나 잘 작동하는지 설명한다(그림 20-6). 링크가 작동하는가? 아니면 그저 밑줄이 쳐진 파란색 텍스트인가? 무언가 움직이는 방법을 설명하기 위해 크게 손짓으로 표현하려 할 수도 있고, 애니메이션을 보여줄 수도 있다.

그림 20-6 기능적 충실도는 인터페이스 모델에 기능이 얼마나 정확하게 표시되는지를 나타낸다.

콘텐츠와 마찬가지로 기능적 충실도도 다음 3가지 수준에서 작동한다.

- 기능 유형^{functionality type}
- 기능 형식^{functionality format}
- 실제 기능^{actual functionality} 또는 샘플 기능^{sample functionality}

팀과 함께 제품 상세 화면을 스케치한다고 가정해보자. '장바구니에 담기'를 흘려 쓰면 원하는 기능의 유형을 식별해서 표현한 것이다.

그렇게 하지 않고 와이어프레임을 만들고 '장바구니에 담기'라고 적힌 버튼을 포함시켰다면, 기능 형식을 버튼으로 정의한 것이다(버튼 대신 링크를 사용할 수도 있었다).

'장바구니에 담기' 버튼을 클릭할 때 라이트박스가 표시되는 프로토타입을 만든다면, 여러분은 실제 또는 샘플 기능을 설명하려고 한 것이다.

기능적 충실도 수준	예시
기능 유형(낮음)	장바구니에 담기
기능 형식	'장바구니에 담기' 버튼
실제 또는 샘플 기능(높음)	라이트박스 표시

레이아웃 충실도

레이아웃 충실도는 모델이 인터페이스 레이아웃을 얼마나 잘 보여주는지 설명한다(그림 20-7). 대략적인 레이아웃 스케치가 있는가? 아니면 정확한 간격과 위치를 표시한 목업을 보고 있는가?

그림 20-7 레이아웃 충실도는 인터페이스 모델에 레이아웃이 얼마나 정확하게 표시되는지를 나타낸다.

레이아웃 충실도는 다음 3가지 수준에서 작동한다.

- 중요도prominence 또는 우선순위priority
- 상대적 위치relative position
- 실제 위치actual position

4코너 방법론을 활용해 제품 상세 화면의 콘텐츠 목록의 우선순위를 지정할 때, 각 요소의 중요도 또는 이 요소가 인터페이스에 얼마나 두드러지게 표시돼야 하는지를 식별한다.

팀원들과 함께 제품 상세 화면을 스케치할 때 콘텐츠를 화면에 표시한다. 레이아웃은 각 콘텐츠가 다른 콘텐츠 대비 어떻게 표시되는지를 설명한다.

그렇게 하지 않고 픽셀 단위까지 완벽한 목업을 만들면 각 콘텐츠의 실제 위치를 보여줄 수 있다.

레이아웃 충실도 수준	예시
중요도 또는 우선순위(낮음)	우선순위가 지정된 콘텐츠 목록
상대적 위치	콘텐츠 레이아웃 스케치
실제 위치(높음)	콘텐츠 레이아웃 목업

시각적 충실도

시각적 충실도는 인터페이스 모델이 실제 제품과 얼마나 유사한지 설명한다(그림 20-8). 모든 충실도와 마찬가지로 시각적 충실도가 높을수록 사람들은 모델을 이해하기 쉽다. 당신은 본인 커리어에서 이 충실도 사례를 실제로 볼 수 있다. 일부 클라이언트는 와이어프레임을 보고 이해하지 못하기도 한다. 그런 사람은 목업을 봐야 한다.

그림 20-8 시각적 충실도는 인터페이스 모델이 실제 제품과 얼마나 유사한지 설명한다.

콘텐츠, 기능 및 레이아웃과 마찬가지로, 시각적 충실도도 다음 3가지 수준에서 작동한다.

- 제안된 시각 디자인^{suggested visual design}
- 상대적 시각 디자인^{relative visual design}
- 실제 시각 디자인^{actual visual design}

제품 상세 화면을 이메일로 설명하면서 화면에 로고를 포함시킬 거라고 말한다면 시각 디자인을 제안하는 것이다.

그게 아니라 와이어프레임을 만들고 회사 로고와 브랜드 색상을 사용했다면 상대적 시각 디자인을 사용한 것이다.

더 나아가 목업을 만들고 회사 서체, 색상 및 로고를 적용하고 간격을 맞추면 실제 시각적 디자인을 보여주는 것이다.

시각적 충실도 수준	예시
제안된 디자인(낮음)	로고를 포함한 설명
상대적 디자인	로고와 브랜드 색상
실제 디자인(높음)	로고, 색상, 서체, 간격

이러한 시각적 충실도는 각각 시각 디자인에 관한 다양한 질문에 대한 답을 한다.

맥락적 충실도

맥락적 충실도는 사람들이 인터페이스를 보고 사용하는 맥락을 가리킨다 (그림 20-9).

웹 애플리케이션의 유용성을 테스트하고 싶다고 가정해보자. 사용자에게 각 화면을 인쇄물로 보여줄 것인가? 아니면 웹 브라우저에서 화면을 클릭하게 할 것인가?

최종 사용자가 실제로 상호작용할 맥락 안에서 인터페이스 모델을 보여주면, 인터페이스 모델은 다량의 인쇄물로 보여줬을 때보다 맥락적인 충실도가 높다.

그림 20-9 인터페이스 모델을 누군가에게 보여줄 때 맥락이 얼마나 정확한가? 그들은 종이로 모바일 앱을 보고 있는가? 아니면 스마트폰으로 앱을 보고 있는가?

맥락적 충실도는 다음과 같은 3가지 수준으로 설명할 수 있다.

- 제안된 맥락suggested context
- 상대적 맥락relative context
- 실제 맥락actual context

구매자들이 웹 브라우저에서 제품 상세 화면을 사용한다고 이야기하는 것은 화면을 사용하는 맥락을 제안하는 것이다. 그리고 웹 브라우저와 같은 크기의 와이어프레임을 만든다면 상대적 맥락을 보여주는 것이다. 더 나아가 실제 웹 브라우저에 제품 상세 화면을 표시하면 화면의 실제 맥락을 표시하는 것이다. 또한 실제 환경에서 사용하는 것과 유사한 장소에 하드웨어 프로토타입을 설치한다면 기기의 맥락을 표시하는 것이다.

맥락적 충실도 수준	예시
제안된 맥락(낮음)	웹 브라우저 화면에 대한 설명
상대적 맥락	웹 브라우저 크기의 세부 와이어프레임
실제 맥락(높음)	실제 웹 브라우저에서의 제품 상세 화면

맥락적 충실도는 인터페이스 사용 방법에 대해 물어볼 수 있는 질문 유형에 영향을 준다.

인터페이스 모델을 만드는 3가지 방법

모델을 만드는 데 사용하는 도구도 인터페이스 모델의 충실도에 영향을 준다.

텍스트 설명과 스케치는 손으로 작성할 수 있고, 와이어프레임과 목업은 소프트웨어 프로그램을 사용해 만든다. 프로토타입과 실제 제품은 사용자 인터랙션을 인식하고 반응하는 작동 가능한 코드가 필요하다.

사용하는 도구	만들 수 있는 모델
손	텍스트 설명, 스케치
소프트웨어	와이어프레임, 목업
코드	프로토타입, 제품

그렇다고 텍스트 설명을 작성하거나 인터페이스를 스케치하는 데 소프트웨어를 사용할 수 없다는 의미는 아니다. 그렇게 할 수 있다. 하지만 소프트웨어 없이 와이어프레임, 목업을 만들 수 없으며, 코드 없이 프로토타입, 제품을 만들 수 없다.

각 모델은 서로 다른 인터페이스 충실도를 갖는다

팀 또는 클라이언트와 인터페이스에 대한 생각하기–만들기–점검하기 활동을 하려면 다음의 두 단계를 거쳐야 한다.

1. 청중이 어떤 질문에 대답하길 원하는지 안다.
2. 청중이 질문에 답하는 데 필요한 정보를 포함한 모델 또는 실제 인 터페이스를 보여준다.

다양한 유형의 인터페이스 모델은 서로 다른 수준에서 다른 유형의 충실도 를 지원한다(표 20-1).

표 20-1 5가지 유형의 인터페이스 충실도 - 3가지 수준으로 구분

	콘텐츠 충실도	기능적 충실도	레이아웃 충실도	시각적 충실도	맥락적 충실도
낮음	콘텐츠 유형	기능 유형	중요도 또는 우선순위	제안된 디자인	제안된 맥락
보통	콘텐츠 형식	기능 형식	상대적 레이아웃	상대적 디자인	상대적 맥락
높음	실제 콘텐츠 또는 샘플 콘텐츠	실제 기능	실제 레이아웃	실제 디자인	실제 맥락

프로토타입과 실제 제품의 충실도

인터페이스를 점검할 수 있는 방법 중 프로토타입과 제품은 가장 높은 충 실도로 인터페이스를 보여주며, 제작하는 데 가장 오랜 시간이 걸린다. 하 지만 프로토타입과 제품도 충실도 범위를 낮음에서 높음까지(표 20-2) 조 절할 수 있기 때문에 매우 유연한 측면도 있다.

표 20-2 프로토타입과 제품은 인터페이스를 충실도의 최대치(주황색 표시 범위)로 보여주며, 제작하는 데 더 오래 걸린다.

	콘텐츠 충실도	기능적 충실도	레이아웃 충실도	시각적 충실도	맥락적 충실도
낮음	콘텐츠 유형	기능 유형	중요도 또는 우선순위	제안된 디자인	제안된 맥락
보통	콘텐츠 형식	기능 형식	상대적 레이아웃	상대적 디자인	상대적 맥락
높음	실제 콘텐츠 또는 샘플 콘텐츠	실제 기능	실제 레이아웃	실제 디자인	실제 맥락

스케치와 텍스트 설명의 충실도

프로토타입과 제품은 다른 인터페이스 모델보다 제작하는 데 훨씬 오래 걸린다. 이와는 대조적으로 텍스트 설명과 스케치 같이 손으로 작성하는 인터페이스 모델은 프로토타입이나 제품을 만들 때보다 훨씬 더 빠르게 제작할 수 있다. 하지만 그렇게 빠른 대신 모델의 충실도는 훨씬 낮으며, 더 제한된 질문에만 답할 수 있다(표 20-3).

표 20-3 텍스트 설명과 스케치는 인터페이스를 낮은 수준의 충실도(녹색 표시 범위)로 보여주며, 제작하는 시간이 짧다.

	콘텐츠 충실도	기능적 충실도	레이아웃 충실도	시각적 충실도	맥락적 충실도
낮음	콘텐츠 유형	기능 유형	중요도 또는 우선순위	제안된 디자인	제안된 맥락
보통	콘텐츠 형식	기능 형식	상대적 레이아웃	상대적 디자인	상대적 맥락
높음	실제 콘텐츠 또는 샘플 콘텐츠	실제 기능	실제 레이아웃	실제 디자인	실제 맥락

와이어프레임과 목업의 충실도

와이어프레임과 목업은 제작하는 데 걸리는 시간과 제공할 수 있는 충실도 면에서 큰 장점이 있다. 와이어프레임과 목업을 사용하면 더 많은 질문에 답할 수 있으며, 더 짧은 시간에 더 많은 가설을 평가할 수 있다. 이 유연성 과 유용성으로 인해 프로토타입과 스케치가 시대적 트렌드임에도 불구하 고, 와이어프레임과 목업도 계속 활용된다(표 20-4).

표 20-4 와이어프레임과 목업은 인터페이스를 프로토타입, 제품과 거의 비슷한 충실도(파란색 표시 범위)로 보여주며, 비교적 짧은 시간 안에 제작된다.

	콘텐츠 충실도	기능적 충실도	레이아웃 충실도	시각적 충실도	맥락적 충실도
낮음	콘텐츠 유형	기능 유형	중요도 또는 우선순위	제안된 디자인	제안된 맥락
보통	콘텐츠 형식	기능 형식	상대적 레이아웃	상대적 디자인	상대적 맥락
높음	실제 콘텐츠 또는 샘플 콘텐츠	실제 기능	실제 레이아웃	실제 디자인	실제 맥락

가장 낮은 충실도를 사용해 이터레이션 시간 단축하기

모델의 유형별 장단점을 바탕으로 제작하는 데 얼마나 많은 시간이 걸리는 지, 어떤 종류의 질문에 답할 수 있는지를 고려해 모델을 선택하자. 경험 기계가 최대한 빨리 학습할 수 있게 하려면 가장 짧은 시간 안에 팀의 특정 질문에 답할 수 있는 모델을 선택한다.

선택한 인터페이스 모델에는 반드시 생각하기-만들기-점검하기 활동에 필요한 정보가 포함돼 있어야 한다. 콘텐츠와 기능을 확인하려는 것이면 목업을 만드는 데 너무 많은 시간을 소비하지 말아야 한다. 사용하는 애니메이션이 적절한지 알고 싶다면 와이어프레임은 효과적이지 않으므로, 프로토타입을 사용해야 한다.

어떤 수준의 충실도를 적용할지 결정할 때, 확인하려는 질문에 답할 수 있는 가장 높은 충실도를 선택하라. 동시에 다른 모든 것은 가장 낮은 충실도를 사용한다. 충실도를 최적화하면 모델을 빠르게 제작할 수 있으므로, 빠르게 반복해 점검할 수 있다.

또한 너무 높은 충실도로 너무 빨리 보여주면, 당면한 질문에서 벗어난 의견 불일치 상황을 유발할 수도 있다. 예를 들어 기능을 확인하고 싶을 때 누군가 색에 집착한다면 기능에 대해 말했던 내용을 잃게 되는 것이다.

그래서 모든 것은 당신이 대답하고 싶은 질문에 달려 있다.

다른 인터페이스 모델이 답할 수 있는 질문

답변하려는 질문에 따라 필요한 충실도와 사용할 수 있는 인터페이스 모델이 결정된다. 팀은 주어진 인터페이스에 대해 거의 무한히 많은 질문을 평가할 수 있다.

다음의 공통 질문 목록(표 20-5)은 어떤 인터페이스 모델을 선택할지 결정하는 데 도움이 될 수 있다. 질문 목록이 완벽하진 않지만, 표에는 제품 팀과 마주하는 많은 일반적인 질문이 포함돼 있다. 답변할 질문을 선택하면 해당 셀의 색상이 질문에 가장 빠른 이터레이션 시간을 지원하는 모델을 알려준다. 스케치와 텍스트 설명은 녹색, 와이어프레임과 목업은 파란색, 프로토타입과 제품은 주황색으로 표시된다.

표 20-5 각 인터페이스 모델은 다른 유형의 제품 질문에 답한다. 스케치와 텍스트는 많은 질문(녹색)에 답한다. 반면 어떤 질문에는 와이어프레임이나 목업(파란색), 프로토타입과 제품(주황색)이 필요하다.

	콘텐츠 충실도	기능적 충실도	레이아웃 충실도	시각적 충실도	맥락적 충실도
	어떤 콘텐츠가 있어야 하는가?	어떤 기능이 있어야 하는가?	어떤 레이아웃이어야 하는가?	어떤 디자인이어야 하는가?	어떤 인터페이스를 사용할 것인가?
유용성과 사용성 질문	콘텐츠가 조직의 목표를 지원하는가?	기능이 조직의 목표를 지원하는가?	레이아웃이 조직의 목표를 지원하는가?	디자인이 조직의 목표를 지원하는가?	인터페이스가 조직의 목표를 지원하는가?
	콘텐츠가 유용한가? 사용자 목표를 지원하는가?	기능이 사용자에게 유용한가? 사용자 목표를 지원하는가?	레이아웃이 유용한가? 사용자 목표를 지원하는가?	디자인이 사용자에게 유용한가? 사용자 목표를 지원하는가?	인터페이스가 사용자에게 유용한가? 사용자 목표를 지원하는가?
	콘텐츠는 어떤 형식이어야 하는가?	어떤 유형의 인터랙션을 사용해야 하는가?		시각 디자인은 어떤 형식이어야 하는가?	
	어떤 콘텐츠 변형안이 있어야 하는가?	어떤 기능 변형안이 있어야 하는가?	어떤 레이아웃 변형안이 있어야 하는가?	어떤 디자인 변형안이 있어야 하는가?	어떤 인터페이스 변형안이 있어야 하는가?
	콘텐츠를 어떻게 배치해야 하는가?	기능을 어떻게 배치해야 하는가?		디자인이 레이아웃에 어떤 영향을 줘야 하는가?	인터페이스가 레이아웃에 어떤 영향을 줘야 하는가?
	샘플 콘텐츠, 실제 콘텐츠의 이 유형이 이 레이아웃에서 효과적인가?	기능이 이 레이아웃에서 효과적인가?		디자인이 이 레이아웃에서 효과적인가?	

	콘텐츠 충실도	기능적 충실도	레이아웃 충실도	시각적 충실도	맥락적 충실도
	콘텐츠가 이 인터페이스에서 효과적인가?	기능이 이 인터페이스에서 효과적인가?	레이아웃이 이 인터페이스에서 효과적인가?	디자인이 이 인터페이스에서 효과적인가?	
	이 콘텐츠를 사용할 수 있는가?	이 기능을 사용할 수 있는가?	이 레이아웃을 사용할 수 있는가?	이 디자인을 사용할 수 있는가?	이 인터페이스를 사용할 수 있는가?
제작 관련 실현가능성 질문	이 콘텐츠는 어디서 제공되는가?	이 기능은 누가 구축할 수 있는가?	이 레이아웃은 누가 구축할 수 있는가?	이 디자인은 누가 구현할 수 있는가?	
	이 콘텐츠는 어떻게 통합해야 하는가?	이 기능은 어떻게 통합해야 하는가?		이 디자인은 어떻게 프로세스를 통합해야 하는가?	
유지 관련 실현타당성 질문	누가 이 콘텐츠를 유지하는가?	누가 이 기능을 유지하는가?	누가 이 레이아웃을 유지하는가?	누가 이 디자인을 유지하는가?	
학습 및 최적화 관련 실현타당성 질문	어떤 콘텐츠를 측정해야 하는가?	어떤 기능을 측정해야 하는가?			
	어떤 콘텐츠를 개인화해야 하는가?	어떤 기능을 개인화해야 하는가?	어떤 레이아웃을 개인화해야 하는가?	어떤 디자인을 개인화해야 하는가?	
	고객이 예상대로 콘텐츠를 소비하는가?	고객이 예상대로 기능을 사용하는가?		시각 디자인은 브랜드와 어울리는가?	
UAT/테스트 질문	인터페이스에서 콘텐츠기 제대로 보여지는가?	인터페이스에서 기능이 제대로 동작하는가?	인터페이스에서 레이아웃이 제대로 보여지는가?	인터페이스에서 시각 디자인이 제대로 보여지는가?	

청중을 위해 충실도 조정하기

2장에서 청중과 채널이 당신이 만드는 모델의 충실도에 어떤 영향을 미치는지 살펴봤다. 일반적으로 청중이 멀리 있을수록 모델의 충실도는 높아져야 한다(그림 20-10).

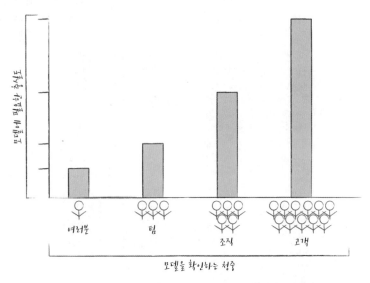

그림 20-10 청중과 멀리 떨어져 있을수록 인터페이스 모델의 충실도는 더 높아야 한다.

멀리 떨어져 있는 청중은 팀 비전을 덜 공유하기 때문에 충실도가 더 높아야 한다. 팀은 CEO보다는 팀원들끼리 더 많은 비전을 공유한다. CEO와는 소통하는 빈도가 낮은 반면, 팀과는 매일 대화하기 때문이다.

암묵적 정보, 암시적 정보, 명시적 정보

경험상 낮은 충실도의 인터페이스 모델은 여러분 자신 및 팀과 공유할 수 있다. 조직과 공유할 때는 모델의 충실도가 중간 정도로 맞춰야 하며, 사용자와 공유할 때는 높은 충실도를 목표로 해야 한다(표 20-6).

표 20-6 인터페이스 모델을 확인할 때 사용하는 청중과 최소 충실도

	여러분 및 팀	조직	사용자
낮은 충실도	예	아니오	아니오
보통 충실도		예	아니오
높은 충실도			예

실제로 청중이 질문에 대답하는 데 필요한 정보를 이미 갖고 있다면, 특정 청중에겐 충실도 수준을 낮출 수 있다.

제품 상세 화면의 콘텐츠에 다른 사람이 동의하는지 물어보고 싶다고 가정 해보자. 만약 그 사람이 팀에 속해 있고, 여러분과 함께 4코너 활동을 했다 면 그들은 이미 어떤 콘텐츠를 포함시키고 싶어하는지 알고 있을 것이다. 반대로 CEO에게 콘텐츠에 대해 물어본다고 해보자. 어떤 콘텐츠를 포함 시키고 싶어하는지 CEO가 어떻게 알겠는가? 청중에 대한 충실도를 조정 할 때는 CEO가 디자인에 동의하거나 동의하지 않을 만큼 제품 상세 화면 의 콘텐츠에 대해 충분히 알고 있는지 확인하자.

청중이 갖고 있을 수도 있고, 안 갖고 있을 수도 있는 세 가지 종류의 정보 를 소개한다.

암묵적 정보tacit information : 제시되지 않았지만 일반적으로 이해되는 정보

암시적 정보implicit information : 구체적으로 명시되지 않았지만 내용이 암시된 정보

명시적 정보explicit information : 구체적으로 명시된 정보

명시적 정보

명시적 정보는 구체적으로 언급된 모든 내용이므로 이해하기 가장 쉽다. 화면에 '내 프로필 페이지 보기'라는 텍스트가 표시되면 해당 텍스트를 클

릭했을 때 어떤 일이 일어나는지 정확히 알려준다(그림 20-11).

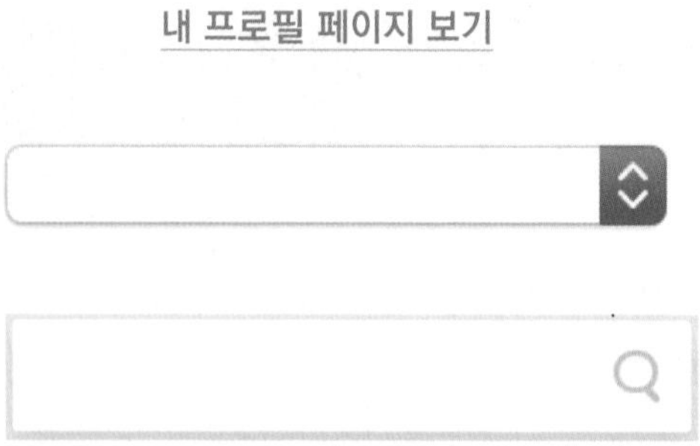

내 프로필 페이지 보기

그림 20-11 명시적 정보는 인터페이스에 명확하게 명시된 모든 내용을 의미한다.

암시적 정보

암시적 정보는 청중이 인터페이스 모델을 보고 파악할 수 있는 모든 내용을 말한다. 드롭다운 메뉴가 있는 와이어프레임이 있다면 대부분의 사람들은 드롭다운 메뉴를 누르면 선택할 수 있는 옵션 목록을 볼 수 있다는 사실을 안다.

암묵적 정보

팀원들은 암묵적인 정보를 갖고 산다. 이 정보는 함께 일해왔기 때문에 여러분과 팀원들이 함께 알고 있는 모든 것이다. 암묵적 이해는 팀 문화에 관한 것이다. 텍스트 입력 필드 옆에 있는 돋보기 모양을 본다면 그것이 검색 필드라는 사실을 알 것이다. 인터페이스 모델에서 어느 것도 검색 필드라고 알려주지 않고, 돋보기 자체도 '검색'이라고 말하지 않지만 우리는 안다.

CEO가 화면 상단의 구불거리는 선이 제품명 표시이고, 아래 선이 제품 설명임을 이해한다면 CEO와 스케치를 보면서 콘텐츠를 확인할 수 있다. 그러나 CEO가 구불거리는 선이 무엇인지 이해하지 못한다면 인터페이스를 좀 더 명확하게 만들어야 한다.

충실도에 대한 기대치 설정하기

예전에 나는 전자상거래 웹사이트를 설명하기 위해 C 레벨 임원으로 가득 찬 회의실에서 와이어프레임으로 프리젠테이션을 했었다. 회의실 안은 조용해졌고 그러자 CTO가 "이거 정말 끔찍하군요. 웹사이트가 모두 회색일 수는 없습니다."라고 말했다. 나는 콘텐츠, 기능 및 레이아웃을 확인하고 싶었고, 청중은 시각 디자인을 확인하길 원했던 것이다.

더 많은 시간을 들여 충실도가 높은 인터페이스 모델을 만들거나, 인터페이스 모델에 포함된 내용과 그렇지 않은 내용에 대한 기대를 설정하도록 하자(그림 20-12). 당시 나는 CTO에게 콘텐츠, 기능, 레이아웃을 확인하기를 원했으며, 와이어프레임이 최종 시각 디자인을 보여주지는 않는다는 사실을 미리 분명히 말했어야 했다.

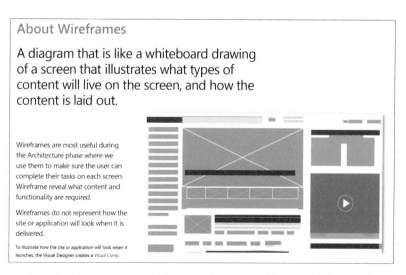

그림 20-12 청중이 질문에 답할 수 있도록 청중과 암묵적 정보를 공유할 수 있는 기대치를 설정하도록 한다.

기대치를 설정하면 청중이 질문에 답하는 데 필요한 정보를 제공하는 모델에 대한 암묵적 이해가 생성된다.

낮은 충실도를 상쇄시키기 위해 주석 사용하기

충실도를 높이지 않고 인터페이스에 정보를 더 많이 제공할 수 있다. 주석은 모델을 수정하지 않고도 명시적인 정보를 제공한다. CEO에게 제품 상세 화면 스케치로 콘텐츠에 대해 묻고 싶은데, CEO가 구불구불한 선이 무엇인지 모를까 걱정된다면 '제품명'이라는 주석을 추가할 수 있다.

주석은 모델의 어느 부분에나 명시적 정보를 추가할 수 있다. 콘텐츠, 기능, 레이아웃, 시각 디자인 및 맥락에 주석을 단다. 디자이너는 프로토타입이나 실제 제품에서만 볼 수 있는 정보를 설명하기 위해 와이어프레임에 주석으로 자세한 설명을 붙인다(그림 20-13).

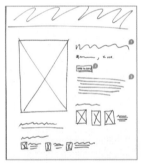 

그림 20-13 와이어프레임은 프로토타입이나 실제 제품이 아니라면 명확하지 않을 기능을 설명하기 위해 주석을 사용한다.

청중과의 거리, 시간 및 도달 범위를 고려해 기대치를 설정하고 주석을 사용하자

거리, 시간, 도달 범위의 영향을 고려해 기대치를 설정하고 주석을 추가한다. 거리와 시간상 떨어져서 작업하는 팀은 결코 한 공간에서 일하는 팀과 동일한 암묵적 이해를 공유할 수 없으므로, 기대치를 설정하고 주석을 추가해 효과적으로 협업하도록 하자.

인터페이스 모델에 명확하게 메모해서 반복 속도를 늦추는 오해와 불필요한 이탈을 줄이자. 청중들이 본인이 보는 것을 이해하고, 답변에 필요한 정보를 갖고 있는지 확인하는 일은 결국 여러분의 책임이다.

항상 그렇듯이 작업 속도와 명확한 의사소통의 균형을 맞추고, 적절한 균형을 찾자.[3] 팀이 더 많이, 더 빠르게 학습하도록 도울 것이다.[4] 그리고 경험 기계는 더 나은 제품을 출시하게 될 것이다.

---

3   나는 디페쉬모드(Depeche Mode) 음악을 매우 좋아한다.

4   KMFDM도 좋아한다.

6부

점검하기

점검하기는 마지막에 하는 활동처럼 보이지만, 실제로는 새로운 시작이다. 이 점검하기 단계는 여러분과 팀이 생각하고 만든 것을 평가함으로써 더 많은 것을 더 잘 생각하고 만들게 한다. 여기서는 생각하기-만들기-점검하기 활동 중 점검하기 단계를 검토하고, 팀원, 동료 및 클라이언트와 점검하는 활동을 구조화하고 촉진하는 방법을 살펴본다. 생각하기-만들기-점검하기 프로세스에 접목할 수 있는 유익하고 유용한 피드백을 생성할 수 있다.

21장
점검사항 및 균형감

이 마지막 21장을 하마터면 끝내지 못할 뻔했다. 내 모든 시간과 에너지를 이 책을 쓰는 동안 써버렸기에 마지막 21장을 완성할 시간이 충분하지 않았다.

책 쓰는 일에도 현실이 반영되다니 정말 아이러니한 것 같다. 무언가를 생각하고 그것을 실제로 만드는 데는 어느 정도 시간을 걸린다. 하지만 그 결과를 점검하는 데는 훨씬 적은 시간을 소비한다.

여러 문헌을 조사하거나 심지어 이 책만 훑어본다고 해도, 일의 대부분은 무언가를 생각하고 만드는 것이다. 그러나 생각하기-만들기-점검하기 모델을 기억하자(그림 21-1). 점검하기는 생각하기, 만들기만큼 중요하다. 그리고 이 모델은 순환한다. '생각'하는 과정을 통해 무엇을 '만들지' 안다. 그리고 다음으로 '만드는' 과정을 통해 '점검'할 것이 생긴다. 또 다시 '점검'하고, 해당 과정을 통해 '생각'해야 할 피드백을 얻는다. 생각하기-만들기-점검하기 활동에서 '점검하기'는 더 나은 것을 생각하고 만드는 연료를 제공하는 선순환 고리다.

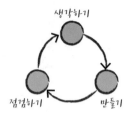

그림 21-1 생각하기-만들기-점검하기 활동은 반복함으로써 제품과 사용자에 대해 점점 더 많이 알게 되는 선순환을 만들어낸다.

생각하기, 만들기 활동은 점검하기 활동보다 훨씬 다양하다. 사용자를 생각하는 방법과 인터랙션을 생각하는 방법이 다르고, 인터랙션을 만드는 방법과 인터페이스를 만드는 방법도 다르다. 반면 우리는 언제나 모든 것을 같은 방식으로 점검한다. 점검하려는 내용에 관계 없이 동일한 패턴을 따르는 것이다.

21장에서는 피드백을 받고 관리하는 방법, 통제가 안 되는 문제를 처리하는 방법, 그리고 가장 중요한 점검에 대해 사고하는 방법을 살펴본다. 그래서 여러분과 팀은 제품과 사용자에 대해 더 빨리 배울 수 있다. 또한 프레임-촉진-마무리 과정을 통해 점검하기 활동을 구조화할 수 있는 방법을 배우게 될 텐데, 이를 통해 여러분이 답해야 할 질문에 대한 해답을 찾고, 적절한 시점에 올바른 피드백을 받게 될 것이다.

마무리 단계에서 점검 시작

모든 협업 활동은 '프레임-촉진-마무리'의 동일한 3단계를 거친다. 점검하기 활동은 이와 동일한 패턴을 따르며, 점검할 계획을 세우려면 끝을 염두에 두고 마무리부터 점검을 시작한다. 따라서 좋은 점검 결과를 얻으려면 청중이 답하길 원하는 질문에 대해 무엇이 문제인지 식별해야 한다.

종종 팀은 자신이 만든 것에 대한 피드백을 요청한다. 이런 일은 생각하기-만들기-점검하기 활동에서 흔히 있는 일이지만, 여기엔 점검할 수 있는 다른 사항이 많이 있다.

생각하기-만들기-점검하기 프로세스에서 각 단계 점검하기

생각하기-만들기-점검하기 프로세스는 당신이 만든 모델을 점검하게 만든다. 즉 사용자에 대해 생각하고, 사용자 모델을 만든 다음 팀과 함께 해당 모델을 점검한다. 그러나 생각하기-만들기-점검하기 구조는 팀이 서로 그리고 다른 팀과 더 밀접하게 협력할 수 있는 기회를 숨긴다. 모든 단계에서 점검할 수 있다. 생각한 후 점검하고, 만든 후 점검하고, 점검한 후 다시 점검한다(그림 21-2).

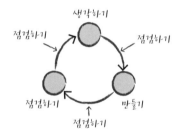

그림 21-2 생각하기-만들기-점검하기 프로세스의 모든 단계에서 점검할 수 있다.

단계별 고유한 입력과 출력이 있으므로(표 21-1), 생각하기-만들기-점검하기 모델의 각 단계가 끝나면 점검할 수 있다. 생각하기 전에 생각할 대상에 대한 관찰이 필요하다. 그리고 관찰한 내용을 분석하기 위해 생각한다. 사용자, 인터랙션 또는 인터페이스에 대한 분석 결과를 활용해 모델을 만들고, 모델을 점검해 관찰하고 관찰한 결과를 수집한다(그림 21-3).

표 21-1 생각하기-만들기-점검하기 순환 프로세스에서의 단계별 입력 및 출력

	생각하기	만들기	점검하기
입력	관찰	분석	모델
변환	관찰 결과 생각하기	모델 제작하기	모델 점검하기
출력	모델을 위한 분석	점검하기 위한 모델	생각하기 위한 관찰

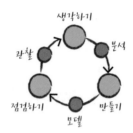

그림 21-3 생각하기-만들기-점검하기 프로세스에서 각 단계는 다음 단계에서 입력값으로 쓰일 출력 결과를 생성한다.

이 과정은 인터페이스를 디자인할 때 실행된다. 사용자와 사용자 니즈에 대해 관찰한 내용을 생각한다. 분석 결과는 특정 종류의 인터페이스를 제안한다. 당신은 분석 결과를 점검할 수도 있고 인터페이스를 만들 수도 있다. 그래서 당신이 즐겨 사용하는 소프트웨어 프로그램을 열고 화면을 만든다. 해당 화면을 사용자와 확인하고 싶지만, 그 전에 팀원과 함께 점검해 모든 사람이 참여하고 있는지 확인한다.

무엇을 어떻게 했는지 점검하기

생각하기-만들기-점검하기 프로세스의 각 단계는 단계별로 출력물이 생기며, 다음 단계로 이동하기 전에 해당 내용을 확인할 수 있다. 생각하기-만들기-점검하기 프로세스의 모든 단계를 점검할 필요는 없지만, 필요할 때는 점검할 수 있다.

좀 더 복잡하게 점검을 해본다면 각 출력 결과에 대해 두 가지를 점검할 수 있다. 첫째 무엇을 했는지 점검할 수 있다. 둘째 어떻게 했는지를 점검할 수 있다. 수학 문제를 상상해보자. 풀어야 할 문제가 있고, 문제를 푼 과정을 보여주고 답을 적는다. 물론 정답을 적었는지 점검할 수 있고, 올바른 방법으로 정답을 구했는지도 점검할 수 있다(표 21-2).

표 21-2 생각하기-만들기-점검하기 순환 프로세스와 단계별 출력 결과 점검

	생각하기	만들기	점검하기
출력	모델을 위한 분석	점검하기 위한 모델	생각하기 위한 관찰
무엇을 했는지 점검하기	분석 결과가 적절한가?	모델은 적절하게 만들어졌는가?	관찰 결과는 적절한가?
어떻게 했는지 점검하기	적절한 분석을 했는가?	적절한 모델을 만들었는가?	적절한 사람과 알맞은 모델을 점검했는가?

팀 작업을 하면서 가장 중요한 결과물에서부터 가장 사소한 아이디어에 이르기까지 점검할 수 있는 사항은 아주 많다.

따라서 잠시 멀리 떨어져서 보자. 중요한 것은 가능한 한 자주 자신과 팀, 조직 및 사용자와 함께 유용한지 점검하자. 그리고 사용자, 인터랙션 또는 인터페이스 모델만 확인할 필요는 없다. 모든 단계에서 입력 또는 출력을 점검할 수 있다.

점검하려는 내용을 파악해 마무리하기 위해 무엇을 점검하길 원하는지 알고, 다음으로 점검 활동을 어떻게 할지 구성해보자. 그러면 청중은 당신에게 필요한 피드백을 제공하는 데 필요한 맥락을 알 수 있다.

점검을 위한 프레임 잡기

점검하기 활동에 대한 프레임은 우리가 다른 시간에 협업한 것과 동일하게 작동한다. 각 점검 단계에서 다음의 4가지 질문에 대답해보자.

- 우리는 무엇을 하고 있는가?
- 우리는 왜 점검을 하고 있는가?
- 우리는 어떻게 점검할 것인가?
- 왜 점검이 중요한가?

팀과 함께 사용자 여정을 확인하려면 다음과 같이 프레임을 잡아보자.

무엇을 할 것인가?	사용자 모델을 점검한다.
결과물은 무엇인가?	모델에 대한 변경사항 목록
왜 중요한가?	팀이 사용자의 단일 비전을 중심으로 맞추도록 보장한다.
어떻게 할 것인가?	주요 사용자 속성을 검토한다.

팀에서 사용자 모델을 점검하기 위한 프레임을 제안하려면 다음과 같이 이야기할 수 있다.

> "우리가 사용자를 어떻게 설명하는지 그리고 그 방법에 대해 서로 동의하는지 확인하게 위해 페르소나를 검토해보겠습니다. 지금부터 주요 사용자 속성을 검토하고, 모든 피드백 의견과 변경사항을 취합하겠습니다."

이런 방식으로 점검하기 활동을 구성하면 청중은 자신들이 무엇을 하는지, 왜 중요한지 그리고 결과가 어떻게 될지 이해한다. 그러나 내용을 점검하는 사람들에게는 약간의 맥락 설명이 더 필요하다. 그들은 어쩌면 당신이 어떻게 당신이 있는 곳에 도달했는지 알지 못할 수도 있다. 점검에는 두 가지 질문이 추가된다.

- 우리는 프로세스 중 어디에 있을까?
- 우리는 어떻게 지금 상황에 도달했는가?

우리는 프로세스 중 어디에 있을까?

참가자는 당신이 해당 프로세스에서 어느 위치에 있는지 알고 싶어한다. 따라서 참가자는 자신이 보고 있는 것뿐 아니라 어떤 종류의 피드백을 제 공해야 할지도 모두 이해한다. 참가자에게 프로세스 중 어디에 있는지 설 명하면서 왜 피드백을 원하는지도 이야기한다. 프로세스의 초반 단계에 있 으며, 무언가 정리되지 않고 마무리되지 않은 사항을 검토하고 있는가? 아 니면 프로세스 막바지에서 5백만 명의 고객에게 곧 배송될 제품을 검토 중 인가?

참가자가 프로세스상의 현재 위치를 이해하면 그들은 더 명확한 방향성을 지닌 피드백과 좀 더 구체적인 피드백 사이에서 입장을 정할 수 있다. 새 애플리케이션을 막 출시하려는 시점이라면 핵심 기능의 포함 여부에 대한 피드백을 원하진 않고, 제품 마감과 관련된 피드백 정도를 원할 것이다. 이 와는 반대로 초기 스케치를 보여줄 때 상대방이 스케치에서 보이는 철자나 레이아웃에 연연해 의견을 준다면 해당 의견은 그다지 쓸모가 없다. 이때 에는 핵심 컨셉에 대한 토론이 오히려 가치 있을 것이다.

어떻게 지금 상황에 도달했는가?

참가자에게 당신이 프로세스 중 어느 시점에 있는지 알려주지 않는다면 참 가자 피드백의 상당 부분은 당신이 누구와 이야기했고, 어떤 활동을 했는지에 대한 내용에 머물 것이다. 예를 들어 페르소나를 보여주면 참가자들은 사용자 리서치를 하러 가라고 말할 수도 있다. 어떤 리서치도 하지 않았다면 좋은 피드백이다. 하지만 페르소나를 보여주고 있다면 사용자 리서치에서 고민한 생각을 이미 언급했을 것이다.

점검하는 동안 이리저리 힘 빼지 말고, 참가자에게 어떻게 현재 지점에 이르렀는지 설명해줘라. 누구와 이야기를 나눴는지? 무엇을 했는지? 어떤 입력을 사용했는지? 어떤 배경 정보를 검토했는지? 이 자료를 또 누가 보았는지? 어떤 점을 감안하고 있는지? 또는 고려하지 않은 사항은 무엇이고, 이유는 무엇인지? 등 당신이 지금 있는 지점까지 도달하기 위해 어떤 단계를 거쳤는지 설명하라.

참가자에게 이러한 추가적인 맥락을 제공하면 당신은 일반적인 질문에 미리 대답할 수 있고, 참가자와의 시간을 최대한 활용해서 원하는 피드백을 받아낼 가능성이 높아진다.

비공식 점검은 구두로 프레임 사용이 가능하다

점검 활동이 공식적일 필요는 없다. 점검은 하기 쉬워야 한다. 따라서 항상 습관적으로 기회가 있을 때마다 반사적으로 한다. 만약 팀원이 오면 작업 중인 모든 항목을 확인하자. 이런 상황에서는 구두로 점검 활동을 구성한다.

구두로 진행하더라도 완전한 프레임으로 점검하자. 그들이 무엇을 하길 원하는가? 결과물은 무엇인가? 그것이 왜 중요한가? 그것을 어떻게 할 것인가? 다음으로 피드백을 수집하기 전에 당신이 프로세스 중 어느 지점에 있는지, 어떻게 해당 지점에 이르렀는지 추가 맥락을 공유하자.

공식 점검에선 문서 지원이 필요하다

공식적 검토를 위해 점검 프레임과 맥락을 문서로 정리해두면, 참가자가 점검하려는 내용을 보기 전에 공유할 수 있다. 일반적인 시나리오에서는 프리젠테이션에서 슬라이드로 프레임과 맥락을 공유한다. 예를 들어 페르소나의 초안을 검토하려는 경우, 다음과 같은 두 개의 슬라이드로 프레임을 공유할 수 있다.

- 슬라이드 1: 점검 프레임 소개(그림 21-4)
- 슬라이드 2: 프로세스 내 현재 지점 및 그동안의 수행 활동(그림 21-5)

그림 21-4 공식 점검을 위한 프레임을 한 장의 프레젠테이션 슬라이드로 소개할 수 있다.

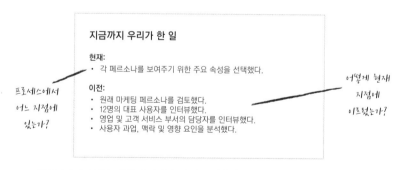

그림 21-5 프로세스 내 현재 지점과 그동안 수행한 활동을 하나의 슬라이드에 담는다.

이 두 슬라이드는 청중과 참가자에게 좋은 피드백을 주는 데 필요한 맥락을 제공한다. 자료를 실시간으로 동일시간대에 공유하지 못하는 비동기식으로 공유하는 경우 프레임, 맥락 및 점검을 위한 자료를 단일 패키지의 일부로 공유하라.

점검 준비를 쉽게 하라

팀이 생각하기, 만들기 단계에 중점을 두지만 점검도 그만큼 중요하고, 계획적 준비가 필요하다. 하지만 준비 시간이 너무 오래 걸리거나 준비 자체가 어렵다면, 팀이 잘 준비하는지 점검하기도 어려울 것이다. 쉽게 준비하기 바란다. 좋은 점검이란 시간 낭비를 줄이고, 생각하기-만들기-점검하기 활동을 성공적으로 반복하는 일이다.

프리젠테이션 템플릿 시작 부분에 프레임과 맥락을 위한 슬라이드를 추가하자. 긴 형식의 문서를 공유하는 경우 문서 시작 부분에 프레임과 맥락 페이지를 추가하라.

 웹사이트에서 템플릿, 프레임 자료, 원격 자원을 찾아 활용해보자(http://pxd.gd/check/).

점검 촉진하기

점검 프레임을 적절하게 구성하고 추가 맥락을 설명한 후에는 점검을 촉진시킬 차례다. 점검하려는 내용을 보여주고, 답을 구하고 싶은 질문을 다시 설명한다. 이 예시에서는 페르소나를 보여줄 것이다.

질문을 다시 언급하는 것을 잊지 마라. 어떤 페르소나를 보여주면 사람들은 속성 그룹, 개별 속성, 속성값, 디자인, 페르소나 이름, 이미지, 레이아웃, 색상, 글꼴 등 다양하게 의견을 낼 것이다. 참가자들이 어떤 주제에 대해 의견을 주길 원하는가? 속성과 가치에 대해 의견을 구하려면 질문을 다시 명확히 말해 참가자들이 기억하게 하라.

> "이 페르소나에 팀이 제품을 디자인하는 데 도움이 되는 올바른 속성
> 을 전달했는가?"

다시 질문한 후 점검하길 바라는 주제를 자세히 살펴보자. 그것을 설명하고 보여주며 시연하는 등 뭐든지 해보라. 주제에 집중하자.

일부 팀은 추가정보를 원할 수도 있다. 더 많은 배경 정보를 자유롭게 제공하라. 예를 들어 모델을 보여 준다면 이 모델에 이르게 된 분석 결과를 설명하라. 사용성 테스트 같은 다른 점검 활동에서 수집한 관찰 결과를 보여준다면 테스트에 사용한 모델에 대해 설명하라. 분석 결과를 검토하는 경우라면 근거를 형성하는 관찰 결과도 이야기하라.

그리고 나서 질문을 다시 한다. 그리고 계속 질문을 반복한다. 얘기할 것도 많고, 피드백 받을 것도 많을 것이다. 당면한 문제에 대한 토론에 계속 집중해 꼭 필요한 피드백을 얻도록 하자.

피드백 기록하기

피드백을 수집하는 것은 단순히 변경할 사항을 목록으로 적어두거나 메모하는 것 이상의 의미가 있다. 좋은 피드백을 수집하면 훌륭한 협업 행동을 이끌어내므로, 모든 사람의 피드백을 신뢰하고 모든 사람을 포용한다는 것을 보여주고 싶다.

특히 동의하지 않을 때 질문하기

누군가 피드백을 줄 때 그들이 의미하는 바를 명확히 하기 위해 질문을 하자. 질문을 명확히 하면 피드백이 어떻게 적용될지 정확히 이해하는 데 도움이 되며, 실제로 참여하고 이해할 수 있을 만큼 참가자 피드백을 충분히 듣고 신뢰하고 있음을 보여준다. 예를 들어 만약 페르소나를 검토할 때 누군가가 이름을 바꾸자고 제안한다면 그 이유를 물어보라. 지금 이름에 문제가 있는가? 무엇 때문에 이름을 바꾸고 싶은가? 당신의 목표는 피드백 이면에 있는 이유를 이해하는 것이다.

여기서 가장 중요한 것은 피드백 이면에 숨겨진 이유를 아직 조사하지 않았다면, 동의하지 않는다고 절대 말하지 말라. 대부분의 경우 당신은 그 이유를 들으면 동의할 것이고, 무엇을 변경해야 하는지에 대해 공동의 이해를 만들어나가기 위해 노력할 수 있다. 하지만 만약 그 이유를 논의한 후에도 동의하지 않는다면, 양쪽 당사자를 같은 선상에 놓고 논의하거나 동의하지 않을 수 있다.

참가자에게 피드백 반복하기

참가자 피드백을 이해했으면 해당 피드백을 설명해 당신이 의견을 올바르게 이해했는지 확인한다. 예를 들어 이름을 변경해야 하는 이유를 검토한 후 "현재 이름을 좀 더 일반적이지 않은 이름으로 바꾸면 페르소나가 더 실제처럼 보일 것이다."는 피드백을 반복할 수 있다.

눈에 보이게 피드백을 수집하라

팀이 적극적으로 피드백하길 원한다면, 피드백 수집 방식을 눈에 잘 띄게 해 피드백에 경청하고 있음을 명확하게 알 수 있도록 하자. 잘 보이는 메모 형식을 취하거나 팀이 지켜볼 때 실시간으로 내용을 편집한다.

직접 점검하는 경우 모든 사람이 볼 수 있는 화이트보드나 이젤 패드에 피드백을 기록하자. 원격 점검인 경우 점검 중인 항목에서 피드백을 입력하는 문서로 화면 공유를 바꿀 수 있다. 이를 통해 모든 사람이 수집된 피드백을 함께 볼 수 있게 된다.

참가자들에게 다시 피드백을 반복해서 설명하는 것과 같은 방식으로 피드백을 수집하라.

피드백에 동의하면 피드백을 확인하고 반복하라

누군가가 당신이 동의하지 않거나 이해하지 못하는 말을 할 때, 그 이야기를 다시 반복해서 이해하기 위한 질문을 하라. 그리고 누군가가 당신이 동의하는 말을 할 때에도 반드시 그렇게 반복해서 말해보라. 만약 당신이 다른 주제로 넘어가기 전에 그들에게 당신이 동의한다고 말하지 않는다면 그들은 당신이 동의하지 않거나 이해하지 못한다고 생각할 것이고, 계속해서 똑같은 피드백을 줄 것이다. 그들은 당신이 잘 듣고 있는지 확인하고 싶어한다.

그냥 "예"라고만 대답할 순 없다. 내 경험에 따르면 "예"는 당신이 피드백을 듣고 동의한다는 뜻을 전달하기에 부족하다. 당신은 좀 더 명확하게 "예, 저도 동의합니다."라고 이야기할 필요가 있다. 로봇처럼 모든 사항에 "예, 동의합니다."라고 똑같이 말할 순 없으므로, 말투를 조금씩 달리 해야 한다. 다른 사람들이 다음과 같이 일반적 변형 문장을 사용한다고 들은 적이 있을 것이다.

- 예, 동의합니다.
- 100% 동의합니다.
- 정말 좋은 의견입니다.

- 그 의견에 전적으로 동의합니다.
- 우리는 같은 생각입니다.
- 그 의견에 저도 찬성입니다.

동의 의사를 명시적으로 밝히면 발언자는 당신이 동의한다는 점을 확신하게 된다. 그리고 해당 피드백을 다시 말하면 당신이 그들이 말한 내용을 잘 이해한다는 것을 보여준다.

의견에 거의 동의하면 확인하고 확장하라

때때로 누군가의 의견에 완전 동의하진 않지만 거의 동의하는 상황이 생긴다. 이런 경우 동의하는 부분에 초점을 맞추고, 동의하지 못하는 부분을 다루기 위해 토론을 확장하라. 생각을 확인하고 확장하는 가장 쉬운 방법은 "예, 그리고…"라고 말하는 것이다. 이렇게 하면 화자가 말한 내용에 긍정하되, 여러분이 동의하지 않는 부분을 더 탐색하도록 토론을 확장시킨다.

"예, 동의합니다" 같이 상대방 의견에 긍정하고 확장하는 데 사용할 수 있는 유용한 변형 문장을 소개한다.

- 예, 좀 더 자세히 살펴봅시다.
- 예, 좀 더 깊이 이야기해봅시다.

상대방 의견에 긍정하고 해당 주제를 좀 더 탐색하고 싶은 경우, 질문 대신 다시 진술해달라고 요청하자. 질문은 주제에 대해 좀 더 깊이 이야기하고 싶을 때 하기로 하자. 질문을 하면 이전 대화를 딱 멈추고, 해당 주제로 사람들을 초대하게 된다.

아니오. 그러나

앞에서 소개한 전략은 팀원 간의 신뢰를 위해 긍정적으로 확언하는 것이다. 이때 확언에 초점을 맞추되, '그러나'라는 단어는 피하도록 하자. '그러나'는 긍정의 반대 개념으로, 의견 차이를 나타낸다. '그러나'라고 말하는 대신 '그렇다' 또는 '그리고'라고 말하는 습관을 들여라. 만약 상대방 의견에 반대해야 한다면 그냥 새로운 문장으로 시작하라. 절대 '그러나'라고 말하지 말라.

점검 활동을 하는 모든 사람과 대화하기

좋은 협업은 모든 사람을 포함하므로, 점검하는 동안 각 참가자에게 피드백을 요청하라. 공유된 토론은 현재 점검하는 항목과 관련해 팀이 가진 모든 이슈를 제기해야 한다. 점검이 끝날 무렵 회의실에 있는 사람들에게 다른 의견이나 누락된 내용이 있는지 물어보자.

만약 누군가가 너무 조용했다면 당사자에게 직접 물어보라. 또 누군가 너무 노트북만 보고 있다면 이름을 불러 참여시키자. 지금까지 모든 피드백에 대해 논의한 이 회의실에서 모든 사람으로부터 명시적 동의를 구해야 한다. 지금 구두로 합의하면 나중에 발생할 이탈을 줄일 수 있다.

이것이 마지막 의견 취합이 아님을 모두에게 알려 안심시키고, 나중에 확인되는 추가 피드백을 제공하는 방법을 설명한다. 보통 이 방법은 당신에게 이메일을 보내거나 이슈를 정리한 문서를 제출하는 것이다.

생산적이지 않을 때는 나중에 토론하기

언제라도 점검 활동이 생산적이지 않다면 더 이상의 추가 논의는 진행하지 말고 멈추자. 그래야 이슈를 해결하고, 모든 사람의 시간을 현명하게 사용할 수 있는 시점에 다시 회의를 소집할 수 있다. 토론을 생산적이지 않게 만드는 3가지 주요 원인은 다음과 같다.

- 토론에 꼭 필요한 사람이나 존재하지 않거나 주제를 꿰뚫는 관점이 없다.
- 점검하려는 내용이 청중이 기대한 것과 다르다.
- 점검하려는 내용이 분명히 잘못됐다.

꼭 참여해야 하는 사람들이 점검에 참석하지 않았다면, 가능한 한 빨리 끝내고 다른 시간으로 일정을 다시 잡도록 하자. 필요한 사람 없이 계속하는 것은 시간 낭비다. 회의를 끝내고 다시 일정을 잡아서 모든 사람의 시간을 존중하라.

또한 점검해야 할 내용이 잘못됐다면 일정을 변경하자. 예를 들어 스케치에서 고급 기능 점검하길 원했지만 팀에선 와이어프레임의 레이아웃과 콘텐츠를 점검할 거라고 기대한다면, 회의를 빨리 끝내고 일정을 다시 잡길 바랄 것이다. 여전히 스케치에서 무언가를 확인하고 싶다면 계속 진행하라. 하지만 팀이 그 수준에서도 당신을 신뢰하고, 더 높은 충실도로 무언가를 점검할 준비가 돼 있다면 관련 회의는 일찍 끝내고, 점검할 내용을 제대로 갖췄을 때 다시 일정을 잡자.

마찬가지로 올바른 내용이라고 생각해서 가져온 내용이 잘못됐다고 판단되면 토론을 미루고 일정을 다시 잡아야 한다. 예를 들면 설문조사 데이터로 작성한 사용자 프로필을 점검한다고 가정해보자. 회의 초반에 설문조사 데이터가 적절하지 않다는 사실을 알게 됐다. 이런 경우 불량 프로필을 계속 점검하는 것은 무의미하다. 무언가 잘못됐다면 점검을 멈추고 데이터를 조정한 후 다시 돌아오라.

각 사례에서 여러분은 팀원들의 시간을 존중하고 싶어한다. 점검이 협업에서 중요한 부분이지만, 특히 사람들의 시간을 존중하는 것은 기본이다. 점검이 더 이상 생산적이지 않으면 점검을 중단하라.

피드백을 금으로 바꾸자

팀이 당신에게 동의하지 않을 수도 있기 때문에 점검은 무섭게 느껴진다. 그들은 당신이 틀렸다고 생각할 수도 있고, 분석 결과가 적절치 않으며, 아이디어가 좋지 않다고 생각할지도 모른다. 부정적인 피드백은 거절당한 것처럼 느껴질 수 있다. 하지만 협업하는 팀에서 주는 피드백은 더 이상 당신에 관한 피드백이 아니다. 협업하는 팀에서 피드백은 학습에 관한 것이다. 현대의 제품엔 완성이란 개념은 없으며, 항상 다른 버전이 있다. 팀은 항상 반복적으로 또 다른 개선품을 만들어내며, 팀은 사용자나 제품에 대해 새로운 것을 배울 때에만 앞으로 나아간다.

협업하는 팀에서 현대를 살아가는 팀에서 점검은 항상 팀에 관한 것이다. 점검을 생각할 때 '나'를 생각하지 말고, '우리'에 대해 생각하라.

'나'에서 '우리'로 관점 바꾸기

크리스 아지리스$^{Chris\ Argyris}$는 "Teaching Smart People How to Learn"[1] 에서 '방어적 학습자$^{defensive\ learner}$' 개념을 소개한다. 아지리스는 많은 사람이 방어적 학습자 관점에서 피드백에 접근한다고 주장한다. 방어적 학습자는 피드백을 받을 때 4가지 전략으로 대응한다.

- 통제력을 유지한다.

---

1   Argyris, Chris, "Teaching Smart People How to Learn", 「Harvard Business Review」, May–June, 1991

- '획득'을 최대화하고 '손실'을 최소화한다.
- 부정적 감정을 억제한다.
- 명확한 목표를 정의하고 목표를 달성했는지 여부를 평가한다.

방어적 학습자는 학습에 쏟는 노력보다 잘못되거나 무능하다고 느끼는 당혹감이나 위협을 피하는 데 더 많은 노력을 기울인다. 아지리스는 "방어적 추론은 개인이 자신의 행동을 형성하는 전제, 추론, 판단을 숨기고, 충실하게 독립적이고 객관적인 방식으로 테스트하지 않도록 이끈다."라고 설명한다.

당신 또는 팀원이 방어적 입장에서 제품 프로세스에 접근하면, 점검을 적게 할 것이기 때문에 제대로 배우지 못하게 된다. 그렇게 되면 의사결정과 분석을 주도하는 근본적 가정을 점검할 가능성이 낮아진다.

이와는 반대로 방어적 학습에서 협업적 학습collaborative learning으로 전환해보자. 협업적 학습자들은 자신을 의사결정자, 아이디어의 소유자라고 생각하지 않는다. 대신 아이디어와 결정의 통제권과 소유권을 팀 전체와 공유한다. 협업적 학습자들은 토론에서 이기거나 다른 사람들과 아이디어 경쟁을 벌이기보다는 팀이 어떻게 더 많이, 더 빠르게 배울 수 있는지에 초점을 맞춘다. 또한 협업적 학습자들은 부정적 피드백을 피하려 애쓰지 않고, 팀의 선한 의도를 신뢰하고 비판을 개인적 공격으로 받아들이지 않는다(표 21-3).

자신에 대한 생각을 줄이고 팀에 집중하라. 팀에서 어떤 아이디어를 점검할 수 있는가? 팀은 무엇을 배울 수 있는가? 팀은 어떤 질문에 답해야 하는가?

표 21-3 방어적 학습자와 협업적 학습자 비교

방어적 학습자는 '나'에 초점을 맞춘다	협업적 학습자는 '팀'에 초점을 맞춘다
통제권을 유지한다	통제권을 팀과 공유한다
이기려 한다	배우는 데 집중한다
부정적 감정을 줄인다	팀을 신뢰한다

일에서 자신을 분리하기

자신과 자신의 일을 혼동하지 말라. 해당 피드백은 당신에 관한 것이 아니다. 일에서 자기 자신을 분리하면 방어적 학습에서 벗어나 협업적 학습으로 가는 가장 큰 발걸음을 내딛게 되는 셈이다. 일이 당신을 반영한다고 여긴다면 부정적인 피드백이 많을수록 당혹감이 커지고, 거부감을 느끼게될 것이다. 반면 일이 팀을 대표한다고 생각하면 피드백은 당신과 팀이 학습하는 데 도움이 될 것이고, 당신이 더 많은 피드백을 생성할수록 팀은 더많이 배울 것이다.

여러 측면에서 협업적 학습으로 가야 실패의 위험이 사라진다. 모든 가설, 아이디어, 디자인은 완벽한 제품으로 가는 길목에 수행하는 테스트다. 잘못되거나 실패하기를 두려워 말자. 여지껏 우리는 배우면서 가설을 성공적으로 검증해왔다.

얼간이 무시하기

가끔 인간으로서의 기본적 예의가 없는 사람을 만난다. 그들은 아마 아침식사를 못했을 수도 있고, 어쩌면 누군가가 그들의 영혼을 탈탈 털어 마음을 아프게 하고, 정강이를 걷어찼는지도 모른다. 이유는 사실 중요하지않다. 그들은 얼간이처럼 행동하고 있고, 변명의 여지가 없다.

첫째 절대 움츠리거나 움찔하지 말자. 누군가 매우 무례하게 피드백을 한다면 자세를 고쳐 앉고, 당신은 일이 아니라는 사실을 기억하자. 그리고 이건 팀이 얼마나 많은 것을 배울 수 있는지에 대한 것이다. 두려워할 것 없다. 그 얼간이는 씩씩거리며 앞서간다. 씩씩거리는 이면에 뭐가 있는지 알아보려면 질문하라.

의견에 동의하지 않는다면 피드백의 근본 원인을 파악할 수 있을 때까지 이유를 물어보라. 근본 원인에도 동의하지 못한다면 의견 차이에 대해 의논할 방법을 찾아보라. 하지만 근본 원인에 동의한다면 둘 다 모두 동의할 수 있는 해결책을 찾자. 여러분이 동의할 때 명시적으로 동의하고, 피드백을 명확하게 수집하며, 어떻게 변화를 만들어 나갈지를 분명히 하라.

여기서 중요한 것은 친절하게 대응할 필요는 없다는 점이다. 심지어 일에서 자신을 분리했을지라도 얼간이들은 우리 감정을 상하게 하는 데 탁월한 재능이 있다. 그게 얼간이를 정의하는 방법이다. 그들이 당신의 감정을 상하게 하더라도 침착하게 마음을 가다듬고, 그 거센 고함에 몸을 기울여 그 안에 숨어 있는 배울 점을 찾아보라.

대부분의 사람들은 얼간이들에게 정나미가 뚝 떨어져서 아무것도 배우지 못한다. 최악의 상황에서도 팀이 배울 수 있도록 도와 쟁취할 도덕적 승리를 상상해보라.

제대로 마무리하자

지금까지 점검 단계에서 당신이 원하는 피드백을 프레임으로 구성하고, 신중하게 피드백에 대해 논의를 진행했으며, 피드백을 명확하게 정리해 수집했다. 모든 것을 마무리하면서 전체 내용을 다시 한번 설명한다. 점검 결과를 요약하고, 다음에 무슨 일이 일어날지 설명하라.

점검 결과를 요약하려면 검토한 내용을 반복 검토하고, 논의한 질문을 다시 설명하며, 팀이 수집한 피드백을 반복한다. 방금 일어난 모든 일을 신속하게 검토함으로써, 모든 사람이 논의하고 참여한 내용, 모두가 피드백에 동의했음을 강화할 수 있다. 검토는 협업을 명시적이고 구체적이며 현실적으로 만든다.

두 번째로 만약 피드백이나 이벤트에 대한 당신의 기억에 동의하지 않는 사람이 있다면, 마무리 단계에서 그들에게 추가적인 관점에서 발언할 기회를 한 번 더 제공한다.

점검 결과를 요약한 후엔 앞으로 할 작업을 공유한다. 피드백은 어떻게 할 것인가? 어떻게 피드백을 적용했는지 그들이 알 수 있는가? 피드백을 어떻게 사용할지, 피드백이 무엇으로 적용될지, 그리고 참가자들은 피드백이 적용된 결과나 다음 버전을 볼 수 있는지, 볼 수 있다면 언제일지 등을 설명하자.

그리고 정말 마무리를 제대로 하려면 회의가 끝난 후 검토 결과와 다음 후속 조치를 이메일로 정리해 모든 사람에게 보내라. 후속 이메일 전송은 이 단계에서의 화룡점정, 일을 가장 잘 마무리하는 방법이다.

믿음을 지켜라

'황제의 새 옷' 라인 매니저는 두 명의 컨설턴트를 고용해 멋지고 새로운 웨어러블wearable 제품을 디자인하려 한다. 제품 컨셉이 나와서 매니저가 제품을 조직의 다른 매니저에게 시연히면 모두 웃는다. 분명히 컨설턴트는 컨셉만 요란한 가상 제품vaporware을 제공했고, 이 고용 계약은 시간과 돈을 낭

비한 것이다.

팀과 분석 결과, 모델 및 아이디어를 점검할 때 당신은 때때로 화려한 새 옷을 입은 황제가 되기도 하고, 때로는 그들을 비웃는 소직농이 되기도 한다. 점검은 당신이 볼 수 있는 멋진 것을 모든 사람들도 똑같이 볼 수 있는지 확인하는 중요한 단계다. 나는 팀원들과 함께 '미친 점검crazy check'이라 부르는 작업을 수행한다. 여기서 나는 내가 대단한 성과를 이뤄낼 가능성이 있는지, 아니면 내가 미쳤는지 확인하기 위해 거칠고 기이한 아이디어를 보여준다. 가끔 나는 정말 대단한 것을 이뤄내기도 하고, 가끔은 단순히 미쳤던 때도 있다.

그리고 나는 가끔 아직 아무도 볼 수 없는 멋진 옷을 만들어내는 재단사가 된다. 때로는 팀, 조직 및 고객은 이해하지 못할 수도 있다. 당신이 얼마나 비전을 설명하려고 노력하는지에 상관없이 아무런 견인력을 얻지 못할 수 있다. 이런 일이 생기면 믿음을 지켜라.

당신의 생각을 믿고, 이 아이디어가 더 단단해질 날을 기다리며 갖고 있으라. 아니면 점검 결과를 신뢰해서 팀이 묵살한 아이디어를 포기할 수도 있다. 어떤 선택을 하든지 간에 생각하기-만들기-점검하기 활동에 대한 민음을 지켜라. 각 프로세스를 거칠 때마다 경험 기계의 시동이 걸릴 것이다. 그래서 제품, 팀의 프로세스, 조직이 경험을 제공하는 방법을 개선할 새로운 기회를 만날 것이다. 생각하기-만들기-점검하기 활동을 차례대로 진행하면서 조직은 더 나은 제품을 개발할 것이고, 당신은 조직이 그 일을 수행하도록 도움을 줄 것이다.

찾아보기

디자인 협업

함께 더 나은 제품을 만드는 경험

발 행 | 2021년 1월 4일

지은이 | 오스틴 고벨라
옮긴이 | 송 유 미

펴낸이 | 권 성 준
편집장 | 황 영 주
편 집 | 조 유 나
　　　　양 아 영
디자인 | 박 주 란

에이콘출판주식회사
서울특별시 양천구 국회대로 287 (목동)
전화 02-2653-7600, 팩스 02-2653-0433
www.acornpub.co.kr / editor@acornpub.co.kr

한국어판 ⓒ 에이콘출판주식회사, 2021, Printed in Korea.
ISBN 979-11-6175-475-8
http://www.acornpub.co.kr/book/collaborative-design

이 도서의 국립중앙도서관 출판시도서목록(CIP)은 서지정보유통지원시스템 홈페이지(http://seoji.nl.go.kr)와
국가자료공동목록시스템(http://www.nl.go.kr/kolisnet)에서 이용하실 수 있습니다.(CIP제어번호: CIP2020047406)

책값은 뒤표지에 있습니다.